明茨伯格

管理经典丛书

战略历程

（原书第2版）

亨利·明茨伯格（Henry Mintzberg）

[加] 布鲁斯·阿尔斯特兰德（Bruce Ahlstrand）—著

约瑟夫·兰佩尔（Joseph Lampel）

魏江—译

STRATEGY SAFARI

THE COMPLETE GUIDE THROUGH THE WILDS OF STRATEGIC MANAGEMENT

（SECOND EDITION）

机械工业出版社
CHINA MACHINE PRESS

图书在版编目（CIP）数据

战略历程（原书第2版）/（加）亨利·明茨伯格（Henry Mintzberg），（加）布鲁斯·阿尔斯特兰德（Bruce Ahlstrand），（加）约瑟夫·兰佩尔（Joseph Lampel）著；魏江译. 一北京：机械工业出版社，2020.6（2025.5重印）

（明茨伯格管理经典丛书）

书名原文：Strategy Safari: The Complete Guide through the Wilds of Strategic Management

ISBN 978-7-111-65800-9

I. 战… II. ①亨… ②布… ③约… ④魏… III. 企业管理－战略管理－学派－研究 IV. F272.1-06

中国版本图书馆 CIP 数据核字（2020）第 096913 号

北京市版权局著作权合同登记　图字：01-2011-5520 号。

Henry Mintzberg, Bruce Ahlstrand, and Joseph Lampel. Strategy Safari: The Complete Guide through the Wilds of Strategic Management, 2nd Edition.

ISBN 978-0-273-71958-8

战略历程（原书第2版）

出版发行：机械工业出版社（北京市西城区百万庄大街22号　邮政编码：100037）

责任编辑：闫广文　　　　　　　　　　责任校对：马荣敏

印　　刷：三河市宏达印刷有限公司　　版　　次：2025年5月第1版第12次印刷

开　　本：170mm×230mm　1/16　　　印　　张：22

书　　号：ISBN 978-7-111-65800-9　　定　　价：89.00元

客服电话：（010）88361066　68326294

总　序
明茨伯格的背影

　　最早接触明茨伯格，是在通用的管理学教科书上读到他的管理者角色理论，大概是在 1990 年，我在中国人民大学上大学二年级的时候。本科生学管理，因为没有实践经验，其实读什么都是过眼云烟，没有留下什么深刻印象。1999 年我到欧洲工商管理学院（INSEAD）读博士时，因为明茨伯格长期担任这所学校的访问教授，我才开始注意到并认真学习明茨伯格的各种管理理论。那时，他待在 INSEAD 的时间已经不多了，在印象中，学校里挂着他名字的办公室的门，大多数时候都是锁着的。

　　初见明茨伯格是一次他给新来的 MBA 做晚间讲座的时候。那时他的《管理者而非 MBA》尚未出版，但他反思 MBA 的教育方法已经有很多年了。在座的都是 MBA，所以，面对明茨伯格那些批评 MBA 的话，MBA 也不示弱，双方唇枪舌剑，妙语连珠。当时的印象是明茨伯格批评问题很尖锐、很严厉，非常不留情面。

　　参加了 INSEAD 的国际实践管理硕士（IMPM，明茨伯格在 1996 年创立的著名管理教育项目）项目小组后，我与明茨伯格的接触逐渐多起来。我慢慢发现，生活中的他其实是一个非常随和的人（terribly nice guy），一点管理大师的架子都没有。

　　谈起管理，西方有两个圈子，一个是学术界，另一个是大众界，虽然鸡犬之声相闻，却是老死不相往来。例如，这些年大家耳熟能详的德鲁克、柯林斯、彼得·圣吉等人其实都属于大众界，学术界的大师如赫伯特·西蒙、詹姆斯·马奇，估计大多数人闻所未闻，而明茨伯格是极少数能够两条战线同时作战的人。我想，这应该与他有极强的文字表达能力，能够真正把文章写得深入浅出、雅俗共赏有关。我曾向他请教这个问题，他告诉我，秘诀很简单：好文章是改出来的，不是写出来的！即使是一篇几千字的小文章，他往往也要改上一两个星期。也许世上确实有那种传说中的下笔万言、倚马可待的才子型写手，但很明显，明茨伯格不属于那种类型。

真正给明茨伯格带来学术界地位的是他系统性的管理思想。简单说来，理解明茨伯格的管理思想有三个维度。第一个维度是，他的管理思想属于管理学中强调经验、实证和归纳的英美学派，与此相对的，是管理学中强调理性、推理和演绎的大陆学派。集中体现他的这种倾向的是他关于管理者角色的研究，代表作是《管理工作的本质》，30年后明茨伯格重写了这本书，也就是2010年出版的《管理进行时》一书。在明茨伯格基于田野调查，提出管理者角色理论之前，管理学中占统治地位的是法国人法约尔等人奠定的管理职能论，即所谓的"计划、组织、指挥、协调、控制"思想体系，按明茨伯格的说法，这些词其实是同义反复，意思都是控制。

理解明茨伯格管理思想的第二个维度是他强调平等、参与和互动的进步倾向，与这种倾向相对的，是强调管理层权力、崇拜CEO和管理层的超人能力的保守倾向。集中体现他的这种倾向的是他关于战略规划的研究，代表作是《战略规划的兴衰》。在这方面，他的对手包括咨询公司和大众媒体，以及咨询公司和大众媒体的宠儿——各种戴着纸糊高帽的商业英雄或管理大师。所以，他本人不喜欢别人把他叫作"guru"（大师）。如果非要给他一个印度字眼的头衔，他说，他宁愿是一个"swami"（学习者）。

第三个维度是他属于管理学中强调理论与实践良性结合的实践学派，反对的是执意效仿自然科学、试图在大学里把管理学建成一个有着与自然科学一样的学术尊严的专业学科的学院派。这里，他重点提出的是管理也是一门手艺的观点，这种手艺的成分加在科学、艺术的基础之上，就构成了他的管理三元论。他对美式MBA教育模式的批评，就是因为这种MBA教育过分强调管理的科学成分，而忽视了管理中通过想象力才能达到的艺术成分和通过经验才能达到的手艺成分。在这个维度上，明茨伯格的代表作是《管理者而非MBA》。

这三个维度同时是他学术生涯的三个步骤、三大战役、三座里程碑，其统一的、一以贯之的核心是他一直强调的一种科学的、人本主义的精神，对任何权威以及被顶礼膜拜的对象发自内心的怀疑态度。我曾感慨过，学者一辈子能够打下一座城堡已经是很大的贡献，像他这样，一而再，再而三，不敢说绝后，至少是空前了。

明茨伯格的经验主义倾向秉承的是英美哲学的认识论传统，该传统一直是西方学术界的主体。这其实也是明茨伯格的管理学思想能够迅速进入管理学主流的原因。明茨伯格的平等主义倾向发扬的是以加拿大和北欧为代表的社会民主主义的批判传统，其参照系是美国一贯对金钱和资本、对资本家的能力和权力进行崇拜的传统。他对 MBA 教学模式的批判，与这种批判精神一脉相承，同时也是对美国最近 20 年过分强调技术与数字的倾向的批评，这种倾向与股票和股票市场的力量（市场原教旨主义）的上升紧密相关，美国主流商学院向投资银行业、咨询业提供 MBA 毕业生，在很大程度上也属于这种市场机制的一部分。

明茨伯格向一架架隆隆运转的大机器发出挑战，费力却未必讨好。总体而言，强调员工、平等、实践的管理学理论不容易像强调领导力、强调理性（不管是"灵光一现"还是各种貌似科学的分析框架）、强调自上而下的战略的那种管理学理论一样得到实际控制企业资源的在位者的同情、认同和支持。但是，明茨伯格的理论意义也正在于此：在很大程度上，正因为有一批像明茨伯格这样专做费力不讨好的事情的人，西方国家整个商业系统才能顺利、平衡地运转。

有记者问我明茨伯格理论对于中国企业的意义在哪里，我说，科学的人本主义的意义是跨文化和跨时代的。中国有些行业现在面临的创新能力的匮乏、劳动力密集型产业的死循环、产业升级的无力，背后其实都是科学人本主义的缺乏。所以，我们现在比任何时期都更需要明茨伯格的管理思想。现在，中国的学术圈和企业界对于明茨伯格的了解都非常有限。所以，还需要通过我们的努力，让更多人了解明茨伯格的管理思想，认识到管理的本质是尊重、平等、信任、合作和分享。

明茨伯格撰写了一本叫《跨越亚当·斯密与卡尔·马克思》的新书（中文版《社会再平衡》已于 2015 年出版），他告诉我，他已经为这本书准备了十几年，积累的笔记已经有近 1 米高了。看来，这个不知懈怠为何物的老将又在向下一座城堡进军了，赤手空拳，却又势在必得。他远去的背影之后，是一片片广阔的田野，他播撒思想的种子，如今已是一片丰饶的景象。

肖知兴

领教工坊学术委员会主席

欧洲工商管理学院杰出研究员

推 荐 序
战略是药，是药三分毒

毫不讳言，《战略历程》是亨利·明茨伯格现有出版著作中，我最喜欢的一本。润米咨询是一家战略咨询公司。所以，我常被问：到底什么是战略？

商业世界，有些概念每个人都在谈及，但是要么找不到定义，要么能找到几千个定义，比如"领导力"，比如"企业文化"……比如"战略"。

关于战略的各种说法、诠释、段子有很多：

战略，是目标与能力的匹配。

战略是一把双刃剑。

战略，不是选择做什么，而是选择不做什么。

不要用战术的勤奋掩盖战略的懒惰。

战略，只不过是成功人士对自己过去路径的美化和总结而已。

好的战略的反面，通常也是好的战略。

在思想市场上，各种被称为"战略"的东西也很多：

蓝海战略、平台战略、定位战略、爆品战略、跟催战略、成本领先战略、数一数二战略、差异化战略……

为什么这些可以被称为战略？有哪一家"战略"认证机构，给它们发过证书吗？琳琅满目的战略，放在思想药店里，该买哪一种服用呢？它们解决了什么问题，又带来了什么问题？它们贵吗？它们真的经过科学验证、双盲试验了吗？它们有理论依据吗？它们有适用条件和边界吗？

天啊，太复杂了，在这个世界上有一套"选择战略的战略"吗？

经营战略咨询公司多年，我一直想写一本书，就叫作《选择战略的战略》。我把它称为我的天命之作。但是，我几次想动笔，几次都放弃了。因为太难了。

咨询公司是"医"，战略是"药"。真正的咨询公司，只开处方不卖药，因此具有公正性。写《选择战略的战略》，就像是一个经验丰富的医生写一本"药典"。

但是，怎么写？

首先，你要调研。 你要大量接触、跟踪、调研各种战略服用者的情况，看看有多少治好了，多少治死了，多少只是起到了安慰剂的作用。

其次，你要分析。 你要根据这些数据，归纳并验证这些战略处方药的"适应证、服用方法、禁忌事项"。是药三分毒，说可以包治百病的战略，都是大力丸。

最后，你要提炼。 你要把市场上数不胜数的药，从各个维度归纳提炼。这一类，其实是"战略保健品"，无害但用处也不大；这一类，是"战略非处方药"，有症状自己买本书照做就行；那一类，是"战略处方药"，毒性大，必须遵医嘱。

这太难了。太难了。

直到我读到了明茨伯格的《战略历程》。合上书的那一刻，我从他的读者，变成了他的粉丝。这简直就是我要写的《选择战略的战略》。

明茨伯格在这本书里，把战略分为十大学派（不是保健品、非处方药、处方药），它们是设计学派、计划学派、定位学派、企业家学派、认知学派、学习学派、权力学派、文化学派、环境学派和结构学派。这完成了"**提炼**"的工作。然后，他基于自己深刻的洞察，分析了每个学派的"医理和药性"，指出其适用范围，这就是"**分析**"。最后，他在这本书里，给出了这些学派的成功或失败案例。这是基于他很长时间的"**调研**"。

调研、分析、提炼。看完这本书，我整个人都不好了。我打算倾其一生做的事情，明茨伯格早就做到了。这就是真正的大师！

所以，我怀着嫉妒的心情，把这本书推荐给每一位对战略感兴趣的企业家、创业者、管理者，认真阅读这本战略的药典。

什么是药？药是用来治身体的病的。什么是战略？战略是用来治企业的病的。

但是记住，是药三分毒。天下没有包治百病的大力丸。不管药厂怎么做广告，记得听医生的话。或者，至少，买本药典放在案头。觉得自己可能要被忽悠时，拿出来看看。

刘　润

润米咨询创始人，"5分钟商学院"主理人，微软前战略合作总监

译 者 序

　　2005年暑期，当机械工业出版社的编辑与我电话联系，问我能否翻译这本书第1版的时候，我有些犹豫，主要基于三个原因。原因之一是我实在是怕译书，甚至恐惧。因为译书是建立在对他人思想的理解和感悟基础上的再创新，要领会原作者的思想并以另外一种语言表达出来，需要二次创新。我担心自己水平有限，害了读者，落个骂名，便诚惶诚恐。原因之二是怕译明茨伯格的书。学过战略、讲过战略的人，几乎都知道明茨伯格，都知道他是目前世界上战略管理领域大佬级的牛人，也就是所谓的权威。很多人也读过他的不少著作，或多或少知道一些他的学术思想，想"糊弄"读者是不可能的。尤其是他的作品用词很考究，要译出原味来，不经过一次又一次推敲，几乎是不可能的。原因之三是怕译《战略历程》这本书。本书是一大批世界级著名战略管理学家几十年研究成果的总结，是对可谓"车载斗量"的成果的全方位梳理和提炼，浓缩到这样一本约25万字的书里，本来就是令人恐惧的事情，现在要翻译出来，肯定是需要建立在对各个学派思想的认知基础上的，这显然是一种严峻的考验。

　　犹豫之后，我答应了。一方面是因为编辑的鼓励，另一方面是因为面临挑战时的内心冲动。我看原版时，就觉得这本书是战略管理研究者的必读书，它不仅向我们展示了横跨半个多世纪的战略管理发展的旅程图，引领我们去体味和感悟全方位的、启人智慧的、多姿多彩的战略思想精髓，更重要的是，让我们这些"睁眼瞎"能看到战略管理这头大象。但老实说，你不要指望读完一遍就能看到这头大象，要真正让这头大象清晰可见，恐怕你得读上两遍、三遍，甚至更多遍。于是，我决定通过翻译的方式，把一个一个建立在理解基础上的文字呈现在自己面前，然后用一个一个文字描绘出一只耳朵、一条腿、一条尾巴……再用这些耳朵、腿、尾巴等，勾画出一头大象。尽管我们修改了五六遍，把这头大象通过文字的方式展现出来了，但我心里很清楚，要理解"大家"的思想本就不容易，何况要再创造——译著要真正做到"信、达、雅"，实在还需再努力。

写了前面这些文字后，我觉得没有多少必要再说这本书的价值了。这里根据自己的阅读体会，给大家提三点建议。一是本书的思想是高度浓缩的，要读懂这本书，还是应该配套地去读各个学派的名著，这种相互印证的学习方式对于真正领会本书的精髓是非常有帮助的。二是这本书中的很多用词在中文语境下实在很难翻译，比如，经过反复琢磨，把"strategy formation as an emergent process"中的"emergent"译作"涌现"，但觉得"涌现"仍难以完全恰当地表达"emergent"的原意。因此，还需要读者与我们一起再去寻求更"达"的用词。三是不要走马观花式地读这本书。该书的特点是"深邃、精练"，走马观花是难以穿越这片丛林的。

最后，特别需要感谢勾丽博士、陶颜博士、朱海燕博士、周泯非博士，以及彭雪蓉、胡遐迩、陈必超、李洁和赵建平等。他们与我一起分头初译了各个章节，之后，我们互换章节逐字逐句校对，校对之后，再由本人全文校对，然后再分头润色文字，润色文字后再由我统稿。没有他们的艰苦努力，是不可能完成这项任务的。同时，我还要感谢王磊女士，没有她的支持、信任和鼓励，要完成这个工程同样是难以想象的。

正如前面所说的，本书是几十年来战略管理思想精华的浓缩，限于本人的能力，书中肯定有不如意的地方，谨请各位同行批评指正。

魏　江

于浙江大学求是园

谨以此书献给那些思想自由的人们

参观动物园时有人会从入口开始，走马观花地经过每个笼子，最后到达出口。但是聪明的人则直接来到他们最喜欢的动物面前，待在那里仔细观赏。

——艾伦·亚历山大·米尔恩（A. A. Milne），
《小熊维尼》（*Winnie-the-Pooh*）

前　言

亨利·明茨伯格曾经写过一篇文章，题为《不同思想学派的战略构成》(Strategy Formation: Schools of Thought)，收录在弗雷德里克森（Jim Fredrickson）编纂的《战略管理展望》(*Perspectives on Strategic Management*)文集中。布鲁斯在特伦特大学（Trent University）授课时，曾把这篇论文作为讲义使用，发现效果很好。于是就问亨利："为什么你不写一本关于战略管理的书呢？"亨利答道："为什么我们不一起写呢？"同时，我们认为约瑟夫也是一个出色的合作人选，于是邀请他共同完成此项工作。这次战略历程由此拉开序幕。

我们并不打算把这本书写成教科书或者某种学术论文。从一开始，我们就认为这本书应既适用于从事管理实践的管理人员和咨询人士，也适用于教学当中的学生和教师。因此，我们试图用通俗易懂的语言来描述战略管理这个充满魅力的领域。当然，书中的某些部分可能对实践者很有吸引力，另外一些部分则是针对学术界的人士写的。这也是战略管理本身的特点所致。我们不希望本书过于教条化，而希望它更贴近读者。我们期待各界朋友都能加入我们的历程，但同时，你会遇到一些挑战，需要我们一起探险，并希望这样的历程更具鼓舞力！自始至终，我们强调战略管理应当是一个开放而非封闭的领域，战略管理需要重新整合该领域内的各种不同学派，而不是将它们孤立开来。

为了让这次历程的内容更加丰富，我们还出版了一本与该书结构相近、内容更风趣的书，即《战略回味》(*Strategy Bites Back*)。为了方便教师在教学中使用这本非传统套路的书，我们还提供了一份指导手册。

在此，非常感谢大家的合作。尤其感谢自由出版社的 Bob Wallace，他对第 2 版的出版贡献颇多。同样，Abby Luthin 也给我们提供了很多帮助。Kate Maguire 给了我们极大的帮助（在本书确定现在的书名以前，Kate 给它起了这么一个名字：战略管理这头大象）。在考究一些纷繁复杂的数据时，特别是在推敲一些复杂的信息方面，我们还得到了 Elana Trager 的帮助，在此一并致谢！Coralie Clement 运用娴熟的技巧，并获得许可完成了获得诸多参考文献使用权的工作，其中大部分工作是和不同国家的作者合作完成的。Coralie 在某个电子邮件中这样写道："当我在印度与一位来自 Franco-Anglo 的加拿大人谈论即将在美国或欧洲出版一本书时，这种感觉是多么美妙啊！啊哈，这就是现代生活！"

Joëlle Méric 为本书第 1 版提供了很多有用且中肯的建议，另外也感谢亨利在蒙特利尔学术研讨会的博士生，他们提供了大量很有帮助的建议。

第 2 版可谓是"故地重游"：我们回顾了以前所写的东西，澄清了之前叙述得不太清楚的地方，并增加了一些新的理论观点。这次"故地重游"得以成行，要感谢许多朋友的帮助。我们要感谢多年来一直向我们反馈信息（评论和新理念）的所有读者；那些促使我们不断对本书的内容和结构进行反思的学生；还有那些选择本书进行教学，常常带给我们惊喜的极具创新思维的教师。我们要特别感谢 Liz Gooster、Richard Stagg、Ajay Bhalla、Shiva Nadavulakere、Melissa Nadler 和 Santa Balanca Rodrigues 等人，尤其是 Pushkar Jha 对修订本书提供的帮助，我们不胜感激。

第 2 版包括大量局部细微的修改和部分内容的增补。我们对某些议题增加了一些新的内容，如动态能力、认知和竞争之间的关系、实物期权理论、高层和中层管理者对战略决策的影响以及战略实践运动等。

下面开始我们的美丽旅程吧！

目　录

第 1 章

战略管理概述

战略管理这头大象

"很坦率地说，我远没有你想象的那么聪明。"

我们以一个大家耳熟能详，但鲜有人深谙其内涵的寓言作为开头。

盲人摸象

（约翰·高德弗雷·撒克斯，1816—1887）

六个好学的印度人，

一起去看大象，

他们都是盲人，

都通过触摸，

来满足看事物的心愿。

第一个接近大象的盲人，
恰巧撞上了
大象宽阔结实的身躯，
马上叫道：
"上帝保佑，原来大象
就像一堵墙。"

第二个盲人，碰到了象牙，
他喊道：
"嗬，我们碰到的是什么呀？
又圆又滑又尖！
我看，很明显，
大象很像一支长矛！"

第三个盲人，
碰巧把扭动着的象鼻抓在手中，
因此就大胆地说道：
"依我看，大象
就像一条蛇！"

第四个盲人急切地伸出双手，
摸到了大象的膝盖，
"这头奇异的怪兽最像什么
已经很明显了，"他说，
"很明显，大象就像一棵树。"

第五个盲人，偶然碰到了大象的耳朵，
说："即使是最瞎的人
也能说出它最像什么，
没有人能否认这个事实，
这个神奇的大象
就像一把扇子！"

第六个盲人一开始摸这头大象，

就抓住了

它摆动着的尾巴，

他说：“我认为大象就像一根绳子！”

这六个印度人，

大声地争论个不停，

他们每个人的观点，

都过于僵化，

尽管他们每人都有正确的地方，

但从整体上都是错误的！

寓　意

这些“辩论家”，

对对手的思想一无所知，

互相抱怨着，

他们只是在空谈

一头他们谁也没有见过的大象。

我们对战略形成的认识就如同盲人摸象，没有人具有审视整头大象的眼光，每个人都只是紧紧抓住战略形成过程的一个局部，而对其他难以触及的部分一无所知。而且，我们不可能通过简单拼接大象的各个部分去得到一头完整的大象，因为一头完整的大象并非局部的简单相加。不过，为了认识整体，我们必须先理解局部。

在接下来的十章（第 2 ~ 11 章）里，我们将分别介绍战略管理的十大学派，每一个学派都包含一种思想。第 1 章提纲挈领地介绍了这十个学派的思想以及与战略有关的基本概念。最后一章总结了战略形成的整个过程。

为什么分为十个学派

在《魔力数字七加上或减去二就是我们处理信息的限度》这篇精彩的文章中，心理学家乔治·米勒（George Miller，1956）提出：为什么人们喜欢用数字七对事物进行分类？例如世界七大奇观，每周有七天。这其实反映了我们的认知构成，七很可能就是我们大脑的短时记忆能够轻松获得的“信息主体”的

数目。[○]世界若只有三大奇观则略显单调，而若有十八大奇观的话则又令人望
而生畏，至少根据我们普通人的认知能力是这样的。令我们感兴趣的有关战略
的内容当然也不例外，大家应该能够理解我们对战略管理学派进行划分的数量
只比魔力数字七加上二多出一个。因此，本书提出了有关战略形成的十个思想
学派。

撇开认知能力不谈，我们在回顾大量有关战略形成的文献时，得到了十个
鲜明的观点，它们中的绝大多数在管理实践中都得到了体现。但是，正如盲人
摸象这个寓言中的六个盲人一样，每个学派的独特观点只是聚焦于战略形成的
某一方面。在某种意义上，每一种观点都是片面且夸张的；但从另一个角度看，
它们又都是非常有趣且深刻的。一头大象不可能只是一只长鼻子，但它确实长
有一只长鼻子，人们很难想象一头没有长鼻子的大象。失明者有一个优势，就
是他们的某些感观功能得以放大，感觉更敏锐。

各个学派

在随后的十章中，我们将描述和点评每一个学派的观点，并且剖析每个学
派的贡献和局限。下面是我们对每一个学派的概述，每个概述都能抓住该学派
的观点：

- 设计学派——战略形成是一个孕育过程。

- 计划学派——战略形成是一个程序化过程。

- 定位学派——战略形成是一个分析过程。

- 企业家学派——战略形成是一个构筑愿景的过程。

- 认知学派——战略形成是一个心智过程。

- 学习学派——战略形成是一个涌现过程。

- 权力学派——战略形成是一个协商过程。

- 文化学派——战略形成是一个集体思维过程。

- 环境学派——战略形成是一个适应性过程。

○ 实际上，米勒论证了我们在进行"准确判断"与"快速记忆"时所能处理的信息量的
极限。

- 结构学派——战略形成是一个变革过程。$^{\ominus}$

　　我们把这十个学派分成三类。前三者属于从战略本质的整体视角进行说明的学派，它们相对更关注如何明确地表述战略，而不关注战略形成过程中的一些具体工作。其中第一个学派是设计学派，出现于 20 世纪 60 年代，为计划学派和定位学派基本理论框架奠定了基础。设计学派重点讨论了作为非正式设计过程的战略形成，其中"设计"是这一学派的基本概念之一。第二个学派是计划学派，在 60 年代与设计学派一起得到发展，有关计划学派的出版物和实践活动在 70 年代曾达到一个短暂的高峰。计划学派把战略制定看作更加独立和系统的正式计划过程。进入 80 年代，计划学派在某种程度上被第三种说明性的学派——定位学派取代，定位学派更注重战略的实际内容而不是战略形成过程。它之所以被称为定位学派，是因为它关注企业在市场中战略地位的选择。

　　随后的六个学派即第二类学派，对战略形成过程中的具体方面进行了思考。它们侧重于描述战略的制定和执行过程，而较少关注对理想的战略行为的描述。

　　一些杰出的学者长期以来一直把战略与企业家紧密地联系起来，并根据优秀的企业领导者创造的远见来描述战略形成过程。但如果说战略就是个性化的远见的话，那么战略形成就可以被理解为概念在企业家头脑中积聚的过程，这样就产生了一个很小但很重要的学派——认知学派。它运用认知心理学的理论来理解战略家的思想。

　　认知学派之后有四个学派试图透过企业家个人因素，将战略形成过程的影响因素扩大到其他影响力量和人员中去。在学习学派看来，世界如此复杂，以至于战略不可能通过清楚的计划和远见的形式确定下来，战略必须在组织的不断适应和学习过程中，一步步地逐渐形成。与学习学派相似但又有所不同的另一个学派是权力学派，该学派把战略形成过程看作一个协商的过程，包括组织内部冲突各方之间的协商，以及组织自身与其所处的外部环境之间的协商。与此相反的另一个思想学派是文化学派，该学派认为战略形成是根植于组织文化当中的，因此战略形成过程的基调是集体主义与合作。而组织理论家认为战略形成过程是一个组织主动对外部情境（而不是对组织内部环境）不断反应的过程，因此，产生了另外一个分支——环境学派，它试图去揭示强加于组织的外部压力。

　　最后一类只包括一个学派，它其实是其他学派的综合，我们称之为结构学

$\ominus$　Martinet 曾将战略管理领域划分为四类：目的类、社会类、心理类以及生态类。Lauriol（1996）曾将我们这里的十大学派归纳为以上四类。相关内容还可参阅 Bowman（1995）对战略领域的另一种划分。

派。这一学派的学者崇尚整合，他们将战略制定过程、战略的内容、组织结构和组织所处的情境等战略的各个部分加以聚类，归结成清晰的阶段或时期，如企业的增长期、稳定成熟期等。有时他们也按照时间序列来描述组织的生命周期。但是除非组织已经进入稳定状态，否则战略的制定就必须描述出从一个状态向另一状态的跃迁过程。因此，结构学派在另一方面也描述了战略变革的过程，涉及长期以来关于战略变化的大量文献和管理实践。

在阐述的过程中，我们渐渐发现：有些学派明显地倾向于管理艺术、管理技能或者管理科学（强调分析）。例如，企业家学派在艺术导向方面最明显，学习学派和权力学派倾向于技能导向，而计划学派和定位学派则倾向于科学导向。

这些学派出现在战略管理发展的不同阶段。有些学派已经历了高峰，逐渐衰落，也有一些尚处在发展阶段，还有一些学派虽然很薄弱，但相关的出版物和管理实践也是很多的。我们将按照自己的理解依次解释各个学派的发展和遇到的问题，并在最后一章中给出总括性的评论。

请注意，所有的这些学派在相关的文献中都能见到，尤其是在专业的学术期刊、专门的实践性杂志和某些类型的书籍中。大部分学派的理论已经应用在企业和咨询公司的管理实践中。阅读了这些理论书籍的管理实践人员肯定会受到这些理论的影响，正如实践会影响理论一样，因此，这本关于战略形成的各个学派思想的书既有理论意义，也有实践指导意义。

对战略形成领域的回顾

有关战略管理的文献浩如烟海，仅仅是近几年我们查阅到的就接近2000种，并且有关文献还在不断增加。当然，这些文献并不全是来自管理领域，其他领域的文献对我们理解战略进程也有重要帮助。

威廉·斯塔巴克曾评论说："讨论与组织适应性有关的内容……意味着……人们应当先理性地讨论有关组织的文献。"（William Starbuck，1965：468）其实，这只是他个人的理解，因为其中的"组织"一词应该理解为"各类制度的集合"。

生物学家的物种适应学说（如"中断平衡进化说"）有助于我们将战略理解为合适的位置，即利基。我们可以借鉴历史学中社会发展的周期性理论（如"革命"）来解释组织战略发展过程的不同阶段（如"转向"可作为"文化革命"的一种形式）。物理学中的量子力学理论和数学中的混沌理论可以帮助我们洞察组织变革的过程。同样，人们越来越认同这一点，即与组织研究有关的理论也具有相同的效果，如心理学的理论对研究人类的认知能力和领导魅力有所启示，人类学的理论对研究社会文化有所启示，经济学的理论能对产业组织研究有所借鉴，城市规划学的理论对探索正式计划过程有所启示，政治学的理论对公共政策制定有所启示，军事史学的理论对研究解决冲突的战略有所影响，并且效果显著。各种各样的理论可以提供各种各样的视角。在这一层意义上，战略形成不仅仅与价值观、愿景和能力有关，而且与军队和宗教、危机和承诺、组织学习和非连续均衡、产业组织和社会变革有关。

我们只在战略管理范畴内研究这些文献，而且，我们不打算全面回顾这些文献，只希望写出大多数人需要看的内容。换言之，本书只是领域回顾，而不是文献综述。我们力求从不同视角、不同定位与不同趋势来全面分析现有文献和实践活动，这样就要引用一些公开发表的文章，这些文章要么是对某一学派非常重要，要么是对某些学派有着精彩的阐述。对于那些本书没有提到但有深刻见解的作者和咨询人士，我们在此向他们表示歉意，但愿我们没有遗漏重要的文献。

值得强调的是，在现今的管理文献中，有一种过度偏爱流行的、最新的、最热的观点的迹象，这种迹象不仅伤害了那些很有造诣的老学者，而且也危害到了读者，他们读到的大多是平庸的新学而不是精彩的旧著。在本书中，我们将不带有任何此类的偏见。书中的内容只是回顾了战略形成过程的演变，并描述了这一领域目前的情况。在本书的后半部分我们将提出：忽视组织的过去将会削弱制定未来战略的能力，也将危害到战略管理领域的发展。我们将因为忽视历史而面临危险。我们非常相信时间对战略管理方面的文献和实践活动所起到的巨大作用，就好像时间对于装在桶里的葡萄酒所起的作用一样。时间会告诉我们什么是弥足珍贵的，因此，我们非常坦然地向读者重提这么多精彩的旧著。

有关战略的附笔

战略一词由来已久。现在管理人员乐意且能够自如地使用战略这个词，而且，战略也被看作管理活动的高端任务。到目前为止，学者们深入地研究战略已经约有 20 年了，各商学院通常也把战略管理当作关键的、必修的、最重要的课程开设。战略一词的影响力如此之广，那么，究竟什么是战略呢？

人类的天性之一就是为每个概念寻求一个定义。大部分的常规战略教科书通常在引言这一部分为战略下一个类似这样的定义："战略就是企业为了获取与组织目标以及使命相契合的经营成果而制订的高层管理计划。"（Wright et al., 1992：3）毫无疑问，一届届的学生已经虔诚地把这个定义记在心中，并且在他们参加工作后，无数次地把它运用到公司报告中。在此，我们并没有提出像上面一样通俗易懂的定义，相反，我们认为战略一词应当有多种定义（当然，并不是说十个不同的战略学派就要有十种不同的定义），至少应当有五种定义（Mintzberg，1987）。

作为计划与模式的战略

假如请人给战略下一个定义，他很可能会说战略就是计划，或者类似于方向、指南、通往未来的路线、由此及彼的途径之类的东西。然后再请他描述一下他所在的组织或竞争对手在过去五年中实际推行的战略（不是他们计划的行动而是实际的行动）。你会发现大多数人非常乐意回答这个问题，却忘记了这个事实：他们此时描述的战略已经与先前所说的大相径庭了。

这说明定义战略是一回事，使用战略是另一回事。战略是一种模式，它与随时间推移而变化的行为相联系。一家公司在行业内执行的是高端市场战略，这类似于一个总喜欢接受最具挑战性工作的人，常常被看作追求风险战略的人。图 1-1 展现了把战略看作计划（向前看）与把战略看作模式（参考过去的行为）之间的对比。

现在看来，这两种定义都言之有理：组织针对未来制订计划，也根据过去形成的模式制定战略。我们把前者称作预先构想的战略，把后者称作已实现的战略。由此，产生一个重要的问题：已实现的战略必须是经过预先构想的吗？（很明显，在实际中并非所有预先构想的战略都能实现。）

有一个简单的办法可以帮助我们找到答案，只要问一下刚才兴致勃勃地描述组织过去五年已实现战略的人们，问他们所在的组织五年前预先构想的战略是什么就可以了。这两种战略是一样的吗？组织实现预先构想的战略目标了吗？有少数人会声称他们的意图都圆满实现了，他们其实没有如实回答；也有少

a) 把战略看作计划（预先构想的战略）

b) 把战略看作模式（已实现的战略）

图 1-1　向前看的战略与向后看的战略

数人会说他们已实现的战略与预先构想的战略没有任何关系，他们同样也没有如实回答。根据我们的经验，绝大多数人的回答介于上述两个极端之间，是两者的混合体。他们既不会完全抛弃计划，但也不可能圆满地实现计划。因为毕竟一个计划的圆满实现意味着要有精确的预见性，而且，战略实现不允许任何粗枝大叶。更不用说，组织还得去处理各种意外事情。实际的战略过程必然要融入提前思考和对现实情况的适应调整。

深思熟虑的战略与涌现的战略

如图 1-2 所示，完全实现了的战略称为深思熟虑的战略，一点也没有实现的战略称为未实现的战略。计划学派对两种战略都认可，但更重视深思熟虑的战略。还有第三种类型的战略，我们称之为涌现的战略，是一种没有事先明确计划但是在运营过程中实现了的战略模式。例如，某公司可以在某个时期制定一个简单的多元化经营决策，但不是为了获取多元化经营战略（内涵丰富的计划），而是为了考察市场。它首先购买一家城市旅馆，再购买一家餐馆，然后是一家疗养院，而后又购买另一家带有餐馆的城市旅馆，接着购买第三家等，这样旅馆与餐馆这种多元化经营战略模式就出现了。

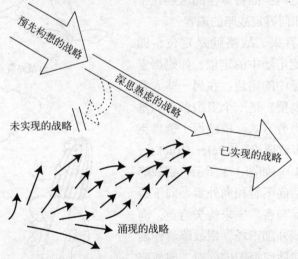

图 1-2 深思熟虑的战略和涌现的战略

如前所述，完全深思熟虑的战略是为数极少的，同样，完全涌现的战略也很少。奉行深思熟虑的战略的人认为不需要在执行的过程中学习适应，而奉行渐成的战略的人则认为顺其自然、因势利导即可。现实中的战略多是这两种战略思路在某种程度上的融合：既需要在战略过程中学习适应，又需要控制战略。换言之，就是战略既要构想规划，也要在执行中逐渐成形。如果把战略比作一把伞，那么如同伞架一样的战略纲要是需要深思熟虑的（如进入上游市场），而战略的细节则可以在执行过程中不断形成并完善（如何时、何地、如何进入上游市场）。因此，涌现的战略未必就不好，而深思熟虑的战略未必就好。高效的战略家们会考虑如何将二者结合起来，既有很高的预见力，又能在意外事件发生时有快速反应能力。

作为定位与展望的战略

数年前，麦当劳推出了一种新产品——吉士蛋麦满分（就是美国人的小圆面包早餐），其实该产品的推出只是因为麦当劳希望在早晨能更充分地利用餐馆设施。如果问别人吉士蛋麦满分是不是麦当劳的一种战略变化，你肯定会听到两种回答。一种是："当然了，它把麦当劳带入了早餐市场。"另一种是："噢，得了，麦当劳的老一套，只不过包装不同而已。"在我们看来，这两种回答真正的区别在于回答者意识中如何界定战略的内容。

在一些人看来，战略就是定位，即特定产品在特定市场中的定位，如鸡蛋麦松饼在早餐市场中的定位。在另一些人看来，战略就是展望，是一个组织做事的基本方式，如麦当劳方式。按彼得·德鲁克的解释就是"事业理论"（Peter Drucker，1970：5；1994）。如图 1-3 所示，把战略看作定位，包括向下看和向外看，向下看是为了找到产品与客户需求的契合点，向外看是为了寻找外部市场。把战略看作展望，那么不仅包括向组织内部看，向战略家的头脑中看，也包括向高处看，看到企业的宏伟愿景。

再次强调，两种定义我们都需要。麦当劳成功地推出吉士蛋麦满分是因为新产

a) 战略就是定位

b) 战略就是展望

图 1-3　从上向下看的战略和
　　　　从下向上看的战略

品的定位与麦当劳的展望一致。麦当劳的首席执行官似乎深谙展望的重要性。在观念不变的情况下改变定位很容易，但是在保持定位不变的情况下改变观念非常困难（就像大型航空公司要与廉价航空公司竞争一样），图 1-4 很好地解释了这些例子。

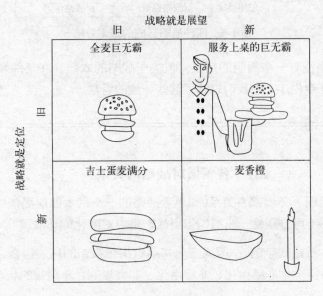

图 1-4 改变定位和展望

　　这样，我们对战略已有四种不同的定义，不过第五种定义也得到了广泛的应用：战略就是策略，即为了智取对手而设计的特定谋略。一个小孩可以在篱笆上跳来跳去，来诱使小流氓闯入他的院子，而此时他的牧羊犬正在院子里耐心地等待闯入者。同样，一家公司也可以通过购买土地给人以扩大生产的印象，目的是阻碍竞争者开设新的工厂。这里真实的意图是威慑，而不是扩张本身，因此在这里战略就是一种策略。

　　我们将会看到，战略的五种定义和十个学派之间的关系是复杂多变的，尽管一些学派有自己的偏好，例如，计划学派偏好计划（如前所述），定位学派偏好定位，企业家学派偏好观念，学习学派偏好模式，权力学派偏好策略。

　　结合计划、模式、定位和展望（如图 1-5 所示），我们可以得出四种战略形成的基本方法，这些方法和某些学派的观点一致：战略规划（计划学派、设计学派和定位学派）、战略愿景（企业家学派、设计学派、文化学派和认知学派）、战略风险（学习学派、权力学派和认知学派）、战略学习（学习学派和企业家学派）。

		战略过程	
		深思熟虑的计划	涌现的模式
战略内容	有限定位	战略规划	战略风险
	宏伟展望	战略愿景	战略学习

图 1-5　四种战略形成的基本方法

虽然战略没有一个简明的定义，但关于战略的本质，在某些领域内却有一致的观点。在专栏 1-1 中我们总结了这些一致的看法。

专栏 1-1

各领域对战略的共识

- 战略与组织、环境都有关系。"思考战略的一个基本的前提条件就是组织与环境的不可分割性……组织运用战略来应对变化的环境。"

- 战略的本质是复杂的。"因为变化将给组织带来新的环境组合，战略的本质是要保持一种非结构化、非程序化、非常规的、不重复的状态……"

- 战略影响组织的整体利益。"……战略决策非常重要，它能影响到组织的整体利益……"

- 战略包括内容和程序。"对战略的探究包括采取的行动或战略的内容，以及决定和实施战略行动的程序。"

- 战略不是完全深思熟虑的。"战略理论家们……认为预先构想的战略、涌现的战略和已实现的战略是可以区分开的。"

- 战略存在于不同的层面上。"……企业有……企业战略（从事什么行业）和经营战略（如何在所处的行业里竞争）。"

- 战略包括各种不同的思考过程。"……战略既包括概念化过程，也包括分析过程，一些学者着重强调了分析过程，但大多数学者认为，战略制定的核心是组织领导者的战略概念化过程。"

资料来源：Chaffee，1985：89-90.

战略的利弊

任何关于战略的讨论最终都会以"战略是一把双刃剑"的结论而结束，因为，如果存在一个与战略相关的优势，则必然存在一个相关的缺陷或劣势。

"战略设定方向"

- **优点**：战略的主要作用就是为组织绘制出航线，以便组织齐心协力地行驶在市场环境中。

- **缺点**：战略方向也会像眼罩那样遮住潜在的危险。在未知的水域中，按照既定的航线行驶最容易撞上冰山。尽管方向很重要，但最好慢慢移动，仔细观察附近出现的状况，这样就可以随时调整行动。

"战略聚合众人之力"

- **优点**：战略提高了行动的协调性，如果战略没有聚合大家的力量，那么人们就可能朝不同方向用力，结果必然导致混乱。

- **缺点**：过于谨慎地强调努力方向的一致性，会导致"群体思维"，这可能使组织丧失对周围各种事物的观察力，从而失去获得成功的可能性。

"战略决定组织"

- **优点**：战略向人们提供了理解自身组织并将其同其他组织区分开来的捷径。

- **缺点**：过分清晰地界定组织意味着过于简单化，有时会导致模式化，从而丧失整个组织的多样性。

"战略提供了一致性"

- **优点**：战略可以用于减少模糊，增加有序性。在这个意义上，战略就好比理论，一种能简化和解释世界并促进行动的认知结构。

- **缺点**：拉尔夫·沃尔多·爱默生说："愚蠢地追求一致是狭隘之源。"拥有非一致性，可以实现对目前各个独立现象的新组合，成为创造力的源泉。我们需要意识到，像每个理论一样，战略是对复杂的现实问题的简单化，战略和理论不是现实本身，仅仅是现实在人们头脑中的反映（或抽象）。没有人能够触摸或看见战略。这就意味着每一种战略都有可能错误地反映现实或歪曲现实，这就是我们运用战略所付出的代价。

当我们对某些事情想当然的时候，我们能发挥得最好，至少在一段时间内是这样。这也就是战略在组织中的主要作用。在它解决了大的问题之后，人们只需处理一些细节性的事情，如制定目标、为客户服务，而不用成天为哪个市场最好争论不休。即使是首席执行官，在大部分时间里也是在既定情境下管理企业的，他们不可能一直讨论战略情境问题。

现在有一种把首席执行官当作战略家的趋势，认为他们始终是在考虑大计方针，而组织中的其他人则负责具体的工作。其实完全不是这样，许多首席执行官也有很多细节性的工作要做，例如通过各种挂名的领导工作来强化企业理念（和文化），开展社交活动来获得重要的信息，或者通过谈判来达成一致意见以巩固现有的地位等。

随着外部环境的动荡、利基的消失以及新机会的出现等情况的变化，就会产生一系列问题，原先被认为具有建设性和有效性的既定战略将变成企业的不利条件，这就是为什么尽管战略的概念已经确定了，还是要把大量的战略研究放在变革上。战略方案的变化很容易，但管理这些战略变化却很难，尤其是涉及组织展望转变的时候。这时候继续坚持战略能够防止组织中的人们分散注意力，但可能会削弱组织适应外界环境变化的能力。换言之，变革的代价是巨大的，不仅设备需要更新，人的思想也需要更新。战略的思维定式将使组织对其落后的地方视而不见。因此我们得出这样的结论：战略对于组织的作用就如同眼罩对马的作用，战略可以使组织前进，也可能使组织失去对周围事物的观察力。

这就得出了我们最后的结论：对组织来说，无论是从战略缺失上看，还是从战略存在上看，战略和战略管理过程都非常重要（见专栏 1-2）。

专栏 1-2

战略缺失的好处

没有必要将组织的失败与战略缺失联系在一起。战略缺失下的细致深入考虑也许可以提高组织的柔性……高度依赖正式程序、热衷一致性并受到严密管理控制的组织可能会丧失尝试和创新的能力。

管理层可以通过战略缺失来向组织内部和外部利益相关者发出明确的信号，以表明他们不喜欢从事那些浪费资源的仪式性活动……例如各种各样的文章已经谈到过纽科这家公司对正式的计划系统和组织内各个层次保持行动一致性的藐视，纽科从未制订过战略计划、战略目标，也从未进行过使命陈述。对纽科而言，抛弃想象中的战略要素，正是其要努力建设的毫无虚饰的非官僚组织的标志。

不采用刻板的战略决策模式，可以确保组织系统中存在"不同的声音"，否则战略将成为降低灵活性和适应性、阻碍学习的固定套路。

资料来源：Inkpen and Choudhury，1995：313-323.

作为一门学科的战略管理

不管怎样，战略管理还是凭借自身的重要性成为一门学科，就像市场营销和财务管理那样。这个领域已经有了自己的学术期刊、"俱乐部"和学术会议。这一领域的文献非常丰富，尤其是 20 世纪 80 年代以来，一直在以惊人的速度增长。

大体上讲，战略管理教学侧重于战略进程中理性和说明性的一面，也就是我们所说的前三种学派（设计学派、计划学派和定位学派）。人们常常把战略管理理解为制订方案、贯彻执行和过程控制这些抽象的循环阶段，并按这些步骤相应的顺序实施。这种偏见在实践中表现得尤为明显，在公司和政府的计划部门以及一些咨询公司的工作中尤甚。

与通常的看法不同，本书试图为战略管理领域提供一个客观公允的评述，包括有关战略管理中存在的矛盾及争议。我们已经用了较多的篇幅讲述非理性或非说明性的学派，这些学派提出了审视战略管理的新思路。其中一些学派对引入正式战略的可能性持不甚乐观的态度。我们在评论这些学派时，并没有刻意地去寻求平衡。前三种说明性的学派在战略管理的文献和实践活动中占主导地位，因此我们认为应当对此进行广泛的讨论，这样可以给我们带来一些传统的智慧。当然，我们会对这十个学派都进行评论，因为每一个学派都有缺陷。不过，就好比当人们全坐在跷跷板一侧时，把他们从跷跷板中心向外拉以求平衡是没有意义的；换言之，试图在这十个学派的评论之间寻找平衡，只会导致现有文献和实践活动中关于这十个学派的更大的不平衡。

很多大企业大量的战略失败可能都归因于那些不具备完整理论工具的高等院校毕业生。本书试图提供更加丰富的思想，为学生和管理实践人员拓宽视角。正如哈特所说："绩效高的企业在战略决策时表现出融合各种竞争准则的能力，它们同时具有这些特点——计划性和渐进性、指令性和参与性、控制性和授权、远见性和细节性等。"（Hart，1991：121）斯科特·菲茨杰拉德更直截了当地指出："一流的智力测验就是对头脑中同时有两种相反的观点但仍正常工作的能力的测验。"当然，一个战略家，不仅能够持有相反的观点，还能像斯彭德（Spender，1992）所说的那样综合它们，因此，我们希望读者掌握这十种观点。

战略管理领域本身可能正朝着这种综合发展。我们将会看到，一些跨学派的新理论将会出现，这似乎给我们的战略管理理论体系带来了一点混乱，但梳理这十个学派的理论，有助于我们看清那些新理论是如何把关于战略形成的各个重要方面融合在一起的。我们欢迎这些新理论，并尽可能地引用它们，因为这表明了该管理领域新时代的到来。

但这种融合不可能到处发生，它最终必然产生于观察者（即读者们）的心中。我们将尽可能地提供帮助，但是我们帮助的主要是那些在实际工作中与战略打交道的人们。我们都知道什么是完整的大象，但我们还是必须分部分来描述它。这正如语言描述的特点一样：字词组成句子，章节构成全书。

坚持下去——让我们从这里开始！

第 2 章

设计学派

战略形成是一个孕育过程

"先生们，让我们集思广益吧。"

只有傻瓜才会坐等案例研究。

——企业经理评价哈佛 MBA

毫无疑问，设计学派代表了战略形成过程中最具影响力的观点，该学派所提出的主要概念一直是大学生和 MBA 战略课程的基础，也是战略管理实践的重要组成部分。全世界的教授、咨询顾问和战略制定人员在众多黑板上和活动挂图中运用其著名的 SWOT 观点，即通过分析组织所处环境中的机会与威胁，评价出组织的优势与劣势。

简而言之，设计学派就是设计出一个战略制定的模型以寻求内部能力与外部环境的匹配。用该学派最著名的学者的话来说，"经济战略就是在企业所处环境中能够决定其地位的机遇和限定条件之间的匹配"。（Christensen et al.，1982：164）。"建立匹配"是设计学派的核心目标（Miles and Snow，1994）。

本章将讨论和评述极具影响力的设计学派。该学派提出了战略管理中令人信服的一些假设，但事实证明，那些看似非常合理但未经检验的假设，在某些情况下可能会引起误导。我们对这些假设提出质疑，不是为了抹杀设计学派的重要贡献，而是希望更深入地了解其适用性以及它与其他一些学派的不同观点。因此，我们必须弄清楚战略管理的早期思想来源，它们具备深远影响力的原因，以及它们今天应当和不应当扮演什么样的角色。

设计学派的起源

设计学派的起源可以追溯到两本有影响力的书：加州大学伯克利分校菲利普·塞尔兹尼克 1957 年出版的《经营中的领导力》（*Leadership in Administration*）和麻省理工学院艾尔弗雷德·钱德勒（Alfred D. Chandler）1962 年出版的《战略与结构》（*Strategy and Structure*）。尤其是塞尔兹尼克，他引入"独特竞争力"的概念（Selznick，1957：42-56），探讨了将组织的"内部状态"和"外部期望"进行整合的必要性（67-74），认为应当将战略深入到"组织的社会结构中"（91-107），这一行为后来被称为"战略执行"。随后，钱德勒创建了设计学派有关经营战略以及经营战略与结构相互关系的思想体系。

但是设计学派思想发展的真正动力来自哈佛商学院的"通用管理小组"，特别是始于他们的基础教科书《经营策略：内容和案例》（*Business Policy：Text and Cases*）。由勒恩德等人编著的该书于 1965 年首次出版发行，并迅速成为该领域最流行的教科书，也是设计学派思想的重要传播工具。其中，作为合著者之一的肯尼思·安德鲁斯在该书的不同版本中所撰写的内容（Andrews，1987），被认为最全面、清晰地表达了设计学派的思想。到了 20 世纪 80 年代，这本教科书成为完全代表设计学派思想的著作中为数不多的幸存者之一，而其他多数教材逐渐支持更复杂的计划学派和定位学派。

因此，我们主要利用安德鲁斯的教材（Christensen，et al.，1982）来探讨设计学派，并在后面的探讨内容中注明参考内容的页码（除非注明是其他著作）。正如我们即将看到的，在某种意义上，哈佛学派在追求自己的战略，因为他们需要把发展了几十年的战略形成观点和自己喜爱的案例分析教学方法完美地结合起来。

设计学派的基本模型

我们对设计学派的基本模型（与安德鲁斯教材第 187 页的模型类似，但增加了其他要素）的描述如图 2-1 所示。与安德鲁斯教材的关注点一致，该模型着重强调对外部与内部环境的评价：前者要揭示潜在的机会和威胁，后者要总结组织的优势与劣势。安德鲁斯的教材对这两个方面并没有做深入阐述（对这一问题，在他撰写的部分几乎都是如此，只是在 1982 年的版本中用了 114 页篇幅介绍了相关内容，其余的 724 页主要是案例）。

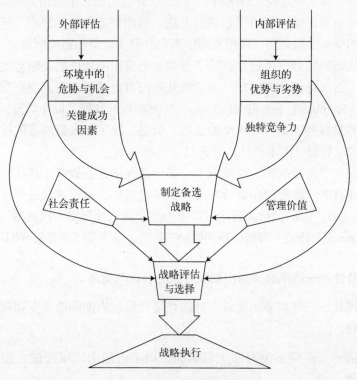

图 2-1　设计学派的基本模型

关于外部环境的评价，除插入迈克尔·波特（Michael Porter，1980）教材（在后面的分析中将会看到，他的著作可归为定位学派）的 12 页内容之外，另有 8 页介绍公司所处环境中技术、经济、社会和政治等因素，并且简要考虑了预测和调查问题。安德鲁斯解答了"企业所在行业的基本结构是什么？"以及"可预见的社会、政治和宏观经济变化将会如何影响行业或企业？"之类的问题，并以此作为对其讨论问题的总结（179-180）。

关于内部情况的总结，安德鲁斯触及了许多要点，如"组织和个人了解自身的"困难（183），"个别突然闪现的毫无支持的灵感远不如逐渐积累的有关产品和市场的经验可靠"（185）之类的想法。这些要点深受塞尔兹尼克教科书中心思想的影响，即"组织是由行动方式和反应方式构成的"，事实上，这正是该中心思想的本质"特点"（Selznick，1957：67）。

图 2-1 列出了其他两个被认为在战略制定过程中非常重要的因素：一个是管理价值，即组织中正式领导者的信仰与偏好；另一个是社会责任，特别是组织在社会道德（至少是经理们所能感知的社会道德）中所发挥的作用。然而，除了著名学者塞尔兹尼克（Selznick，1957）外，与设计学派相关的大多数作者都没有对价值和道德问题给予足够的关注。例如安德鲁斯在建立了用于评估内外部环境的框架结构之后，仅用简短的两章介绍了价值和道德问题。

关于战略的实际产生过程，除了强调安德鲁斯所提出的战略应是一种"创造性行动"这一论点外（186），该学派几乎没有可写的东西。汉布里克和弗雷德里克森（Hambrick and Fredrickson，2005）最近发展了设计学派，例如，注意到战略的发展并不是一个线性的进程。但是，除了主张管理者的战略思维形成是螺旋式反复提升的本质外，并无其他新意。

一旦确定了备选战略，模型的下一步就是评估这些战略，并从中选择最好的一个。换言之，假定已经设计好了几个备选战略，现在可以逐个评估，选择其中一个（105，109）。哈佛通用管理小组的经营管理学博士理查德·鲁梅尔特（Richard Rumelt，1997）根据一系列检验的结果，提出了可能是最好的评估框架：

- **一致性**——战略必须提出相互一致的目标与策略。

- **协调性**——战略必须能够对外部环境和组织内部的重要变化做出适当的反应。

- **优势**——战略必须有助于组织在已确定的活动领域内建立和保持竞争优势。

- **可行性**——战略既不能造成可用资源的紧张，也不允许带来难以解决的新问题。

　　设计学派的所有相关文献最终都清晰地指出：战略一经确定，接下来就要执行。我们用战略制定过程中派生出来的图表来描述战略执行过程，以此表明经过评估得到某个战略方案之后，战略进程就应当转向确保战略在整个组织中的执行。有趣的是，安德鲁斯对战略执行论述得相当具体，他用表格列举出了战略执行过程的 12 个步骤（在其教科书中占据了相当大的篇幅），包含了战略制定中没有考虑到的战略进程的许多方面。

　　正如我们所看到的那样，尽管战略管理领域已经在许多研究方向上得到了发展和壮大，但是，大多数标准的教科书仍旧采用 SWOT 分析模型作为其核心内容。这类书籍主要介绍组织内部和外部环境分析的方法，表 2-1 和表 2-2 的内容就是以这类书籍作为指导的。同样，不管战略咨询顾问引入新分析技术的速度有多快，他们中的许多人仍需要依靠 SWOT 模型和设计学派的其他一些概念来进行战略分析。在 20 世纪 80 年代，当计划学派的地位开始动摇时，人们的注意力才又重新回到设计学派的理论上。例如凯普纳 – 特雷格咨询公司的"极度节俭规则"，几乎是直接引自安德鲁斯的早期作品："……保持战略的清晰、简洁和具体。"（Tregoe and Tobia，1990：16-17）弗吉利亚大学达顿商学院的珍妮·利特克将香奈儿设计的"小黑裙"视为简单而不朽的完美设计典范（见专栏 2-1）。

表 2-1 环境变化因素表

1. 社会变化因素
   - 消费者偏好的改变——影响产品需求和产品设计
   - 人口状况变化趋势——影响分配、产品需求和产品设计
2. 政府的变化因素
   - 新的法案——影响产品成本
   - 新的实施优先权——影响投资、产品和需求
3. 经济变化因素
   - 利率变化——影响扩张成本和债务成本
   - 汇率变化——影响国内外的需求、利润
   - 实际个人收入的变化——影响需求
4. 竞争特点的变化
   - 新技术的应用——影响成本定位和产品质量
   - 新的竞争对手——影响价格、市场份额和边际收益
   - 价格变化——影响市场份额和边际收益
   - 新产品——影响需求和广告支出
5. 供应商的变化
   - 投入成本的变化——影响价格、需求和边际收益
   - 供应状况的变化——影响生产过程和投资需求
   - 供应商数量的变化——影响成本和货源
6. 市场的变化
   - 产品的新用途——影响需求和产能
   - 新市场——影响分销渠道、需求和产能
   - 产品陈旧——影响价格、需求和产能

资料来源：Power et al.（1986：38）.

表 2-2　优势和劣势表

1. 市场营销	3. 管理信息系统	• 存货管理
• 产品质量	• 速度和响应	• 质量管理
• 生产线数量	• 当前信息的质量	• 能源使用效率
• 产品差异	• 扩展性	6. 财务
• 市场份额	• 用户定位系统	• 财务杠杆
• 定价策略	4. 管理团队	• 经营杠杆
• 分销渠道	• 技巧	• 资产负债率
• 促销计划	• 价值观统一性	• 股东关系
• 客户服务	• 团队精神	• 税收情况
• 市场研究	• 经验	7. 人力资源
• 广告	• 工作协调	• 雇员能力
• 推销人员	5. 经营	• 人事体制
2. 研究开发	• 原材料控制	• 雇员流动率
• 产品研发能力	• 生产能力	• 雇员士气
• 工艺研发能力	• 生产成本结构	• 雇员发展情况
• 小规模试产能力	• 设施和设备	

资料来源：Power et al.（1986：37）.

专栏 2-1

"小黑裙"战略

　　香奈儿的"小黑裙"被誉为 20 世纪最伟大的设计之一，香奈儿也因此被赞"富有创意"。小黑裙对战略决策者影响深远，它的灵感来源于 20 世纪 20 年代巴黎佣人的工作服，很快在风云变幻的女性时尚界崭露头角并经久不衰。任何想弄懂商业战略的人都应该从理解香奈儿这款设计的持久诱惑力开始。

　　那么小黑裙模式的商业战略究竟是什么呢？他们倡导了一种简单却不失优雅的方式——既不是晦涩难懂成就了创造者，也不是陈词滥调和不言自明（犹如鼠目寸光的愿景陈述）造就其成功。他们避开了时下流行，聚焦于经久不衰的基本元素，融合了实用性和开放性，为"穿着者"根据不同的场合来搭配不同装饰物件提供了空间。可能更重要的是，工作时穿着它，会让我们自我感觉更好。不是以虚假响应伟大号召的方式，而是以一种在承认自我瑕疵后强调自我优点的冷静方式，这种方式使我们对更好和更简单的明天充满希望。

　　在这种情况下，战略故事如出一辙，只是把这些主题变得更新鲜

和刺激，可能最后会让我们所有人都有点——自信、敢于冒险、时刻准
备在转角发现新奇的事。一件小黑裙尚且可以如此，商业战略为什么不
能呢？

资料来源：Liedtka, 2005.

　　我们认为，设计学派更多的是为其他学派的发展提供基础。换言之，人们
采用了设计学派的一些观点，并在其基础上对有关战略过程的其他假设加以深
化发展（正如我们所看到的那样，这些假设通常与安德鲁斯自己所阐述的观点
相互矛盾）。例如，通过引入计划学派的程序化和定位学派的分析，以及增加在
哈默尔和普拉哈拉德著作中论及的学习学派的适应性等，人们进一步深化了设
计学派的理论观点。

设计学派的前提条件

　　众多基本前提构成了设计学派的基础，其中的一些前提十分明显，而另一
些则比较隐晦。下面列出了设计学派的七个前提条件，与这些前提条件一起列
出的还有安德鲁斯与克里斯坦森等人合著的 1982 年版哈佛教材中支撑这些前提
的相应内容。

　　（1）**战略的形成应该是一个有意识的、深思熟虑的思维过程**（94，543）。
必须有充分的理由才能采取行动，有效的战略产生于人类严谨的思维过程。正
如安德鲁斯在另一本书中所写的，管理人员只有在尽可能深思熟虑地制定战略
时，才会真正了解自己在做的事情（Andrews，1981a：24）。从这个意义上可
以说，战略制定是一项后天习得的技能（185），而不是与生俱来的技巧或直觉
技巧，它必须通过正式的学习才能获得（6）。

　　（2）**进行控制并保持清醒是首席执行官的责任，首席执行官就是战略家**
（3，19，545）。在设计学派看来，组织最终只有一个战略家，而这个战略家就
是处在组织金字塔顶端的那个管理者。因此，安德鲁斯认为，"首席执行官或总
经理就是战略家的观点"充满整个战略形成过程（3），并将他书中的一章命名
为"总裁就是组织目标设计师"。迈克尔·波特总结了首席执行官的作用（见
专栏 2-2）。罗伯特·海斯对执行并不如波特乐观，他认为，"这种'命令和控
制'模式将所有的重要决策权都分配给了最高层管理人员，这种模式将最高管

理层置于整个组织之上，并通过详细的规划、预算和控制系统来监督他们"。（Hayes，1985：117）值得注意的是，这个前提不仅将其他组织成员归为战略形成过程中的配角，而且将组织以外的人员从战略设计过程中排除出去，当然董事会的成员除外，安德鲁斯认为董事会的成员必须审查战略（Andrews，1980，1981a，b）。事实上，这只是和设计学派相关的一个重大问题中的某一方面，设计学派将环境看作配角，而非与战略相互影响的重要因素，认为对这一因素做一些说明就可以了。

专栏 2-2

战略学家式的首席执行官

组织的首席战略家必须是领导者——首席执行官。许多商业思维都强调授权、自上而下的推动和参与。这些的确很重要，但是授权、参与不要用于决策的最后阶段。组织如果想成功，就必须有一个强有力的领导者，其愿意去做决策和取舍。我发现真正好的战略和真正强有力的领导者之间有着显著的关联性。

但这并不意味着领导必须去发明战略。每个组织在某些特定的时间都必须有根本性的创新行为，去做其他组织从未做过的新活动。有些领导深谙此道，但并非普遍如此。对于领导者来说，面对关键性的工作，正是锻炼的大好时机，应设法使这种特别的状态具有持久性。

换种方式来看，领导者必须作为取舍的监督者。在任何组织中，每天都会涌现出成千上万个想法——雇员建议、顾客购买需求以及供应商销售诉求，这些想法中有 99% 是和组织战略不一致的。

伟大的领导者具备取舍能力："是的，我们西南航空公司供餐当然好，但是那样做和我们的低成本战略不匹配。此外，那样会让我们看起来像联合航空，并且还只是在供餐方面旗鼓相当。"同时，好的领导者明白战略不是僵硬和被动的——它能让一个公司持续变好——领导者们总能带来必要的紧迫感和进取意识，同时还能保持一个清晰、持久的方向。

领导者还要确保每个人都能理解公司战略。过去，战略被认为是只有高层才能理解的神秘愿景，这违反了战略最根本的意图，即告诉组织应该做的各种事情，并确保所做的事情方向一致。

如果所处组织中的人不明白组织将如何与众不同，如何创造与竞争对手相对的比较价值，那么他们在面对浩瀚如海的问题时如何决策？每个销售人员都必须理解战略，否则就不知道向谁销售；每个工程师都必须理解战略，否则就不会知道要建造什么。

据我所知，最好的首席执行官都有做老师的潜质，他们教授的核心知识就是战略。他们走出去与员工、供应商和顾客打交道，并且会不停地重复说道："这就是我们所代表的，这就是我们所代表的。"这样每个人都理解了。这就是领导者要做的。在大公司中，战略成为一种事业。战略是关于如何与众不同的。如果你有一个真正伟大的战略，那么大家都会激情高涨："我们不是另外一家航空公司，我们在为世界带来新的惊喜。"

资料来源：Michael Porter, 2005：44-45.

（3）**战略形成的模型必须保持简单和非正式**。哈佛大学教科书的前言摘录了一段安德鲁斯的话："公司的战略思想已经成为一种简单的实践者理论，一种普通人的概念性图解。"（14）这一观点的基本原则就是战略的详细描述和形式化都将损害战略形成的基本模式。事实上，该前提与第六个前提意思一致，即确保支配人们头脑中的战略的方法就是保持战略形成过程简单（182）。但是，这一前提和第一个前提迫使安德鲁斯在其教材中在无意识直觉与正式分析之间画出了一条清晰的界线，他把这一界线称作"判断行动"（108）。正是这一点使得设计学派既不同于企业家学派，也不同于计划学派，特别是不同于定位学派。

（4）**战略应当是个性化设计过程的最佳成果之一**（187）。如上所述，战略与具体情况有关，而与一般的变量体系无关。因此，战略必须为每个个案量体裁衣。这就使得设计学派对于战略自身的内容探讨得不多，而是集中于讨论战略形成的过程。战略形成的过程首先应该是建立在战略家出众的个人能力基础之上的"创造性活动"（186）。

（5）**当战略形成一个完整的展望时，设计过程才算结束**。设计学派反对渐进观点和涌现的战略。根据渐进观点和涌现战略，"战略的制定过程"应延续到"战略的贯彻"结束以后的阶段。设计学派认为必须构造一幅宏观的战略蓝图，作为指导企业经营的总体思想。也就是说，我们看到的将不是一个达尔文式的战略形成过程，而是一个《圣经》式的战略形成过程，战略是最高思想，是最终选择。可以说，当战略以展望的形式出现时，它已经是完全制定好并可以执行的了。

（6）**战略应该是明确的，因此它必须保持简单**（105-106）。实际上，设计学派的学者们和安德鲁斯一样，认为战略制定者首先必须明确战略，并尽可能地表述清楚，以方便组织内其他成员更好地理解战略。因此，战略必须保持简单。安德鲁斯曾说："简单是上乘艺术的本质，战略制定的观念让复杂的组织变得简单化。"（554）

（7）**最后，只有在这些独特的、内容丰富的、明确而简单的战略完全制定好之后，才能被执行**。我们已经指出了设计学派中战略制定和战略执行两者之间存在的显著差别。这两者之间的本质差别就是组织结构必须服从战略这个相关前提。与极具理性的传统观念（先诊断，再开药方，然后采取行动）一致，设计学派将思考与行动明显地割裂开来。我们可以设想，在每次制定出一个新战略以后，战略制定者就必须考虑更新组织结构以及组织内的各项内容。正如安德鲁斯所说："只有在我们了解了自己的战略以后，才能确定出合适的组织结构。"（551）

如果需要的话，托马斯·沃森的坐画像可以帮助我们领会设计学派的思想，画中的托马斯·沃森看上去非常高贵可敬，画的上部印着标题："THINK"（思考）。在 20 世纪 40 年代末，IBM 公司曾把这幅画的复制品大量地分发给雇员。

对设计学派的评价

一个给组织进行定位的战略必然会限制组织的视野。这一点似乎在设计学派（其他学派也是这样）的战略形成过程中已经发生了。设计学派战略形成模型的前提已经否定了战略形成的某些重要方面，包括渐进发展和涌现的战略、现有组织结构对战略的影响以及组织的全员参与而不是首席执行官唱独角戏。我们在评论过程中要细致地分析这些缺陷，从而指出它们如何限制了设计学派研究某些特定内容的视角。

首先声明一点，这个学派的支持者可能会认为我们仅仅是从字面上理解了那些文献中简单的理论框架，却把说明战略形成过程的模型放到一边。在我们看来，文献和模型建立在相同的假设基础上，评判这些假设是我们展开讨论的基础。有意识的思维活动在战略形成过程中所起到的重要作用和这些假设密切相关，这些思维活动必须超前于行动，因而，组织必须将思考者的工作与行动者的工作明确地分开。我们对设计学派进行了相当详尽的评论，这主要是因为设计学派已经影响了战略管理教学与实践，尤其是影响了计划学派和定位学派，这种影响还将继续存在，但很少有人能意识到这一点。这种影响的存在使我们更加有必要评论设计学派。

通过学习来评估优势和劣势

在这里,我们的讨论只围绕一个中心议题:设计学派认为思想升华与行动过程是相互独立的。战略形成首先是一个概念形成过程,而不是一个学习过程。我们能够在战略制定的基本步骤中很清楚地看到这一点,这个基本步骤就是优势和劣势评估。

一个组织如何了解自身的优势和劣势呢?对于这一点,设计学派已经讲得很清楚了,组织通过思考、评估,经过分析做出判断,来了解自身的优势和劣势。也就是说,通过语言和文字来表达有意识的思维活动。人们完全可以想象,执行官们像学生上案例课一样围坐在桌旁(就像本章开头的漫画),讨论组织的优势、劣势和独特竞争力,在决定出组织的优势、劣势和独特竞争力之后,他们就开始设计战略了。

然而,竞争力对于组织来说真的很容易辨别吗?还是说,对于不同的情境、时机甚至应用条件,竞争力不可能是非常明确的?换言之,任何一个组织在确定其优势之前,并不能真正确信这些"优势"吗?

每一次战略转变都是一次新的经历,都是走向未知领域的一步,都要承担某种风险。因此,没有哪个组织能预见一项已有的竞争力究竟会成为优势还是劣势。一家超市连锁店在努力尝试多种零售经营方式时,非常奇怪地发现:看上去特别适合食品零售经营的折扣商店,经营得都不好,而快餐店的经营状况却比它们明显要好。折扣零售商店在商品展示方式、顾客购买方式和付账方式等方面与快餐店是类似的,但是折扣零售商店更应重视商品经营的细微区别,例如经营风格、期限等。另一方面,快餐店似乎不适合食品零售经营,但它们通过高效的分配链分配小的不易保存的产品,非常像超市的经营方式(Mintzberg and Waters,1982)。

我们想要强调的是,企业怎样才能提前知道自己的优势或劣势呢?在企业所处的行业内寻求这一问题的答案不能仅仅停留在纸面上,必须从测试和经验的结果中获得。而且,这些经验得出的结论通常是,企业的实际优势比想象的要小得多,而实际劣势却比想象的要大得多。

事实上,通过收购进行相关多元化经营的实践活动最能够清楚地说明这一点。很明显,没有一个组织能够不预先评估优势和劣势就完成收购工作。各种流行出版物和公开出版的研究报告中的实验表明,多元化经营首先是一个学习的过程,收购企业在这个过程中要犯很多错误,直到企业逐渐地明白如何进行多元化经营（例如，Miles，1982；Quinn，1980a：28）。

结构与战略的关系就像走路时左脚紧跟右脚

设计学派提出一句格言："战略决定结构，结构紧随战略。"这句话最早是由钱德勒（Chandler，1962）明确提出的。然而究竟什么样的发展中的组织能够做到在进行战略变革时永不犯错呢？如同环境一样，组织过去所面临的重大事件与组织结构都是组织过去的重要构成部分。认为战略必须先于结构，就等于认为战略必须优先于组织的能力，而组织的能力是嵌在组织结构中的。（的确，如图2-1所示，在设计学派的模式中，这些能力都不可避免地被当作战略制定过程中的投入要素，是组织优势的一部分。）在某种程度上，我们可以调整结构，但不能仅仅因为领导者构思出一个新的战略就随意地调整，许多组织因为持有这种错误的想法而遇到了麻烦。如果组织的领导者仅仅是坐在办公室里编造战略，而不是在与实实在在的产品和客户的接触中总结战略，这对组织将是极其危险的。

因此，我们得出这样的结论，结构与战略的关系，就像走路时左脚紧跟右脚。实际上，战略发展和结构设计之间相互支持并共同支撑组织。当组织向一个新的高度跃迁时，两者既可能相互追赶，也可能齐头并进。战略形成是一个综合的体系，而不是一个独立的过程。

明确战略：提高稳定性

战略一旦形成，就必须清楚地表达出来。"你能否用少于35个词来概述你们公司的战略？"科利斯和拉克斯塔德（Collis and Rukstad，2008）曾提过这样的问题。假如没有这样做，可能是因为疏忽或其他策略性目的，也有可能存在其他一些更重要的原因，使得战略没有被清楚地表达出来。这些原因可以推翻设计学派的基本假设。

为了能够清晰地表达战略，一个战略家必须确信自己的方向和目的，而且组织也必须能够处理那些不确定的因素。但是，一个公司如何才能在战略已经确定的情况下驾驭瞬息万变的环境呢？（Andrews，1981a：24）

我们认为，组织不仅应当在战略实施的过程中起作用，而且更应当在战略形成的漫长时期内有效地运转。正如詹姆斯·布赖恩·奎因曾经指出的那样："让一个管理人员协调内部决定因素、外部环境变化、行动和权力关系、技术和信息需求以及竞争对手行动等所有因素，以便它们在一个精确的时点出现在一起，这是根本不可能的。"（James Brian Quinn，1978：17）在各种因素尚未明了的时期内，组织面临的危险并不是来自缺乏明确的战略，恰恰相反，它来自战略过早地被敲定。

此外，即使是在不确定性很小的情况下，明确表达战略也是存在危险的。明晰的战略可能使组织只重视前进的方向而忘记观察周围环境。因此，在需要进行战略变化时，明确的战略又阻碍了组织的战略变革；换言之，战略家能够把握现在，但未必能够永远把握未来。战略表达得越明确，就越容易在组织习惯和战略家的头脑中根深蒂固。事实上，认知心理学告诉我们，如果让某人描述其未来将要做的事情，他往往会按照他所描述的那样去做；战略也一样，它一旦被明确描述，就会产生抵制战略变革的锁定效应（Kiesler，1971）。

总之，为了研究、协调和支持战略的目的，应当明确地制定战略，但问题是，何时制定战略？如何制定战略？何时进行战略变革？这些都是设计学派所没有想到的问题。

战略制定脱离战略执行：思维与行动分离

无论设计学派的模式是紧凑的还是松散的，其核心内容都是将战略制定和战略执行进行分离。这种分离有利于案例研究教学，在课堂上，学生可以制定战略而不必执行。学生们在前一天晚上阅读二十多页的材料，在课堂上花一个小时左右的时间，就可以评估外部环境，鉴别出组织的独特竞争力，设计出备选战略，然后讨论应该选择哪一种战略。哈佛大学最著名的案例研究教师之一，一位资深的战略教材作者认为，通过"课堂上系统的战略理论教学"，以及偏重于数据选择和排序的规范分析，学生们能够提出适用于某些情况的关键性问题（Christensen et al.，1982：ix-x）。

但是，一个从未见过产品，从未接触过顾客，从未进过工厂，仅仅阅读过公司简介的学生，怎么可能理解上述的这些数据呢？这些数据对于提出"关键性问题"有必要吗？

案例研究的目的是对案例进行描述，从而可以在课堂上向学生传授大量的经验。但是，在所教授的战略制定过程中寻找自己公司的战略将是十分危险的。如果案例研究教学法留给管理人员这样一个印象：管理人员为了制定战略可以待在办公室里查阅文件和思考，而让别人去执行战略，这样就会给管理人员及其组织带来危害，滋生了片面的战略，而这些片面的战略不利于组织独特竞争力的培育。

哈佛大学著名的 MBA 毕业生罗伯特·麦克纳马拉这样讲述自己作为国防部长时制定战略的方法："我们必须首先确定要采取的对外政策，制定与之相吻合的军事战略，然后组建能够成功执行这一战略的军事力量。"（Smalter and Ruggles，1966：70）罗伯特·麦克纳马拉在越战期间就是这样做的，但是当他采用"规范分析"作为选择和排列数据的方法时，却尝尽了苦头，结果也非常糟糕。案例研究教学法的失败在越战中表现得最为明显。

同样，设计学派的模型在咨询业中也被看作极其方便的分析工具。外部咨询人员介入公司做 SWOT 分析，在许多方式上就像学生在课堂上学习案例一样。下面摘自两位咨询界人士在其畅销书中的叙述："每两个月应有四五个工作日用于制定战略，应有两三个工作日用于检查战略的实施情况，每年应当进行一次战略更新。"（Tregoe and Zimmerman，1980：120）如果咨询公司对企业这样说："制定战略对我们来说太复杂了，请你们自己回去做这些工作：深入细节和费神的琐事中，研究你们的独特竞争力，让公司的各类人员参与到战略制定的过程中来，这样你们才能够获得有效的战略。而我们咨询公司是没法办到的。"那么咨询公司肯定就赚不到钱了。

你如果看到 1997 年希尔和韦斯特布鲁克的调查结果，就会发现事实与上述情况大相径庭。他们调查了 50 家公司，结果有 20 多家公司采用了 SWOT 分析模式，其中有 14 家是咨询公司，但没有一家公司在战略形成过程的后期采用 SWOT 分析的结果（Hill and Westbrook，1997：46）。因此，他们将调查报告命名为"SWOT 分析——'产品召回'的时候到了"。

"先思而后行"真的是最好的方法吗？当受过良好教育的组织领导人应用设计学派的理论在办公室里制定战略时，这种"组织领导人是组织的推动者和执行者"的观点究竟在多大程度上反映了组织的实际要求？特别是当行动者待在组织底层，不辞辛苦地执行战略，或者更糟糕的是，把企业的战略设计任务交给企业组织之外的咨询公司时，更是难以反映组织的实际需求。专栏 2-3 给出了一个非常具有代表性的例子，它说明了战略制定与执行分离的思维方式是怎样影响现实世界的行为方式的。

专栏 2-3

"市场营销近视症"的近视症

1960 年，哈佛商学院的市场营销学教授萨奥多尔·利维特发表了著名的《市场营销近视症》一文，大多数管理人员和战略计划人员都知道这篇文章，即使他们可能从未读过。

文章的基本观点是企业应当以大产业导向为依据进行定位——用科特勒和辛格（Kotler and Singh，1981：39）的话说就是根据潜在的市场需求，而不是根据狭隘的产品或技术特点来定位自己。拿利维特最喜欢举的一个例子来说就是，铁路公司应当把自己看作运输企业，而炼油厂应当把自己看作能源企业。

企业界非常重视这一观点，它们争先恐后地用各种奇异的方式来重新定位自己，如单珠轴承公司把"减小摩擦力"作为自己的使命。这对商学院来说倒是一件好事，让学生们去想象鸡肉厂是如何为人们提供能量的，垃圾收集是如何成为美化环境的行动的，估计没有什么比这些更令学生兴奋了。然而很不幸，这种过于简化的脑力训练在开阔视野的同时，也会使人们忽视在现实世界中将要面临的艰难和压力。

问题经常出在一些脱离实际的有关组织战略能力的假设中，这些假设认为组织的战略能力是无限的，或者至少是适应性非常强的。因此，我们就看到乔治·斯坦纳非常认真地举出一个例子："如果制造马鞭的企业说它们不是制造马鞭，而是制造马车自动启动器的话，那么它们将经营得很好。"（George Steiner, 1979：156）但是它们究竟如何才能实现这个目标呢？这两种产品在材料供应、技术、生产过程和分销渠道上都没有共同之处，只有一点是共同的，就是人们头脑中的如何使交通工具动起来的构想。对于这些多种经营的企业来说，为什么马车自动启动器比风扇皮带或气泵更能被看作一种合理的产品呢？赫勒这样解释道："这些企业并不生产交通方面的器件和控制系统。"但他们为什么不把自己的企业定义成"交通动力生产企业"呢？（Normann, 1977：34）

为什么一篇文章中的精彩话语就能使一家铁路公司转向航空业或去运营出租车呢？利维特认为："一旦企业将自己的使命定义为满足人们的交通需求，那么任何情况都不能阻止企业获得高额利润，除非它们受自身独特竞争力的限制。"（Levitt, 1960：53）但只凭文章中的精彩话语是不能够改造一家企业的。

利维特写这篇文章的目的只是想拓宽管理人员的视野，在这一点上，他或许做得比较成功，甚至是太成功了。同样来自市场营销界的科特勒和辛格说："在这个世界上，潜在的能源市场是巨大的。"（Kotler and Singh, 1981：34）具有讽刺意味的是，通过将战略的定义从定位重新转到展望上来，利维特实际上是限制了管理人员的远见。他忽视组织自身的能力，只重视市场机遇。产品是不重要的——铁路公司的总经理"错误地"定义了他们的行业，因为他们认为铁路公司是产品导向，而不是顾客导向

（45）。生产过程也是不重要的——生产、加工方式或企业所持有的东西都不能被看作行业的一个重要方面（55）。从本质上讲，究竟是什么使得市场比产品和生产更重要，或者说比实验室中聪明的研究人员更重要呢？其本质原因就是组织必须建立在它所能利用的优势上。

利维特这篇文章的批评者也有充分的理由，他们指出"远见对于长期目标较短期目标更重要"（Kotler and Singh，1981：39），并指出"市场营销远视症"和"市场营销近视症"的危险，认为"市场营销近视症"加剧了前面提到的这种狭隘的市场细分行为，企业进行这种市场细分时不够慎重，同时超出了企业已有的经验（Baughman，1974：65）。我们宁愿简单地认为利维特关于市场营销近视症的观点本身也有局限性。

资料来源：Mintzberg，1994：279-281.

如果设计学派的模式鼓励企业领导者过度简化战略，如果这一模式给企业领导者造成"你给我提供概要，我向你提供战略"的印象，如果这一模式已经否定了"战略形成是一个长期、细致、艰苦的学习过程"这种看法，如果这一模式已经使得管理人员的思考与行动脱离，并且只是待在总部而不下工厂，不去会见顾客，不到真正能够得到信息的场所去，那么，当今许多组织被一些问题严重困扰的根本原因可能就来自这个模式。就如批评案例教学法的哈佛教授斯特林·利文斯顿几年前在《受过良好教育的管理人员的神话》（The Myth of the Well-Educated Manager）这篇文章中指出的那样，通过"间接手段"进行的管理教育使得管理人员"没有把学习与成长作为他们获得经验的手段"（Stirling Livingston，1971：83，89）。

费尔德（Feld，1959）在一篇关于传统军事组织运行不畅的文章中曾指出，处在后方有权制订计划和下达执行命令的军官们与处在前线有第一手经验但只能执行布置给他们的任务的士兵之间有着显著的差别。这种区别是以这样的假设为基础的：军官们所处的位置使得他们能够从整体上了解军队的情况，这一点是由军事组织中的层级结构决定的。（22）

下面这个假设实际上是造成战略制定与战略执行相脱节的基本前提：信息能够在不失真的情况下，集中发送给上级。不过，这个假设常常实现不了，因为在战略的形成过程中，它不利于精确地制定战略。

我们并不能像从树上摘梨一样仅仅根据外部环境评估就能得到外部环境的

真实情况。相反，外部环境是一个需要认真考虑、有时又不可预测的主要因素。有时候外部条件意外地改变了，所有预想战略也就变得毫无用处。还有些时候，环境非常不稳定，以至于无法制定出适用的预想战略。还有一些情况是"战略执行者们"在抵制预想战略的实施，其中一些是思维狭隘的官僚主义者，他们拘泥于传统方式，以致即使看到好的新战略也无动于衷；还有一些具有正义感的人们，尽管他们都是领导者，还是希望服务于组织，例如，他们可能是最先意识到预想战略不能实现的人，他们意识到组织不能够执行预想战略，或者即使执行了也会因为预想战略不适合外部条件而宣告失败。

在战略制定和战略执行真正区别的背后，存在一些大胆的假设：不论在目前还是将来的一段时期内，我们总能了解环境，或者是由最高管理层直接了解的，或者是通过某些渠道反映给高级管理人员的；环境本身是相当稳定的，或至少是可以预测的，这一点足以保证当前制定的战略在执行过程中仍然可以适用。至少在一些情况下，如果你相信"世界正变得越来越混乱"的论断，那么你会认为上述的某个或所有的假设都是错误的。

在一个不稳定、复杂的环境当中，战略制定和战略执行在下面两种情况下没有什么区别。"战略的制定者"必须去执行战略，同时"战略的执行者"也必须制定战略。也就是说，思想和行动要紧密联系在一起协同前进。一种情况是，战略思考者紧紧控制着随后的行动，就像前面指出的那样，这是企业家进行战略制定所采取的一种极具个性化的方法（在第 5 章将会谈到），而这种方法有被从设计学派中清除出去的趋势；另一种情况是，当情况复杂到仅凭一个人的头脑无法理解时（如在高科技企业或医院当中），战略就必须在集体基础上制定出来，"战略的执行者"在制定战略的同时，也正是组织进行学习的时候。

通过这些讨论，我们可以厘清思想与行动之间所有的可能关系。在思想领先于行动并且指导行动的情况下，战略制定和战略执行的脱节将或多或少地存在下去，如同设计学派模式中的那样。但在另外一些情况下，特别是在环境发生重大意外变化期间或之后，思想必须与行动保持密切联系，"学习"将成为一个比"设计"更有利的方法。这样，思想与行动之间各种可能的相互作用都将显现出来。的确，预想战略存在着，但已实现的战略也存在着，在这里，像"制定"和"执行"这样的词一定要慎用，就像要慎用设计学派的战略形成模式一样。

我们对这些评论做出如下结论：设计学派似乎是没有缺点的模式（因为它是纯粹的"告知想法"），但实际上这些模式却包含了一些关于组织能力和组织领导人的虚妄的假设，在一些普通条件下，这些假设有的整体被推翻了，有的部分被推翻。我们从"设计"一词的真正内涵中就可以看出这一点，"设计"一词在英文中既可以做动词也可以做名词，通过设计这一过程产生设计这一结果。我们在此所讨论的设计学派主要关注过程而不是结果。但我们一直认为设计的过程和结果之间存在着内在的联系：战略是一项需要伟大设计师参与的伟大设计。

但是，在制定战略的过程中，没有通向真理的最佳道路，事实上，根本就不存在这样的路。随着本书各个章节的进一步讨论，我们将发现，有越来越多的理由让我们对设计学派及其他学派的各种限制性前提提出质疑。

设计学派的适用环境及其贡献

我们并非全盘否定设计学派，而是要否定该学派中具有普遍性的假设，因为这些假设试图使设计学派的模式成为制定战略的"最佳方法"。特别需要指出的是，我们抛弃了设计学派的某些模式，这是因为在不确定的条件和复杂的情况下，在战略形成过程中必须强调学习，尤其是集体学习。我们也摒弃了那些趋向于把对经营活动的肤浅理解运用到战略形成过程中的模式。

下面我们专门讨论促使组织运用设计学派模型的四个条件。

（1）**原则上，一个人的大脑就能处理与战略形成有关的所有信息**。组织有时候确实需要进行重大的设计：一位综合能力高超的首席执行官就能全面负责战略设计过程。当情况相对简单时，一个人的大脑可以掌握所有相关的知识点。

（2）**大脑能够获得与战略形成相关的所有完整、详细、一手的知识**。只有保持与组织的充分接触并且了解组织过去的经历与现实状况，战略家才有可能积累这些知识，才能够深层次地了解组织的发展。我们可能还要强调一点，战略家必须真正融于组织之中才能真正了解组织。

在此，必须指出案例教学法教育人们采取正好相反的行动：鼓励人们对一无所知的情况进行快速反应。不幸的是，类似于案例教学法的行为也常常出现在管理实践中，比如高高在上的首席执行官简短有力的报告、流动顾问迅速提出的解决方案以及定期举行流于形式的经理例会。实际上，设计学派的战略形成模式需要的是一位用相当长的时间积累了丰富的一手经验的战略家。

（3）**在执行新的预想战略以前，必须具备相关的知识。换言之，环境应保持相对稳定或至少是可以预测的**。战略家不仅要了解相关的知识，而且必须清楚应该获取哪些方面的知识，并且在组织的行动开始之前就完成个人的学习过程。换言之，在某种程度上，战略家必须掌握构思某个预先构想的战略前景所需的知识，这将同后面的战略执行息息相关。简单地说，世界必须保持稳定，或者战略家必须具有预测未来变化的能力（但这其实是一个很苛刻的要求）。当然，没有人能够永远预测未来，世界的变化也不可能正好迎合一种独特的战略制定观点。所以，我们能够得出这样的结论：如果世界能够迎合这种独特的战略制定观点，那么设计学派的模式将会发挥很好的作用。

（4）**组织必须能够接纳一种中心枢纽式的战略**。组织内的其他人必须愿意服从核心战略家的安排，他们也必须有时间、有精力并有能力去执行一个非常明确的战略，当然，他们还必须具有执行这一战略的愿望。

这些条件勾勒出了一个很清晰的环境，在这个环境中，设计学派的模式能够很好地发挥作用，可以这么讲，这正是设计学派所适用的环境。上述环境就发生在一个需要对组织重新定位，需要对组织战略重新定义的情况下，或者至少是发生在以下两种情况下：第一，环境发生了重大的变化，该变化使得组织原有战略的效果严重降低；第二，组织即将面临一个新的稳定状态，该稳定状态支持一种新的战略观念。也就是说，设计学派模式似乎最适用于那些正经历重大转折的组织，该组织正从环境变化的阶段进入一个运营稳定的阶段。当然，也有聪明的管理人员尝试为那些环境没有变化的组织引入一个更好的战略，但是大多数"聪明"的管理人员都误入了歧途，这就需要"智慧"的管理。

设计学派模式还有另外一个适用的环境，就是那些新的组织，因为它们必须对组织的发展方向有个清楚的认识，以便与那些更完善的对手竞争（否则就需要避开竞争对手的直接影响）。这一战略的最初想法通常来自具有远见的企业创始人，而这实际上使我们更加接近于企业家学派（后面我们将看到，该学派获益于其不甚规范、更依赖于直觉的过程）。当企业家专注于初始战略构想时，汉布里克和弗雷德里克森在 2005 年指出，使命、目标必须和战略过程区分开来，在这种情况下或许确实有道理，但在复杂的战略实践或更加多元化的组织中未必正确。

结论：在批判设计学派的模式时，或许我们也应当注意保护设计学派。尽管设计学派模式的应用具有很大的局限性，而且通常被过分地简化，但是，设计学派"告知想法"的观点所做出的贡献，意义是深远的。设计学派发展了一些可以用于讨论高级战略的重要术语。这些术语提出了一个核心观点，即战略就是在外部机遇和自身能力之间保持基本平衡，该核心观点也是构成战略管理领域中说明性学派的基础（Venkatraman and Camillus，1984）。安德鲁和他的哈佛同事清楚地界定了匹配的最初概念，后来的研究者又发展了这个概念，认为匹配是转化为适应性的动态过程（Zajac et al.，2000）。因此，设计学派对那些将战略的主要活动看作组织与环境契合的观点产生了持续的影响（Venkatraman and Prescott，1990）。不管设计学派模式的具体前提条件有多少是错误的，这些重要的贡献依然存在。

第 3 章

计划学派

战略形成是一个程序化过程

"我非常喜欢成为一名哲学家，因为这样就不必弄脏双手。"

　　我躺在温暖的床上，突然，我成了计划的一部分。

　　　　　　　　　　　　　　　　　　　——伍迪·艾伦，《影与雾》

　　20 世纪 70 年代，学术期刊和流行商业出版物上发表了几乎数以千计的宣扬正式"战略规划"优点的文章。从某种意义上讲，这些文章之所以获得巨大的成功，是因为它们向管理者的头脑中灌输了战略形成过程中某种必要的内容。而这种必要的内容是超前的、先进的，管理者都期望自己拥有更多的时间去了解它。

计划学派的核心思想与管理教育、大公司的经营活动以及政府实践活动（大量的正式流程、正规培训和正式分析等管理活动）的整个流行趋势相吻合。战略应该由受过良好教育的计划人员来制定，或者由那些和首席执行官直接接触的一些专业战略规划部门来制定。战略管理是一个正式的研究领域，因此，各种以"战略管理"为名的教学课程和学术会议纷至沓来。

事实上，计划学派和设计学派产生于同一时期。计划学派最具影响力的书是伊戈尔·安索夫（H. Igor Ansoff）所著的《公司战略》（*Corporate Strategy*）。如同哈佛的其他学术著作一样，这本书出版于 1965 年。但是，计划学派与设计学派的命运却大相径庭。在 20 世纪 70 年代，尽管计划学派对战略管理实践活动的影响不断加强，但是，该学派的停滞不前严重削弱了这种影响力。现在，尽管计划学派还没有消失，但是作用却远远不如以前了。

问题出在，战略规划的相关文献数量增加了不少，但质量却根本没有提高，源自设计学派基本模式的一套基本观点被反复引用。但是计划学派的推崇者们并没有宣扬那一套观点，而是宣扬这样一种观点：组织的任务就是从事某种必要的战略规划，而"阻碍"组织从事战略规划的首要原因就是高级管理者不够重视战略规划。

在这些文献的作者看来，战略规划不只是战略形成过程中的一种方式，还是决定战略形成过程的一种指导思想。与此同时，没有任何研究是探讨战略规划如何作用于实践的。彼得·洛朗热试图通过实证研究调查分析"那些进行长期正式战略规划的公司"（Peter Lorange，1979：226）。他引用了三十多份实证研究结果，这些实证研究的调查问卷是为了证明战略规划是有利于公司的，结果多数得到了证实。有关战略规划的深入研究都是在计划学派的指导下进行的。

本章首先讨论了战略规划的基本模式，然后总结了计划学派的主要前提条件。在讨论完计划学派的最新进展后，我们对计划学派进行了评论。最后，我们对计划学派的适用环境及其对战略管理的贡献做出了评价。

战略规划的基本模式

事实上，存在着几百种不同的战略规划模式。每一本关于战略规划方面的教科书、每一家知名的战略咨询公司都有自己的战略规划模式。但是，大多数战略规划模式都具有一个相同的基本思想：采用 SWOT 模式，将 SWOT 模式分解成清晰的步骤，运用大量的分析材料和分析技术来完成每一个步骤；每一个步骤开始时，要特别重视目标的确定，每一个步骤结束时，要特别重视预算和经营计划的评估。当然，一般有一个到几个图表来说明上述整个流程。例如图 3-1 是一幅总结性的图，摘自乔治·斯坦纳（George Steiner）所著的《顶级管理规划》（*Top Management Planning*，1969）。下面我们将逐个分析这些主要的步骤。

目标确定阶段

设计学派的倡导者们没有去研究设计学派所体现出的价值大小，而是尽可能地发展详细说明组织目标或者量化组织目标的过程（通常用数字形式表示组织的目标）。不幸的是，这引起了相当大的混乱。在计划学派内流行的一本著作《战略管理》中，申德尔和霍弗提出了一个观点："将目标和战略制定任务分离的那些战略规划模式与那些把二者结合起来的模式是有区别的。"（Schendel and Hofer，1979：16）碰巧的是，计划学派总是试图将目标从战略制定中分离出来，而设计学派的人却很少这么做。但令人失望的是，像安索夫（Ansoff，1965）这样的计划学派大师也把"生产线扩建"和"合并"列入他的目标清单。同样，杰出的计划学派学者彼得·洛朗热则认为"目标"就意味着战略。设计学派的倡导者们会很乐意地告诉你：很难用一种形式表示出组织的价值或目标。这可能就是为什么那么多所谓的战略规划不过是目标量化的原因，而目标量化则可以看作某种控制战略规划的手段。

外部审查阶段

和设计学派的模式一样，目标一旦确定，接下来的两个阶段就是分析组织内外部环境。为了更正式地表述这种规划过程，我们把这两个阶段称为审查阶段。

对组织外部环境进行审查的一个重要内容就是预测未来环境。由于缺乏对环境的控制能力，计划人员长期以来一直重视这种预测，这是因为无力预测就意味着无力制订计划。因此"预测和准备"（Ackoff，1983：59）成了计划学派的座右铭。人们提出了详细的审查清单，该审查清单包括每一种可能想到的外部因素；人们也开发了大量的分析技术，既包括像动态平均数这类简单的分析

㊀ "第一阶段是目标确定阶段，它主要是确定相关的战略选择方案，即企业作为一个整体及其所属单位前进的战略方向及目的地。"（Peter Lorange，1980：31）

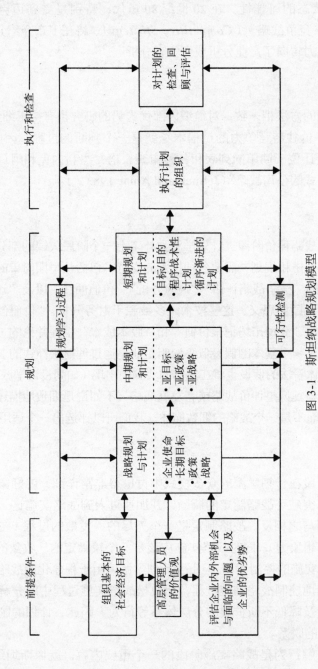

图 3-1 斯坦纳战略规划模型

资料来源: Steiner, 1969: 33.

技术，也包括特别复杂的分析技术。方案制订在最近几年特别流行，它试图预测组织下一个状态的可能性。在 20 世纪 80 年代，特别是受到迈克尔·波特1980 年出版的《竞争战略》（*Competitive Strategy*）（将在下章介绍）一书的影响，人们将注意力转向了产业分析或竞争者分析。

内部审查阶段

同制订计划的方法相一致，对组织内部优劣势的研究也有待于细致的分解。但可能是因为评价独特竞争力的过程本身就是一个判断的过程，因此在这里，正式技术通常要让位于简单的列表和各种审查表格，杰利内克和阿马尔把它们称为"洗衣清单式的公司战略"（Jelinek and Amar 1983：1）。

战略评价阶段

在接下来的战略评价阶段，计划学派弥补了上一个阶段欠缺的部分。因为评价过程需要精心安排和规划，需要各种技术的支持，包括从早期简单的投资收益率到最近涌现出的"竞争战略评估""风险分析""价值曲线"以及"计算股东价值"等各种技术。顾名思义，这些技术大多数源于财务分析。"价值创造"已经成为计划学派中与"公司市场记录价值"和"股本成本"相提并论的一个流行的专有词汇。在此，一个基本的假设似乎说明企业是通过理财来挣钱的。另外一个关于评价过程整体看法的假设也将在我们的头脑中出现（如同设计学派那样）：在特定的情况下，与其说是评价战略或者发展战略，不如说是细致地描述战略。经过对若干个战略而不是一个战略的细致描述，我们可以评选出一个适用的战略。

战略实施阶段

战略实施阶段在计划学派的众多模式中讨论得非常详细，就好像战略规划过程已经一下子突破了战略制定的瓶颈，并加速进入到战略实施这一广阔的空间中。但事实却与之相反。战略制定是一个无尽的、发散的过程（在这个过程中可以自由发挥想象力），同时战略实施应该是一个较稳定的、收敛的过程（将新战略置于战略实施的控制下）。但由于计划学派偏重于程序化的战略，因此该学派会更加严密地控制战略制定过程，而放松战略实施过程中的分解、细致描述和理性分析以及降低不断扩展的分层体系等行为。因此，计划的制订与计划的控制有着必然的联系。

很明显，分解行为是战略实施阶段的一个重要内容。就像斯坦纳所说的，"所有的战略都必须被分解成可以成功执行的亚战略"。（Steiner，1979：177）

因此，战略实施产生了一整套的分层体系。人们相信这种分层体系存在于不同层次和不同时期的观念中。长期（通常为 5 年）全面的"战略"计划处于最上层，之后是中期"战略"计划，它又为下一年提供了短期经营计划。与战略计划体系并行的有目标体系、预算体系、亚战略体系（计划学派通常把公司、企业和部门看作位置而不是观念）和行动安排体系。

最后，包括目标、预算、战略和程序在内的整个工作被组合成一个经营计划体系，这个经营计划体系有时被称为"总规划"。不用说，这种经营计划体系是十分细致的，就像图 3-2 所示的那样（该图表示的是斯坦福研究院广泛宣传的"计划体系"）。

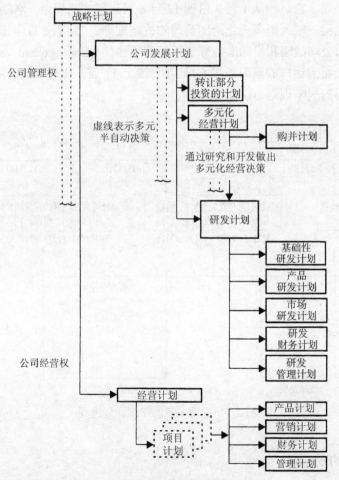

图 3-2 斯坦福研究院提出的计划体系

资料来源：Figure Courtesy of SRI International.

　　所有战略执行过程的共同点就是制订计划。但是就像上面所提到的,目标通常处于受控状态。组织中某个具体的实体如分公司、部门、分支机构或者个人经常按规定控制着每个预算目标、子目标、执行计划和行动步骤。

规划整个过程的时间表

　　不仅需要列出整个过程制订计划的步骤,还需要规划出一份执行这些步骤的时间表。斯坦纳在 1979 年出版的一本书中,在整个模式的前面加入了被称为"计划的计划"的第一步。图 3-3 描述了这一过程(根据规划过程的大纲进行描述),这个过程在 1980 年被通用电气公司使用过,通用电气是最著名的使用战略规划的公司,它每年从 1 月 3 日到 12 月 6 日进行战略规划。洛朗热和范塞尔曾这样评论另一家大型多元化跨国公司的战略规划:"到了 6 月中旬,最高管理层都已经为公司战略和目标准备好了详尽的陈述。"(Lorange and Vanil,1977:31)人们会看到这样的画面:在 6 月 14 日晚上 11 点,执行官们还围坐在桌旁,为完成他们的战略规划而拼命工作。

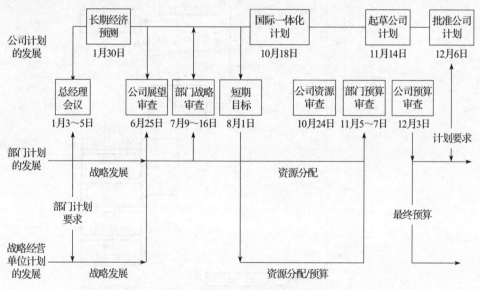

图 3-3　通用电气的年度计划过程

对体系的分类

　　把所有这些总结到一起,你就会得到一个全面的战略规划模式。但是这个模式能够分解吗？图 3-4 所示的是这个模式主要的构成部分——四种体系：预算体系、目标体系、战略体系以及程序体系。图中有一条自上而下的粗线，它代表了制订计划的"分界线"。

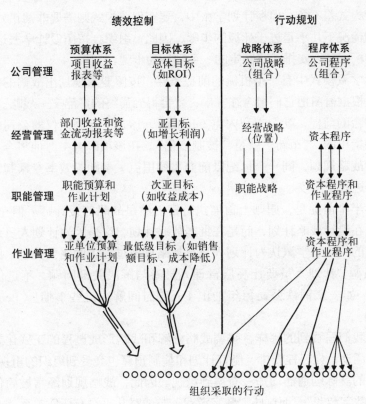

图 3-4　四种计划体系

资料来源：Mintzberg，1994.

一边是行动规划类的战略和程序，它们和事前的决策相关，目的是促进行动；另一边是绩效控制类的目标和预算，它们是用来在事后评价行为效果的。

这个全面展开的模式告诉我们：目标推动了战略的制定，又促进了程序的运作，同时为了实现对组织的控制，目标又会影响预算。绩效控制和行动规划这两大类之间似乎有着某种联系，问题是这种联系是否真的存在，如果这种联系不存在，那么"战略规划"还能简单地归结为绩效控制类常见的"数学阵"，还能作为行动规划类临时决策的资本预算吗？

计划学派的前提

除了对设计学派中的一个半前提持保留意见外，计划学派认同该学派大多数的前提条件。但这些前提条件在计划学派中又极为不同。就像我们了解的那样，尽管模式差不多，但在计划学派中，要实现该模式则需要非常正式的步骤，在极端的情况下几乎是过于死板的步骤，因此，组织会按照设计学派这种简单、非正式的模式精心安排战略制定的一系列行动步骤。

设计学派模式中有一个机械的前提条件：按照要求规划出战略的每一个组成部分，根据蓝图把它们组合在一起，就会得到最终的产品——战略。换言之，分析是综合的前提，就像杰利内克（Jelinek，1979）在德州仪器公司的战略规划研究中指出的："革新"就是"被制度化"。在该项研究中，他将今天计划人员所做的战略规划，同一个世纪以前弗雷德里克·泰勒等效率专家制订的工厂工作计划进行了比较。

另外半个前提是，原则上首席执行官仍然是战略的设计师。但在实践中，他们不是在设计战略计划，而是在批准战略计划。这是因为计划人员是和计划一同出现的，计划学派认为计划人员是战略形成过程中的主要角色。因此，有一本书强调"计划人员要让高层管理人员参与解决关键问题，不过仅限于关键问题"，如一家钢铁公司每年抽出4天的时间解决这些事情！（Pennington，1972：3）

就像我们已看到的那样，强调战略分解和战略形成过程的正式化就意味着许多经营活动，如日程安排、制订计划和编制预算也会受到组织的重视。相反，有关战略的实际创造活动却没有得到重视。因此，战略规划经常被简化为绩效控制的"数字游戏"，而这些"数字游戏"与战略几乎没有任何关系。

对计划学派的前提总结如下：

- 战略产生于一个可控的、自觉的正式规划过程，该规划过程被分解成清晰的步骤，通过审查清单的方式，每个步骤都能得到详细的描述，并利用各种分析技术来完成。

- 原则上，由首席执行官负责整个战略形成过程；实际上，战略实施由全体计划人员负责。

- 由正式的规划过程得到的战略应该被明确地制定出来，以便通过详细的目标、预算、程序和各种经营计划来执行。

最新进展

有很多文献已经对上述模式展开了讨论，但关于这些模式的探讨还存在其他新的研究进展——计划学派模式的前提条件更加注重应用。在此，我们专门就方案规划、实物期权和战略控制这三个方面展开讨论，此外，本书其中一位作者评论了计划人员所起到的作用，我们将对此进行总结（关于利益相关者规划和文化规划等其他进展，我们将在权力学派和文化学派中展开讨论）。

方案规划

如波特（Porter，1985：481）所说，方案是"战略家的兵工厂"中的"武器"。方案的基本假设是这样的：如果你不能预言未来，那么就应该预测未来的各种可能，开阔你的思路，这样才能判断出正确的未来。

皮埃尔·瓦克（Pierre Wack，1985）在一篇文章中描述了皇家壳牌公司的一次方案规划活动，这次规划活动准确地预言到 1973 年世界石油价格将大幅上涨。瓦克介绍了方案规划的复杂性和细致性，方案规划所依赖的是判断而不是简单的正式分析，用他的话说就是"少依靠数字，多依靠洞察力"（84）。自从瓦克的这篇文章发表之后，人们对方案规划产生了浓厚的兴趣。

计划人员的时间是有限的。他们需要足够多的方案来描述所有可能发生的重要事件，但计划人员只能有效地处理少数事件（事实的确如此）。因此，带来的问题就是计划人员应该如何处理这些事件：是处理最可能发生的事件，还是处理最有利的事件？或者采用灵活的战略，同时处理这两者？（Porter，1985）现在对计划人员也出现了这种要求，即要求他们改变管理观念，使之更加适应既定方案的规划，瓦克很关注这个问题。尽管改变计划人员的管理观念比制订具体方案更费神，但仍然值得那样做（84）。

> 世界在不停地变化着，管理人员应该对这个崭新的世界形成共同的认识。否则，分散的战略决策将导致管理混乱。方案规划向我们传达出这样一种观念：它能够使管理人员对组织内各部门新的变化情况形成共同的理解。（89）

尽管任何一个方案规划都不可能应用得十全十美，但计划人员拓宽了他们的管理观念，这样，整个方案规划活动也就可以被看作一种具有激励作用的创造性活动。基于这个方面，我们应该认为计划人员是在努力制订方案而不是制订计划，因为制订方案的目的与其说是将战略决策正式化，不如说是改进战略决策。在专栏 3-1 中，劳伦斯·威尔金森在情境规划分析上做了详尽阐述。

专栏 3-1

如何构建情境

　　在天气多变时，未雨绸缪。

　　能够帮助在不确定条件下做决策的任何事都是有价值的，情境规划就是其中一个。越来越多的企业经理开始使用情境规划法来更有效地做出艰难的重大决策。情境规划分析不仅对高层有用，而且可以让普通人获益匪浅。

　　情境规划方法源于观察，在不可精确预知未来的情况下，好的决策或战略就是在多种可能的未来情境中不错的那个。为了能找到"稳健"战略，会设想多个情境，而且情境之间有着明显不同。这些情境集合，本质上是关于未来的特别建构的故事，每一个故事都塑造了一个独特的、貌似真实的世界——有可能某一天我们会在这个世界中生活和工作。

　　然而，情境规划的目的不是准确描述未来事件，而是强调如何建构面向未来不同方向的强大驱动力。情境规划要做的就是让这种驱动力清晰可见，当它们真的发生时，规划者至少能够识别出来。在今天，情境规划法有助于更好地决策。

　　这听起来有些晦涩难懂，但正如我的伙伴彼得·施瓦茨经常说的那样："情境规划法总归不是门像火箭科学那样的学问。"对此他深有体会，尽管在20世纪70年代，他帮助开发了情境规划技术，但他本质上还是一位火箭专家。

　　情境规划法从识别焦点问题开始。关于未来的故事，我们可以讲很多，我们要讲那些对决策至关重要的故事。因此，首先需要我们在试图解决的问题上取得一致。有时候问题非常宽泛，有时候问题也会非常具体。不管怎样，重点是对问题要达成一致，这个问题可以作为后续情境规划过程中相关性测试的标准。

　　鉴于情境规划法是理解塑造未来动态力量的一种方式，接下来我们将尝试识别手头工作的首要"驱动力"，这些驱动力大致可以分为四类：

　　（1）社会问题——定量类的人口问题（十年后青年们会有怎样的影响力）；定性类的像价值观、生活方式、需求或者政治影响等相关软性问题（人们是否会厌烦网上聊天）。

　　（2）经济问题——影响经济整体状况的宏观经济趋势和驱动力（国际

贸易流程和汇率会怎样影响薯片的价格）；微观经济驱动力（我的竞争对手会怎么做，行业结构会如何变化）；公司层面的工作驱动力（我们能否找到需要的熟练工）。

（3）政治问题——选举（谁将会成为下一任的主席或总理）；立法（税收政策是否会改变）；监管（联邦通信委员会是否会放松对无线电频谱的管制）；诉讼（法庭是否会解散微软）。

（4）技术问题——直接的（高速无线带宽将如何影响有线电话）；可能的（X 射线光刻技术是否会带来下一次芯片革命）；间接的（生物技术是否会导致"身体黑客"更容易实现，是否会和更传统的娱乐模式竞争）。

资料来源：Wilkinson，1995.

实物期权

情境规划法对于探索未来是很有用的，但是在回答组织应该重点关注哪些情境时，情境规划法的分析就显得模糊不清了（Cornelius et al.，2005）。深化情境规划法最简单的方法就是采用 SWOT 模型评价每一种情境。然而，正如之前提到的壳牌公司在 1973 年石油危机前的案例，这种方法本质上是防御性的，即组织寻找各种威胁，然后采取措施去降低劣势，同时对可能出现的机遇做好准备。对于很多规划专家来说，这种方法是反应性的，且不够强有力，因为管理者们会倾向于采取先导性行动而不是坐以待毙。所以，在得知情境后，管理者们通常就会问其对成本和收益的确切影响，这显然是情境规划法解决不了的。

为了解决这些局限性，情境规划专家们越来越关注"实物期权"理论。管理领域的实物期权相当于金融领域的期权理论（Trigeorgis，1993）。在金融市场，期权是一种合约，规定了期权持有人在未来特定时间内以特定价格买卖某一资产（如股票）的权利。期权持有人并不是一定要购买或出售这些资产，他们只是在将来的某个时候有权利这样做，隐含的条件就是他们获取这种权利需要支付与该权利带来的收益相匹配的费用。在金融市场，期权价值可以通过反复论证的成熟公式来计算，但在管理领域，期权价值尚未找到好的计算方法。

实物期权将这种逻辑引入管理行为世界，这里所说的期权不是股票的期权，而是投资的期权（Dixit and Pindyck，1995；Trigeorgis，1990）。当检验一种情境时，管理者们通常想要知道要利用情境需要投资什么（McGrath and MacMillan，2000）。一旦投资额计算出来，下一步就是决定是否继续投资。通常来说，管理者要么对该行动方向全身心投入，要么全盘否定。实物期权提供了第三种选择：管理者们可以买入行动方向的期权，而又无须全身心投入（Amram and Kulatilaka, 1999）。例如，一个能源公司想建造风力涡轮机，可能会向地主购买在其土地上建造风力涡轮机的权利。如果将来该公司建了风力涡轮机，则按照承诺支付费用。另一个有趣的例子发生在电影行业，制片人经常给编剧一定的费用，以确保该剧本一旦完成便有"第一个阅读"的权利。如果完成的剧本前景很好，购买了这种期权会让制片人在竞争中处于有利地位。

实物期权理论能和计划学派很好地匹配：它是分析性的、前瞻性的，是在解决一般管理问题的方法论基础上建立起来的。然而，这个理论在实践运用中还存在许多困难。首先，很多管理决策并不会受到期权选择的影响。例如，在推动激进式创新时很难采用期权：要么承担创新失败的全部风险，要么相反（Garud et al., 1998）。其次，在技术层面上来说，实物期权的估价没有财务中期权估价的成熟方法。实物期权估价缺乏可靠的系统，最终都是人的主观判断（van Putten and MacMillan, 2004）。最后，对于界定好的投资议题或渐进式技术变革来说，期权判断通常是可靠的，但这也面临预测家们普遍存在的难题，即如何解决不确定和快速变化情境下的期权问题。

战略控制

战略控制是一个让人越来越感兴趣的课题。其中，最重要的研究课题就是关于战略本身的控制。战略控制就是保证组织按计划好的战略路线发展，西蒙斯把战略控制称为"控制论的视角"（Simons, 1988: 2）。事实上，我们将在对计划学派的评论中提出这样的观点：大量被称作战略规划的东西其实就是战略控制。另外一个观点是将战略控制看作一种审查和接受可选战略的手段。

在古尔德和坎贝尔（Goold and Campbell, 1987）合著的《战略与方式：管理多元化公司中总部的作用》一书中，他们把战略控制看作大型多元化跨国公司总部可采用的三种战略决策方式之一：

（1）**战略规划**。在这个过程中，总部参与各个经营单位的众多战略决策（把公司看作一个整体）。这种方式和计划学派一致，总部是公司的管理者，通过细致的分析，总部将决定资源在经营活动中的调配和再分配。

（2）**财务控制**。在战略形成过程中，总部和公司机构很少介入这种方式中。在这种情况下，责任被转给公司内的各个经营单位。总部主要通过短期预算实现财务控制。

（3）**战略控制**。这是一种混合型的方式，它关系到经营单位的独立和公司利润的提高。公司分部负责规划战略，但是战略最终要由公司总部批准。总部通过"审查规划的方法验证战略是否合理，找出不足，推动下属部门提高制定战略的水平"（Goold and Campbell，1987：74）。一旦总部批准了一项计划或者预算（预算的财务目标在专门的预算编制中确定），它就会根据不同的战略阶段监控诸如市场份额和预算这样的经营绩效（75）。

古尔德等人（Goold et al.，1994）最近将多元化经营战略比作"父母养育不同的子女"，并进行了深入研究：家庭成员的角色各不相同，如父母（总部）和孩子（分公司）。当然，这个比喻不是无所映射的：它传达了总部控制分公司的一些信息。

父母通过控制和约束的方式，平衡对孩子的批评和奖励。我们必须承认企业（孩子）会随着时间成长起来，早期，企业与总部之间的这种良好关系可能会随着企业的成长而需要改变。企业（孩子）想知道它们在父母眼中处于什么样的位置，包括什么是好的行为、什么是坏的行为。在建立一个企业（孩子）之间友好还是敌对的家庭环境中，父母起着重要的作用。（1994：47）

在另一篇文章中，古尔德和奎因提供了一些证据，这些证据表明："实际上很少有公司采用正式、明确的战略控制手段（来监督战略形成过程以保证战略规划的实施），同样很少有公司将这两种手段融入它们的控制体系。"（Goold and Quinn，1990：43）古尔德和奎因提倡"一种对战略控制更广义的理解，这样在理解实际结局和计划结局之间就会存在不同，这种不同就会导致个体行为的调整以及对计划本身的假设提出疑问"（46）。他们调查了英国最大的200家公司，"发现只有少数公司（11%）主张采用"古尔德和奎因称之为"成熟体系"（47）的战略控制体系。

但仅凭这一点就可以了吗？我们还需要评价那些已实现的战略执行中的成功因素，并且有必要检查这些深思熟虑的战略是否实现了。但是对那些没有经过计划但实现了的战略（称为涌现的战略）的评价又会怎样呢？

换言之，战略控制必须拓宽控制范围，超越战略规划。并不是只有经过深思熟虑之后的战略才是有效的战略。如图 3-5 中

| | 预先构想的战略实现了吗？ | |
	是	否
已实现的战略都成功了吗？ 是	深思熟虑的战略成功了（为理性而欢呼）	涌现的战略获得成功（为学习而欢呼）
否	深思熟虑的战略失败（有效但不行）	全部失败（重新开始）

图 3-5　拓展战略控制

资料来源：Mintzberg，1994：360.

的矩阵所示：自发战略同样也是一种有效的战略，而且很多有效的深思熟虑的战略也会是灾难性的战略。这种灾难性的战略主要是由组织而不是战略规划引起的。

罗伯特·西蒙斯（Robert Simons，1995）所著的《控制的层次：管理人员如何利用控制创新系统推动战略更新》一书就是研究战略控制的问题，这本书的观点和上述分析的观点相一致。西蒙斯把管理控制系统定义为一种"正式的、以信息为基础的组织常规，它是管理人员用来维持和更改组织活动模式的程序"（5），并分析了管理控制系统包含的四种体系：信念体系——"为组织提供价值观、目的和方向"（34）；边界体系——确定了行为的界限；诊断控制体系——更加系统化的反馈体系，能"确保预定目标的实现"（59），是"战略实施的工具"（90）；交互控制体系。

诊断控制体系在管理控制过程中广泛存在，但西蒙斯认为，管理人员应尽量忽视它，而更多地重视交互控制体系。两者相比，交互控制体系"促进了组织的研究和学习，允许新战略作为参与者出现在整个组织中，同时这些新战略对可感知的机会和威胁能够进行响应"（91）。出于特殊考虑，高层管理人员往往会选择一种交互控制体系，"使他们能够定期地融入下属的决策活动中"（95）。

西蒙斯研究了美国30家保健品生产企业，确定了五类这样的交互控制体系：项目管理系统、利润规划系统、品牌收入预算、情报系统（收集和发布外部环境的信息）以及人力开发系统（关于职业规划或目标管理等）。这些体系"推动并影响了新战略的出现"。

这些体系和组织战略密切相关，而该战略可以看作一种行为模型。在企业层面上，即使组织没有正式的计划和目标，但运用这些体系的管理人员却能保持一致，开展创造性的研究过程。多变的日常行为和创造性的实验可以建立起一个统一模型，来对付战略中不确定的因素，并且经过时间的推移，这种模型可以成为能够实现的战略。（155）

计划学派的新困境

战略计划在20世纪80年代初陷入困境，那时许多公司减少了战略计划活动。最引人注目的是通用电气公司取消了战略计划，并对此"写了一本具有纪实性的书"（Potts，1984）。

1984 年 9 月 17 日,《商业周刊》的一篇封面文章描述了计划学派遇到的这些困境。"在过去的十多年里,战略计划几乎决定了美国企业的发展前景,但现在战略计划人员的主导地位可能就要结束了,"《商业周刊》提到,"由计划人员在想象中规划出的完美战略很少得到成功的执行。"《商业周刊》指出这次剧变是一场"计划人员和管理人员之间的血战"(1984:62)。这篇文章的主体内容就是关于通用电气公司取消战略计划的经历,因为该公司几乎一开始就使用了战略计划。

正如《商业周刊》这篇文章所讲的那样,20 世纪 80 年代初期,杰克·韦尔奇成为通用电气公司的主席和首席执行官后,不久就废除了战略计划系统。大家电业务部门(Major Appliances)的副总裁"脱离了这种将计划人员隔离的官僚体系",最终获取并控制了该业务部门的所有权(62)。到 1984 年,已经没有计划人员留在那个部门。

计划学派的新困境在早些时候就有征兆了。实际上,战略规划最热衷的支持者伊戈尔·安索夫在 1977 年就写道:"战略规划技术已经存在了将近 20 年,但当今大多数企业仍采用这种安全清晰的、具有预测性的长期规划技术。"(Ansoff,1977:20)他说这番话的时间是在其重要著作《公司战略》出版 12 年之后。1984 年以后,安索夫所提出的这个问题几乎不存在了。在本章所引用的《战略规划的兴衰》一书中,明茨伯格(Mintzberg,1994)就列举了一些反对战略计划的证据,这些证据包括了流行出版物所刊登的有关事件和从研究中获得的发现,这些事件和发现大多数都证明,大量的战略计划是耗资巨大但收效甚微的。专栏 3-2 列出了威尔逊的"战略计划的七大致命错误",总结了对战略计划过程不利的某些情况。

专栏 3-2

战略计划的七大致命错误

(1)**参谋部门执行整个战略计划的制订过程**。这种情况产生的原因一部分是首席执行官们创建了新的参谋部门来承担新的职能,一部分是参谋部门填补了由原中层管理者对新职责摸不着头脑所造成的管理空白,还有一部分是参谋部门过于自信并希望获得组织的控制权。结果,参谋部门的所有计划人员经常将企业经理们排除在战略计划过程之外,经理的职能只限于盖个章而已。

（2）**战略计划过程影响参谋部门**。计划过程中的方法变得越来越细致、复杂。参谋部门过分重视分析，却忽视了真正的战略洞察力……战略设想变得等同于战略计划……通用电气公司的首席执行官杰克·韦尔奇这样说："书本越来越厚，印刷越来越复杂，封皮越来越硬，绘图质量越来越好。"

（3）**战略规划系统实际上根本没有什么效果**。战略规划失败的主要原因是，否定或减小了经理的计划职能，经理的职能就是执行战略……一位经理愤怒地说出了经理们对此的普遍看法："运用矩阵的方法能够制定战略，那就让矩阵去实施战略吧！"战略规划失败的其他原因则是没有将战略规划系统和经营系统统一起来，从而导致战略不能推动组织经营。

（4）**企业的战略规划热衷于合并、收购和剥离等高风险的经营活动，但这不利于企业核心业务的发展**。这种现象之所以产生，一方面是因为时代的潮流，另一方面则是因为没有合理使用计划工具。

（5）**战略计划过程中，没有进行真正的战略选择**。计划人员和经理们通过最先"满意"的方式（如以一种可接受的方式满足基本条件）确定战略。但是，在进行决策前，他们并没有真正努力地去寻找或分析所有的备选方案。因此，公司大都是通过默认而不是选择来确定战略。

（6）**战略规划忽视了组织文化的要求**。战略规划重视组织的外部环境，却忽视了内部环境，而内部环境在战略实施阶段是十分关键的。

（7）**在组织重构或不稳定时期，基于单点预测的战略规划是不合适的**。但企业往往会制定基于单点预测的规划，而以方案为基础的战略规划在企业中则是非常少见的，不具有普遍性。基于单点预测的规划容易阻碍组织的发展而使其饱尝苦头，这种阻碍甚至是破坏性的……此外，战略规划还必须考虑组织的发展前景，而这种发展前景是基于实际情况不断变化的，企业可以采用"契机抉择战略"的战略规划。

资料来源：Wilson，1994：13.

计划人员对这些证据做出的回答包括：从计划学派的简单信念来看，"在有些情况下，计划可能达不到某种效果，但计划过程是不能抛弃的"（Steiner and Kunin，1983：15）；从各种形式的详细说明来看，计划人员提倡更加熟练的预测、利益相关者分析等。但是，计划人员的这些回答并不令人信服。人们最认同的回答应该是承认战略计划的一系列"缺陷"，特别是要承认在战略计划的过程中缺乏管理支持和适应该过程的一种组织氛围。

然而可以肯定地说，没有任何一项技术会与战略规划一样给予管理方面足够的关注。而且，去质问一种对规划充满敌意的氛围对于某些其他战略的制定是不是恰当的，这或许并不公平。那么与规划一致的氛围呢？它们对有效的战略制定是必不可少的吗？

就像我们在上面看到的那样，计划不仅妨碍中层管理者参与战略制定，而且也妨碍高层管理者参与战略制定（高层管理人员在战略规划这一过程中被回避）。你曾经见过这样的管理人员吗？在每年计划仪式上填完所有的表格后说："伙计，这真有趣，我真想再填一次！"

人们设计战略计划就是希望提高组织的稳定性，这些计划为组织指明了方向并使之平稳发展，甚至连战略规划这个过程也要求组织循序渐进地进行变革，同时应该制定一个短期的组织发展方向。要记住，计划是围绕现有组织产生的，如现有公司、经营和职能战略以及现有的部门（整个战略规划过程就是围绕它们进行的）。计划并不能轻易地改变这种部门分类，而这正是战略规划的真谛。当然，组织的所有管理活动也是围绕这些部门进行的，例如建立跨单位的特别工作组。但随着这种官僚制度的崩溃，"战略形成是一个正式的（即被计划好的）过程"这一观念也将被推翻。因此，我们就得出这样的结论，如哈佛经营管理学教授罗伯特·海斯所说："一线管理人员抱怨的不是战略规划的运行紊乱，而是其正常运行所带来的危害。"（Robert Hayes，1985：111）

战略规划的谬论

专家曾被定义为能避开所有重大错误的人。在此，我们特别分析了战略规划的三个谬论，在我们看来，这三个谬论组成了一个大谬论。我们希望明确一下我们批评的是战略规划而不是计划，是战略可以在一个组织正式化的过程中得到发展的观点（计划本身在组织中具有其他有用的职能）。

预测的谬论

为了进行战略规划，组织必须能够预测周围环境的变化，控制环境或者简单地假设环境是稳定的。否则，建立刚性的活动过程并在刚性的活动过程中制订战略计划，这是不明智的。

1965 年，安索夫在《企业战略》一书中写道："我们应当讨论这样一个时期，在这个时期内企业能够精确地预测未来，而 ±20% 这个精度可以作为企业的预测水平。"（Ansoff，1965：44）这是该著作中最突出的论点。但预测到底是如何进行的呢？

事实上，关于如何进行预测却是另外一回事。某些重复的模式（如季节性的）可以被预测，但预测领域内最著名的专家斯皮罗·马克里达基斯认为，实际上，人们不可能预测像技术突破和价格上涨这类不连续的事件（见专栏 3-3）。在他看来，"一般应付不连续事件的发生，除了提前准备和快速做出反应外"，"很少或者根本没有其他办法"可行（Spiro Makridakis，1990：115）。因此，对于战略规划来说，唯一的办法就是预测目前的环境并期望"最好"。不幸的是，这个"最好"的情况很少出现："两年或者两年以上的长期预测因不精确而臭名昭著。"（Hogarth and Makridakis，1981：122）

专栏 3-3

有趣的预测

"原子能可能会与我们现在使用的炸药一样好用，但它不会带来更大的危险。"（温斯顿·丘吉尔，1939）

"我认为：在全球市场，计算机只能销售 5 台。"（托马斯·J. 沃森，IBM 总裁，1948）

"X 射线是一个骗局。"（开尔文勋爵，1900）

"人类在 1000 年之内恐怕不能飞上天。"（威尔伯·怀特，1901）（Coffey，1983）

"南非报纸刊登这样一条消息：'天气预报应该在我们刚要出门时提供，因为天气状况难以预测。'"（Gimpl and Dakin，1984：125）

英国外交部某研究人员说："从 1903 年到 1950 年，我每年都会因爆发战争的可怕预言而焦虑不安，我每次都不相信这些预言，并且只失败过两次。"

战略规划不仅需要在战略制定之前进行预测，还需要在战略制定过程中保持不变。当进行战略规划的时候，外部环境必须保持稳定。还记得那个每年6 月 15 日制订的计划表吗？人们完全可以想象得出竞争对手们正在等待 16 日制订新的战略计划（尤其当竞争对手是日本人时，不要过分相信这些计划）。

应急战略不会出现在精心构思的计划表中。它们可能随时出现在一个灵活的组织中。如果说战略中有什么是不变的（把战略当作通向未来组织的计划和来自过去组织的模式），那就是战略制定意味着运用战略应付组织中的意外情况。

分割的谬论

就像前面提到的那样，玛丽安娜·杰利内克在《制度化创新》一书中提出了一个有趣的观点，认为战略规划对于执行官们就如同弗雷德里克·泰勒的工作研究对于工厂的布局一样重要。战略规划和工作研究都以人具有差异性作为出发点，以行为系统化作为目的。"计划和政策能通过管理系统得以实现，因为管理系统掌握了与任务有关的知识。"因此"真正的个性化管理和真正的政策导向在今天变成了一种可能，因为管理不完全体现在任务本身的细节中"（Marianne Jelinek，1979：139）。换言之，如果思考存在于管理系统中，那么它就应当从行动中分离出来，战略应该从经营（或"战术"）中分离出来，战略规划应该从战略实施中分离出来，战略家也应该从战略目标中分离出来。换言之，管理人员必须采取遥控的方式开展管理。

实现上述分离的诀窍就是集中相关信息，这样，那些"高高在上"的高层管理人员就不必纠缠于"底层"环节中，同样可以了解管理细节。这应当通过"硬信息"来完成。（所谓硬信息，就是组织及其环境的细节"在事实基础上的量化集合"，经过精心整理后便于随时使用。）这样，"头"（经理和计划人员）就能制定战略了，而所有的"手"则实施战略。

我们一直认为这些都是危险的谬论。并不是说被分离出去的管理人员和心不在焉的计划人员总是制定很差的战略，通常他们根本就不制定战略。你可能会发现，无论是组织内的管理人员还是计划人员，他们都缺乏制定战略规划的一种远见，执行官们正是按照战略规划所要求的那样脱离细节做事；相反的是，一个有成效的战略家并没有脱离日常细节，而是沉浸其中并从中得出战略启示。

很明显，硬信息有一个致命的弱点。如专栏 3-4 所示，硬信息通常是延迟的、空洞的和过于集中的。这也许解释了依赖于这种正式化信息（像会计报表、商业中的市场营销研究报告、管理方面的民意测验等）的管理人员，要想制定一份好的战略时，为什么会遇到那么多的困难。

专栏 3-4

硬信息的薄弱环节

我们相信，通过努力，战略管理人员能够不依赖计划系统，这是基于这样一个基本假设：战略管理人员可以通过正式渠道获得情报。他们将随意的话语、流言、推理、模糊的印象和事实整理成公司的信息，并将其硬化和集中，以易于理解的形式定期提供给公司。换言之，无论计划系统采用怎样的名称（"信息技术""战略信息系统""专家系统""综合系统"甚至"管理信息系统"），系统都必须依赖硬信息。不幸的是，这些系统所依赖的硬信息具有下列明显的缺陷。

（1）硬信息的范围通常有限，不够丰富，往往没有包括重要的非经济和非量化的因素。对于战略规划非常重要的大量信息，是不能转化成硬信息的，如顾客的表情、工厂的氛围和政府官员的语调，这些都可以成为管理者的信息，却不能成为计划系统的正式信息。这就是为什么管理人员通常会花大量的时间来发展他们的个人信息系统，构建交际和情报网络。

（2）在战略规划中，管理人员收集了大量的硬信息以便有效利用。为了减轻管理人员既要收集过多的信息，又要承受在一定时间内处理它们的压力，最有效的方式就是将这些信息集成。早在1980年以前，通用电气就给出了这种思维模式的优秀范例。通用电气首先引入了位于分公司和部门之上的"战略经营单位"（SBU），接着引入了位于SBU之上的"战区"。这样每一层级都可能提高信息集中的水平，以保证高层管理者迅速了解必要的信息。但问题是，在信息集中的过程中，大量的信息被删除了，而且常常是信息最本质的部分被删除了。六个"战区"集中的信息到底能够告诉首席执行官多少关于这个复杂组织的情况呢？只要树木之间不相互交错就能看到整个森林。理查德·诺伊施塔特研究了几位美国总统的信息收集方式，就像他所指出的："帮助总统看清个人利害关系的不是泛泛的信息，也不是总结和调查，不是这些平淡材料的混合物，而是……那些拼凑在总统心中可触摸到的零星细节，总统心中的这些细节能够清楚地反映出他所面对的问题的基本情况……总统自己必须担任中央情报所的主任。"（Richard Neustadt，1960：153-154）

（3）许多用来进行战略规划的硬信息获得太晚，以致无法在规划战略时发挥作用。信息的"硬化"需要时间：趋势、事件和绩效变成"信息"需要时间，将这些"信息"汇集成报告需要更多的时间，如果这些报告必须纳入预定的计划表则需要更多的时间。但战略规划又是一个主动的、动态的过程，它必须快速展开以应对外部环境对组织的直接影响；管理者不能在竞争对手已经把关键顾客抢走后，还在等待信息硬化。

（4）最后，有一部分硬信息是不可靠的。由于种种偏见，人们认为软信息是不可靠的。相反，硬信息应该是具体的、精确的，因为它们毕竟是通过电子系统来传输保存的。事实上，硬信息比软信息更不可靠。电子设备还没有启动，大量的信息就已经在量化的过程中被删除了。曾经规划出量化标准（在工厂可以是废品数，在大学可以是出版数）的每个人都知道信息的失真程度有多大，不管是有意的还是无意的。正如伊莱·德文斯（Eli Devons，1950：Ch.7）在对第二次世界大战期间英国飞机制造计划的精彩描述中所写的那样，尽管"武断的假设"产生于一些集中的信息，但是这种假设一旦被提出……它很快就会成为被"认可的想法"，因为经过理性的讨论，没人会认为它是错的……而且一旦这些假设被称为"统计资料"，那么它们就会得到《圣经》般的权威和尊敬（155）。

当然，软信息也可能被臆测和歪曲。但是，如果让市场管理人员在今天的谣传（有人看见一个重要顾客和竞争对手共进午餐）和明天可能的现实（丧失业务）之间做出选择，有谁会面对前一种情况而不采取相应的行动呢？而且，从一个满腹牢骚的客户那里听来的一段简单经历，也许要比那些市场调查的数据更有价值，这是因为市场调查数据只能提出问题，而前者才是这些问题的答案。在我们看来，尽管硬信息可以为组织的战略规划提供依据，但更主要的依据仍然来自大量的软信息。

资料来源：Mintzberg，1994：257-266.

有效的战略制定把行动和思考联系起来，行动和思考又将战略贯彻和战略制定联系起来。诚然，我们为了行动而思考，但我们也为了思考而行动。我们尽力将这些逐渐汇聚成能够形成战略的模式。这并不是无组织的个人的离奇行为，而是战略学习的真正内涵（De Geus，1988）。

这种战略规划方法承认了战略实施和战略规划之间的相互联系，从而打破了传统的互不相容的边界。如上一章所指出的，战略制定者必须参与战略实施，同时战略实施者也必须参与战略制定。就像我们所理解的那样，前一种情况适合企业家学派，而后一种情况适合学习学派。不管怎样，战略规划的过程正成为一个互动的过程。因此，我们将会抛弃战略计划这个术语，取而代之的是与战略行动联系起来讨论战略思考，这方面我们会做得很好。

程序化的谬论

事实上，计划系统真的做到这一点了吗？用一位来自斯坦福研究院的经济学家的话说，战略规划系统能使"天才企业家""处于休息的过程"中吗？（McConnell，1971：2）创新真能被制度化吗？最重要的是这些分析能提供必要的综合吗？

请大家牢牢记住，战略规划从来都不是战略制定的附属物，也从来不是包括直觉在内的某些自然管理过程的支持物，战略规划要成为取代直觉的战略决策，计划学派的支持者们长期以来一直宣称战略规划是制定战略的最佳方式。他们试图改变战略制定过程，但他们没有像创造了"战略规划"这个词的弗雷德里克·泰勒那样，去研究战略制定真正的过程，他们通常只是简单地认为他们的行为就是最好的行为。洛朗热曾写道，首席执行官并不是一直都遵从战略规划的要求，"他可能会严重损害甚至毁掉战略构想"（Lorange，1980），但他没有提供任何能证明这个观点的例子。

的确，你可以查阅那些畅销的战略规划文章，寻找那些解释战略规划过程的表格，但是你将一无所获。因为这些作者根本就没有解释战略是怎样产生的。在计划过程中制定战略的相关妄言，也没有解释那些天才企业家的思想是如何被重新塑造的，甚至没有解释普通但有能力的战略家的思想是如何被塑造的。这些作者或多或少都引用了题为"了解信息输入"或"增加洞察力"之类的专栏（Malmlow，1972）。这些专栏在他们的文章中非常有用！某些现象没有被写出来只是因为它们已经在某页的专栏上出现过。

在接下来的章节中我们可以看到，研究表明，战略规划是一个非常复杂的过程，它不仅涉及人类意识中最复杂、最细微的内容，有时也涉及人类的潜意识，而且还涉及社会发展方面的内容。战略规划利用各种输入信息，这些信息大多是非量化的，并且只有那些脚踏实地的战略家才能获得。战略规划并没有按照预定的时间表和路线进行，在某种程度上，有效的战略必然是一种涌现的战略，尽管它是经过深思熟虑的，但表现出来的通常是比幻象还要随意的计划。重要的是，阶段性的学习、偶然的发现以及对超出预期的再认识，这些东西将在新战略的形成过程中起关键作用。因此，我们知道战略过程需要洞察力、创造力、综合能力以及与战略规划的程序化正好相反的东西。洛朗热应该接受这样的观点：如果首席执行官执行既定战略计划规定的内容，这将严重影响战略思考的发展前景。

战略规划的失败就是程序化的失败，程序化的系统在规划战略时比有血有肉的人表现得更好，但它却失败了。战略规划的失败是对不连续事件进行预测的失败，是创新制度化的失败，是硬信息取代软信息的失败，是以呆板计划应对动态因素的失败。程式化的系统肯定能处理更多的信息，至少是硬信息，能把这些信息集中、统一并传播，但程式化的系统永远不能吸收、了解并综合它们。

程序化的系统存在一些奇怪的东西，在特定的程序化系统中，这些东西可能会掩盖一次行动的真正本质。就像我们人类通常认为的那样，只有当我们将一个过程分解成一个个组成部分，并了解每一部分的程序时，我们才算了解了这一过程。然而在大多数情况下，这样就会产生某种盲目性。对于包括学习、创新以及类似内容的各种过程，我们只是促使它们通过某种高峰。在图 3-6 中，我们描述了一个程序化的高峰。

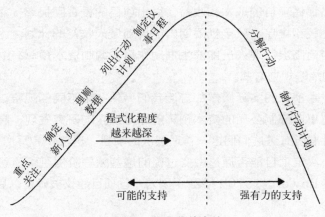

图 3-6　程序化的高峰

资料来源：Mintzberg，1994.

计划人员必须能够灵敏地察觉到程序化高峰将出现的时机，他们必须在某个特定会议上正式明确程序化高峰的时间和参与者，以保证到时能集中最合适的人选。但日程明确又会怎样呢？如此精确的时间难道就不会被错过吗？这样做就能够确保讨论是按秩序进行的吗？即使一切都是按计划进行的，战略性思考却依旧没有产生，怎么办？举个例子，我们分解战略规划过程，从而实现 9 点到 10 点半讨论目标，10 点半到 12 点讨论优势和劣势，这样将扼杀具有创造性的讨论。再次强调，进行这些活动的目的不是分析而是综合。将一个宽松的战略制定过程变成一个联结紧密的程序会扼杀战略形成过程。

扎恩给出了"促进思维的系统"和"试图促进思维的系统"两者之间的区别（Zan，1987：191）。一位德州仪器公司的执行官说："我们创造了官僚体制，并把这些系统当作一种控制工具使用，却不把它当作一种协助控制的工具使用。这是有所不同的。"（Jelinek and Schoonhoven，1990：411）专栏 3-5 正反映了这个问题，它说明了在某些方面，作为一项技术的资本预算是如何妨碍战略性思考的。

专栏 3-5

资本预算与战略形成

编制资本预算是一个既定的程序，基层管理人员（如部门领导、职能管理人员等）通过编制预算，向高层管理人员提交项目建议书以获得批准。高层管理人员评估项目的成本和收益，得出项目的投资回报率，然后对这些项目进行比较和排序，只接受限期内能得到最大收益的计划。由于从基层管理人员传向高层管理人员能产生推动作用，编制资本预算有时也被称为自下而上的战略规划方式。

编制资本预算的实际操作却告诉我们另外一个不同的现象。一项早期对某家大型事业部制公司的资本预算的深入细致的研究发现，高级管理人员倾向于批准所有送达他们这一管理层次的项目。这位作者写道："问题的关键在于，决定项目能否通过融资过程的这些领导阶层是否愿意为项目提供建议。"（Bower，1970：322）因为一旦项目建议被确定以后，项目就有可能通过。

在后来的研究中，马什等人认真地研究了三家精于资本预算的企业，发现了许多问题。在这三家企业中，很难找到关于进行资本预算程序的指导性文件（Marsh et al.，1988：22）；在一家公司中，提交资本预算给分公司董事会"被描述成一个骗局"，在另一家公司被称作"形式上的通过"（23）。"财务分析中没有令人难以捉摸的成本与收益分析。"

布罗姆斯和甘贝里在芬兰和瑞典的一些企业中发现，一些企业"有规律地放弃资本项目"（如需 25% 的投资回报率，尽管总是得到大约 7%）。这两位作者认为这种"自我欺骗"是"社会普遍接受的事实"（Broms and Gahmberg 1987：121）。

因此，编制资本预算似乎不是规划战略的正式手段，而是立项和向高级管理人员汇报这些项目的正式手段。例如，大多数资本预算似乎产生于现有战略形成的过程中，这就是说，资本预算是在没有任何创新的战略思考中产生的。换言之，资本预算是对已实施战略的一种验证。当然，一些资本项目可能会破坏既定的战略，并由此创造改变战略的先例（在涌现的战略模式中）。但是，我们担心资本预算本身会阻碍这种战略改变和战略思考。

编制资本预算是一个混乱的过程，更准确地说，它就是一个制造混乱的过程。项目最好是逐一由部门逐步提交上来。为了便于正式分析，资本预算必须放弃任何基层单位常见的协同配合。资本预算必定阻碍了协同配合发挥作用，而协同配合是创造性战略真正的精华——协同配合是先进的、新生的组合表现。"如果重要人物在任何时候总是按照理性的财务信息采取行动，那么将不会有静电印刷术、飞机、喷气发动机、电视机和计算机等诸多发明。"（Quinn，1980a：171，174）

请把自己想象成一位高层管理者，正在审查以财务计划为基础的资本项目书。摆在你面前的每一样东西都被分解成精确的、量化的、不连续的片断，你将如何进行战略思考呢？现在再想象你自己作为项目发起人，正坐在计算机前，不用构思战略，甚至不用考虑企业的命运，他们想从你这里得到的就是你开展项目的量化指标，你的行动应该可以被分解为精确、简单的步骤。为了便于上级理解，把这些行动列在他们的工作计划中。

综上所述，严格地讲，我们发现编制资本预算不仅没有促进战略形成，反而阻碍了战略形成。但观其效果，我们会发现编制资本预算正潜移默化地影响着组织所追求的战略，这与其本身模式的设想相矛盾。

因此，战略规划这个问题与其说与其特殊的分类有关，不如说与分类过程本身有关。专栏的内容再怎么调整也不可能解决专栏所列出的问题。战略规划，就像创造力（其实就是创造力）需要通过超越专栏内所说的内容而发挥作用，创造出新的观点和组合。我们需要记住，不是每一样东西都能分解后还可以重新安装起来。

"战略规划"的大谬论

因此，我们得出了战略规划的大谬论，实际就是前面已经讨论过的三个谬论的组合。因为分析不等于综合，所以战略规划永远不会等同于战略制定。分析通过提供某些必要的投入而优先于综合，但它也支撑着综合。分析也可以通过分解综合过程和将综合过程程序化来控制综合，但分析绝不能取代综合。程序化过程不可能预测不连续事件，不能为冷静的管理人员提供信息，也不可能创造新的战略。因此，如果以前的战略不存在，那么战略规划就不能向前进，更不用说规划新的战略了。理查德·拉梅尔总结了这些共同的错误想法（Lovallo and Mendonca，2007：56）：

大多数企业的战略规划其实很少会按真正的战略规划去制定，它们仅仅是简单地做个 3 年或者 5 年的滚动资源预算和市场份额方案。把这些叫作战略规划就会导致错误的预期，尽管滚动资源预算和市场份额方案也可能符合战略的内在一致性。现在，很多人认为解决战略规划问题的方法就是在年度工作中注入更多的战略。但是我并不同意，我认为年度滚动资源预算要和战略工作区分开来。因此我有两个基本建议：拒绝"战略规划"的标签（将那些预算称为"长期资源计划"），并且为战略工作设立一个独立的、非年度的、机遇驱动的程序。

对此，我们的结论是，战略规划起错名了。它应当被称作战略程序化，应当作为一个程序化过程被提出。在必要的情况下，战略规划其实应当作为战略程序化的过程被提出，而这些已通过其他的方式实现了。最后，我们证明了"战略规划"这个词是一个矛盾的提法。

计划学派的适用环境和贡献

不过，我们不必在否定战略规划的同时也一并否定战略计划人员。计划人员在推动战略形成这个黑箱中起着重要的作用，这一点在图 3-7 中已经表示得很清楚了。计划人员既可以作为分析人员在前端提供管理人员易于疏忽的数据输入（这一点将在下一章详细描述），也可以在后端仔细检查规划出来的战略，并详细评价其可行性。计划人员可以起催化剂的作用，但不是为了制订某种指令性的正式计划，而是使任何形式的战略行动对特定时期内的特定组织都有意义（Glaister and Falshaw，1999）。因此，计划人员应该阅读本书。如同专栏中某位战略咨询人员所说，组织需要工具，但要会合理地应用（见专栏 3-6）。

图 3-7 制定战略的计划人员

专栏 3-6

工具学的箴言

- 每一种工具都有优点和缺点。要想成功地运用工具，就需要了解每一种工具各方面的效果（包括负面效果），然后在正确的时间以正确的方式创造性地将合适的工具组合起来。诀窍就在于我们应该知道什么时候如何使用哪种工具。

- 工具的好坏要以性能而不是新颖程度作为评价的标准。

- 工具的存在是为了让人们受益，而不是损害人们的利益。管理工具的倡导者说管理工具挽救了公司而对管理工具颇为赞赏，管理工具的批评者说管理工具毁掉了公司而对管理工具大加责难，两派旗鼓相当。事实上工具并不能单独起到这两种作用：人们采用它既可能使企业成功，也可能使企业失败。

资料来源：Rigby，1993：15.

只有在必要的时候，计划人员才能执行正式的计划，但作为一种产生于黑箱中的程序化战略，计划人员通过整理、描述这些战略，并将这些战略转化成特定的程序、日常计划和预算，以交流和控制为目的去运用它们。

当然，具有丰富创造力的计划人员有时也会成为战略家（能够进入战略制定的黑箱）。但这更取决于计划人员自己的知识、创造力和综合技巧，而不是程序化的规划技术。

关于计划人员的角色有非常正式化的分析。这就意味着组织必须善于区分两种类型的计划人员，这两种计划人员被称作左撇子和右撇子。左撇子的计划人员侧重创造性的战略思考，他们提出了各种难以回答的问题，在组织持续不断的行动中寻找涌现的战略。右撇子的计划人员更侧重各种正式的战略分析，特别是对意图明确的战略规划做战略分析，因为我们认为这会使战略规划更加清晰，这种意图明确的战略规划只适合十分稳定的组织状态，或者至少是可预测的或（其实是一回事）能被组织控制的状态。但当变化比较大，组织的状态也变得不稳定、不可预测或者不可控制时，那么，最好还是首先选择较为宽松的战略规划，其次再选择惯用左手的计划人员，而不是采用计划学派的技术。

第 4 章

定位学派
战略形成是一个分析过程

"打两个鸡蛋，再来一些黄油。"

探索科学就像追寻爱情，过分地关注技巧可能一无所获。

——伯格

20 世纪 80 年代早期，一股来自经济学界的狂风席卷了整个战略管理领域，刮走了大量传统的说明性学派的观点（至少也是将其刮到了角落里）。定位学派在研习计划学派和设计学派的大部分假设和基本模式的基础上，发展出了另外两个方面的内容。首先，从字面上看，定位学派不仅强调战略制定过程的重要性，也强调战略自身的重要性。其次，从本质上看，定位学派通过聚焦战略的内容，将战略管理领域中的研究从传统的说明性分析扩展到实际调查。多年来，计划学派总是笼统地看待战略的内容，设计学派的模式也只是毫无创新地重复。

现在，学者和咨询顾问们开始忙于研究和描述适合组织的具体战略，以及能使每个战略发挥到最好的环境。定位学派的学者们在这方面的研究最为突出（事实上，由于存在争议，定位学派在 20 世纪 80 年代早期一直采用"战略管理"的名称），与定位学派相关的会议频频召开，课程也迅速增加，各种期刊也出现了，而那些被称作"战略商店"的咨询公司则建立起了"战略产业"。鉴于定位学派本身的活力以及对今天的影响力，在本书中我们将用相当多的篇幅进行讨论。

解读波特

1980 年是一个分水岭，迈克尔·波特在这一年出版了《竞争战略》一书。虽然仅凭《竞争战略》这一本书是不能创立一个学派的，但它的确起到了推动作用。这本书吸收了设计学派和计划学派的大量思想，并反映了对战略实质的迫切需要。《竞争战略》引发了一代学者和咨询顾问的浓厚兴趣，就像一个简单的搅动就能突然使过度饱和的溶液冻结一样。《竞争战略》一书的出版带来了一系列学术活动，这很快就使得定位学派成为战略管理领域的主导学派。

当然，波特的这本著作并不是最早探讨战略内容的（它也不只是讨论了战略内容，书中的很多部分还给出了竞争分析和产业分析的方法），很早就已经有人开始研究战略内容，如普渡大学克兰纳特商学院的丹·申德尔和肯·哈顿等人。同时，波特从"产业组织"理论中获得了启示，因为在产业组织这一经济学领域很早就有人提出了相关问题，只不过是重点分析整个产业而不是单个企业的行为。还有一些早期的军事战略研究者也是研究战略内容的，几百年来，他们一直在分析军队和地形在战争中的战略优势和战略劣势。

定位学派的前提条件

事实上，定位学派并没有偏离计划学派的前提条件，甚至还包括了设计学派的前提条件。但有一个重要的例外，就是这么一点细微的差别使得一些相关文献被归入定位学派。

定位学派有一个简单但具有革命性的观点，这个观点在定位学派中旗帜鲜明，也有利有弊。计划学派和设计学派都认为，在任何既定的环境中，可能实现的战略有无限多种；不同的是，定位学派认为在一个既定行业中，只有少数的关键战略（如在存在利润的市场中的位置）是符合要求的，这些战略能够防御现存和未来的竞争对手。企业易于进行防御意味着占据这些市场位置的企业比行业中的其他企业能够获得更高的利润，这些利润反过来为企业提供了一个资源储存库。企业借此可以扩大经营规模，进而扩展和巩固市场地位。

定位学派把这种逻辑运用到各个行业中，最后得出基本总体战略（或至少是战略目录，如产品差异和集中市场范围）是有限的这一观点，而这些战略都被称作通用战略。

认为每一个组织的战略都是唯一且量身定做的，是设计学派的一个重要前提条件。定位学派否定了这个前提条件，同时创造了一套分析方法，这种方法试图将正确的战略和现有条件进行匹配（这些条件被看作通用的，如行业的成熟度或行业细分化）。定位学派的战略管理的关键就在于使用分析方法确定正确的组织关系。该学派战略研究是这样开始的：学术界人士从已建立的数据库中进行统计研究，以找出哪一种战略会在何种情况下实施得最好；与此同时，咨询顾问则向特定客户推销这些有利的战略，或为选择这种战略而宣传其战略框架。

与在设计学派、计划学派中一样，战略形成在定位学派中也一直被看成一个受控的、有意识的过程。通过这个过程可以制定出全面的、深思熟虑的战略，并在这些战略正式实施之前将其明确地表述出来。只不过在定位学派中，这个战略制定过程更加注重计算，注重找到可选通用战略的完备集合，而不像在设计学派中那样注重完整和特殊的战略前景，也不像在计划学派中那样注重对那些相互协调的计划进行详细的论述。定位学派依然保留了战略必须超前于结构这一观念，但在战略之上加入了另一种形式的"结构"，即整个产业的结构。于是产业结构决定了企业的战略位置，而企业的战略位置又决定了企业的组织结构。这种战略制定过程在形式上与计划学派相似，尤其是在外部评价阶段。波特（Porter，1980）专门细致地描述了竞争分析和产业分析的步骤。

和计划学派一样，定位学派依然把首席执行官看作主要的战略家，计划人员依然是在幕后发挥作用。不过定位学派将计划人员的重要性提高到了另外一个层次：计划人员成为一名分析家（通常体现在咨询公司的合同中），成为一名认真好学的计算者，他研究大量集中的硬信息以获得最佳的通用战略。值得强调的重要一点是，这位分析家与其说在设计战略（实际上，他甚至没有制定战略），不如说在选择战略。在某种意义上，战略是基于通用战略机会发展起来的。[⊖]

下面是对定位学派前提条件的总结：

- 战略是市场当中通用的、可以辨识的位置。

- 市场（环境）是存在利润且充满竞争的。

- 战略形成过程就是一个在分析计算基础之上对通用战略的一种选择。

- 分析人员在战略形成过程中起主要作用，他们将计算结果送交负责监控选择的管理人员。

- 战略来自成熟的形成过程，并被描述和实施。实际上，市场结构决定了深思熟虑的战略定位，而战略定位决定了组织结构。

本章主要描述了定位学派的三个鼎盛时期。①早期军事著作；② 20 世纪 70 年代"咨询要求"；③近期关于经验主义主张的研究，尤其是 80 年代的研究。在对定位学派的（外部）环境进行批判和评价之前，我们将用大量的篇幅讨论这三个鼎盛时期。

第一个鼎盛时期：定位学派来自军事格言

在竞争环境中，如果把战略当作企业一种实实在在的定位选择，而定位学派确实是研究具体战略选择的，那么定位学派的历史要比我们想象的长得多。的确，这将会使定位学派成为到目前为止有关战略形成的历史最悠久的学派。因为最早有记录的战略文献可以追溯到 2000 年前，这些文献讲述在军事战斗中部队如何选择正确位置的最优战略。文献收集整理了大量的常识和智慧，而这些常识都是有关攻击敌人和守卫自己阵地的理想条件的。

在这些著作中，人们通常认为其中最好的也最古老的是孙武的著作，成书于大约公元前 500 年。离我们更近一些的是冯·克劳塞维茨（von Clausewitz）写于 19 世纪的作品《战争论》，它直到今天仍然具有很大的影响力。从某种意义上说，这些军事著作的作者们写出了今天定位学派的作者要写的东西：他们

⊖ 我们回忆起与定位学派早期最著名的研究者之一进行的一次对话。我们认为一个组织可能有无限种可能的战略，他怀疑我们这种过于"夸张"的评论。他不能理解战略思想是一种发明，战略思想就像搭积木，而不是放到一起组成一个拼板玩具。

详细论述了战略的类型，并为这些战略找到了最适用的条件。但他们的著作很不系统，至少以当代信息统计的观点来看是这样的，所以他们的结论往往是以命令的口气来表达的。在此我们称之为"格言"。

孙武

孙武的《孙子兵法》（Sun Tzu，1971）有很大的影响力，尤其是在东亚——在中国，有一种流行的说法叫"商场如战场"（Tung，1994：56）。《孙子兵法》在今天看来仍是一部杰出的著作，几乎没有什么新的观点能超越它。孙武提出的许多名言警句都是具有普遍意义的，像"不战而屈人之兵，善之善者也"（Sun Tzu，1971：77）等。其他一些以策略形式表达出来的战略思想同样也是具有普遍意义的，像"故能而示之不能，用而示之不用""利而诱之，乱而取之"（66）。还有一些警句格言所表达的战略思想和今天定位学派的观点非常接近。

定位学派强调研究企业所处的行业，孙武也强调了解敌人和战场情况的重要性。孙武花费大量的精力研究了具体的阵地战略，如布置军队必须考虑到山地和河流的具体地形，决战时军队应从上向下冲锋，军队应当占领平地或高地。孙武还指出了各种通用条件，如散地、轻地、衢地和死地，并且将通用战略和每一种通用条件联系起来，提出了相应的警句格言，例如：

- 散地则无战，轻地则无止。
- 衢地则合交，重地则掠。（131）

孙武关于兵力优势的战略观点是：
"十则围之，五则攻之，倍则分之，敌则能战之，少则能逃之，不若则能避之。"（79-80）
其他的一些警句格言则预见了今天定位学派提出的"先发优势"的观点：

- 凡先处战地而待敌者佚，后处战地而趋战者劳。（96）

下面这两段出自《孙子兵法》的话则表明了定位学派的现代思潮的历史非常久远。

- 兵法：一曰度，二曰量，三曰数，四曰称，五曰胜。（88）
- 多算胜，少算不胜，而况于无算乎！（71）

同时，孙武也意识到，进行泛泛的战略思考是有局限性的，这一点在今天都很少有人能认识到。他曾经这样说过：

- 声不过五,五声之变,不可胜听也。（91）

- 兵无常势，水无常形。（101）

- 故其战胜不复，而应形于无穷。（100）

冯·克劳塞维茨

在西方历史上，曾出现过许多军事思想家，但没有一位能达到卡尔·冯·克劳塞维茨（1780—1831）的造诣。德国人所特有的对于完整的思想体系的那种执着，在克劳塞维茨的著作中表现得淋漓尽致。

克劳塞维茨是在拿破仑战争的余波中完成著作的。在 17 世纪晚期至 18 世纪初期，战争已逐渐形成了一种众所周知的模式，即大多数国家的军队由灵活性很差的士兵组成，指挥则由贵族阶层选拔出来的官员负责。这些军队采用的是相同的军队组织方式，所有军队组织形式和战术实际上完全相同，胜利和失败之间的区分相对不大。胜利的一方总是进攻，失败的一方总是撤退，最后，外交人员举行会晤，达成一致后交换某些领土。这种战争的模式比较固定，战略制定也是围绕双方都熟悉并接受的主题进行的。

拿破仑改变了上面所说的一切，在他的指挥下，法国军队在一场接一场的战役中，击败了数量上远远超过自己的对手。他的胜利不仅是军事上的胜利，也是智慧的胜利。他向人们宣告了传统的组织与战略思想已被淘汰。克劳塞维茨亲自领略了拿破仑的这种作战艺术，他当时是普鲁士军队中的一名军官，在与拿破仑作战的一次战役中被法国军队俘虏。拿破仑当时给世界带来的震惊不亚于今天日本制造业的绝对领先优势带给美国管理人员的困惑。

克劳塞维茨在其杰出的著作《战争论》中，试图采用一种较为灵活的原则取代公认的军事战略观点，以便指导人们更好地思考战争。克劳塞维茨的前辈们只是把战争看作解决问题的一种行为，而他则认为，由于战争固有的紧张性和矛盾性，战争是一个开放的、富有创造性的人类社会活动（这一点更像设计学派的观点）。但是当情况非常混乱的时候，组织对于战争则是必需的。战略试图预测未来，但这种意图很可能被偶然现象和无知所破坏（克劳塞维茨称之为"摩擦"）。为了使战略得到贯彻，有必要用一条能坚决执行命令的正式指挥链将组织连接起来。但是，这样的组织必须能激发起组织成员的创造性。

　　《战争论》的内容包括了部队如何进攻，如何防守，如何举行军事演习，如何收集情报和进行夜间作战。这本书篇幅较长，形式上也有些散乱，但是它经常采用箴言来说明一些道理，而这些箴言非常形象生动。

　　当摩擦潜在地影响行动时，战略是如何实现的呢？对此，克劳塞维茨的观点和定位学派的观点非常接近，他认为，战略取决于进攻、防守和演习中用到的基本组织模块。战略制定依赖于发现和创造这些组织模块的新组合。这些新组合在任何时候都会受到来自技术和社会组织的限制。经过一段时间以后，这些限制似乎成为必需的、自然的东西。战略家不再对已经获得的经验教训提出质疑，并且将自己局限于只革新能接受的主题。因此，通过发现和创造新组合进行战略革新的任务就落在了像拿破仑这类伟大的指挥家身上。然而只有极少数的人才能成为伟大的指挥家，这是因为：

　　进行重大的战略决策比进行重要的战术决策更需要意志力。在进行重大的战术决策时，决策人穷于应付时局的压力而无暇顾及其他了。但进行战略决策时，需要足够的自由空间，允许人们发挥自己和他人的理解力，允许反对意见和不满情绪的存在，进而允许早熟战略存在缺陷。在进行战术决策时，决策人至少一眼就能够看清问题的一半，而在进行战略决策时，每一个问题都需要决策人推测和揣摩，因而对问题判断的把握较小。所以，大部分将军在应当采取行动的时候，往往会被不必要的疑虑所阻碍。

克劳塞维茨思想在当代

　　美国人科洛内尔·哈里·萨默斯所著的《论战争：越南战争全貌》反映出克劳塞维茨的军事思想在当代巨大的影响力。萨默斯认为五角大楼的计划人员在越南战场中忽略的正是克劳塞维茨所强调的战略基本要点。这些战略基本要点中首要的就是坚持"战争只不过是一个国家推行其政策的一种手段"（Colonel Harry Summers，1981：87）。这一观点常被当作军界要服从文职官员指挥的理由。但值得注意的是，战略不应当被短期行为支配，暂时的胜利绝不能与长期利益混淆。萨默斯从克劳塞维茨处借用了"摩擦"这一概念，并应用于部队的休整、能源补充、部队的战斗力、在战争中的信仰及忠于防范敌人的职责等概念中。五角大楼的计划人员错误地估计了越南人的恐怖报复能力，也错误地估计了越南人的持久战能力。

　　萨默斯的著作在 20 世纪中期更新了克劳塞维茨的战略思想。萨默尔以克劳塞维茨的战略思想作为理论的出发点，用"作战原则"分析了整个越南战争。

这些作战原则原属于 1962 年（越战期间）美国军队的野战军条例。我们在专栏 4-1 中列出了这些"作战原则"。

专栏 4-1

以克劳塞维茨思想为基础的美国作战原则

- **目标** 每一次军事行动都必须有一个清晰、明确且能实现的目标。整个战争的最终目标是摧毁敌人的武装力量和作战意志。

- **进攻** 采取进攻是实现明确目标并保持行动自由的必要条件。进攻可以使指挥官掌握主动权，把自己的意志强加给敌人。指挥官可能是被迫采取防御的，但这必须经过深思熟虑，同时只能作为权宜之计。

- **团结**（有时也被称作**凝聚力**） 为了明确的目标，必须在关键时间和地点集中强大的战斗力。

- **节约战力** 高超而又慎重地使用战力，使指挥官用最少的资源完成任务。这条原则不是说要苛求节俭，而是要慎重分配手中的战力。

- **机动性**（或者说**灵活性**） 机动性的目的是将战斗力布置在敌人处在相对劣势的地点。成功的机动性需要组织的灵活性、后勤的支持以及指挥和控制。

- **命令统一** 使所有的战力向一个共同的目标奋斗。协调只有通过合作才能获得，并且最好只任命一名具备权威的指挥官。

- **安全** 安全主要是通过防止敌人偷袭，保持行动自由，不把友军的信息透露给敌人来获得的。

- **奇袭** 应当以敌人想象不到的时间、地点和方式，对敌人发起奇袭。

- **简单** 简单直接的计划和简洁清楚的命令，能把发生误解和引起混乱的可能性降到最低限度。如果备选计划的其他因素都相同，那么应当选择最简单的计划。

资料来源：Summers，1981：59-97.

这些作战原则与战略管理的说明性学派所持的观点大致相同，尤其是二者

在以下几个方面有着共同的要求：要有清晰的、深思熟虑的战略，要求掌权派集中起来发展或至少是执行战略，需要保持战略的简洁性和战略管理设想的前瞻性。然而在计划学派和克劳塞维茨战略思想中，灵活性总是在某种程度上与上述几个特点共存。

美国军人对克劳塞维茨的再认识与管理者对他的认识是一致的（*Economist*，2002）。对联邦快递的创始人弗雷德·史密斯而言，克劳塞维茨指出了规划缺陷的根本性事实。正如他所说（*Fortune*，2004）：战争学家克劳塞维茨提出的战争中常有的"摩擦"，也可以应用到战略管理中，即当你渐渐变老，你越来越能以一种欣赏的心态看待战略中的矛盾。

在杰克·韦尔奇的例子中，克劳塞维茨的观点对其战略方法就有直接的影响。1981年，韦尔奇任通用电气首席执行官之后，他在描绘其战略思想的演讲中，明确地引用了克劳塞维茨的观点作为通用电气如何变革的思想启迪（Mink，2004）：

> 克劳塞维茨在经典著作《战争论》中总结，人们不能使战略沦为公式。详尽的计划必然会失败，因为肯定会遇到不可避免的阻力，如偶然事件、不完美的执行、反对派的独立意愿。领导力、士气还有将军们的本能悟性等人的因素发挥了最主要的作用。

进行商战

杰克·韦尔奇绝不是第一个将战争战略和商业战略相提并论的人，只是他比许多人更明确地把这种对比运用到实践中（Lampel and Shamsie，2000）。许多从事经营战略写作的作者们都非常熟悉这些军事箴言，并深谙其精髓。詹姆斯把这些"经过实战考验的作战经验比作竞争战略名副其实的金矿"（James，1985：56）。威慑、进攻、防守、联合这些概念以及情报、武器、后勤和通讯的使用，全是为了指导作战这一目的，詹姆斯发现这些概念和理论与企业管理有显著的相通之处（45-46）。罗伯特·卡茨在其公司战略教材中曾这样评论：这些军事箴言主张"依靠优势来获得领先地位"，"所有公司的基本战略就是将资源集中到公司有着强大优势（或可以稳步发展）的领域"（Robert Katz，1970：349-350）。他另外还提出（302-303）：

> 对于大公司：A. 制订计划至关重要
> 　　　　　　B. 学会放弃小钱
> 　　　　　　C. 保持公司的优势及稳定

对于小公司：A. 在竞争对手撤退时必须进攻

B. 不要企图抓住所有的机会

C. 尽可能保持低调

D. 快速反应

将作战经验最巧妙地应用在企业管理中的人恐怕就是詹姆斯·布赖恩·奎因（James Brian Quinn，1980a：155-168）。他认为：有效的战略是围绕少数几个关键概念和观点发展形成的，而这些关键的概念和观点不仅给企业带来了凝聚力、平衡力和重点（162，164），还提供了与高智商对手对峙的感受。我们试探对手并很快撤回来，以此判断对手的实力，这样就能迫使对手扩大其防守的范围，然后我们集中所有力量朝一个明确的方向进攻，占领一个预先选好的细分市场，接着在这个市场建立自己的控制点，以此为基础重新组织，进行扩张，最后在更大的领域内占据主导地位（160-161）。表 4-1 列出了奎因在其著作中引用到的军事箴言。

表 4-1　军事箴言

进攻和压倒	佯攻、狡诈、沉着
包围和歼灭	诱骗性机动
歼灭敌人更弱的力量	使用误导性信息
集中进攻	
重点突击	
确立优势	机动性、出其不意
	快速机动
间接手段	有计划的灵活
侧翼调动	
有计划地撤退	
有计划地反攻	战略要地
损失很小时就撤退	牢固防守阵地
消耗敌人的资源	建造桥头堡
诱敌深入我们的防守阵地	强化攻击力
削弱敌人的政治意志和心理意志	撤退

资料来源：Quinn，1980：150-156.

关于这些军事箴言的箴言

这些军事箴言都很有趣，也很有用。但是，对这些军事箴言中的某些模棱两可的语言，我们在应用时还是应当持谨慎态度。因此，以这些军事箴言的思想本质为基础，我们总结出了我们自己关于这些军事箴言的箴言：

- 大部分箴言都是非常清楚的。

- 过于简单的箴言毫无实用价值。

- 一些阐述得比较明确的箴言几乎是相互矛盾的（如集中兵力和保持灵活机动）。

所以我们必须慎用这些箴言。

第二个鼎盛时期：寻找咨询要求

对于咨询人员来说，定位学派已经变成专为他们设计的学派。咨询人员尽管没有掌握某个行业的专门知识，但也能够非常冷静地分析该行业的数据，在图表上制定出一套通用的战略（战略框架），写出报告，结账走人。咨询公司最早出现于20世纪60年代，在20世纪七八十年代迅速发展，这些咨询公司都能在市场中找到一席之地来推销各自的定位理论。

在某种意义上说，这些战略的作者通常都是非常系统的经验学习者，但他们通常非常片面地解释经验。为了商业目的，他们把这些战略转化成规则（或许我们应当称之为箴言）去出售。

对于有些战略作者来说，对市场份额的追求成为最重要的规则。波士顿咨询公司可能是这个时期最成功的新战略倡导者，也支持把市场份额变为某种圣杯。波士顿咨询公司主要运用两种技术：波士顿矩阵和经验曲线。

波士顿矩阵

波士顿矩阵是资产"组合计划"的一部分，它回答了如何在多元化公司的不同业务之间分配资金这个问题。在波士顿矩阵出现之前，企业采用资本预算的方法评估不同项目的投资回报率，而波士顿矩阵寻求将各种不同的投资选择方案融入一个系统框架中。这种意图无异于试图对战略分析进行彻底的检修——即"杀手战略应用"，一个随后流行起来的名词。波士顿咨询公司创始人、波士顿矩阵的创造者布鲁斯·亨德森强调，使用了该矩阵，就不需要再用其他工具了，"对于一个具有五年寿命的产品定位而言，用这样一幅简明的图去讨论盈利能力、债务能力、增长潜力和竞争优势已经足矣"（Henderson，1973：3）。那么这个完美矩阵的关键要素是什么呢？图4-1向大家展示了布鲁斯·亨德森所说的这项技术。

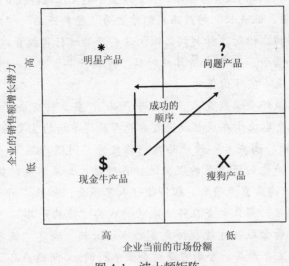

图 4-1　波士顿矩阵

　　一个企业要想获得成功，应该拥有市场成长率和市场份额都不相同的产品组合。这种组合可以平衡现金流之间的差额。高成长率的产品需要通过资金投入以实现成长。低成长率的产品能创造富余资金。企业同时需要这两种产品。

　　下面四条准则决定了产品的资金流动方向：

- 企业获得的利润和现金与市场份额有直接的关系。利润高的产品往往就是市场份额高的产品，这是一个很普通的现象，经验曲线可以对此做出解释。

- 企业成长需要投入现金以增加资产，用来获取市场份额，而需要增加的现金与成长率有直接的关系。

- 企业可以获得或购买高的市场份额，而购买市场份额需要额外的投资。

- 任何一个产品市场都不可能无限地扩大。当成长速度开始放慢时，成长带来的盈利就产生了，否则根本不会产生。这部分盈利不可能用来对该产品进行再投资。

　　"高市场份额、低成长"的产品我们称之为"现金牛产品"（见图4-1），它们的特征是能产生大量的现金。这些现金远远超过需要维持市场份额的再投资额，这些剩余资金不必也不应该再投资到这些产品上。实际上，如果产品的投资回报率超过了成长率，除非有意压低投资回报率，否则现金不能无限地再投资给那些产品。

　　"低市场份额、低成长"的产品我们称之为"瘦狗产品"，"瘦狗产品"也可以表现出会计利润，但是这种利润必须向这些产品进行再投资以维持市场份额，它不会产生额外资金。只有在清算的时候"瘦狗产品"才有一定的用处，在一般情况下它们是没有实际价值的。

　　所有的产品最终要么转变成"现金牛产品"，要么转变成"瘦狗产品"。一个产品的价值完全取决于在成长放慢之前能否获得市场的主要份额。

　　"低市场份额、高成长"的产品我们称之为"问题产品"。"问题产品"总是需要比它们所产生的还要多的现金进行再投资。如果不继续投入现金，这些"问题产品"将被淘汰直至消失。但即使投入了现金，如果"问题产品"只是保持现有的市场份额，那么也会在停止成长时成为"瘦狗产品"。"问题产品"需要有大量的额外资金投入才能获得更多的市场份额。除非"低市场份额、高成长"的产品成为主导产品，否则它是对企业不利的。"问题产品"不能产生自己所需的大量资金。

　　"高市场份额、高成长"的产品我们称之为"明星产品"。它能够为企业带来超额利润，但是它不能产生自己需要的全部现金。如果"明星产品"是主导产品，那么当其增长率降低，所需要的再投资额减少时，它就会产生大量现金。"明星产品"最终将变成"现金牛产品"，带来高产量、高利润，有良好的稳定性和安全性，能产生大量的资金，可以再投资到其他产品上去。

　　很明显，企业是非常需要这些产品组合的。每一家企业都需要对这些产品投入现金。每一家企业都需要能产生现金的产品。同时，每个产品最终都应该能够给企业带来利润，否则它就是没有价值的。

　　一家多元化经营的公司只有在拥有一个平衡的产品组合时，才能充分发挥自身优势，合理利用产品销售额增长带来的发展机会。按如图4-1所示的成功的顺序，平衡产品组合包括：

- "明星产品"，其较高的市场份额和较高的成长率为企业今后的发展奠定了基础。

- "现金牛产品"，它为企业的发展提供了资金保障。

- "问题产品"，如果有额外的现金投入，"问题产品"将转变为"明星产品"。

● "瘦狗产品"不包括在平衡产品组合中，"瘦狗产品"既不能使企业在产品成长期获得市场主导地位，也不能摆脱或消除亏损。（Henderson，1979：163-166）

简化是波士顿矩阵分析技术的本质特点。波士顿咨询公司运用设计学派模式的两个主要概念（外部环境和内部能力），分别为市场成长率和相对市场份额选择了两个重要的评价维度，并将它们作为矩阵的两条轴，按高低分开，这样就得到了四类产品，然后针对这四类产品，给出了四种通用的战略。这样，一个企业必须做的就是根据自己的条件选择合适的战略，或者至少也能根据这个矩阵对所选择的战略进行优先排序，然后按前面所描述的方式将资金从一个业务投向另一个业务。这种技术相当简单，甚至比菜谱还要简单，因为菜谱通常还需要加入许多不同的佐料。

但是，约翰·西格尔对这一技术并不持完全肯定的态度，正如他在一篇精彩的文章中所指出的："明星产品"也可能是一个陷阱；而"瘦狗产品"也可能成为一个企业最好的产品；"现金牛产品"能产生"牛犊"这样的新产品，也能产生"牛奶"这样的老产品，但产生这两种产品的前提条件是农夫必须愿意定期照看"公牛"（John Seeger，1984）。波士顿咨询公司在初期也曾将"奶牛"这类普通产品同下金蛋的"天鹅"相混淆。

波士顿咨询公司：充分利用经验

经验曲线的运用可以追溯到 1936 年所做的某些研究中（Yelle，1979），这些研究表明：当一个产品的产量翻倍时，制造成本将以一个固定的比例减少（这个比例通常为 10% ～ 30%）。换言之，生产第 1 个产品时制造成本为 10 美元，生产第 2 个产品的制造成本就是 8 美元（假设成本降低比例为 20%），生产第 4 个产品的制造成本就是 6.4 美元，以此类推，生产第 1000 万个产品时制造成本不会超过 1/5 000 000 美元。总而言之，企业能从经验曲线中有所收获。图 4-2 是摘自波士顿咨询公司出版物的一个例子。

上面这种观点非常有趣，它表明在其他条件相同的情况下，第一个进入新市场的企业能够通过迅速扩大产量来获取领先于竞争对手的成本优势。当然，战略分析就是在所有其他条件很少相同的情况下进行的。事实上，经验曲线的广泛应用常常会导致企业最后只重视产量。生产规模成为最重要的一个方面，企业都被鼓励直接应用经验，例如采用降价手段来提早获得市场份额，目的是比其他竞争对手更早地进入经验曲线所表述的这种状态。曾经在一段时期里，由于经验曲线这种技术和波士顿矩阵技术的广泛运用，美国企业都梦想成为市场的主导者。

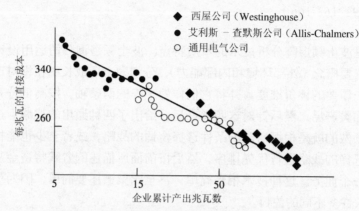

图 4-2 蒸汽轮机的经验曲线（1946～1963 年）
资料来源：The Boston Consulting Group，1975.

PIMS：从数据到定律

PIMS 是指市场战略对利润的影响（profit impact of market strategies）。好比基于经验数据一样，它也是在所有的时间范围内找到一条"最好的路"。

PIMS 模型形成于 1972 年，起初是专门为通用电气公司服务的，后来成为一个可以出售的独立数据库。PIMS 模型确定了一系列的战略变量，包括投资程度、市场位置、产品质量和服务质量。PIMS 用这些战略变量来估计预期投资的回报率、市场份额及利润（Schoeffler et al.，1974；Schoeffler，1980；Buzzell et al.，1975）。PIMS 开发了一个包括了几千家企业信息的数据库，这些企业要为这个数据库投资并提供数据，作为回报，它们可以利用这个数据库与其他企业横向比较经营状况。

PIMS 模型的创始人悉尼·舍费勒曾说：当遵循同一个市场规律时，所有企业的局势是基本相同的，"受过培训的战略家在任何一个行业中都能起到很好的作用"。换言之，"产品特点本身并不是最重要的"（Sidney Schoeffler，1980：2，5）。舍费勒继续指出，战略分为好坏两种，投资程度一般会对利润率或净现金流量这两个指标起副作用（投资程度"抑制 ROI"），对市场份额则起正作用。

在这些战略变量（如市场份额和利润，而不是获利能力）之间寻找到相关性是一回事，而假设它们之间存在因果关系并把这种关系转变成定律又是另外一回事。数据并不是定律。市场占有率高的产品就一定能带来利润吗？高利润的产品就一定能带来高市场占有率吗？或者，更有可能的是，其他一些因素（如更好的客户服务）可以同时带来利润和市场份额吗？市场份额对企业来说只是一种回报，并不是一个战略。

一些有钱购买这些数据库也有能力支付咨询费用的大企业明显更偏向运用PIMS 和波士顿矩阵。但这两个模型似乎都不能区分"实现目标"和"保持目标"的差别。那些年轻进取的企业正在追求与众不同的、快速成长的战略。它们可能过于繁忙而忽视了 PIMS 工具，同时那些处于新兴行业中新产品集合还比较混乱的企业，也没有通过波士顿矩阵获知它们到底具有什么样的市场份额，甚至不清楚它们的"业务"究竟是什么。

这种情况的最终结果就像一位善泳者淹死在平均只有十几厘米深的湖中一样。许多公司只是按照定位学派第二次鼎盛时期的简单定律去经营，最终都纷纷倒下了（Hamermesh，1986）。

第三次鼎盛时期：经验命题的发展

定位学派第三次鼎盛时期的暗流涌动于 20 世纪 70 年代中期。进入 80 年代以后，它突然喷涌而出，在整个战略管理领域内的文献和实践活动中占据了主导地位。这次定位学派活动的内容主要是对企业外部条件和内部战略之间的关系进行系统的经验性研究。它不再信奉枯燥的说教和规定（至少在战略内容方面是这样的，如果不是针对制定战略的过程），而是相信通过系统的研究可以找出在既定的条件下所要追求的理想战略。

直到 1980 年波特的《竞争战略》一书出版，定位学派的研究工作才算步入正轨。波特曾是哈佛大学的 MBA，之后又在哈佛大学经济学系获得了博士学位，从此开始了他在哈佛商学院的执教生涯。从攻读博士学位起，波特就开始借鉴吸收一门被称作产业组织的经济学分支学科的研究成果，该学科以经验测试为支撑，是进行产业分析的一种相对严谨的系统方法。波特扩大了这种方法的使用范围，并将其运用到对企业战略的研究中。波特认为，企业经营活动所处的市场结构是经营战略的基础。

从本质上讲，波特采纳了设计学派的基本方法，将其应用于企业外部环境，或者称作产业环境。（这最终引发了基于企业内部环境的战略研究视角，我们称之为企业的资源观，这一点我们将在以后的章节中看到。）战略形成是设计过程的观点已经被人们广泛接受，波特进一步完善了这个过程，尽管这个过程在很大程度上继承了计划学派的思想，但波特根据这个观点构建了他自己的定位学派，为了实现这一构建，他还加入了产业组织结构中已有的知识体系。这种知识的结合很有作用，并震动了学术者和工商企业界。

波特的研究，尤其是他在 1980 年出版的《竞争战略》以及随后于 1985 年出版的另一本著作《竞争优势》，提供的是一种理论基础而不是理论框架。换言之，他建立的是一套有关战略的基本概念，而不是定位学派本身完整的结构。在这些概念中，最引人注目的是波特的竞争分析模型、通用战略的设定以及价值链的观点。

波特的竞争分析模型

波特的竞争分析模型明确指出了组织环境中影响竞争的五种力量。下面是对这五种力量的描述，图 4-3 则列出了这些力量的基本构成要素。

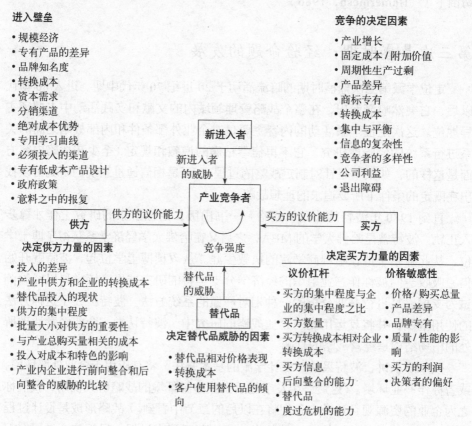

图 4-3　产业结构因素

资料来源：Porter, 1980.

- **新进入者的威胁**。一个产业就像一家俱乐部，在这个产业当中企业通过克服某些特定的"进入障碍"来获得别人的认可，如规模经济、基本的资本要求量以及现有品牌的顾客忠诚等。进入障碍大的产业鼓励对手间的合作，其竞争要相对平稳；进入障碍小的产业竞争相对激烈，在此类行业中，任何事都不可以想当然。

- **企业供应商（供方）的议价能力**。由于供应商希望能以尽可能高的价格出售其产品，因而在企业和供应商之间就存在着力量的斗争。在谈判中占有优势的一方是那些即使终止双方的关系也存在多种选择而且损失较少的一方。例如，那些不必将大量的产品只出售给一个顾客的企业或者是生产一种独特的、没有近似替代产品的企业。

- **企业顾客（买方）的议价能力**。企业的顾客总是希望买到物美价廉的商品。他们进行议价的能力取决于他们的购买数量、掌握的信息以及是否愿意使用替代品等。

- **替代品的威胁**。俗话说，没有人是不可替代的。产业竞争的激烈程度，取决于该产业的产品可以被另外一个产业的产品所能替代的程度。邮递服务和速递服务展开了竞争，速递服务又与传真机展开了竞争，传真机又与电子邮件展开了竞争，等等。当一个产业发生了创新时，另外一个相关的产业也会受到一定的影响。

- **竞争企业间的竞争强度**。上面所提到的全部因素都存在于竞争中。波特认为，竞争不仅存在于激烈的商战中，也存在于比较平和的交往中。企业为了各自的市场地位而运用各种计谋，它们有时互相攻击，有时又心照不宣地相互共存，甚至可能结成联盟。究竟采取什么样的方式，要取决于前面提到的各种因素。例如，替代品的威胁会使企业团结起来，而在购买者和供应商的力量相对均等的产业内，企业间则会存在激烈的竞争。

这些力量的每一个特点都可以解释为什么企业要采纳一种特定的战略。例如，如果供应商的议价能力很强，企业就会寻求后向纵向一体化的战略，这种战略就是企业自己生产供给品。人们在确定了外界因素可能产生什么样的作用之后，就能够想象出许多可以采用的战略。但是，波特有不同的见解，他认为从长远来看，只有少数的通用战略能够经受住竞争的考验。这一观点，如同克劳塞维茨的军事理论强调要塞建筑一样，正是解释定位学派的核心观点。

波特的通用战略

波特认为，一个企业只能拥有两种"基本的竞争优势，即低成本或产品差异化"（Porter，1985：11）。这两者与某一种特定的业务范围（即市场细分后的目标市场的范围）相结合，可以得出三个通用战略，即成本领先、产品差异化及目标集聚（即较窄的市场范围），它们可以使企业在所处产业中获得高于平均水平的绩效（见图4-4）。

竞争优势

	降低成本	产品差异化
广阔的目标市场	1. 成本领先	2. 产品差异化
狭窄的目标市场	3A. 以成本领先为重点	3B. 以产品差异化为重点

（竞争区域）

图 4-4　波特的通用战略

资料来源：Porter，1985：12.

在波特看来，"针对所有顾客经营所有业务"是导致企业战术平庸和产生低于平均绩效水平的主要原因（12），企业必须在那些可以赢得竞争优势的战略中选择适合自己的战略。换句颇有争议的话来说，就是"一个采用了所有的通用战略但并没有达到目的的企业将会处于一种左右为难的境地"（16）。下面是对这些通用战略的描述：

- **成本领先**。这个战略的目标是使企业成为产业中的低成本生产厂商。成本领先战略通过积累经验、投资购买大规模生产设备、运用规模经济以及认真监控全部营业费用（通过如减小设计尺寸和全面质量管理等程序）等方法来实现。

- **产品差异化**。这个战略包括开发独特的产品或服务，依靠品牌忠诚或顾客忠诚，企业可以提供较高的产品质量、较好的产品性能或独特的功能，这些都能使产品制定较高的价格。

- **目标集聚**。这一战略要求企业在产业内一个范围较小的细分市场内做出选择。企业应集中服务于特定的顾客群，经营特定的产品系列，占领特定的地区市场。企业既可以采用"以产品差异化为重点"的战略使其产品在目标市场上不同于其他产品，也可以采用"以成本领先为重点"的战略使企业在目标市场上可以低价出售商品。这样企业就可以集中力量提高竞争能力了。

在众多学者中，米勒曾对波特的"企业必须追求一种战略，才能避免处于进退两难的境地"这一理论提出质疑。他认为这种把战略限定在某一范围的举动必定会使组织僵化，限制组织的视野（Miller，1992：37）。米勒引用了卡特彼勒公司的案例来证明这一点，该公司通过生产世界上最优质的推土机使自己的产品差异化。由于该公司认为自己的当务之急是追求精密度和耐用性，导致它忽视了提高效率和精简节约，结果在与日本公司的竞争中受到重创。贝纳通公司却与卡特彼勒公司相反，就像巴登－富勒和斯托普福德（Baden-Fuller and Stopford，1992）所指出的那样，它能以低成本大规模生产高档时装。这些学者最后都得出这样的结论，即应当重奖那些解除了"对立的、左右为难的困境"的企业家。吉尔伯特和斯塔雷布尔（Gilbert and Strebel，1988）也讨论了"超越"战略，通过这种战略，企业（如丰田公司）以低成本制造商的身份进入市场，然后采用产品差异化来赢得更多的市场份额。

波特的价值链

波特在 1985 年出版的一本著作中，提出了价值链的理论框架。这个理论框架认为企业的经营活动可以分解为基本活动和辅助活动，如图 4-5 所示。基本活动直接存在于产品流向消费者的整个过程中，包括进货物流（接收货物、贮存货物等）、生产运营（或改造）、发货物流（订单处理、实物分配等）、营销、服务（包括安装、维修等）。辅助活动的存在可以支持基本活动，辅助活动包括采购、技术开发、人力资源管理以及企业基础设施的供应（包括财务、会计和全面管理等）。

图 4-5 中右侧的"利润"反映了企业所获得的边际利润取决于整个价值链的管理过程和方式。图中的虚线表明，除了企业基础设施之外，所有的辅助活动都与每一种基本活动有关，并支持着整个价值链。企业的基础设施与基本活动没有直接的联系，它是应用于整个价值链的，而不是价值链的某一部分。在波特看来，价值链提供了一个系统的方法来审查企业的所有行为及其相互关系（Porter，1985：33）。但是必须根据波特的观点从整体上考虑整个价值链，例如，如果销售与生产作业配合得不好，那么营销工作做得再好也不能成为企业的一项战略优势。

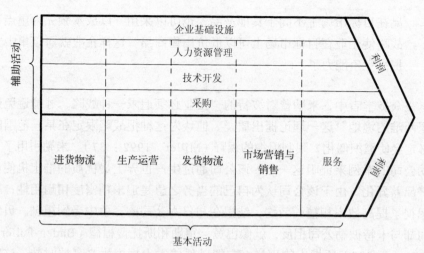

图 4-5　波特的基本价值链

资料来源：Porter，1985：3.

如上所述，从波特开始，战略定位方面的文献如雨后春笋般涌现出来。在此，我们无法提供足够的篇幅回顾这一领域内的所有文献。相反，我们试图通过思考这些文献的结构形式，来汇总这些文献。与此同时，这个结构形式已经不断地向更复杂的层次发展了。

定位学派的四种研究

图 4-6 表示的是一个可能将定位学派的各种研究活动联系起来的方法，实际上它是一种将定位学派的各种研究成果进行定位的方法。所有有关定位学派的研究活动既可以按单因素和多因素分成两大类，又可以按静态条件和动态条件分成四大类。因此，定位学派的所有研究活动就可以如图 4-6 中的方格所示分成四大类。就研究倾向而论，人们偏爱采用较为简化的形式开展研究活动，但是定位学派的研究活动在四种情况下仍然能够发生。

单因素静态研究

在定位学派的重点研究活动中，可能相当多的内容都属于单因素静态研究。一些单因素静态研究关注特殊的通用战略（如外包或产品捆绑销售），并试图找到支持这些特殊的通用战略的产业环境（或找出在给定环境内最适合企业的战略）。其他研究工作（大多出现在第二次鼎盛时期）则仅仅考虑了不同战略本身的效果（如对"采取多元化经营是否需要付出代价"这一问题，有大量的研究活动）。

	单因素	多因素
静态条件	把特殊的战略与特殊的条件联系起来（例如多元化经营与产业成熟度）	细致地描述战略群（如战略小组）或外部条件集合（如通用行业），以及它们之间的关系
动态条件	根据外界变化（如技术威胁、竞争性攻击）采取特殊的战略反应（如转变战略从而发出反击信号）	跟踪战略群的演变顺序，或外界条件的演变过程（如产品生命周期）

图 4-6 战略研究矩阵

多因素静态研究

战略家的工作不仅仅是为企业选择一个战略位置，还包括将这些战略位置集合成一个完整的战略。因而，第二类研究活动是针对多种因素的，但它仍然处在一个静态的环境中。例如，波特（Porter，1980）使用"战略集团"这个术语，来描述一个行业内追求相似的战略及其他因素组合的一些企业（如在餐饮业内的汉堡快餐连锁店）。这类研究活动试图用各种行业环境因素集合来匹配这种战略集团（如这些行业环境既可以导致这些战略组合的分崩离析，也能促使其"成熟"起来）。[⊖]

20 世纪 80 年代中期，战略集团本身的研究经历了一次小高潮。亨特首先创造了战略集团这个术语，来帮助解释家用器具行业的竞争活动。他仔细观察了一个令人费解的现象：尽管产业集中度非常高（意味着较少的竞争对手），但是产业盈利能力却很低。亨特对此的解释是，这些企业（战略集团）的子集合似乎是在追求根本不同的战略，实际上却抑制了市场权力的行使。

后来波特（Porter，1980）又引入了"转移障碍"这一概念来解释上面这个令人费解的现象，而转移障碍其实就是进入障碍的微缩版。例如，一家在某一地区经营的企业，由于不能从全国范围的广告上得到益处，它必须采取不同于全国性制造商的品牌经营方式和市场经营方式，这样就可能限制零售商的销售对象。企业由此而成为一个特殊的战略集团的一员（或许这个战略集团可以被称作"区域竞争者"）。相反，追求面向全国战略的企业会以整个国家的普通消费者偏好作为目标，通过全国范围内的广告和营销渠道来支持其市场地位。虽

⊖ 通用战略和战略集团这两个概念不能混淆。通用战略描述的是企业内部的一致性，而战略集团反映的是行业内部的各种位置（McGee and Thomas，1986）。

然两个集团相互竞争，但转移障碍可以使两个集团在各自的竞争空间里都能成功经营。

当然战略集团也可能具有一般性，换言之，战略集团也可以被看作跨行业的战略群体（比如我们可以找到那些在许多不同的行业里追求地域性或全国性战略的企业）。专栏 4-2 描述了战略集团的类型。

专栏 4-2

战略集团的类型

- **有特定位置的竞争者**。高度差异化经营，通常表现在产品质量或设计上；有较小的核心经营范围，如《经济学人》杂志。

- **先驱者**。其经营范围非常集中，是产品设计非常新颖的最先进入者，如亚马逊（书籍类）、Travelocity（机票）和 eBay（网上竞拍）。

- **区域性制造商**。在某个特殊地理区域内采取无差异战略的企业，如独家煤气站和国家邮政局。

- **占据主导地位的企业**。成本领先者，无论是上游的原材料制造商还是下游的大规模销售企业，其成本优势都很明显，有较大的经营范围且通常采用纵向一体化，如加拿大铝业集团（Alcan）或通用汽车公司。

- **模仿对手的企业**。类似于主导企业但不是主导企业，采用模仿主导企业的战略，如一些移动电话运营商。

- **在全球范围内完全相同的企业**。在全球范围内的每个分市场，根据制定好的程序进行市场营销、产品生产和销售，如可口可乐公司和麦当劳。

- **专业化企业**。为顾客提供已确立的专业服务的企业，如咨询公司、工程公司及会计师事务所。

- **交易较少的制造商**。通常是与世界各地的顾客偶尔签订一些大的合同，一般拥有很强的设计创新能力和很复杂的技术，如波音公司和空中客车公司。

- **理性化的企业**。所谓的“全球企业”，它们在一个很大的地域基础上（在全球范围内）销售产品，并在全球授权生产，如星巴克或奔驰。

- **水晶式多层化或网状企业**。高度多样化，经营范围较宽，有许多多样化设计的产品，大多数产品的创新是围绕核心竞争力并通过内部开发产生的，如 3M 或佳能。

- **联合大企业**。通常是通过主导企业收购不相关的多种经营企业组成的企业集团。

资料来源：Henry Mintzberg.

单因素动态研究

矩阵中剩下的两类战略内容的研究是关于动态条件下的研究，这些研究活动进行起来比较困难，因而并不常见。第三种研究活动主要考虑了一种单一变化的影响，如出现技术的突破或新的竞争攻击。此时研究人员所感兴趣的不只是采取放弃或产品差异这类实质性的反击行为，而且也包括发出反击信号（signaling，这一词语由波特首创；Porter，1980，Chapters 4 and 5），如宣布建立一家新工厂，这家工厂实际上是不会建立的，其目的是防止竞争对手的进入。在这种情况下，我们把战略看作一种策略（因为上述这种策略带有政治特点，我们将在第 8 章继续讨论）。

在单因素动态研究中，转变战略的研究活动也非常普遍。转变战略是"先发优势"的一种。先发优势是指率先进入新市场所能得到的收益和发生的成本，而不是等着成为一个"最快的跟进者"或"后期先行者"。

后来流行的所谓博弈论是比较新的、更加理性化的战略研究活动。我们在专栏 4-3 中介绍了博弈论，并得出这样的结论：博弈论不是为某些战略问题提供答案，而是帮助人们理顺战略思路，尤其是在采取竞争转移的情况下。

专栏 4-3

博弈论和战略

定位学派的大量成果归功于经济学理论，特别是产业组织领域的贡献。最近，战略研究人员试图吸收在经济学界开始流行的另外一个领域，即博弈论。该理论是由冯·诺伊曼和摩根斯顿（von Neumann and Morgenstern，1947）发展起来的，最早用来分析冷战时期两个超级大国之间的核平衡。在经济学中，博弈论是用来分析在小型集团企业内的竞争与合作关系。在这一点上，博弈论只是向战略靠近了一小步。

博弈论提供了一个严谨的方法，帮助我们发现在一个明确界定的环境里，理性的行动者从自身利益出发最有可能采取的行动。下面我们简单介绍一下博弈论最著名的例子，即"囚徒困境"。

两名疑犯被怀疑犯下了严重罪行而被扣留。警方有足够的证据证明他们犯下了较轻的罪行，但缺少能证明他们犯下严重罪行的证据。因此，警方非常希望罪犯能够供认罪行以进行成功的诉讼。首席审讯员走近一名疑犯，向他提出一些建议："我们有足够的证据能证明你有罪，正常的情况下你要被判三年监禁；但如果你招供的话，将会判一年监禁；如果你不招供，而你的同伴招供了，那么你就会受到更严厉的处罚，要被判十年监禁。另外，我必须提醒你的是，如果你们俩都招供的话，你们每个人都会被判七年监禁。"如果这两个罪犯能够互相商量一下，然后订下一个双方都不招供的约定，他们都将会被判三年监禁。不幸的是，警察把他们分开了，这样每一名疑犯都必须在考虑同伴最有可能的行为后才能做出决定。作为理性的行动者，他们都会假设对方会顾及自己的最佳利益而招供，因此每个人除了招供外别无选择。因此，他们最后都被判七年监禁，尽管他们不招供的结果会更好一些。

在囚徒困境中，这种好的结果和坏的结果之间存在违背常情的对比，企业大量的经营活动中也同样存在"囚徒困境"的情况。企业通常处在对谁都不利的、毫无节制的竞争环境中。在这种情况下，企业间的合作比无情的竞争更可取。然而，将企业竞争中的"零和博弈"（一方获利，另一方损失）转变成一种合作的"双赢博弈"，这在企业间是不会发生的，除非找到其他不同的战略。

在一篇文章中，布兰登布格尔和纳莱巴夫（Brandenburger and Nalebuff, 1995）提倡将博弈论应用于战略中，他们列举出许多企业这样做的例子。例如在20世纪90年代，美国的汽车产业陷入了价格战，这种价格战损害了每一家企业的利益。通用汽车公司决心打破这种恶性循环，它发行了一种信用卡，顾客在购买通用汽车时用它能打折。价格战就这样被遏制住了，汽车产业从"没有赢家"的情形转变成"都是赢家"的情形。这样再次引发价格战的可能性已经很小，因为大范围发行信用卡的高额成本提供了博弈论学家所说的那种企业相互合作所需的"可靠的承诺"。这种承诺是为了争夺顾客忠诚，而不是为了争夺短期销售额的增长。

博弈论在解决一些企业存在的简单问题时能够提供很有价值的观点。例如，一家航空公司为了将其经济效益最大化，是应该完全从一家实力雄厚的公司（如波音公司）购买所有的飞机，还是应该也从空中客车购买飞机，来抗衡波音公司呢？博弈论并未对这类问题给出直接答案，而是系统地检查能改变环境的各种条件的组合和变换。

不幸的是，现实生活中的战略是不同的。几乎不存在博弈论学家所说的比其他战略更好的"主要战略"。与其说博弈论是一种解决战略问题的方法，倒不如把它看作理顺战略家思路的帮手。博弈论可以提供一套概念，来帮助我们更好地理解防止竞争者的动态战略行动。

资料来源：Joseph Lampel.

多因素动态研究

最后一个单元关注的是动态环境中的各种关系。很明显，多个因素的动态研究是涉及面最广的，也是最困难的，所以它大概是最不引人注意的，对此我们并不感到奇怪。多因素动态研究主要包括战略动力学，它是研究战略集团如何产生及如何随时间的推移而发展变化的，它也涉及产业演变过程（包括"生命周期"这类演变过程），及竞争的产生和消失这些内容。艾尔弗雷德·钱德勒研究了美国大企业的演变过程，其研究成果中有关定位和结构方面的内容，我们将在第 11 章讨论。

对定位学派的评论

就像批判设计学派和计划学派那样，我们可以根据同样的理由对定位学派提出批判，因为定位学派继承了前者的前提条件，甚至比它们更愿意接受这些条件。正如我们在探讨设计学派的缺陷时所指出的，定位学派同样存在思考与行动相分离的缺陷（即战略制定是由高级管理人员完成的；它是以正式分析为基础，通过有意识的思维活动完成的；而战略贯彻也是自上而下进行的）。这样会使战略制定过程过于谨慎并因此破坏战略学习。同时，定位学派还具有计划学派所存在的缺陷，例如仅凭对目前形势的判断来展望未来，过分地依靠硬信息，把战略制定过程过分地形式化等，这些缺陷都会给组织带来一定风险。

最后，我们回过头来评论上一章提到的那条谬论：通过分析能够形成综合性的战略。实际上，1987年波特在《经济学人》杂志上发表的文章就曾提出："我赞成用一套分析技术来形成战略。"在我们看来，没有人曾经仅仅借助分析技术就形成战略，不过，把有用的信息输送到战略制定过程中则是可取的，通过延伸扩展现行的战略或者模仿竞争对手的战略也是可取的，但仅仅凭借分析技术就想形成战略是不可能的。就像哈默尔最近在《财富》杂志上发表的一篇文章中所评论的那样："战略产业最不可告人的秘密是它根本没有创造战略的理论。"（*Fortune*，1997：80）技术不能创造战略，但人可以。

我们对于定位学派的评论集中在重点、环境、过程和战略本身这四个方面。

对重点的评论

就像其他说明性学派那样，与其说定位学派的方法是错误的，倒不如说它是片面的。首先重点本身就是片面的。定位学派的方法符合经济学的要求，特别是计量经济学的要求，却与社会学和政治学，乃至非量化的经济学相反。甚至就连战略的选择也很容易带有倾向性，因为成本领先战略通常比产品差异化战略具有更多支持自己的硬信息。这一点在定位学派的第二个鼎盛时期表现得很清楚，如波士顿咨询公司过分地强调市场份额，其他咨询公司也通过过分运用管理成本的数据来理解战略。

定位学派偏爱经济学，而忽视政治学，例如，"政治的"和"政治学"这两个词在波特的主要著作《竞争战略》中根本就没有出现过。但是，这本书却可以很好地指导政治活动。如果利润果真存在于市场力量中，那么，很明显可以运用更多经济学的方法去创造利润，毕竟存在着各种各样的"进入障碍"。例如"政府会通过一些控制手段限制甚至不允许企业进入某个行业，这些控制手段包括执照要求或稀有材料经营许可等"（Porter，1980：13）。波特不经意间跨越了竞争经济学与政治策略之间那条微妙的界线。

对于小公司起诉大公司来说，私人反托拉斯诉讼案中，很少有被告能受到应有的惩罚。打官司会使小企业在相当长的时期内承受高额法律成本，也影响其全身心地参与市场竞争。（86）

事实上，若干年之后，在使用市场力量的过程中所涉及的可能存在的政治因素让波特惹上一些麻烦，因为NFL（美国橄榄球大联盟）的管理层曾向波特征求应对新成立的 USFL（美国橄榄球联盟）对其造成威胁的措施，波特在一次 NFL 管理层会议上的陈述和说明，成为 1984 年成立的 USFL 起诉 NFL 的私人反托拉斯案件审判庭上的重要证据。陪审团给 NFL 定的罪名是使用垄断势力去损害年轻的联盟（Kennedy and Pomerantz，1986）。

对环境的评论

对定位学派批判的第二个方面是它极为有限的使用环境。首先人们对传统的大型产业存在一种偏见，认为大型产业中的市场力量是最大的，竞争是最无效的，最容易进行政治操纵。人们也研究了利基战略和细分产业，但这些远远比不上对成熟产业主导战略的研究。在这些研究活动中，用到的硬信息最多，并且定位学派的学术活动和实践活动都是以大量的此类数据作为基础展开研究的。

对于第二个鼎盛时期，我们已经阐述了波士顿矩阵和 PIMS 模型等有关内容，尤其是在市场占有率方面。波特在《竞争战略》这本书中关于细分产业的章节里，较详细地讨论了巩固细分产业的战略。但他没有将这一点与打破已稳固的行业对等起来，当然，这些研究主要运用的是硬信息，并且定位学派的研究与实践活动也是以大量硬信息为基础展开的。在其中的一部分中，他还讨论了处于"分裂状况中的行业"，但在任何地方他都没有提到处于联合状态下的产业。

与设计学派、计划学派一样，定位学派倾向于研究大型的、现有的且成熟的行业，这本身就反映出定位学派倾向于研究处于较为稳定条件下的行业。但是，不稳定促进了分裂，也打破了各种障碍，如进入障碍、流动性障碍和退出障碍等。这些不稳定条件不利于定位学派的分析，因为在一个不稳定的行业中，定位学派无法识别出谁拥有多大的市场份额。

的确，在相对稳定的条件下，定位学派的另一派以正式分析为重点，从信号、位置、先发优势和后发优势等角度考虑了战略定位的动态问题，这是一个非常有趣的研究。在这个方面，定位学派不论在实践活动（花费极少的分析时间、以缩编的硬信息为基础进行快速行动）中，还是在（需要软信息和更多的想象力的）研究活动中，都需要一个崭新的方向，这一点在定位学派的文献中都未曾提到，结果使定位学派在理论上分化成了两派。这就要求定位学派的实践者一方面要认真学习、统一行动，另一方面又要出其不意地快速行动。在某种程度上，"分析会削弱我们的能力"，"直觉会使我们消亡"，我们必须在这两者之间不偏不倚（Langley，1995）。

总的来说，这个问题是由定位学派倾向于研究外部环境，尤其是来自产业和竞争对手的外部环境，而忽视了研究企业内部的能力造成的。设计学派的研究则同时关注外部环境和内部能力。然而定位学派一经流行，情况便马上发生了变化，就像我们现在看到的那样，战略管理领域正在被引向另外一条道路，即并非同等看重外部环境和内部能力，而是只重视外部环境。

在一篇颇有争议的名为《行业的作用有多大》的文章中，理查德·鲁梅尔特（Richard Rumelt，1991）运用政府的统计资料检验了制造业企业1974～1977年的经营业绩。他的理论假设比较简单，即如果行业确实是影响企业战略形成的一个最为重要的原因，那么，跨行业经营的企业，其经营业绩的差异程度应该远远大于同行业内企业之间经营业绩的差异程度。然而，调查后得到的结果与他的假设正好相反。

6年后，麦加恩和波特（McGahan and Porter，1997）在一篇名为《行业实际上起到多大作用》的文章中做出了回答。他们俩使用了一种更为复杂的统计技术，分析了1981～1994年制造业和服务业企业的经营业绩。他们得出了这样的结论：特色产业会对企业的经营业绩产生实质性的影响。但同时他们也承认，同一个行业内企业之间的差异化仍然要比不同行业内企业之间的差异化重要得多。

这只是那些顽固的学究们所喜欢的一种争论，因为这个问题很好界定，数据也都是些统计数据，所用到的技术总是先进的技术，但是，如果我们回到那些基本点，不仅把这些争论而且把整个定位学派转化为观念的话，我们可能会做得更好。首要的问题是，一个行业应该怎样被界定和分类？一般来说，这主要是由在政府中任职或做研究工作的经济学家来做的，而行业的建立、破坏、组合及解体却是由那些使用复杂的辨识方法和社交手段的管理人员来完成的（Anand and Peterson，2000）。因此，即使行业起作用，它也不会以定位学派所断言的那种方式起作用。

对战略过程的评论

对定位学派进行批判的第三个方面是关于其战略进程。定位学派的要旨并不是要我们离开组织去学习，而是待在组织内完成计算工作。不是只能在MBA课堂内"摆弄数据"，在管理办公室内也同样可以。人们认为战略家就应该远离制造产品、完成销售这类具体的活动，他们只需在纸上完成那些抽象工作。克劳塞维茨早就提出："计算是获得优势的最根本的要素。"但他也承认不计其数的微小因素引致的意外事件，根本就无法计算（Clausewitz，1968：164，

165）。这就是定位学派的困境。

就像我们在批判计划学派时所讲的，计算不仅妨碍组织的学习和创新，也妨碍个人职责的完成。计划人员被召集在中央办公室向高层管理人员送交报告的同时，其他管理人员就只能作为战略的执行者了。企业的员工可能会被迫执行那些由不深入了解某个复杂业务的人们制定的战略，这些战略是那些不了解业务细节的分析人员通过数字计算得出来的。"企业拥有创新性战略的机会不是来自陈旧的分析和数字累积，而是来自企业新的阅历，这些新阅历能够为企业创造新的视角。"（Hamel，1997：32）

布伦松比较了"职责创建型行为"和"批判详察型行为"，他认为"职责创建型行为"不仅仅是一个认识过程的心理活动，而"批判详察型行为"则否认了"情绪的作用"，这种行为"更易遭到人们的拒绝而不是接受"（Brunsson，1976：12）。换言之，分析家的计算会取代员工的职责。因此，不存在提前制定好的最佳战略。一个成功的战略会让员工充满力量，这些员工通过亲自实现这个战略而使之成功。就像波特所认为的，这种成功的战略与"资产、人员等必须被集中积累起来的因素"（Porter，1997：162）还不完全相同。

对定位学派战略的评论

最后，在定位学派中，战略本身趋向于一个范围很小的战略重点。战略被看作通用而非唯一的观念。由于这种局限，战略进程被缩减为一个固定的程序，由此就可以从一系列约束性很强的条件中选出一个位置。否则，在众多战略集团中，企业会加入这个或那个集团，因为这些集团能提供企业所追求的通用战略组合。

设计学派提倡把战略看作一种观念，并且鼓励人们对战略进行创造性的设计。而定位学派由于看重的是战略的通用性，使得其效果恰恰相反。定位学派引导企业追求在细节和整体上都通用的行为。任何一个企业只需要关注一下目前管理界的标准和盲从现象（Knuf，2000；Denrell，2005）。在学术研究中也存在同样的问题，这些学术研究倾向于对战略进行归类，而不是研究它们之间的细微差别。

当然，这些分类是基于现有行为的，因此管理人员和研究人员倾向于运用以往的经验而不是进行面向未来的创新。就像前面讨论过的那样，定位学派更偏向于保守而不是行动。理查德·鲁梅尔特支持定位学派的方法，至少认同它深思熟虑进行分析的一面，但他也列举了定位学派存在的问题。专栏 4-4 是他最喜欢的一张幻灯片的内容。

专栏 4-4

你是如何解决"本田问题"的

1977 年我在 MBA 最后一轮考试中被问道:"本田是否应该进入世界汽车行业?"

这其实是一个送分式的问题。回答"是"的人都会不及格。理由是:

- 市场已经趋于饱和。
- 在日本、美国和欧洲都有非常强大的竞争对手。
- 本田几乎没有生产汽车的经验。
- 本田没有汽车分销系统。

1985 年,我的妻子驾驶着一辆本田汽车。

商战和战争中的一些最著名的战役,不是通过已有的知识正确地做事,而是通过打破既定的模式,首先建立一个范畴来获胜的,就如同我们在前面看到的拿破仑的战例那样。汉堡王虽然也加入了"快餐汉堡包集团",但该集团最初的想法却是麦当劳首先创造的,并为集团制定了规章制度。一些企业停留在原处进行"竞争性分析",其他一些企业则向外创建自己的位置,不必进行毫无竞争意义的分析。定位学派注重通用的战略,研究既定行业、已形成的集团以及硬信息分析。学习既定范畴不利于创造新范畴。

当 1959 年本田进入美国摩托车市场时,波士顿咨询公司曾将本田摩托车称为瘦狗产品。因为穿黑皮夹克的冷酷青年骑着大摩托车这样的市场已经处于饱和状态,而本田是一家不起眼的企业。也许本田确实应该退出去,其中一个原因是本田开发出了一个由普通美国人骑的小摩托车新市场,于是本田摩托车从瘦狗产品变成了明星产品。本田自己创建了一个新兴的成长行业,并在这个行业中占据了相当大的份额。(具有讽刺意味的是,几年后波士顿咨询公司在一篇报告中,把这一事件当作定位行为的典范而大加吹捧。这就是鲁梅尔特引用的"例子"。但是,我们会在第 7 章看到,本田公司的成功在很大程度上与学习有关,而不是与定位有关。)

从动态的角度来看,定位学派有一个被称为"先发优势"的范畴。但在定位学派现有的范畴中,它的重点是进行硬信息的战略分析,这不利于定位学派获取这种"先发优势"。一个企业完成分析活动的时候，就说明它获取的"先发优势"已经很明显了。

另外一个具有讽刺意味的有趣现象是，定位学派在理论上强调实事求是，但在行动上，却是所有关于战略形成的思想学派中宿命观点最强的一个学派。定位学派在宣扬管理选择方案的同时，为想要生存下去的组织细致地划分了适于它们生存的各种位置。定位学派在第一个学术鼎盛时期宣扬了箴言的作用；在第二个学术鼎盛时期则宣扬了规则的作用，市场份额与组织批量生产的经验都能给企业带来益处，而资本过于集中则不利于企业的经营；在第三个学术鼎盛时期，定位学派引入了战略选择和偶然性概念，但它仍然不是完全意义上的战略选择。所有这些规定让人们相信，在一组既定的前提条件下，必定存在一个最佳的通用战略，若没有找到这个最佳通用战略，那就是你自己的错了。

为什么说波特对"战略是什么"的解释未必成立

1996 年，为了回应批评他的观点的人，迈克尔·波特在《哈佛商业评论》上发表了一篇名为《战略是什么》的文章。他强调了战略的重要性，这与"经营效益的持续增长"是提高盈利能力的"必要非充分条件"的论点形成了鲜明的对照。

波特认为"战略是重要的"，这一结论毋庸置疑。波特接下来为"持续的竞争优势"列出了六个重点，其中前五个是与战略和组织整体方面有关的，第六个就是"既定的经营效益"（Porter，1996：74）。试想有哪一位为"既定的经营效益"而日夜奋斗的管理人员，会去扮演放弃"既定的经营效益"的角色呢？

而且，经营效益的提高本身就是一种战略（例如 3M 公司为提高经营效益所提出的创新战略）。事实上，这种经营效益的提高经常能产生某种导致战略发生重要变化的突破。但在这篇文章中，波特仍然将战略视为必然的演绎过程和深思熟虑的过程，似乎战略学习和涌现战略根本就不存在。就像他在 1997 年给《哈佛商业评论》所写的复信那样：

> 如果战略被延伸至包括员工和组织安排，那么战略就会变成一个企业要做的或者要包含的每项工作。这不仅会把事情搞复杂，还会把从竞争环境到定位、从定位到行动、从行动到员工技巧和组织这样一个因果链搞混。（Porter，1997：162）

但是，将战略视为"一个企业要做的或者要包含的每项工作"到底有什么问题呢？答案非常简单，就是把战略看作观念而不是定位。同时，为什么必然会存在这种因果关系的链条呢，难道不能任由它自己只朝一个方向运转吗？

波特对于战略进程过于狭隘的看法，使他得出了一个令人惊讶的结论，即"日本企业很少有战略，它们都必须学习战略"（Porter，1996：63）。如果那么多日本企业都是如此，而不仅仅是丰田，那么战略怎么能成为日本企业成功的必要条件呢？在我们看来，根本就不是那么回事。日本企业不仅不用去学习战略，他们给迈克尔·波特讲授战略也是完全胜任的。

在《战略是什么》这篇文章中，波特强调了战略特色的重要性，以及在寻找战略位置时创造力和洞察力的重要性。波特抨击了现今企业中司空见惯的制定标准、监督管理和模仿等行为，这一点是受人欢迎的。但是还有一个问题必须提出：有多少这种实践活动是由波特长期以来提倡的那些程序所驱动的？在某种意义上，波特批评了那些由于"外包"而变得过于"通用"的行为（64）。

在这篇文章中，波特还频繁地使用了"战略的选择方案"和"选择战略"这两个字眼。同时，波特认为，为了使企业避免陷入他先前所描述的不同战略间所存在的内在矛盾中，企业有必要进行战略选择。这进一步捍卫了他的三大通用战略（67）。但是，由"寻找"和"选择"通用战略位置引出的"创造力和洞察力"与激发和创造新的战略观念是对立的吗？

波特的基本模式反映了军事战略家们对于战略所谓的那种"常用"方法：战略对抗一经开始，你就会痴迷于你所得。你只能在战略对抗开始之前或之后进行调整。但是，实际的管理过程是不分前、中、后的（但有一个例外，多元化经营活动中不连续的战略行为给出了波特为什么那么喜欢分析这些战略行为的解释）。在一些人看来，组织建设和人员开发与战略有着错综复杂的关系，它们需要的是一个连续发展的战略进程，而不是独立的战略行为。这一点似乎符合日本企业的做法，日本企业没有把战略进程分割成前、中、后不同的过程。

我们认为波特在这篇文章中提出了许多正确的观点，但他提议执行这些观点的方式是错误的。或者因为波特在这篇文章中所表达的思想已退回到了定位学派，所以严格地讲，我们认为波特抛弃或者忽视了其他一些重要的观点。学术界人士和咨询人士或许只需抓住战略这头大象的某一个部分进行研究，但管理人员必须全面理解战略这头大象。

比尔·安德鲁斯在佐治亚大学攻读博士学位时，在一篇论文中曾引用了第1章开头那首寓言诗的早期版本。他给我们这首寓言诗续了一节，我们用它作为对定位学派评论的理想结论：

> 第七个盲人是一名经济学家
> 他解决这个问题时，

摸都没摸一下大象，

目的是避免犯经验主义错误。

他说："这么强壮的大象，

最好是用图形来表述，就像一条曲线那样。"

定位学派的贡献及其适用环境

对于侧重分析和计算的定位学派，我们得出了这样的结论：定位学派将其作用从战略制定降低为进行支持战略过程的战略分析了，与此同时，战略制定以另外的方式继续进行。战略形成，就像我们将在本书中所继续描述的那样，是一个内容丰富、头绪纷杂、时刻变化着的过程，而不像定位学派所说的那样，是一个毫无新意的静止的过程。因此，我们说定位的作用是为了支持战略过程，定位本身并不是战略形成。定位学派在把计划人员转化为分析人员的同时，也为计划学派增添了很多新的内容。当然，在实践中，制订计划这门技术不可能对战略形成完全起作用，但是分析这些计划却能为战略形成提供大量的重要信息。因为这个原因，辛西娅·蒙哥马利等研究者相信：定位学派会让首席执行官重回首要战略家的位置，实际上就是回到了设计学派（见专栏 4-5）。

专栏 4-5

回到设计学派吗

战略不是过去所谓的战略，也不是我们认为的战略。在过去的 25 年中，它是作为一种分析性的问题等待被解决——一种左脑的分类训练。这种感知导致出现一种潮流：专家们都渴求帮助管理者去分析他们所处的行业或者定位他们公司的战略优势。

关于市场力量在产业利润率以及企业差异化中所起的作用，我们知道得越来越多，这主要得益于战略研究与经济学的融合，许多出乎意料的结果其实都是水到渠成的。

更让人关注的是，战略与企业的宏大目标脱离，局限于关注竞争博弈关系，从而使得首席执行官作为战略决策者和管理者的独特角色黯然失色。对持续战略优势的过分强调，使大家对"战略是持续指导企业发展的动态工具"这一基本认识出现偏差。

50 年前在商学院中，人们把战略看作一般管理课程的一部分，那时战略范围较宽且没有严格的界定。之后几十年，战略工具得到了不断完善，还产生了有关战略的新产业形态。

这是一个让人眼花缭乱的时期，战略工具得到丰富。但是在这个过程中也丢失了一些东西，随着战略在深度上的延伸，就会失去广度和高度的拓展。战略越来越流于形式而非内涵，更多的是为了在起始阶段得到一个正确的点子，而不是要将战略贯穿始终。

我们总是对战略一知半解，认为战略就是规划、理念，其实战略更是企业的一种生存方式。战略不仅仅是在外部环境中对企业进行定位，它还描绘了企业的愿景。随着战略不断迈向"科学"，这些最基本的观点却悄悄从我们身边溜走，我们需要的是还原战略的本原。

在哈佛商学院关于"企业主、董事长管理"执行项目的战略管理课程中，实现增值是我们每天所做事情的核心，在设计每个增值活动的起初，管理者需要回答以下问题：

- 如果你的企业倒闭了，到底是谁的原因？为什么？

- 你的顾客最怀念你们的是什么？为什么？

- 另一个企业需要多长时间来填补空隙？

当提出这些问题时，几分钟前还充满热烈讨论的教室迅速变得鸦雀无声。管理者们长期习惯于用所在的行业和产品来描述自己的企业，却经常发现不能说出自己的企业真正独特的地方是什么。

像大部分人一样，大部分战略本质上总会有些神秘的成分。解释这些神秘的东西是首席战略家（如首席执行官）不变的职责。首席执行官是决定企业身份、机会取舍的人。从这个意义而言，首席执行官是组织目标的监督者。

战略家与众不同之处在于其需要为企业持续存在不断创造理由。战略家必须一边关注企业当下如何实现增值，一边关注内外部的变化，看这些变化是会对企业地位构成威胁，还是会为实现增值提供新机遇。首席执行官的最高责任就是指导这个没有终点的过程，为行动注入新的想法，制定新的目标并让其深入人心，而不是一次性地解决所有战略困惑。

资料来源：Montgomery，2008：58-60.

当各种条件相当确定且稳定，在一个简单的中心就能处理合适的信息时，战略分析才会有助于战略制定，但这种战略分析绝不会在战略制定过程中占据主导地位。人们总是认为这些大量的软信息和硬信息密不可分。换言之，在战略管理的实践和研究中，不存在格雷欣式的战略分析定律供我们使用，但如果有了它，硬信息便能产生出软信息，定位学派便能够引发出对完整观念的思考。战略学家和研究人员在企业经营中进行信息分析和查阅结果，会阻碍他们深入了解产品和顾客这个具体的环境，因此，定位学派对战略管理有不利的影响。

但是，从另外的角度讲，定位学派还是为战略管理做出了巨大的贡献。定位学派为战略管理学术研究开辟了许多途径，并为实践活动提供了一套强有力的理论工具。当定位学派与其他观点相结合时，其优势就凸显出来了。

布兰登布格尔和纳莱巴夫（Brandenburger and Nalebuff，1996）阐释了定位学派演化的方向，他们认为企业应该超越竞争，转向"竞合"，例如，与购买者、供应商和替代品等互补者合作的可能性。具有相同理念的是，扬西蒂和莱维恩（Iansiti and Levien，2004）提出应该将强调竞争和敌对的"产业"概念转换成"商业生态系统"概念，在这个系统中，企业间的相互依赖变得更加动态和复杂。

定位学派最初是将战略形成看作寻找经得起显在和潜在竞争地位考验的过程。但结果是，聚焦竞争限制了视野，也束缚了战略的创造性。聚焦竞争还会起反作用：一个企业激进的竞争行为会引起另一个企业激进的竞争行为，如此恶性循环，最后可能会两败俱伤。当前，定位学派的研究思想认为竞争和合作不是对立的，而是一个选择范围的两极。传统的战争战略理念让位于新的国际关系：今天的竞争者就是明天的合作者，竞争与合作相辅相成。

第 5 章

企业家学派

战略形成是一个构筑愿景的过程

"在讨论方向之前，让我们先花点时间讨论一下使命和愿景。"

精神……从来不会离开形象而思考。

——亚里士多德

现在我们从说明性学派转移到描述性学派，描述性学派试图在战略展开的过程中进一步理解战略形成过程。这里我们将先从企业家学派这一介于说明性学派和描述性学派之间的一个学派谈起，这一学派与设计学派对于战略形成的观点有共通之处。

与计划学派、定位学派不同，设计学派强调正式的领导能力。它认为战略形成源自首席执行官的思维过程，首席执行官是战略的"设计师"。但设计学派对这种领导能力也并非盲目推崇，事实上设计学派通过强调战略形成对概念性框架的依赖，以及通过淡化直觉影响等方式，特意避开了领导能力中各种较为软化、个人化和特质化的因素。

企业家学派恰恰相反，该学派不仅将战略形成过程完全集中在一个领导人身上，而且强调某些与生俱来的心理状态和过程，如直觉、判断、智慧、经验和洞察力。这一学派提出战略是与形象和方向感相关的一种观点，称之为愿景。在本书中，我们或许可以把这一学派看作驾驭大象的骑手。

企业家学派的战略观点并不像其他学派所讨论的那样是集体的或文化的结晶，而是个人的，是领导者构思的产物。在这一学派看来，组织对领导者个人的命令比较敏感，要服从他的领导。这种组织环境即使不是完全服从领导，也是处于他可以比较自由指挥的范围内的，至少可以将组织（活动）限制在某些特定的范围内。

这一学派最核心的概念就是愿景，它是对战略的心理描述，产生于或至少是表现在领导者的头脑之中。愿景既是一种灵感，也是一种对战略任务的感觉，一种指导思想。愿景常常表现为一种意象，而不仅仅是一份用文字和数字来详细阐述的计划。这就使战略非常灵活，领导者在制定战略时就能够充分运用其经验。这说明企业家战略既是深思熟虑的，又是随机应变的，在总体思路和方向上是深思熟虑的，在具体细节上则可以随机应变，这样，战略在执行过程中就可以适应各种推进路线。专栏 5-1 将战略思维比作"视角"。

专栏 5-1

战略思维的几种视角

如果战略是一种愿景，那么愿景在战略思维中起着何种作用呢？下面是构成战略思维的三对要素，以及将这三对要素连在一起，共同构成战略思维理论框架的第七种要素。

几乎每一个人都赞同战略思维是一种向前看的过程。但是，如果你没有同时向后看的话，怎么能够更好地向前看呢？
对未来的任何一种美好愿景都必须建立在对过去
正确理解的基础之上。

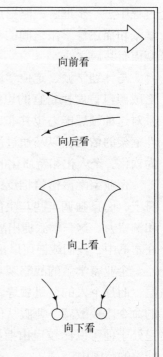

向前看

向后看

向上看

向下看

也有许多人认为战略思维是从上面往下看，
这就好比战略家应该"坐在直升机上俯瞰"，这
样他才能看到"整个画面"，也就是说战略家要
避免"只见树木不见森林"。但是，仅仅通过从
上往下"俯瞰"，任何人也无法真正地对整个画
面有清晰完整的了解。在直升机上往下看，森林
就像一张地毯，任何一个在森林里走过一圈的人
都会知道这是一种很片面的看法，在地面上看森
林绝不会像是一张地毯。林场的人即使坐在直升
机里也不会比坐在办公室里的战略管理者们有更
多的理解。

寻求组织变革的战略就好比在杂草丛生的地
上寻找钻石，战略管理者必须找到一种能够改变
他们组织思想的"珠宝"，这需要大量艰苦而复杂的挖掘工作。但是并没有
一张现成的藏宝图，每个战略管理者需要自己去绘制寻找"珠宝"的图纸。
这样战略思维就成为一种归纳性的思想活动：向上看的同时也要向下看。

然而，即使你能够前看后看、上看下看，你仍然不是一个战略思想家，
还有很多创新性的工作需要去做。

战略管理者的思维方式与常人不一样，
他们更善于抓住机会，喜欢挑战传统的观念，
不受行业中的某些惯例和传统战略方法的约
束，能够建立起适合自己组织的战略，由此
与别的组织区别开来。这种创造性的思维
活动可以称作"侧向"思维，也就是从旁边
观察。

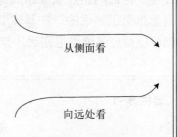

从侧面看

向远处看

但是，在这个世界上存在许多的创造性思想，多得都让你应接不暇，
就像去逛一个艺术长廊，各种艺术品琳琅满目。这时战略管理者还需要向
远处观察。创造性的思想必须与其使用的环境相匹配，必须与将展现在我
们面前的未来世界相适合。向远处看与向前看是不同的，向前看是根据过

去发生的事件构造一个理论框架，从而对未来进行一种预测，它直观地预测出未来的不连续性，而从远处看则是在构造一种未来，创造一个与众不同的世界。

战略思维中还存在最后一个因素。如果没有最后这个因素，你以前进行的所有这些观察或研究活动，包括前看后看、上看下看、侧看远看，将不起任何作用。换言之，一个战略管理者要想真正具有战略眼光，还必须具备洞察力，具有"把物体看穿"的本领。

把它看穿

总结以上几点，可以得出战略思维图。

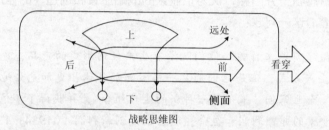

战略思维图

资料来源：Mintzberg，1991.

企业家学派的经济学起源

从某种意义上说，企业家学派和定位学派皆起源于经济学。在新古典经济学理论中，企业家的地位非常突出，但其作用也仅仅局限于决定生产多少产品以及产品价格是多少，其余的事情则由竞争动力学来解决。大企业的出现迫使经济学家们修正经济理论，从而产生了寡头垄断理论（这一理论构成了定位学派的理论基础）。但是即使在寡头垄断市场条件下，企业家除了计算价格和产量外，依然没有更多的事可做。

不过，有一些经济学家却认为，经济学的一大失败之处就是这种对企业家的狭隘看法。在经济思想史上给企业家以显著地位的开创性人物是约瑟夫·熊彼特，他认为解释企业行为的因素并非企业利润最大化目标，而是企业应对变化的环境时的战略意图。

这种战略意图是企业应付不断变化的经济和社会形势而做出的努力，它是企业培养的一种能够"在正从其脚下溜走的大地上站稳脚跟"的能力。换言之，以前人们通常看到的问题是资本主义如何管理现存的结构，其实相关的问题还包括资本主义是如何创造这些结构并如何毁灭它们的。（Joseph Schumpeter，1950：84）

因此，熊彼特提出了"创造性破坏"这一著名概念。创造性破坏是资本主义向前发展的引擎，引擎操作者就是企业家。熊彼特认为，企业家不必去寻找资本，也不必去开发新产品，他只需提供经营思想。经营思想是难以捉摸的，但一经企业家掌握，就会发挥巨大的作用，并产生巨大的利润。在那些专注于货币、机器和土地等企业的各种有形资产要素的经济学家看来，他们对企业家所做出的贡献感到十分困惑，认为企业家的战略愿景和创造性的作用并不突出。熊彼特试图澄清这一问题：

企业家做了哪些工作呢？他们既没有生产任何形式的产品，也没有发明任何有新意的生产方式，但是他们别具一格、更加具体、更加充分地运用了现有的生产方式。企业家们"采用了一种新的生产组合"，并获得了不依赖于增加任何有形生产要素的超额利润和盈余，这些就是创新利润。（1934：132）

熊彼特认为，"新的生产组合"主要包括"开发新项目和用新方法开展原有的项目"（1947：151）。资本家需要承担"采用新生产组合"产生的风险。另外，熊彼特还认为，尽管企业的创建者领导着他的组织，但是一旦他停止了创新活动，他也就不再是创业家了。

但并不是每个人都同意这种解释，奈特（Knight，1967）认为企业家精神与企业家承担巨大的风险和处理不确定性基本等同。经济学界以外的人士，像彼得·德鲁克，则更进一步地把企业家精神与管理等同起来。"企业管理的核心内容是企业家行为——在经济上的冒险行为。企业就是企业家工作的组织。"（Peter Drucker，1970：10）

因此，根据这些观点，企业家可以是：①组织的创立者（不管建立组织是不是一种创新行为，也不管他是一名机会主义者还是一名战略家）；②自有企业的管理者；③他人所拥有企业的创新型领导者。另一位经济学家科尔（Cole，1959），极力推行"大手笔"这一词，来描述企业家行为。他提到了四种类型的企业家：精于计算的发明家、灵感丰富的创新者、超级乐观的推动者、实力雄厚的企业缔造者。专栏5-2列出了著名企业家英国维珍集团的理查德·布兰森的一些观点，他或许同时具有上述四种特点。

> **专栏 5-2**
>
> ### 一位企业家关于企业管理的几点认识
>
> - "我们在企业经营中所冒的最大风险莫过于投资我们根本不了解的行业。维珍集团很少涉足它不了解的行业。"
>
> - "我从来不依赖别人替我进行市场调研，也从不依赖别人去建立企业战略。我认为降低企业经营风险的最佳方法是企业家亲自深入了解新兴行业的实质。"
>
> - "新兴行业总是不停地出现，就像伦敦街头的公共汽车，一会儿来一辆。"
>
> - "企业进行合资是降低风险的好方法，也是走出高风险商业行为的一条出路。"
>
> - "随着行业发展成熟，我们要防止管理人员与企业的基础（通常是顾客）脱节。"
>
> - "我们保持企业较小规模的原则……这能使更多普通管理人员感受到经营自己企业的那种挑战和刺激。"
>
> - "追求'外包'而不是'创造'战略。"
>
> - "对某项投资项目进行评估并决定投资后，应马上行动，千万不要犹豫。我们应坚决朝着目标前进。"
>
> 资料来源：Richard Branson，1986：13-18.

令人遗憾的是，除了科尔及其他一些经济学家，只有少数经济学家（如 Kirzner，1997；Casson，2005）沿袭熊彼特的足迹。主流经济学总是偏重于竞争市场的抽象化，对战略愿景抱有幻想的关键管理人员的预测能力，以及利基市场的独特性等。

企业家学派的文献

所以，企业家学派在管理领域中应运而生。企业家学派的支持者们把这种基于战略愿景的个性化领导能力视为组织成功的关键：不仅在企业组织，在其他组织也是如此；不仅在创办新企业时，在扭转衰败企业时也是如此。

因此，尽管"企业家精神"这个词一开始就与企业的缔造者有千丝万缕的联系，但已逐渐被用来简单地形容组织中各种个性化的、具有超前意识的、专注的领导层。而简单地说，我们在这里运用这个词的范围会狭窄一些，是把它严格地限定为指挥组织的充满梦想的领导者们。还有另外一个词"内部企业家精神"（Pinchot，1985），它用来描述在大企业内进行战略创新的管理者——内部企业家。由于这个词实际上是描述组织如何从其底层学习的，所以我们将在有关学习学派的章节中重点讨论它。

接下来，我们将回顾企业家学派的文献，然后讨论我们的一些研究成果，之后我们总结该学派一些重要的前提条件，最后讨论企业家学派在战略管理研究领域的贡献、局限性及其适用环境。

流行出版物中的伟人

在所有企业家学派的文献中，无论是流行出版物，还是工业巨头或其他领导人的传记或自传，其中绝大多数都继承了管理学中的"伟人"观点。例如《财富》杂志，每两个星期就要刊登一位企业家的事迹，而《财富》杂志把管理成功归功于这些英雄式领导人物的愿景和个人行为。例如 1994 年 10 月 17 日的《财富》杂志，曾用大字标题刊登：《首席执行官杰克·史密斯不仅借助汽车销售额的攀升止住了企业的下滑趋势，而且还使通用汽车获得了新生》（54）似乎这所有的一切都是由他一个人完成的！

企业家的个性

在经验内容方面，企业家学派文献的第二个部分，也可能是最大的部分，则集中研究企业家的个性。如曼弗雷德·凯特·德·弗里斯（Manfred Kets de Vries，1977，34）把企业家称作"勇猛的突击队长"；而在 1985 年，却发表了另一篇文章——《企业家精神的消极作用》。大约 30 年后，约翰·加特纳（John Gartner，2005）发现，精神病教科书中对"轻度躁狂"病人的描述与报纸杂志中对互联网企业家的描述有相似性。加特纳挑选了"轻度躁狂"这个基本个人特质，并访谈了十位互联网首席执行官，对比这个特质是否确切地刻画了互联网企业家的典型形象。被调查者普遍认为，这些"轻度躁狂"的临床特征与互联网企业家的特质相同。比如，两者都颇具感召力和说服力，都充满活力，睡眠少，并且两者都将自身的精力投入到实现雄心壮志中，并且相信这样能改变世界。但是，加特纳的调查结果显示，轻度躁狂者和企业家也有一些不好的特质。比如，他们做事不顾后果，易被小挫折激怒，在判断不足时就贸然行事，而且通常不太关注自己行为所导致的负面结果。他们总觉得与他们持不同意见的人是在对抗他们，而不能意识到其中可能存在真诚的不同意见。

当然，尽管企业家们经常表现出不受人喜欢的特质（就像普通大众一样），研究者更有兴趣探索这些特质的来源。柯林斯和穆尔（Collins and Moore，1970）在调查了大约 150 名企业家后，撰写了《组织的缔造者》一书。在书中，他们生动地描述了这些富有主见的企业家。柯林斯和穆尔对这些企业家的调查非常全面，从他们的童年时代以及受到的正式和非正式的教育，到他们创建企业的每一步。通过心理测试得出的数据进一步证实了他们的调查结果，浮现在我们眼前的是一群坚忍不拔、讲求实际的企业家形象，在童年时期他们就对成就感和独立有着强烈的追求。但从某些方面来讲，每一位企业家总有一天会起破坏作用（即角色变质），下面是对这种情况的简单描述：

> 使企业家堕落的是在其角色变质期，企业家把自己的困境同保护企业混同起来。企业家在遇到危机时，并不是去寻找安全的位置，而是继续滑向更加危险的状况……（134）

构成企业家个性的众多品质包括：控制欲、对独立自主的渴求、对成就的渴求、对权威的愤恨以及适度的冒险精神。就像鲍莫尔（Baumol）总结麦克利兰（McClelland，1961）的著名研究所得出的结论：企业家不是"赌徒"，也不是"投机者"，他没有必要非去冒险不可，他只是一名"计算者"（Baumol，1968：70）。（但我们将会很快看到，并不是所有的研究者都同意这个观点。）

在细致地分析"企业家"个性时，许多学者已把它与"管理者"个性进行了比较。例如，史蒂文森和贡佩尔特认为"行政管理人员与企业家在决策时考虑的问题截然不同"。

> 一名标准的行政人员会问：我掌握着哪些资源呢？什么样的组织结构将决定我们的组织与市场的关系？如何才能最大限度地降低他人对我能力发挥的不利影响？什么样的机会才适合自己？
> 一名标准的企业家会这样问：机会在哪里？我怎样才能利用这些机会？我需要什么样的资源？我怎样才能抓住它们？什么样的组织结构是最好的？（Stevenson and Gumpert，1985：86-87）

关于"战略定位"，史蒂文森和贡佩尔特认为，当行政管理人员想保存资源以防范可能的威胁时，企业家能够"永恒地与可能带来有利的机遇的组织环境变化保持协调"（87）。企业家动作迅速，能很快辨认出机遇并立即去捕捉。他们就是那些听到第一声雷响时，不知从曼哈顿街角什么地方钻出来的叫卖雨伞的小贩。企业家的行动是革命性的，只需短暂的时间去确定方向。与之相反，行政管理人员的行动是"进化型"的，需要持续较长的时间去确定方向。

对于企业家"个人特质"的研究也遭到一些人的反对。米切尔等人（Mitchell et al.，2002）认为，尝试寻找企业家共有或特有的心理学或人口学特征是徒劳的。在意识到企业家独特的个人特质可能不存在之后，许多研究者转而研究企业家思维方式。布塞尼兹和巴尼（Busenitz and Barney，1997）的研究表明，企业家在决策时有着很强的偏好：首先他们过分自信，其次他们从个别现象归纳出一般性结论。在贯彻一个具体决策以及劝说旁人也对这个决策感兴趣时，过分自信可能会带来不少好处。的确，人们往往在为更加理性地进行决策而积累必备的数据时，机遇就悄悄溜走了（10）。帕利希和巴格比（Palich and Bagby，1995：426）还发现，"企业家在对方案分类时，要比做其他事情时表现得更积极，企业家能够更透彻地理解优势与劣势、机遇与危险、业绩改善的潜力与恶化之间的关系。"（426）

那么这种个性化的战略制定方法究竟有哪些主要特点呢？早在几年前，明茨伯格（Mintzberg，1973）就总结了下面四条：

（1）在企业家模式中，积极寻找新机遇是整个战略制定过程的主要任务。具有企业家精神的组织，其首要的任务就是寻找机遇，解决问题反而是次要的任务。正如德鲁克所言："能够成为企业家的人，是那些极个别的、优秀的、能发现并抓住机遇的人才，而不是那些把时间消耗在所谓的'解决问题上'的人。"（Drucker，1970：10）

（2）在企业家组织中，权力集中在首席执行官手中。柯林斯和穆尔曾把具有缔造者身份的企业家形容成"不愿服从权威，不能与权威共处，因而想逃离权威的人"（Collins and Moore，1970：45）。在这里，权力属于能够使组织具有明确行动方向的企业家。很多年前，有人这样描述一家具有当代企业特色的埃及企业："在这家企业，没有带图表的组织计划，也没有正式的程序以供选择，没有帮助管理人员发展的计划，没有公开的薪酬等级制度。权力总是全部集中在一个人身上。"（Harbison and Myers，1959：40-41）。

专栏 5-3

企业家的领导能力和计划

通过采访 1989 年全美 500 家成长最快的企业中 100 家企业的创始

人，我们发现，企业家们很少花费精力去制定最初的经营计划。

- 41% 的企业家根本就没有经营计划。

- 26% 的企业家有初步的、简单的计划。

- 只有 5% 的企业家为他们的投资者写出财务计划。

- 有 28% 的企业家写了详细的经营计划。

就像访谈中提到的，许多企业家有充足的理由可以不去考虑那些详细制订的计划。他们在现有企业不愿进入的快速变化的行业和市场中迅速发展起来。在这种变化的环境下，善于应变要比认真地制订计划重要得多。

资料来源：Amar Bhide，1994：152.

（3）企业家模式中的战略制定的特点就是，在面对不确定因素时，战略会大幅度地向前跃进。在企业家组织中，战略是通过做出重大决策，即那些"大手笔"而向前发展的。首席执行官寻找那些不确定因素，在这些不确定因素中蓬勃发展，组织从这些不确定因素中能得到巨大的回报。

（4）企业家组织的首要目标是企业成长。心理学家戴维·麦克利兰（David McClelland，1961）认为，企业家首先是被渴望取得成就的需求所驱动。因为组织的目标其实很简单，它只是企业家目标的延续。企业家模式中组织运转的首要目标是企业成长，它是取得成就最具体的表现方式。许多年前，《财富》杂志在《企业家的自我》这篇文章中，对组织中年轻的总裁给出了这样的评论：

大部分年轻的总裁都急于去创业，而不是去守业。一位总裁这样说："扩张简直就是我们罹患的一种职业病。"另一位总裁说："让我们面对扩张吧，作为企业帝国的缔造者，我们不是为了挣钱而去扩张，而是为了创办一个企业帝国。"（*Fortune*，1956：143）

具有愿景目标的企业领导者

随着组织的不断壮大，领导者越来越像企业家。领导者不再只扮演领导组织的角色，还扮演着新的角色——为组织制定并诠释愿景。但是，什么是真正的愿景？最简单的答案可能就是，真正的愿景在你内心里——你所能预见的某个东西。在某一行业中成为最强，或者投资回报率达到 42% 都不能算是愿景。不同的组织有不同的愿景，它是一种独特的企业文化。或许沃伦·本尼斯所说的一句话最能准确地表达什么是真正的愿景，他说：对于真正的愿景，你永远不会忘记。换言之，你根本不必把愿景记录下来才能记住它，这难道不是对那些标榜为"愿景"的平庸之论的一种很好的检验方法吗？

本尼斯和纳穆斯（Namus）花费了大量的精力研究愿景。下面，我们从他们讨论领导者的书中摘录一些例子：

为了给组织选择一个发展方向，领导者必须能预见组织未来的可能状态，或其渴望的状态。我们把这种对组织未来的想象称作愿景，它就像梦一般模糊不清，但又像目标和使命陈述那样清晰准确。关键的一点是，愿景是对组织未来的一种现实的、可靠的、引人注目的描述，其在许多重要的方面比现状要更好。

愿景是一种充满号召力的目标。它永远指向一种未来状态，这种状态目前不存在，以前也从未出现过。具有愿景的领导者能够构筑从现在通向组织未来的重要桥梁。

通过强调愿景，组织领导者能够更好地在组织的精神源泉、组织的价值观、组织应尽的义务及理想方面发挥作用。

如果领导者具有那么一点天才成分的话，那么这点天才必定是组成领导者身上某种魔术般超人的能力的一部分。思维敏捷、信息灵通、预见准确、方法多样组成了领导者那种超出常人的能力，这种能力就是对未来进行简单、易懂、符合实际、令人鼓舞的描述。（Bennis and Namus，1985：89，90，92，103）。

麦吉尔大学探索了愿景的作用，下面，我们利用其研究人员所做的大量研究来描述愿景的起源。

专栏 5-4

吉姆·柯林斯和杰里·波勒斯在《基业长青》一书中提出，企业需要一个既能坚守企业核心理念，又能"激发奋进"的"愿景"。在这本畅销的商业书中，他们认为，"最长寿和成功的企业所具有的最与众不同的特质"是它们坚守一个有价值的核心理念，同时能激发处于核心理念外围的各种事物不断奋进（Collins and Porras，1997：220）。企业需要建立一个包含"核心理念"和"未来蓝图"这两个要素的愿景。核心理念定义了组织经久不衰的特征，未来蓝图则陈述了企业的雄心壮志：企业想成为什么样的企业，想取得什么样的成就，想创造什么样的未来。

核心理念包含"核心价值"和"核心目标"：核心价值是指"组织根本性和长期性的原则"；核心目标是指"企业存在的根本原因"。

未来蓝图同样包含两方面："一个 10 ~ 30 年的"宏伟目标；对目标实现后的企业状况的生动描述。

柯林斯和波勒斯以索尼公司的愿景为例进行了阐述（1997：237）：

索尼 20 世纪 50 年代

- **核心价值** 弘扬日本文化，提高日本民族地位。

- **核心目标** 享受创新和技术为全社会创造福祉和愉悦的纯粹快乐。

- **宏伟目标** 改变全世界认为日本产品质量低下的观念，并在此过程中成为最著名的日本公司。

- **生动描述** 创造风靡全球的产品。

愿景如戏

韦斯特利与明茨伯格（Westley and Mintzberg，1989）合著的文章比较了愿景的两种不同观点，其中的"皮下注射针头"观点相对显得更加传统一些，速效注射液（愿景）被灌入注射器（文字），然后注射到雇员身上。被注射了药液的雇员充满活力地工作着。

此观点有一定的正确性，但两人更加偏爱另一种观点——把愿景看作戏剧。彼得·布鲁克（Peter Brook，1968：154）是皇家莎士比亚公司一名富有传奇色彩的董事长，他曾写过一本戏剧方面的著作。在该书中，彼得·布鲁克把愿景设想成戏剧，并认为愿景开始于虚构和生活交织在一起的富有魅力的时刻。布鲁克认为，戏剧的魅力存在于观众"观看"正式"演出"之前的那些无止境的"排练"当中。但是，布鲁克在此引入了一个非常新鲜的想法，把"排练""演出""观看"这三个词翻译成动感更强的法国同义词，即"重复""表演"和"协助"，用这两组词一起来描述战略愿景。韦斯特利和明茨伯格也采取了相同的做法，把布鲁克的观点应用于具有愿景的管理领域当中。

重复（排练）表明，成功是来自对身边事物的深入理解。就像劳伦斯·奥利维尔爵士一遍又一遍地读他的诗，直到能毫不费力地朗诵。同样，具有企业家精神的李·艾柯卡离开福特之后，又来到了克莱斯勒。汽车就像他的血液一样流动在血管中。尽管机遇起着一定的作用，但具有愿景的伟大领导者的灵感并不都是来自运气，而往往来关于某些特定情境的丰富经验。

表演（演出）意味着重现过去，让过去变得更加直观，充满活力。在战略家看来，表演就是用特殊的语言和行动诠释愿景，在这里，特殊的语言就是想象力。辨别富有愿景的领导者的方法就在于他们运用语言的深厚功底——他们通过象征的手法（如比喻）发挥自己的想象力。这些领导者不仅能够从一个新的视角领会愿景，而且也能帮助别人领会这些愿景。例如，埃德温·兰德（Edwin Land）以他发现的宝丽来相机为中心，开办了一个规模很大的公司，他认为摄影有助于聚焦生活的某些方面。"当你手持相机，通过取景器聚焦景物的时候，你聚焦的不仅仅是你的相机，还包括自己。当你按下快门时，摄入的其实是你内心的一面。"（Edwin Land，1972：84）。但是愿景不能只停留在语言上，它必须付诸行动。愿景必须成为生活的一部分，而且，不能仅凭正式的计划和程序，更需要通过非正式的行动——挽起袖子和他人一起干。现代舞专家伊莎多拉·邓肯（Isadora Duncan）这样评论她的艺术："如果我能用语言来描述舞蹈的话，我也就没必要再跳下去了。"

协助（观看）意味着无论是在剧院还是在组织中，观众对演员的影响不亚于演员对观众的影响。领导者之所以有愿景目标，是因为他们在特定的时间、特定的情景下能强烈地感召下属。当史蒂夫·乔布斯在 3000 名受邀观众面前揭开备受期待的 NeXT 电脑时，会场的氛围看上去更像是一个宗教的复兴仪式而不是一个产品发布会。

在乔布斯的引领下，人们得以了解世界。他是一个布道者，一个有远见卓识的人，也是个人电脑的创造性破坏者。这是他第二次展示他与众不同的光芒。他是这群人中的一员——他们像年轻人那样，会遭到各种嘲讽和诟病，如被说成是笨蛋、木头脑袋和技术草包，但他们依旧追求自己的信仰……现在，他们的时代到来了，而乔布斯正是这个时代的第一缕曙光。他告诉世界上的其他人，恰恰是这些"笨蛋"知道世界的未来，他们是正确的（Kennedy and Pomerantz，1986）。

斯蒂芬·唐宁（Stephen Downing，2005）认为，愿景领导力体现在通过激动人心的演说让选民变为利益相关者。因此，当演说过度不当或平铺直叙，梦想家就会被冷落。温斯顿·丘吉尔就是这样一个例子，随着第二次世界大战的结束，那些过去很受英国人欢迎的夹带鲜血、汗水和泪水的故事越来越不管用。

乔布斯则相反，他曾因缺乏商业头脑被苹果公司一度开除，却在后来又回到苹果公司。乔布斯的例子说明有些演说方式能够一直受欢迎。

当然，企业管理不是剧院。以舞台演员身份出现的领导人，扮演着他从未经历过的角色，这样必定要产生坏的结果。正确地认识领导者的愿景目标，是支持领导者言行的基础，这就是说，把这样的领导能力转化成任何一种公式都是不可能的。

因此，愿景领导能力就是领导风格和战略的结合，是戏剧演出过程，而不是排练过程。这种领导能力是天赋和后天习得的，是时代的产物。

超级市场连锁店中的、企业家式的战略形成[⊖]

我们对一位相当具有愿景的企业家进行了长期的跟踪调查。通过这个调查，让我们来研究愿景领导能力。斯坦伯格公司是一家加拿大零售连锁店，始于1917 年的一家小食品店，60 多年来一直在斯坦伯格的领导下，逐渐成长为销售额达数十亿美元的企业。

斯坦伯格最初的战略模式在许多方面与企业家学派的战略模式十分吻合。萨姆·斯坦伯格在 11 岁的时候就开始在他母亲的小商店帮忙，两年后他迅速做出了一个决定——扩大经营规模。斯坦伯格一直保持着对公司（包括每一个有表决权的股份）的有效控制，一直到 1978 年他去世的那一天。斯坦伯格在进行重大决策——主要是采取其他零售方式时，一直选择封闭的管理控制。至少到1960 年以后企业开始进行多元化经营时，这种方式才结束。

根据科尔关于企业家"大手笔"的观点，在斯坦伯格公司 60 多年的经营中，我们只看到了两个主要的战略重新定位：一个是在 20 世纪 30 年代转入自助零售，另一个是在 20 世纪 50 年代，进军购物中心式业务。但这些手笔并不是很大。斯坦伯格转向自助零售只是象征性的。

1933 年，斯坦伯格八家零售店中的一家，用斯坦伯格的话说是，"遭到了沉重打击"，招致"难以承受的损失"（一个星期损失了 125 美元）。他在星期五的晚上关闭了这家零售店，把它变成了一家自助零售店（自助零售店在当时还是一个新概念），店名也从"斯坦伯格服务零售店"改成"批发商店"，并且还降价 15%～20%。自助零售店印了一些传单送到附近居民的邮箱中，在星期天早晨又开业了。这就是战略改变！而且，在这些战略改变获得成功后，他马上把另外七家也全部进行了战略改变。

⊖ Mintzberg and Waters，1982.

因此，"受控的大手笔"似乎是一个比较贴切的表达方式，即观念要大胆，行动要小心。萨姆·斯坦伯格可能只是简单地关掉那个不盈利的零售店，但他采用了创新的观点，并在战略改变之前先进行了试验。

对于这种企业家来说，深入了解某个行业的知识，以及前面讨论的"重复"都是绝对重要的。作为传统意义上的战略家，领导（所谓战略的设计师）似乎坐在一个受人尊敬的位置上，而且有人为他提供大量的数据，来制定由其他人去贯彻的战略。但是，斯坦伯特的例子打破了这个框框。斯坦伯格补充道："没人能像我那样了解零售业。每一件事都与你掌握的知识有关。我懂得经商，也懂得成本，还懂得销售，我了解顾客，我了解每一样东西。我把我所有的知识传授给员工并和他们一起学习，这就是我们所拥有的优势，别人无法赶上我们。"

只要行业相当简单、集中，只要一个人就能掌握与这个行业相关的知识，那么这些被概括出来的知识就会产生难以置信的效果。这种方式的行动可能非常迅速、集中。这就是企业家总是大多数成功企业的核心的原因。

但是企业家的优势也可能是劣势。当企业家去世或仅仅是精力不足时，企业家能力则很难持续，在这种情况下，企业家战略管理模式将会被另外一种管理形式所取代。（例如，在萨姆·斯坦伯格死后，他的三个女儿继承了控股权，但她们对怎样经营公司难以形成一致的意见，她们争论了半天，最后把公司卖给了一个没有超级市场经营经验的财务经纪人。最终公司走向了破产。）

为一家服装厂构思新的愿景⊖

愿景究竟来自哪里呢？具有领导能力的企业家，究竟是怎样在组织环境中发现一些迹象并让人们去改变战略观念？另外一项研究为我们提供了一些线索。

Canadelle 是一家以生产女人内衣（包括胸罩和束身衣）为主的服装厂，尽管在规模上不如斯坦伯格公司，但是它也是一家非常成功的企业。拉里·纳德勒是 Canadelle 服装厂创始人的儿子。20 世纪 60 年代后期，在拉里·纳德勒的领导下，Canadelle 的经营状况一直非常好，但就在此时，情况发生了变化，一场伴随着社会大变动、类似性解放的运动到来了，这场运动的反叛性标志是焚烧胸罩。对于一家生产胸罩的服装厂来说，这场运动带来的威胁是显而易见的。同时，迷你裙已成为主流时尚服饰，连裤袜这种时髦物也随之流行。整个束身衣市场一年内萎缩了 30%。（他们喜欢用这样的语言来描述当时的

⊖ Mintzberg and Waters，1984.

情况："屁股再也不需要束身衣这个行业了。"）长期以来，整个内衣服装的市场环境一直都和 Canadelle 公司的战略相适应，而这一次看来是要转变这些战略了。

当时，一家法国公司以一种叫"惠特"的轻质、带有模子的服装打入了魁北克市场，这种服装主打"像没有戴胸罩"。该公司的目标市场是年龄在 15 ～ 20 岁的年轻女子。该产品的价格非常昂贵，但销量却很好。纳德勒马上飞赴法国找到这家公司，想获得这种产品在加拿大的生产许可。这家法国公司拒绝了纳德勒。但是，纳德勒此行得到了很大收获，用他自己的话说就是："在这家公司办公室待一个小时便不枉此行。"他突然意识到女性尤其是年轻女性需要的是更加自然的外表，并非不穿胸罩，而是要看上去轻薄些的胸罩。

这就带来了 Canadelle 公司战略愿景的重大变化。纳德勒说："想法就是在一瞬间形成的。"Canadelle 又重新对胸罩行业充满了信心，并在其他竞争对手退出的时候获得了更多的市场份额。Canadelle 公司为年轻的顾客开发出了一种更加自然的胸罩，这种胸罩需要新的造型技术和促销手段。

我们可以引用库尔特·卢因（Kurt Lewin，1951）关于变化的三个阶段模式，来解释战略愿景的此类重大变化，这三个阶段分别是化解、改变、重塑。化解过程的本质是克服这种自发的防御机制，摆脱既定的企业经营"思维模式"。旧的"行业秘诀"（Grinyer and Spender，1979；Spender，1989）已被淘汰。纳德勒这样评论道："在你开始寻找战略模式的这个混乱期间，你其实已经掌握了战略模式，你成为信息狂，四处寻找对战略的解释。"

在构思新的战略愿景之前，似乎需要变化一下战略家的思考方式。这一命题如果说有着某种寓意的话，就是刺激新概念形成的必要条件是战略家头脑中极个别的洞察力，这种洞察力或许很微妙，但是很重要。不间断地大量捕捉信息可以为思考方式的改变做好准备，但还是那些即兴出现的洞察力将思考方式的转变明朗化，这些即兴出现的洞察力能把毫无联系的东西转变成"激发灵感"式的思想火花。

一旦战略家的思维方式被确定，重塑的过程就开始了。重塑的目的不是详细了解环境，至少整体上不是这样的，而是概括性地了解环境。这其实是体现新战略愿景重要性的一个时机。

汤姆·彼得斯（Tom Peters，1980：12-16）认为，专注于组织经营是组织获得高效率的一个因素，当组织全身心地去追求新的战略方向、新的心智模式时，重塑过程中的组织似乎的确需要这种专注程度。组织现在知道该何去何从；组织经营的目的是进入一个可以自由发挥技巧的状态，这些技巧大部分必须是正式技巧和分析技巧。

当然，并不是每一个人都接受新的战略愿景。那些沉湎于老式战略的人肯定会抵触新的战略愿景（如 Canadelle 公司的例子）。于是，组织的化解、改变和重塑必须在组织领导人心智模式完成重塑之后进行。但是，就像企业家组织中普遍存在的一种情况，组织结构很简单时，组织改组这个问题相对要好解决一些。但在组织结构非常复杂的情况下，这一点我们将在第 11 章看到，富有愿景的企业领导人的职责就是"转变立场"。

企业家学派的前提条件

下面，我们简要地总结一下构成企业家式的战略形成观点的前提条件。

- 战略存在于企业领导人的心中，它既是一种观念，更是一种特殊的、长期的方向，是组织未来的一种愿景。

- 战略形成过程最好是一种半意识的思维过程。无论企业领导人是在实际构思战略，还是把其他人的战略改进后以自己的方式将战略内在化，战略形成都应当深深地植根于企业领导人的经验和直觉当中。"直觉"的思维是一个神秘的过程，戴恩（E. Dane）和普拉特（M. Pratt）在回顾诸多关于直觉的文献的基础上总结出直觉集中体现的四个特征。专栏 5-5 阐述了这四个特征。

- 企业领导人一心一意甚至着迷般地发展愿景，并且在必要的情况下，为了能重新制定具体的战略，亲自控制战略的实施。

- 战略愿景具有延展性。企业家式的战略既是深思熟虑的，又是涌现的，在愿景的整体感觉上是深思熟虑的，在愿景实施的具体细节上是涌现的。

- 不管是在私有企业创建时期，还是在大型企业的经营方针转变时期（这种大型企业的程序和权力关系不允许给有远见的领导人更多的行动自由），组织同样具有延展性。它其实是一个受企业领导人指挥的、简单的组织结构。

- 企业家式的战略试图占据某种特殊的市场位置，而这种市场位置能够保护企业不受市场竞争的冲击。

专栏 5-5

直觉

● 直觉的产生是无意识的

直觉形成的一个典型特征就是无意识，即直觉不是经过有意识的思考产生的。虽然有意识的思考和直觉可能得到一样的结果，但直觉是怎样得出结果的却不得而知。因此，直觉过程没有发现运用推理之类的知识准则（Shapiro and Spence，1997：64）。这一特点区分了直觉和洞察力。

● 直觉的产生包括建立整体内的联系

直觉形成的第二个特点是，直觉形成是环境刺激与根植于内在认知的形态（无意识）类型、模式或特征相耦合的结果。之所以许多时候我们将直觉等同于联想，就是因为直觉来自上述这些要素的联结。此外，由于直觉产生过程涉及认知特征或模式，不仅仅是通过逻辑思考建立关联，因此将其概化为"整体联系"。

总之，直觉可能比理性方法更适合将广泛的刺激因素整合为有用的信息，这点也就不足为奇了。

● 直觉是快速产生的

直觉形成的第三个特点是速度快，这也是让经理人和学者都产生浓厚兴趣的一点。

● 直觉结果能在感情上左右判断

直觉判断通常包含情感。直觉的同义词，如"本能的感受""本能"以及"从骨子里产生的感觉"（Barnard，1938：306），反映了直觉判断的情感要件。比如，安格尔（Agor，1986）注意到，当领导者做直觉判断时，他们通常感到兴奋与平和。理性通常与"头脑"相关，而直觉则与"内心"相关，这是哲学中的一个常见区分，但最近的研究结果却说明了其他一些可能。比如，在开始阶段直觉判断可能受感情的"触发"。再如，积极的情绪在决策时会增加人们对直觉的使用，而减少对理性方法的使用。

对企业家学派的评价及其贡献和适用环境

企业家学派在战略形成方面的某些内容很值得我们评价，其中最突出的就是前摄特点、个性化领导能力的作用和战略愿景。尤其是在战略形成的早期，组织可以从方向感、一体化或"完形"（gestalt）中获得益处。过于平庸的"盲从"战略产生于非创造性的、孤立的管理行为。具有愿景目标的战略与这些过于平庸的"盲从"战略是极端对立的。

但是，企业家学派也表现出了一些严重的不足。企业家学派是完全用个别企业领导人的行为来展现战略形成的，但对战略形成这个过程却从未细致地论述过。在企业家学派，战略形成过程继续被看作一只被掩埋在人类认识过程中的黑箱。因此对于运营困难的组织，企业家学派所开出的良方实在太过简易：为企业重新寻找一个有远见的领导人。

而且，企业家学派从来没有真正认识到这样的事实：企业家学派的作者所推崇的非常荣耀和鼓舞人心的企业家个人行为，在其他学派的作者看来，则是病态的和令人泄气的行为。这难道仅仅是作者间的差异吗？难道说悲观的作者把企业家看作"空了一半的杯子"，而乐观的作者把企业家看作"一半还是满的杯子"吗？就像前面所讨论的那样，有许多企业领导人，特别是具有愿景目标的企业领导人，凭借个人超凡的能力来改变企业的劣势。因此，一旦条件发生变化，原本运行良好的组织就会突然不起作用，换言之，组织只有依赖那些"伟人"才能摆脱困境，向前发展。那么，我们必须真正了解，什么情况下组织需要有愿景的、具有企业家气质的领导能力以及如何获得这种能力。

在企业家领导的组织内，有关战略和经营的决策权都集中在首席执行官手中。这种权力的集中能够确保战略响应反映了企业经营的全部知识，也有助于提高企业的灵活性和适应能力，因为只需要一个人去进行创造性的活动。但另一方面，首席执行官要么很容易纠缠在企业经营活动的细节当中，从而失去战略思考的眼光；要么脱离实际，沉湎于战略愿景的空中楼阁当中。过于常规的经营方式可能会因为缺少人们的关注而逐渐落伍，最终把整个组织拖垮。这两个问题经常出现在企业家领导的组织内。

斯泰西（Stacey，1992）指出了"愿景"的一些不利结果。首先，"形成愿景的建议没有具体到能够使用的程度，而且在未来不可知的情况下也不可能使用这些建议。"其次，愿景把管理人员的思维紧紧地束缚在一个方向上："如果你坚持认为所有的管理人员都毫无疑虑地对未来达成了共识，并要求他们按照原来所了解的那样去做事。或者，你鼓励管理人员按照一个新思维去行动，而这个新思维可能会给组织带来重大损失，那么当他们这么做时，他们会不可避免地忽略其他变化。"

再次，斯泰西认为，企业目前对愿景的要求给领导者增加了一个没有实际意义的沉重负担。以愿景目标作为动力的哲学，必定维护着这样一个神话：组织必须依赖于个别人物（通常是天才）来决定行动的方案，其他人只需要热情地执行。这一点维护了"独立服从的文化，而实际上，这种文化阻碍了利于创新的怀疑过程和复杂的学习过程"。

最后，斯泰西认为，当人们成功处理将来未知的情况时，用来形成愿景的建议则"分散了他们进行学习和实施策略的注意力"（44-46）。

就像在前面注解中所评述的那样，企业家学派的方法具有冒险性，它是以企业家个人健康和幻想作为赌注的。一个小小的心脏病就能毁掉一个组织重要的战略家。在某种程度上，正是由于这方面的原因，柯林斯和波勒斯在他们的畅销著作《基业长青》中提到，建立一个有愿景的组织远比只依赖一个有愿景的企业领导人明智得多。他们用下面这种假设来深入地说明这一点：

假设你碰到这样一位奇人，无论白天还是黑夜，他在任何时候都能只凭看一下太阳或星星，就能准确地告诉你当时的日期和时间："现在是公元 1401 年 4 月 23 日凌晨 2 点 36 分 12 秒。"这是一位令人瞠目结舌的报时员，我们敬畏他超人的报时能力。但是，假如这位报时员不去报时，而是制作一台即便是在他离开或去世后仍永远能报时的钟表的话，这位报时员会让我们更加敬畏。

想出一个好主意或成为一个有魅力、具有愿景的企业领导人就相当于"报时"。创建一家企业，其繁荣兴旺远非依赖于个别领导人的表现，而是通过多种产品生命周期来实现的，这就相当于"制造钟表"。有愿景的企业创始人应当努力成为钟表的制造者，而不应仅仅成为报时员。他们应当把主要精力放在如何建立组织即制造钟表上，而不是去用某种预见性很强的产品去占领某个市场。他们不花费精力去获得那种有愿景的个别企业领导人的个性特点，而是努力创建有愿景的企业。企业努力要做的不应当是去实现某个好想法，不是去宣扬领导者迷人的个性，也不是他们自我的满足，更不是个人财富的积累。企业最伟大的创造性行为是创造企业本身以及它所代表的内涵。（Collins and Porras，1994：22-23）

柯林斯和波勒斯根据这项研究得出这样的结论：在建立愿景时，领导者超凡的能力被过分地夸大了，用领导者的超凡能力来取代实质性的组织建设往往会带来灾难性的后果（Collins and Porras，1991：51）。其实，企业领导者在为组织形成明确的、公认的愿景目标这方面所起到的促进作用完全可以通过其他管理方式实现。

这是一个重要的观点，并且是一个容易引起争论的、有趣的观点。我们不仅要研究企业家的领导能力和愿景在战略形成过程中所起的积极的和消极的作用，及其最能发挥作用的环境和它们的实质，我们还要研究更广泛的内容。或许企业家领导能力不像描述的那样威力无穷，但也是非常有用的，至少在构思新意和建立并运转有新意的组织方面是这样的。对组织投入热情在当代企业组织中是非常重要的。

尽管这方面的研究还比较少，但我们还是从中得到了一些企业家学派适用环境的启示。很明显，就像我们所指出的那样，因为企业的发展方向必须先得到确定，市场位置必须得到保证，所以，创办企业就需要很强的领导能力和丰富的愿景（这一点在政府机构的创办及其他非营利组织的创办中同样适用）。同样，处在困境中的组织（即便是最大的组织），无论它是商业性的还是非商业性的，通常都需要能给组织经营状况带来翻天覆地变化的愿景领导者指点迷津。

另外，许多不断进步的小企业自始至终都需要这种个性很强的领导能力。零售企业是最典型的一个例子。事实上，最常使用的战略，或许在战略管理中最容易被忽略却最容易成为"地方性制造商"采用的战略（将在最后一章中解释），即在明确限定的地理位置内追求通用行业诀窍的组织。换言之，有一些组织只是通过它们的地理位置进行战略上的划分，例如，在某个特殊的街角经营充气业务，或在某个特殊的城镇出售焦炭，或在某个特殊的国家纳税。但是，在街角或城镇这个水平上，大量的此类组织似乎被视为所有者经营的企业。很明显，存在一个重要的有组织的社会群体，他们对企业家学派所倡导的战略形成有广泛的需求。

第 6 章
认知学派

战略形成是一个心智过程

"登比小姐，请把我的玫瑰色眼镜拿来，我不喜欢这份计划书的外观。"

信则成真。

——佚名

　　如果我们真的想了解战略愿景以及战略是如何形成的，那么最好先深入研究战略家的思想，而这也是认知学派展开研究的前提。认知学派的工作是借鉴人类认知学科的相关知识，特别是认知心理学领域的研究成果，探索战略形成过程的本质。

在过去的 10 ～ 15 年，认知学派吸引了大批知名学者对该领域展开研究，有时他们的工作也与其他学派相互关联（如，Reger and Huff，1993 ；Bogner and Thomas，1993 ；Lyles，1990）从形式上看，我们即将讨论的这一学派不像一个严密系统的思想学派，而更像一些零散的研究集合。尽管如此，它还是发展成了一个学派。如果认知学派的意图能够被清楚地表达出来，它可以极大地改变我们今天所熟悉的战略教学和实践过程。

在研究认知学派之前，有关管理者思想的研究还存在很多的未知。通常研究者所关心的不是思考本身而是思考的必要条件，例如，战略家在思考过程中需要知道的内容。这样，问题的焦点就变了。但是，我们仍然无法理解战略产生是怎样一种复杂的创造性活动。

因此，战略家大多是自学成才的，他们的知识结构和思维过程主要在获取直接经验的过程中形成。经验决定了他们的知识，而知识又反过来决定了他们的行为，行为进而又决定了后来的经验。这种映像与行为的交互在认知学派中起着至关重要的作用，并导致该学派产生了两个不同的分支。

认知学派的第一个分支倾向于实证主义，它将知识的处理和构建看作一种试图勾画客观世界的结果。该分支认为，战略家的眼睛就像一部照相机，它观察这个世界，并按照战略家的意愿放大或缩小这个世界，但是，即使是这个学派的学者也承认这部照相机拍下的照片有一定程度的失真。

认知学派的第二个分支则认为所有的认知活动都是主观的，战略是对世界的某种解释。这里，战略家的眼睛转向内心深处，它所观察的是，对于外界事件、标志和顾客行为等事物，思维是如何做出反应的。因此，第一个分支认为认知就像对世界的再创造，而这一分支则正好相反，它认为认知创造了世界。

这一章在本书中所处的位置很值得我们关注——它是一座桥梁，将客观性较强的设计学派、计划学派、定位学派和企业家学派与主观性较强的学习学派、文化学派、权力学派、环境学派和结构学派联结起来了。与此相对应，我们首先介绍客观派，从阐述认知偏见，也就是阐述关于战略家的心理极限的研究来开始我们的话题；其次，介绍关于信息处理的战略认知观；最后，介绍心理是如何刻画知识结构的。接着，我们转向将战略认知看作构建过程的主观派。在本章的结尾，我们将总结用认知方法解释战略思考框架存在哪些局限性。

将认知看作无序的

长期以来，学者们一直对人们处理信息、制定决策的过程，尤其是人们所表现出来的认知偏见和认知歪曲非常感兴趣。赫伯特·西蒙的杰出著作（Herbert Simon，1947，1957；也可参见 March 和 Simon，1958）更使这些兴趣浓厚的管理研究人员大受鼓舞。赫伯特·西蒙是一位政治科学家，他大部分的职业生涯都是在卡内基 – 梅隆大学的商学院度过的，而后转入该校的心理学系，并于 1978 年获诺贝尔经济学奖。西蒙认为，世界大而复杂，相比之下，人类大脑处理信息的能力就非常有限，因此，那些试图使决策变得更加理性的分析过程，其本身就是非理性的。

随后便出现了大量关于判断偏见的研究文献。心理学家特沃斯基和卡尼曼（Tversky and Khaneman，1974）的"前景理论"对于我们理解认知偏见对决策制定的影响有新的突破（后者也是 2002 年诺贝尔经济学奖的得主）。马克里达克斯（Makridakis，1990）在他的一本书里总结了一些研究成果，表 6-1 是我们对这些成果的整理。所有这些偏见都对战略制定产生了显著的影响。这些影响包括寻求支持证据而忽视反面材料，偏好容易记忆的近期信息而忽视早期信息，倾向关注可能只是简单相关的两个变量之间的因果关系，易于偏向乐观等。马克里达克斯还将大量精力投入到被他称作"无理由的信念或习惯性睿智"的研究中，并发表了一些评论，例如：

我们生活在这样一种文化中：我们接受了那些自认为是真实的论断，尽管它们可能并非如此。例如，我们相信，获得的信息量越大，做出的决策就会越准确。但事实证明并非如此。更多的信息仅仅增强了我们做出正确决策的信心，并不一定会提高决策的准确性……在实际情况中，发现的信息通常是过剩的，几乎没有任何价值。（38）

表 6-1　决策制定中的偏见

偏见类型	偏见描述
寻求支持性证据	乐意收集支持特定结论的事例，而不愿考虑反面材料
非一致性	不能在类似的情形下运用同样的决策标准
保守主义	不随新信息和新证据的出现而转变自己的思维（或转变得很慢）
实时性	最新的事实优于过去的事实，较少考虑甚至忽略过去的事实
可获得性	依赖易于回忆的具体事件，不考虑其他相关信息
锚定性	预测过分地受原始信息的影响，原始信息在预测过程中权重很大
虚假关联	认为一定存在某种固定模式，并将两个没有关系的变量随意关联

（续）

偏见类型	偏见描述
选择知觉	人们倾向于以自己的背景和经验看问题
回归效应	一些现象出现频率的持续提高可能是随机原因使然。但若果真如此，这些随机原因又会导致以后出现的频率降低。与之类似，一些现象出现频率的降低可能造成以后出现频率的提高
成败归因	成功源于个人的才能，而失败则是由于厄运或其他人的失误，这种想法将阻碍学习的发生，因为它使个人无法认识到自己的错误
乐观主义	人们对于某些未来结果的偏好会影响他们对这种结果预测的准确性
低估不确定性	过分乐观、虚假关联和减少焦虑的需要导致低估未来的不确定性

资料来源：Makridakis, 1990: 36-37.

此外，正如我们在上一章所看到的那样，比喻和暗喻既可以拓展思路，又可能因为过于简化问题，缩小了解决方案的可选范围而产生相反的作用（Schwenk，1988；Steinbruner，1974）。达汉姆和施文克（Duhaime and Schwenk，1985）研究了多种信息失真是如何影响决策制定的：

- **比喻推理**。作者引用了这样一个例子："管理当局把并购中的备选收购对象看作可以支撑企业获得高回报率的'凳子的第三条腿'。这种比喻是指某些公司的经理人试图进入与现有业务相关性不大的产业……"（289）

- **控制错觉**。"决策者可能高估了他们个人对并购后果的控制程度，并认定自己会使购入的企业成功，因此产生了问题。"（189）这种想法可以减少决策带来的焦虑，但是也会导致问题的产生。

- **承诺升级**。承诺升级是指"在经营业绩不佳或业绩持续下滑时，继续追加投资。"（291）斯塔（Staw，1976）通过在文章《陷入泥潭不能自拔》中描述美国政府在越战持续失败的情况下承诺升级的行为，使得这一概念深入人心。

- **只考虑单一结果**。"一些证据表明，一旦考虑要放弃一个失败的经营单位，很快它就会变成唯一的可选方案……这个过程可以使决策者对于在不同方案中进行选择所引起的令人不愉快的价值平衡视而不见，并且可以极大地缓解决策失误带来的压力。"（292）

决策者往往面临太多不同的偏见，决策时几乎不可能不受到干扰。达斯和滕格（Das and Teng，1999）认为，现实中，决策者可以有意识地中和那些与特定的战略形成有关的各种偏见，从而来解决这一问题。比如，那些采用理性和系统决策过程的管理者，应意识到他们很有可能被错觉所控制。相反，当管理者习惯于非结构化的决策过程时，他们也应该意识到自己很可能已经倾向于单向思维了，即他们在制定决策时不但很可能忽视了对其他选择的探索，而且还可能忽视了对各种结果发生概率的关注。

达斯和滕格综述指出，有充分证据表明，组织看待事物的方式一成不变会导致其做事方式一成不变。随着组织环境发生变化，组织便会走向衰落（Bazerman，2005）。换言之，引用本章开头的引言，"信则成真"可以作为认知学派最好的座右铭。

事实上，人们的做事方式也会影响他们看待事情的态度。回想第 2 章引用基斯勒（Kiesler，1971）的实验成果：与那些不讨论自己行为的人相比，能够清晰地说明问题解决方案的人往往更倾向坚持自己的决策。换言之，制定明确的战略会让人们在心理上拒绝改变战略。基斯勒只研究了个体心理，那么对组织成员集体心理的研究会是怎么样呢？由此，也就产生了广为人知的术语"群体思维"（Janis，1972）。即使是"有利于组织的变化也经常会受到那些忠诚的、真心希望组织变得更好的组织成员的抵制"（Reger et al.，1994：567）。

当然，不同的战略家，其认知风格也各不相同，因此那些研究"认知复杂性"或"开放性"等人类行为特征的心理学家也能为战略决策提供有利的信息。这方面最出名的可能就是以卡尔·荣格（Karl Jung）的研究为基础的梅耶－布瑞格方法（Myers，1962）。他们提出了四组相对应的维度：

- **外向型**（E）（受外部世界的激励）——**内向型**（I）（受内心世界的激励）

- **感　觉**（S）（信息来自对感觉的　——**直　觉**（N）（信息来自试图掌握
  依赖）　　　　　　　　　　　关键模式）

- **思　维**（T）（依靠分析做出决策）——**情　感**（F）（依靠情感做出决策）

- **判　断**（J）（以一种有计划的、有——**知　觉**（P）（以一种有弹性的、自
  秩序的、有控制的方　　　　　　然的方式生活）
  式生活）

将这四组维度相组合就有十六种类型，例如，ESTJ 型（"外向型思维加感觉"）的人重视逻辑、分析，看待事物客观，具有批判性，除了运用推理，他们不容易被说服……他们喜欢收集事实……但是他们"在充分研究情况之前会

冒险做出草率的决策"（10）。与之相反，ESFP型（外向型感觉加情感）的人是"友好的、适应性强的现实主义者……他们依赖自己所能看到的、听到的以及所知道的第一手资料……他们变通地解决问题……（但是）不一定受标准程序或推荐方法的约束……"（19）如果这两种人听起来分别像定位学派和学习学派的战略家，那么研究战略家的个人风格有助于我们深入了解战略制定的不同方法。

将认知看作信息处理过程

与个人认知偏见相比，组织内信息处理系统工作的失真度更严重。管理者都是信息工人。他们满足自己的信息需求，也以同样的方式满足同事和上级的信息需求。尤其在大型组织中，这种情形带来了各种众所周知的问题。高级经理由于时间有限而不能监督大量的活动。因此，他们得到的信息大部分都是汇总信息，从而使本已失真的信息更加失真。如果说输入的原始信息受到了上述各种偏见的影响，可想而知那些汇集起来展现在"老板"面前的信息是什么样的。毫无疑问，许多高级经理都成了组织中信息处理系统的俘虏。

在科纳等人（Corner et al., 1994）的"平行处理"模型中，个体和组织本质上都是根据相同的原则运作。信息处理始于关注，继而编码化，然后是储存和修复，终于选择，同时通过评估结果得出结论。如图6-1所示，下面我们将详细描述信息处理的几个过程。

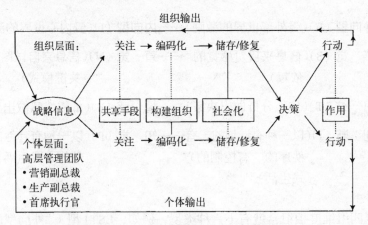

图 6-1 战略决策的平行处理模型

注：实线表示特定的因果次序

资料来源：Corner, Kinicki, and Keats, 1994：296.

关注

关注决定了主体处理哪些信息，忽略哪些信息，就像电话分机接线员按照一定的优先次序筛选电话号码一样——锁住一些人的电话，让另一些人打进来。

编码化

编码化的过程就是通过和已有的信息分类标准相比较来解释信息，例如，哪些信息意味着某人是一个"顾客"。当然，这些分类标准通常会忽视细微差别的存在，而这经常是偏见产生的源泉。这种把所有获得的信息都按已有的标准进行分类的做法，会使自己面临落入思想桎梏的风险。

储存／修复

认知始于记忆。就个人而言，记忆是不同信息条目相互联结所组成的网络；就组织而言，这些联结根植于组织的形态、规则、程序、传统和技术中。社会化则将个人和组织联系在一起：组织使个人接受已有的惯例，然后这些惯例成为个人记忆的一部分，从而使个人认知和组织协调起来。

决策

所谓组织决策是指嵌入认知过程中的一系列选择。在绝大多数组织中，战略选择是一种集体意识：组织不同层次都参与并施加影响，如通过对某些问题直接关注或者获取预先编码化信息等方式。认知过程并不产生"决策"，但经常会产生或强化对解决问题的需求。当决定以"决策"的形式出现，人们总偏向于认为这是理性分析后的最终结果，而事实上这个过程只是涌现的。注意，对"决策"的明确分类有助于人们更好地开展行动，并且获取更多的信息，但这些分类同样不能被看作孤立事件。（详见专栏 6-1。）

专栏 6-1

决策是拦路虎吗

关于决策制定的大多数研究起初并不是始于研究决策，而是始于研究行为，例如关于购买计算机或收购企业的决策制定。然后人们假定进行决策，这里的决策是指发生在行动之前的某种时刻就做出承诺，这一时刻是可以识别的。换言之，如果一个组织开展了某项活动，那么在这之前它必须做出一项决定来开展这个活动。

事实上，决策与行动之间的关系比现有文献研究成果所提到的都要微妙。

首先，行动可能在没有对其做出承诺的情况下发生。正如医生敲你的膝盖，它会自动膝跳。也正如法官会认为，当一起谋杀是有计划、有预谋的时候，它的罪行是最重的，而其他情况下，罪行则相对轻一些。换言之，法律上认定的谋杀也可能是没有经过决策的。

让我们回到组织决策的问题上，思考一下通用汽车某管理人员发表的下列评论：

> 很难说是谁在决策以及何时决策，甚至无法判断是谁发起某一项决策……我通常并不知道通用汽车的决策时间，我也不记得在委员会会议中进行表决的情况。通常是某人简单地总结一下发展状况，其他人要么点头同意，要么详细地表述与大多数人一致的看法。（Quinn, 1980a: 134）

但是，即使没有明显的一致性，组织也可以行动。欧洲前几年流传着这样一个故事：某大型汽车公司的最高管理层雇用了一些顾问，目的是找出企业中到底是谁"决定"了开发一种重要的新车型。或许某人真的做出过决策，但事实上又的确没有人做过决策。某人可能只是制造了一个假想的黏土设计模型，另外的人可能考虑了该模型的技术可行性，然后，就像滚雪球一样，经过后来关于保险杠、生产线和广告战的成千上万的"决策"和行动的累积，一种新的车型诞生了……

决策通常必须有明确的时间和地点吗？举一个例子，一家公司宣布了要建一座新工厂的决策。我们可以追溯到董事会议上"做出这个决策"的记录，但那也只是记录而已。企业的所有者——总裁参观了工厂位置并下定决心做出承诺，而这已经是会议记录六个月之前的事情了。

事实上，组织的某一种独特形式——机械的官僚机构中的一种规则就是组织成员必须在行动之前先做出明确的承诺。管理者必须正式地进行决策，在把选择贯彻到"下级"之前必须得到"上级"的正式"授权"。

综上所述，一个重要的结论就是，决策和组织理论中的许多其他概念一样，某些时候就是把承诺付诸实践的人造概念和心理名词。对于个人和组织而言，行动之前不需要承诺，或者更常见的就是，行动之前的承诺是模糊不清、令人困惑的。

资料来源：From Mintzberg and Waters（1990），as adapted in Langley et al.（1995）.

输出

输出预示着反馈过程的开始。个人和组织理解他们的选择，并将这种理解加入到正在进行的信息处理过程中，即返回到关注、编码化、储存 / 修复。但这个过程有时会被过去陈旧的知识所阻碍。威廉·斯塔巴克（William Starbuck）在专栏 6-2 中罗列了一些战略来"逆向学习"现有的信仰和方法。

专栏 6-2

逆 向 学 习

逆向学习的必要条件就是质疑，任何对现有信仰和方法的质疑都能成为逆向学习的触发因素。能帮助人们将事件和信息转为逆向学习的触发因素至少有八种。

- **"这还不够好"**

  不满意感通常是质疑现有信仰和方法的最常见原因。

- **"这只是一个试验"**

  为了验证假设，那些认为自己正在试验的人，喜欢从他们认为的最佳情况中暂时抽离出来，以检验他们的假设。当其抽离现实时，他们便制造了意外的机会。他们更容易改变信仰和方法来接受新思想。

- **"对惊喜应该带个问号"**

  凡是与预期不符的事件，不论是让人不快的干扰还是让人愉悦的惊喜都是逆向学习的好机会。比如在第一次世界大战中同盟国发明的坦克，后来被许多军事学家认为是对步兵的无声支持。

- **"所有异议和警告都有一定合理性"**

  听者应警惕对坏消息或不熟悉的想法做出草率的拒绝。至少，异议和警告提醒人们存在着不同观点，以及他们原先的信仰和方法可能是错的。

- **"合作者的各执己见都是对的"**

    合格的观察者所持有的信仰往往建立在真理的基础之上。最常见的问题不在于证明一种信仰是错的，另一种是对的，而在于通过告诉对方两种信仰本质上并非互相矛盾，以此来化解两种信仰的表面矛盾。这样可使彼此都能获得新概念，并学会换位思考。

- **"陌生人哪里想法奇怪了？"**

    相比陌生人，通常人们更容易尊重合作者的观点。由于不了解现有方法和最新进展，陌生人更容易提出一些看上去幼稚、无知或愚昧的建议。但是，这些人通常能带来新的观点。虽然新人不如前人来得专业，但他们也同样不会被前人认为理所当然的期望所约束。因此，新人可以看到一些前人所看不到的东西，或者可能提出建议性意见。

- **"所有的因果箭头都是双向的"**

    人们可以运用思维方式来揭开和挑战自己的隐性假设。一种有用的探索方法就是坚信所有的因果路径是双向的。只要感觉到 A 能影响 B，那么就应该寻找 B 反作用于 A 的路径。确实有一些因果路径并不是双向的，但单向因果关系的现象很少见，因为能收敛达到均衡的系统必须有反馈。仔细寻找反馈路径可帮助人们注意到之前所忽略的因果路径。

- **"每个竞争性命题都是正确的"**

    辩证法是对双向因果关系的概述。从一个命题（A 影响 B），找到其相反命题（B 影响 A），然后就发现原命题和竞争性命题都是正确的。推崇这种推理模式的哲学家黑格尔将原命题称为"正题"，将它的竞争性命题称为"反题"，正题和反题的统一称为"合题"（简称"正、反、合"）。就因果路径而言，并非每一个正题都有一个正确的反题，也并非所有正题和反题都可以统一。但是辩证法在任何情况下都适用，并能帮助人们推翻隐性假设。

将认知看作绘图过程

尽管认知学派的观点多种多样，但有一个观点是大家广泛接受的：对于战略认知而言，一个必不可少的先决条件就是，组织知识中必须存在心智结构。尽管过去多年来使用了包括计划、概念、草案、计划、心智模式和地图等多种名称，但是心智结构其实指的就是前文提到的"框架"。

地图是颇为流行的一种说法，这很可能是因为它所隐含的意义。它意味着运用一些典型的模型做导航，以穿越复杂的地形。卡尔·韦克喜欢复述这样一个故事：一队在阿尔卑斯山举行军事演习的匈牙利士兵在暴风雪中两天都没有返回。但是第三天，士兵们回来了，他们解释道：

> 是的，我们认为自己迷路了，只能等死。但突然我们中的一个人在他的口袋中找到了一张地图。这使我们平静了下来。我们搭起帐篷，熬过了风雪，通过那张地图，我们重新找到了方位。现在我们回来了。调遣部队的上尉拿起这张非凡的地图，仔细看了看。他惊奇地发现，那不是阿尔卑斯山的地图，而是比利牛斯山的地图。(Karl Weick, 1995: 54)

故事的寓意很明显，当我们迷路时，任何地图都能帮助我们。换言之，错误的心理反应比根本没有反应要好得多，至少，它会给你勇气，从而激励你采取行动。韦克解释道：

> 地图在手，无论它多么粗糙，人们都尽可能把眼前看到的事物看成地图上的标志物。地图预示了他们的知觉，他们看到了所希望看到的。但是随着差异的加剧，他们更加看重切身经验，从经验中寻找解决办法，而不再关注地图了，手中的地图则变得没有什么实际价值。但是，具有讽刺意味的是，正是因为最初的地图提供了前进的方向，人们才会制造出更多新地图。(1990: 5)⊖

当然，在管理学中存在各种地图，就像在地理学中一样，每种地图都有它的用处。认知学派中最活跃的学者安·赫夫(Ann Huff, 1900)，区分了帮助管理者识别出重要因素（如主要竞争者的概况）的认知地图和说明这些不同因素之间的关系（如主要竞争者会采取产品降价来应对我们的削价行为）的认知地图。

第一类地图通常指计划——一个从认知心理学借用的术语。每个人都受到数据的困扰，问题在于如何存储它并在关键时刻利用它。人们通过利用不同领域的知识制订计划来解决这些问题。计划促使人们利用基本数据来描绘完整的图画，填补认知空白。例如，当某人读到下一次"石油危机"的可能性时，他的脑海里可能会利用政治、经济和技术领域的知识萌发出一份计划。计划伴随

⊖ 阿尔卑斯山的经验表明，这种特殊的类似情况可能是不幸的。在这样复杂的地形里可能的安全路线太少，太模糊，凭借这样一张错误的地图走出困境的机会实际上是非常小的，它很可能会将你引向悬崖。换言之，犹如在复杂地形中持有一张地图一样，在战略定位和战略模式中，内容和过程同样重要。

着一些明确的假设：在政治领域，假设这场石油危机可能是由某场战争或军事攻击引起的；在经济领域，他可能会联想到卡特尔和高昂的汽油价格；但是在技术领域，思维可能会转向热用油和电力的相互替代。

换言之，决策者的独特计划均伴随着某种期望。他们的阅历能够让这些期望变得更加具体，并给决策者带来一些新问题。价格会如何攀升？人们会转用电力取暖吗？注意，这些问题几乎完全是从计划中自动显现出来的，从信息处理的角度来看，正是这种计划使这些问题非常有用。不过，这也意味着与计划不一致的证据会被人们忽略。因此，在石油危机中，世界各国政府纷纷投资昂贵的替代技术，而忽视了那些证明石油危机具有暂时性的证据。

当然，形成计划只是第一步。你还需要决定是否采取行动。当油价下跌，替代性的技术项目则被废弃。三十年后，全球再次面临高涨的油价，但这次，推动替代性技术项目开发的并非经济原因，而是气候改变计划。当然，进行规划是一回事，决定是否行动又是另一回事。这里，因果认知地图详细描述了供给、需求、价格和时机等各方面的关系。经验丰富的经理们脑海里都充满了各种因果地图，有时也被称为心智模式。它们对于行为的影响十分深远。例如，巴尔（Barr et al., 1992）比较了 Rock Island 和 C&NW 这两家铁路公司在 1949～1973 年的经营状况。它们几乎同时开始营业，但是一个最终破产而另一个仍在运营。研究者将这种结果归因于管理者和环境之间的因果地图。最初，两家公司由于天气恶劣、政府计划和管制而举步维艰，然而，一家公司的因果地图转向集中精力研究成本、生产率和管理风格之间的关系，并且发动了必要的组织变革，所以它存活至今。

将认知看作概念获取过程

当然，管理者既是地图制定者也是地图使用者。他们如何创造认知地图是我们理解战略形成过程的关键。事实上，制定地图的过程基本上就是战略形成的过程。战略其实是一种概念，因此，沿用认知心理学的一个老术语，战略决策就是"概念获取"。

关于这一问题，在认知心理学界早就有人开始研究了（例如 Bruner 和他的同事，1956），但是没有取得太大的成果。问题可能在于，我们长期偏好的研究方法要求决策者在做出决策时只是提出草案或文字说明，而与战略开发相关的真正值得注意的心智活动过程，如视觉感知、数据的平行处理过程、综合以及所谓的直觉，可能深深地埋藏在我们的潜意识里。换言之，我们很多重要知识是"心照不宣"的（Polanyi，1966）：我们所知道的远远多于我们所能表达出来的。

如下所述，赫伯特·西蒙的著作对我们如何看待管理决策制定过程中的认知影响很大。西蒙再三强调诸如"判断、直觉和创造性"这样的词语一点也不神秘。

我们最先知道的，以及到目前为止实证表明的，就是这些人类行为不必通过潜意识层面的假设机理来解释，潜意识和那些某种程度上能用语言表达的意识是不同的。事实上，冰山的大部分都在海平面以下，肉眼是看不见的，但是隐藏的部分和我们看到的却是由同一类冰组成的……解决问题的秘密其实就是没有秘密，就是将熟知的简单元素进行复杂构造而解决问题。

在后来的文章里，西蒙继续证明直觉的本质在于组织知识以便快速识别机遇（通过一系列容易识别的知识块将知识排列起来），而不在于描述知识以获得有灵感的设想。用他的话说："直觉和判断——至少是正确的判断——仅仅使分析成了一种习惯和一种通过认知做出快速反应的能力。"（Simon，1987：63）但是这一观点尚待商榷。

下面，是一个特别值得关注的创造性综合的案例：

1943 年，我们在桑塔菲度假。一天，我三岁的小女儿詹妮弗问我为什么她不能立即看到我刚才帮她拍的照片。当我在这个迷人的小镇散步时，我开始考虑如何回答女儿给我出的这道难题。在那一瞬间，照相机、胶片和物理化学变得如此清晰。我十分激动地赶到朋友的住所，向他详细描述曝光后能立即得到照片的照相机。在我的脑海里，它是如此真实，以至于我花了好几个小时来描述它。（艾德温·兰德，宝丽来照相机的发明人，摘自《时代》杂志，1972：84）

在这个案例中，兰德意识到了"熟悉的内容"是什么，他的某种分析方式累积成了什么样的习惯，他的理性是如何制约他的思想的。兰德宣称，在那段灵感迸发的日子里，"返璞归真的能力正好出现了。你在一个几乎没有意识到的情况下处理这么多的变量，你几乎经不起任何干扰"。（Bello，1959：158）这一切绝没有运用那些学者们要求的文字草案。

领悟力的源泉可能是神秘的，但它在生活中无处不在。无论是兰德的解释还是科勒（Kohler，1925）所提出的猿猴领悟力都是如此。科勒曾描述过，猿猴突然意识到如果它把放在笼子角落里的箱子移到香蕉下面，就能够获得挂在高处的美食了（另见 Hadamard，1949）。

日本经理清水（Shimizu，1980）认为，领悟力是一种"直觉式的感觉"，是一种"迅速领会新信息整体结构的能力"。他提到与"连续的逻辑思维过程"相对的"第六感觉"，这种感觉能够"使目前为止还仅仅是累积的、不同相关信息的记忆碎片连贯起来"（23）。当决策者能超出既定事实之外深入理解问题的含义时，领悟力似乎就会降临到他的身上。

许多组织的行为……是由那些偶然获得的领悟力决定的，这些领悟力对思想进行了重构，例如，兰德对照相机的设计造就了一家大企业，重塑了一个重要的市场。引用一句古老的格言，如果说士兵的命运是日复一日并夹杂着阵阵恐惧的无聊时光，那么组织的命运则可以描述为年复一年的惯例工作，但偶尔会被自身或竞争者的洞察力所重构。那么，"战略"这个词如何运用到那些不考虑这些洞察力的战略决策理论中呢？（Langley et al.，1995：268）

人们仔细研究了组织中的战略形成过程，多次证实这种人类本性现象存在于战略形成过程的核心。因此，我们需要理解战略家是如何将大量的信息综合成新观点的。可能这不需要过多的对"文字"和其他"可以识别的知识块"的研究，而需要更多对形象的了解。引用纳斯鲁登的一个著名故事，他在路灯下寻找丢失的钥匙，虽然那里光线很好，却不是他丢钥匙的地方，这不正如认知心理学家一直在出色的文字草案中寻找心智行为的线索，而答案其实就迷失在直觉和领悟力的黑洞中。

如果这样，一些硬科学（如生物学）可能比认知心理学更有用。罗杰·斯佩里（Roger Sperry，1974）由于在划分大脑功能方面的研究成果而获得了诺贝尔生物学奖。他的研究表明人脑中存在两个截然不同的思维过程：左脑负责语言表达能力，右脑负责空间想象能力。因此，我们是不是把过多的研究和战略管理技术错误地放在了大脑的某一边了呢？

总之，要将战略制定过程看作概念获取，我们还有很多工作要做。戴恩和普拉特（Dane and Pratt，2007）对于直觉的研究是一个重要的贡献（见专栏 5-5）。因此，我们可以得出结论，尽管认知学派以后可能成为十种学派中最重要的一种，但是在目前，它仍然是最不重要的一个。

将认知看作构建过程

认知学派还有另外一面（至少我们这样理解），它与我们前面所描述的有很大不同，可能更有潜力并且成果更加丰富（主要是因为它拥有更多雄心勃勃的目

标）。它在将认知看作构建过程的基础上，提出了战略就是做出解释的观点。[⊖]

对于这种观点的支持者而言，"外部"的世界不能简单地驱动"内心"的行动。认知不仅仅是某种通过摒弃歪曲、偏见和简单化来试图反映现实的过程，因为如果是的话，这些人会问：改变世界的那些战略是怎么回事？它们到底来自何方？

解释学派或称为构建学派的学者认为，人的内心世界并不是外部世界的复制品。所有那些流过过滤器的信息，按照推测应该通过认知地图来解释其含义，但事实上，它们与认知相互作用，并受到认知的支配。换言之，心智将一些解释强加于环境，它创造了自己的世界。在某种程度上，心智是自己的主人——它被自身的认知动力所推动。或者，我们最好说它们在演进，因为这里也存在着集思广益的过程——人们互相影响并创造了属于自己的精神世界。（当然，认知学派另外一个分支也认为存在集体过程，例如"群体思维"。我们将在文化学派的介绍中深入讨论群体知觉。）

这一观点很激进。完全赞同该观点的学者被称作"社会构成主义者"，他们彻底打破了传统上认为人们看到的是具有逻辑必然性的既定事实的消极观点。他们认为，现实存在于我们的头脑中。

社会构成主义者深受第二次世界大战后席卷欧洲的哲学革命的巨大影响。这场涉及心理学的革命反映在贝特森的伟大研究中。通过观察动物园里嬉戏的猴子，他开始思考动物之间虽然无法沟通，但为何看起来却能相互"理解"。

1955 年，贝特森在一篇题为《关于玩和幻想的理论》的论文中写道，动物和人类共同存在的这个难题，答案就在于"框架"的普遍存在。举例来说，"这是玩"的框架使得猴子能够将"玩"的手势和其他手势区分开来。猴子不会签订一个关于玩的协议，但是它们的社会生活教会了它们"玩"的框架。人类也遵循同样的规则，只不过我们有不计其数的框架，通常它们更加复杂，并且有不同的解释水平。

贝特森认为心理框架和图画框架的作用类似，它解决了什么是"内部"，什么是"外部"，以及在观察者和局势互动的情况下，"真""假"之间界限模糊的问题。贝特森认为一个更加通用的心理框架具有如下性质：

（1）心理框架具有排他性。例如，如果一个框架内包含了某些信息（或是某些有意义的行为），它就会排挤其他信息。

⊖ 查菲（Chaffee，1985）实际上将它和理性观（我们提过的前三个学派）以及适应观（学习学派）看作战略形成的三种主要方法。同时，约翰逊（Johnson，1987：56-57）提出将认知学派的两个主要分支和文化学派联系起来。

（2）心理框架具有包容性。例如，如果排除某些信息则必然会纳入另外某些信息。对于一幅图画的框架，如果我们从观看者的角度来理解，我们会说，"留心画内的东西，不要看画外。"

（3）心理框架与本书提到的"前提"有关。图画的框架要求观看者不能将用来解释框架外墙纸的思维用在解释图画上。

（4）（因此）框架是元信息传递。任何信息，无论是否明确限定了框架，就事实而论都是接收者的工具，有助于理解框架内信息的含义。（Bateson，1972：187）

尽管学者们已经广泛使用"计划"这一概念，但是他们对于"框架"概念的关注才刚刚开始。其中最早的可能也是目前最好的关于管理者使用框架的研究是由萨维和普察特（El Sawy and Pauchant，1988）进行的。他们研究了在新兴移动电话市场中如何处理战略机遇的信息，这项研究是由 17 名专家和经理组成的工作团队共同完成的。团队成员每三个月会面一次，他们一开始就对市场和技术的原始信息展开讨论，并在潜在的移动电话市场和移动电话的潜在用途这两个框架上形成了一致的意见。在接下来的研究中，团队成员通过媒体和行业杂志收集到更多深入的信息。

萨维和普察特进行这项研究的主要兴趣在于探寻原始框架和后继信息之间的交互关系，即当框架与信息相互冲突时，是修改框架还是重新解释信息呢？当有信息表明边开车边使用移动电话会发生危险时，上述问题就会出现。一名团队成员要求全面修改定义移动电话潜在用途的框架，但为了维护最初的框架，团队的其他成员则提供了下列信息：①拥有移动电话的人和没有移动电话的人相比，前者在驾驶汽车时更加安全；②移动电话的"免提"功能已经逐渐完善；③拥有移动电话的司机可以在发生交通意外时请求帮助。这样，那名团队成员就会相信框架是正确的。因而，团队共同构建的理念就不会存在威胁，人们继续使用与以前一样的方法来解释其他信息。

这项研究从本质上区分了属于个体的计划和属于群体的框架。计划取决于个体所看到和所相信的事实，与之相反，框架则取决于群体动力——即个体之间以及个体与群体之间的关系。事实上，对于群体来说，所见与所信之间的区别可能是武断的。如果个体相信别人所说的话，就会"看到"与他人一样的事实。这取决于他们是否共享同样的计划。当然，这可能导致我们先前讨论过的群体思维：依赖于对事实的解释，并且抵制反面证据。

由此，可以得出显而易见的结论：为了避免群体思维的发生，管理者需要一个丰富的"框架库"——能从不同的视角看待事物,以避免自己受到任何框架的束缚。因此,一些成功的著作,如格雷斯·摩根的《组织映像》,在不同的章节里将组织比喻成机器、有机体和大脑等;波曼和迪尔的《组织再造》提出,获取管理领悟力的关键是愿意运用不同的方法和角度思考问题,他们自己也是这么做的(这是一本介绍不同学派关于战略形成思想的书,可以将它看作对波曼和迪尔工作的补充)。

当然,这个问题还在于管理实践需要聚焦,某些时候(我们将在最后一章介绍)甚至需要偏执。将事物的几个方面反复掂量并不利于人们果断地采取行动,但是,换个角度看,用开放的视角看问题对于有效的管理还是非常重要的。

环境是构建的吗

社会构成主义观一个重要的前提假设就是,在组织内部,没有任何成员可以"看见"环境。事实上,是组织用丰富但模糊的信息构建了环境,在这个环境中,甚至连"内部"和"外部"这种基本的范畴都是非常模糊的。虽然有证据充分支持这个假设,但社会构成主义者在如何对待它的问题上仍存在很大的争议。他们认为,环境是在组织内构成的,所以它们只是管理信条的产物。回顾图 2-1 中的设计学派的基本模型,我们发现 SWOT 分析的价值在于企业能够更好地应对环境变化,然而定位学派津津乐道的环境,在认知学派的眼中却一文不值(当然,整个定位学派也难逃厄运)。框图的位置说明了图中隐藏的其实是管理者的信仰。

许多人对这一结论感到怀疑。他们很肯定地认为,外部环境是存在的。无论管理者信仰什么(有人也许会说由于管理者的信仰),那些没有正确判断市场而惨遭市场淘汰的企业随处可见。对此,社会构成主义者回应道:这种异议本身就表现出对"环境"概念的假设过于简化。斯莫科奇和斯达贝特(Smircich and Stubbart,1985)通过描述三种不同的环境概念澄清了这一点。纵观历史,我们对于环境的认识是逐步深入(从第一种观点逐步发展到第三种观点)的:

(1)**客观环境**。它假设"组织"根植于独立存在的外部"环境"中……用来形容这种"环境"的术语包括:具体的、客观的、独立的、既定的、即将发生的、组织外部的……几乎所有的战略管理研究和著作都包含了这样的假设……因此环境分析指的是去发掘已经存在于某处但尚未被发现的某事……最后形成与环境相适应的战略。

(2)**感知环境**。(这并不意味着)环境概念的改变(它仍然是真实的、物质的和外部的）。事实上，不同的战略家会造成环境的差异。战略家永远无法摆脱有限理性和对"环境"不完全认识的羁绊……从实践的角度来看，挑战存在于如何尽可能地缩小战略家对环境的不完全感知和实际环境的差距。

（3）**改造环境**。从解释主义的世界观来看，独立客观的"环境"是不存在的……相反，组织和环境都只是为了便于说明活动模式的概念。人们所指的环境产生于人类的行为活动中，并包含着赋予这些行为活动意义的智力活动……这个世界本质上是一个混沌的经验库。环境中没有威胁或机会，只有关于人类活动的物质和符号记录。但是一个决心找出环境概念的战略家，他会试图将关联、范式运用到人类行为活动中，建立各种关系……（例如）本来天空中没有真正的北极星，但是人们觉得想象那里有北极星是很有用的。当人们在想象中用线条把那些星星连接起来并赋予含义时，就会看到北极星……天文学家正是利用自己的想象描绘出一个又一个有象征意义的天体（猎户座、狮子座等）。战略家也是如此……汽车、油井和导弹本身都是没有意义的，正如星星对于没有受过天文学教育的人一样，它们对于普通人也没有更多含义。但是战略家却将这些事件、客体和环境联系起来，因此使它们对组织成员具有意义。（725-726）

显然，说明性学派最推崇的是关于环境的第一种概念，尤其是定位学派，而第二种和第三种概念则分别是认知学派两个分支的观点。但是这两种观点也是截然不同的：第一个分支的观点被视为认知歪曲论的基础，另一个分支的观点认为认知创造了世界。

按照社会构成主义者的观点，战略形成过程将焕然一新。暗喻、象征性行为和沟通变得很重要（Chaffee，1985：94），它们都基于管理者全部的人生经验（Hellgren and Melin，1993）。此外，愿景不仅仅是一种指导员工的工具，它也是领导者对于世界的解释，而这个世界同时是一种群体现实。专栏6-3概述了斯莫科奇和斯达贝特对管理活动的解释。

专栏6-3

运用构建主义者的方法

● **抛弃组织应该适应环境的观念**。行业内的管理者们不应简单地置身事外、适应潮流，他们的行动本身就是潮流。因此，如果所有的企业都争先恐后地利用机遇，机遇也就不复存在了……事实从来不会自己说话。如果事实"无声无息地溜走了"，那也是因为观察者们碰巧言中了类似的事情。

- **重新思考制约、威胁和机遇**。管理者总是面临大量的情境、事件、压力和不确定性……（因此他们）必须首先关注自身、自己采取的行动和没有采取的行动，而不是在"环境"中为自己的处境找借口。

- **重新看待战略管理者的作用**。解释派的观点……认为战略家的任务是想象、创造，它是一门艺术……战略管理者最好的工作是激发更加丰富的想象。

- **管理分析**。一个人自己的行动和他人的行动共同组成了一个"组织"以及这个"组织"所处的"环境"。基于这一先后次序，管理分析比环境分析重要得多。管理分析意味着挑战管理者行动时所依据的前提假设，并提高管理者自我反思的能力。

- **创造适用环境**。我们是谁？什么对我们重要？我们该做什么？我们不该做什么？回答这样的问题为战略形成提供了平台。

- **鼓励多样的事实**。成功的战略家经常思考每个人都知道的事实，但是从这些事实中，他们却产生了令人惊讶的灵感……战略家对这些平凡的事实进行了全新的解释，并形成了有趣的规定。

- **检查和试验**。每个行业都有一长串"该做什么""不该做什么"的清单。应该周期性检查这些制约条件……组织智慧的形成可能需要持续地反学习。

资料来源：Smircich and Stubbart，1985：728-732.

竞争和认知

现在，竞争对认知学派提出了有趣的挑战。一开始，没有什么比竞争更加客观：如果你的竞争对手生产出更好的产品或产品价格更低，你一定得做出反应，否则将会没有生意。你肯定想不出走出这种困境的方法，你所能做的只有准确获取竞争者发出的信号，并据此采取行动。

但是少安毋躁，有些学者认为事情并非如此简单。只有在回忆时，对竞争者在做什么的解读才是客观的。当你处于竞争中时，对竞争者将要做什么存在大量的模糊性。不仅仅因为你缺乏信息，还因为你所获得的信息是复杂甚至矛盾的（Lampel and Shapina，2001）。为了理解这些信息，你必须通过复杂的过程去解释它，在这个过程中，想象和证据缺一不可。

但这些学者还提出，在解释信息的过程中由于没有倾向性，这使得竞争变得客观。有经验的管理者们擅长将模糊不清的信息转化为清晰的心智图像。但这更与稳定性相关，而非客观性。在许多行业，竞争具有相对可预见性。可以说有一定的"游戏规则"。当管理者们对他们的业务渐渐熟悉，他们就会了解这些规则，并把规则视为竞争环境中的客观存在。当每个人都按他们的信仰行动，就形成了规则，但规则反映的是企业要生存所遵循的客观现实，这离信仰还有一点距离。

但是这种管理者对竞争的理解模式越来越受到一些研究者质疑。研究者认为当竞争演变为理查德·达文尼提出的"超级竞争"时，管理认知也就发生了改变。在超级竞争中，竞争者表现得很激进，没有限制或不遵守规则；超级竞争以"紧张而快速的竞争行动为特征，竞争双方必须快速建立竞争优势并破坏对手的竞争优势"（Richard D'Aveni，1994：217-218）。在这个情况下寻找持续的竞争优势是不可能的。战略的主要目的在于"破坏现状，通过建立一系列短暂的优势来获得主动权"（10）。

当现状被打破，环境客观有序的假象就会开始瓦解。在这种情况下，我们就希望管理者采取有力而老练的解读来减少后续的不确定性，但事实正好相反。艾森哈特和萨尔（Eisenhart and Sull，2001）通过对微型计算机产业的调查发现，当技术革新连续且快速时，管理者们往往"很少用重大战略程序，反而采用一些小而简单的规则"。

伯格纳和巴尔对这一调查做了更深入的解释，认为在超级竞争的压力下，管理者们会放弃解读竞争者的竞争行为，转而专注于改进战略决策的过程。他们越来越关心"如何制定战略？"，而不是"制定什么战略？"。值得一提的是，这种转变还催生了行业层面的"群体思维"。为了保持竞争优势，企业会模仿竞争者的战略决策方法。因此反过来，企业无意识地升级了行业不稳定性："管理者们为建立战略框架所采取的任何有远见的行为都最终变成了整个行业的信条，这又加剧了竞争动荡，从而使超级竞争有效地制度化。"（Bogner and Barr，2000：213）

认知学派的前提假设

认知学派是一个思考战略形成的学派，它仍在不断地发展。我们从有关文献中归纳出该学派的前提假设，并对其研究成果进行评论总结：

- 战略形成是一种发生在战略家思想中的认知过程。

- 战略表现为不同的认知视角——包括概念、地图、计划和框架，它们决定了人们如何处理环境中的输入信息。

- 这些输入信息（按照认知学派中客观派的观点）在认知地图译码之前要经过各种过滤器的调整，或者（按照认知学派中主观派的观点）它们只是对人们所感知到的世界的解释。换言之，我们所看到的世界，可以被塑造，可以被设计，也可以被构建。

- 作为概念，战略在初始形成时比较困难，在实际形成后又与理想中的相差很远，当战略不再可行时，也很难被改变。

认知学派的不足、贡献和适用条件

正如本章开头所强调的，认知学派的特征在于其较大的发展潜力，而不在于其贡献的大小。认知学派的核心思想是正确的——战略形成过程是一种基本的认知过程，尤其是将战略作为一种概念的形成更是如此。战略管理，在实践中而不是理论上，已经充分利用了认知心理学的知识。或者更准确地说，认知心理学涉及了很多战略管理研究中学者们也非常感兴趣的问题，尤其是关于战略家脑海中的概念如何形成的问题。

了解心智如何歪曲事实，以及心智如何整合复杂的输入信息，这对于研究战略形成都非常有用。因为，尽管的确存在一些奇怪的战略行为，例如绝望的管理者放弃制定战略的"战略冷淡"行为，仍然有很多管理者努力使认知产生了飞跃。因此，尽管研究决策过程中的信息失真可能很有趣，但如果我们忽略了经验智慧、富有创造性的领悟力和直觉综合的作用，我们的理解力本身也存在被扭曲的风险。

认知学派中的构建派几乎不能回答这些问题，但至少已经意识到了这些问题，并提出了有助于解释这些问题的前沿的重要现象。构建派还对战略制定中创造性的一面大加赞赏，在人们把所有的研究精力都集中在人类认知局限性、计划程序和定位分析之后，构建派更加受到人们的推崇。

尽管认知学派中的主观派有不足之处，但它却提醒了我们战略形成也是一个心理过程，在战略形成的过程中会有一些有趣的事情出现。它还进一步提醒我们，战略家的认知风格是不同的，这会对他们所偏好的战略产生重大影响。从这个意义上说，与定位学派相比，认知学派的不确定性更强；与计划学派相比，认知学派则更具个性化。与我们已经讨论过的前四个学派相比，它最先意识到组织外部存在一个有趣的环境：当企业领导者不能奇迹般地带领他们进入愿景中的利基市场时，那些战略家并没有从环境机会的大树上采集战略的果实，而是被动地进入既定环境。与之相反，在被认知学派的某一分支称作太复杂以至于无法充分理解的环境中，战略家们奋力拼搏。然而，十分有趣的是，这个学派的另一分支也说：这样又如何？优秀的战略家是有创造力的，他们运用集体的智慧构建了自己的世界，并（我们将在下一章节看到）将其付诸实践。

至于说到适用条件，认知学派中客观派的研究似乎多将战略形成看作个体过程而不是群体过程。我们并不是说认知和群体环境无关，只是研究不同认知之间的交互关系非常困难，它不属于一个大多研究个体认知的学术群体范围。当然，解释学派更加注重社会过程，可能是因为它的程序更加清晰——它致力于研究认知中较浅的层面。

解释学派也很注重研究战略形成过程中的特定阶段，尤其是战略原始概念的形成阶段、现有战略的重新改造阶段以及由于认知偏执导致组织固守现有战略的阶段。

总之，认知学派告诉我们，如果我们想要了解战略形成，最好同时了解人类的心理和大脑。认知学派其实是将认知心理学作为理论基础，并对其进行了很好的应用，但要说战略管理研究能借鉴多少认知学派的成果，它的价值还远远不够。换言之，本章节的大部分研究成果对于战略管理的贡献仍是极为有限的。

第 7 章
学习学派

战略形成是一个涌现过程

这是一门高等物理课。既然说是高等物理课，就表示讲师认为这门课很难理解。如果他不这么认为，那么这门课就会被称作基础物理课了。

——路易斯·阿尔瓦雷斯，1968 年诺贝尔奖获得者

如果战略真的像认知学派所指出的那么复杂，而且其复杂程度远胜于设计学派、计划学派和定位学派的描述，那么战略家该如何去做呢？我们的第六个学派给出了一个回答：他们必须不断地学习。

这个想法再简单不过了。但事实上，付诸实施又是另外一种情况。该学派认为，战略是个人或（更多时候是）群体在开始研究某种情境以及研究组织应对情境的能力时自然产生的。最终，战略会收敛成有效的行为模式。拉皮埃尔精辟地指出，战略管理"不再是管理变化，而是通过变化来管理"。（Lapierre，1980：9）

从某种意义上讲，查尔斯·林德布鲁姆（Charles Lindblom，1959）发表的那篇争议性的文章《"蒙混过关"的科学》开创了这一学派。林德布鲁姆指出，（政府中）政策制定并不是个单纯、有序且可控的过程，而是一个混乱的过程。在这个过程中，政策制定者们试图应付一个对他们而言过于复杂的世界。林德布鲁姆的观点可能从本质上违背了所有关于"理性"管理的假设。但是，这些观点通过描述人人都熟稔的行为，在政府机构乃至企业中产生了共鸣。

随后，相关的出版物应运而生，例如爱德华·拉普（H. Edward Wrapp，1976）发表了文章《优秀的管理者不制定决策》。但标志着所谓学习学派兴起的则是詹姆斯·布赖恩·奎因（James Brian Quinn，1980）的《战略转变：逻辑渐进主义》一文。一批类似的文献涌现出来，随后汇入战略管理的主流（或者说至少形成了战略管理的一个主要流派）。

尽管其他学派也对设计学派、计划学派和定位学派中"理性"传统的一些特定方面提出过质疑，但是学习学派提出的质疑却是最广泛而有力的，他们将矛头直接指向那些学派的基本假设和前提。这一行为在战略管理研究领域掀起了一场激烈的争论，而且这场争论一直延续至今。究竟谁是战略的缔造者？战略形成实际发生在组织的什么位置？这一过程多大程度上是有意识的行为？深入思考的程度究竟有多深？战略制定和战略实施的分离是否真的绝对必要？至少，学习学派认为传统的有关战略形成的印象只是一种幻想，它可能对某些管理者很有吸引力，却不符合组织中的实际情况。

战略形成和战略规划

学习学派的关键在于它是建立在描述而不是规划的基础之上的。它的倡导者们总是在问一些简单但又重要的问题：战略在组织中是如何形成的？注意：不是问它们是如何规划出来，而是问它们是如何形成的。

长期为《财富》杂志撰写战略方面文章的沃尔特·基克尔（Walter Kiechel，

1984：8）曾经指出，有研究表明，只有 10% 的规划性的战略能得到实际应用（这个数据被汤姆·彼得斯称为"极为夸张"）。这种顾虑导致高层管理者费尽心血整顿战略实施过程。在那个时代，他们经常从管理顾问那里听到"管理文化"或者"加强你的控制体系"。总之，他们认为问题不可能来自自己的完美规划。

因此，当一个战略失败时，制定者会责怪执行者。"要是你们这群笨蛋能理解我这完美的战略就好了。"但如果这些笨蛋够聪明的话，他们本可以回答："既然你这么聪明，为什么你不规划出一个我们这样的笨蛋也能执行的战略呢？"换言之，每次战略执行的失败也可以说是战略规划的失败。但真正的问题可能不仅仅如此：战略规划和战略执行是脱节的，思想和行动未能协调一致。正如专栏 7-1 所示，或许在战略管理中，我们该少些小聪明。

专栏 7-1

少些小聪明，多些更有效的战略

如果你在一只瓶子里放六只蜜蜂和六只苍蝇，然后水平放置瓶子，使瓶子的底部（密封的一端）朝向窗户，你会发现蜜蜂会坚持寻找玻璃瓶的出口，直到它们累死或饿死；而苍蝇则在不到两分钟内，全部从瓶子的出口冲了出去。正是由于蜜蜂的聪明，对飞行规则的遵守使得它们在这个实验中毫无作为。它们显然认为任何一个封闭场所中的出口都应该是光线最明亮的地方，而且它们行动一致，坚持经过逻辑思考后的行动。对于蜜蜂，玻璃瓶是个超自然的神秘体，而且它们的智商越高，这个奇怪的障碍就显得越难以置信、难以理解。而这些愚蠢的苍蝇，由于缺乏逻辑，到处乱撞，终于撞到了好运，找到了出口，并赢得了自由。（Gordon Siu, in Peters and Waterman, 1982：108）

你的企业里是否有太多制定战略的蜜蜂而没有足够的苍蝇呢？

支持学习学派的学者发现，当对重要战略进行重新定位时，很少是通过正式规划进行的，事实上甚至常常不是出自高层管理者。相反，它来源于各种不同的人的一些小的行动和决策（有时候出自偶然和运气，并非刻意去追求结果）。在长期的累积之后，这些小的变化通常会导致战略方向的重大改变。

换言之，组织中任何一个有识之士都可以推动战略进程。一个在偏远的实验室里工作，并生产出更好的产品的狂热的科学家也可以成为一个战略家。一群致力于推销公司的某一种产品而不涉及其他产品的推销员也可以改变公司的市场定位。这些人比前线的战士更能影响战略，因为他们最贴近战略行动。

我们以一系列未经计划编排的观点开始我们的讨论，最终将收敛于一个战略形成的学习模型上。我们在介绍学习学派的前提假设时将对此进行总结，然后讨论战略学习的新方向：学习型组织、演化理论、知识创造、动态能力方法和混沌理论。最后，我们以对学习学派的评论、适应环境及其贡献的讨论结束本章。

学习模式的涌现

我们通过回顾各个不同的阶段，追溯学习学派是如何演化的（如果你愿意，可以看看该学派自身是如何学习的）。每个阶段都有相当一部分围绕该学派中心主题的文献资料。

断续渐进主义

耶鲁大学政治学教授查尔斯·林德布鲁姆在 20 世纪 60 年代早期与同事合著的一本书里提出了一套被称为断续渐进主义的详尽的理论（Braybrooke and Lindblom，1963）。他将被政府称为"政策制定"的过程描述成一个"系列的""补救性质的"且"零碎的"过程，在这一过程中，决策在临界面制定，主要是为了解决问题而不是为了寻找机会，没有人考虑最终的目标甚至不同的决策之间有什么联系。林德布鲁姆认为，很多个体参与了这个过程，但是他们很难接受任何一个核心权威的协调。他写道："没有明显的相互协调，人们会从不同的视角去分析公共政策的各个方面，甚至同一个问题或同一个问题不同领域的各个方面。"（105）至多，不同的行动主体会参与到非正式"相互调整适应"的过程中。

在后来的一本书中，林德布鲁姆这样总结他的理论："政策制定是一个典型的永无止境的持续进行过程，在这个过程中，对于任何问题都只能一点点地去'啃'，而不能一口吞下。"（Lindblom，1968：25-26）他还进一步提出："不断修补琐碎之处的渐进主义者可能看起来不像英雄人物，但他才是聪明睿智的问题解决者，他就像一个与世间万物搏斗的勇者，但是他很明智地知道这对他很难。"（27）

但是问题依然存在。这些渐进主义者可以称作战略家吗？从这样一个过程中可以找出任何能被称作战略的事物吗？是否存在一些深思熟虑的方向甚至自然收敛点，可以被定义为共同定位或集体观点呢？因为答案明显是否定的

（Brower and Doz，1979：155），或者说至少没有人提出过这样的观点，林德布鲁姆的理论由于缺乏对战略形成的研究而在此止步了。其实他尝试过描述公共政策的制定过程，尤其是美国政府的国会体系中制定政策的过程。但是即使在国会里，战略仍然被看作一种模式。无论如何，林德布鲁姆的确指出了一条通往思考战略形成新学派的道路。

逻辑渐进主义

林德布鲁姆离开达沃斯大学阿莫斯·塔克商学院的几年后，詹姆斯·布赖恩·奎因（James Brian Quinn，1980a，b）继续了林德布鲁姆的研究。奎因同意林德布鲁姆关于战略过程的渐进性的观点，但他不认为这个过程是断续的。恰恰相反，他认为至少在商业企业中，核心领导者会将各个战略过程连贯起来并引导组织形成一个最终战略。

奎因在调查的一开始就相信组织会形成一个概念完整的战略。为了了解战略是如何形成的，他访谈了几家大型成功企业的首席执行官。然后他得出结论，尽管计划没有描述出战略是如何形成的，但是渐进过程反映了战略形成的过程，并且正是渐进过程中内在的逻辑性将战略的各个部分组合在一起。因此，奎因将这个过程称为"逻辑渐进主义"。

真正的战略会使内部决策和外部事件融合起来，并在高层管理团队的核心成员中形成新的、广泛认同的行动思想。在运作良好的组织里，管理者会率先引导这些行动和事件的支流，使其逐渐汇合成清晰的战略……（Quinn，1980a：15）

在奎因看来，一个组织由一系列"子系统"构成，如多元化经营、重组和外部关系，因此战略管理意味着"开发或维持每个子系统决策制定的统一模式，并将之注入高层管理者的思维"（Quinn，1980a：52）。奎因的著作会给人留下这样的印象——战略形成于实际运作中。

但在奎因的理论中也存在有趣的含混性。渐进主义可以从两个方面解释，一方面它可以被看作战略愿景自我完善的过程，而另一方面，它也可以被看作将已存在于战略家思想中的愿景逐步变为现实的过程。在第一种情况下，核心战略家是在逐步学习的；而在第二种情况下，战略家几乎是运用政治手段以渐进的方式在复杂的组织中圆滑地开展战略行动。正是战略家和其他人的不同，导致了战略规划和战略实施也是分离的。

无论如何，核心主体（按奎因的观点，指的是由首席执行官领导的高层管理团队）仍然是战略的缔造者，这一点与设计学派一致。但不一样的是，学习学派中的组织并不"顺从"，它有自己的思想。因此，奎因是这样描述高层管理者的："有选择性地推动人们朝着被广泛接受的组织目标前进。"（Quinn，1980a：32）他还写了大量有关所谓的"政治贯彻"（包括"建立信任""扩大支持""系统等待"和"管理合并"）的讨论（Quinn，1980a：97-152）。

最终，奎因提出战略家必须推动那些能够自我完善和自我改变的战略愿景，从而试图将两种解释联系起来。因此，他将这个过程描述为"持续的、脉动的"，并总结道：

> 按照逻辑渐进主义行动的优秀管理者会把理解、信任和责任的种子播进创造战略的过程中。当战略开始聚焦时，部分内容已经得到了应用。通过这样一个战略规划过程，人们建立起了开展战略的动力和对战略的心理认同，这将有助于战略的灵活实施。不断整合同时发生的战略规划和战略实施的渐变过程，这是进行有效的战略管理的核心技巧。（Quinn，1980a：145）

奎因所描述的是所有的战略形成过程，还是仅仅其中特殊的一种？的确，对于不同的思想学派，我们应该将战略规划和战略实施之间的各种关系看作一个连续统一的整体。在这个统一体的一端，如学习学派所述，二者是完全交织在一起的，而另一端则是三个说明性学派中提出的对良好规划的战略的应用。奎因确实将自己置于两者中间，这意味着，他既不属于学习学派，也不属于说明性学派（尤其是设计学派）。[⊖]这一点在奎因提出高层管理团队在战略形成中处于主导地位，而其他人都是小角色的观点中表现得尤为明显。

但是，奎因为学习学派奠定的基础被证实对该学派的发展非常重要，因为他在战略管理文献中为渐进主义争取到了显要的一席之地。渐进主义所扮演的角色从林德布鲁姆的只是单纯地适应转变成了有意识地学习。奎因所崇尚的规范性风格（也表现出学习和设计相交织的风格）从专栏 7-2 中可见一斑。

专栏 7-2

逻辑渐进主义的规范

● **领导正式的信息系统**。战略变革的早期信号很少是出自公司的正式报告体系。相反，最初感觉到需要进行战略变革通常都被描述为"某些事让

⊖ 正如他自己曾指出的，"正式战略规划模型"（也就是说明学派）和"政治或权力方法……以及逻辑渐进主义并未成为任何一种模型的辅助工具"（1980a：58）。

你觉得不舒服""矛盾"或者"反常"（Normann，1977）……有效的管理者运用网络来缩短所有组织建立的检测系统的回路。

- **建立组织意识**。在战略形成的早期阶段，管理过程很少有确定的方向。相反它们可能包括学习、挑战、质疑、聆听、与常规决策圈之外的有创造性的人交谈、产生备选方案，而且有意地避免做出无法撤销的承诺……

- **建立可信的变革标志**。很多执行官知道自己无法和成千上万的战略执行者直接沟通，他们会有意采取一些可视的象征性行为以传递一些用语言无法顺利表达的信息。

- **使新观点合法化**。高层管理者可以特意创立论坛或抽出一些时间让其他人来共同讨论组织所面临的一些问题，找出新解决方案的意义，或获得优化提升的信息库，以便将新的备选方案与旧的备选方案对照，并得到客观评价。

- **寻求战术变换和局部解决方案**。当一个较大目标改变可能遇到太多反对意见时，执行者们却通常在一系列小的项目上取得一致……随着问题的展开，几个最初不相关的问题的解决方案会趋于融合，形成新的综合方案。

- **扩大政治上的支持**。在主要战略变革中，为新出现的观点扩大政治上的支持通常都是一个非常重要的有意识的先行步骤。委员会、任务小组或回避政策都是适用的机制。

- **克服阻挠**。谨慎的管理者在任何可能的时候都会试图说明个体接受新的观念，如果必要，还会化解反面情绪……在引导和协调公司战略时，让公众选择以及参与管理是执行官们最终的控制方法。

- **有意地建立弹性结构**。一个人不可能精确地预见一家公司可能遇到的所有重要威胁和机遇出现的形式与时间。因此，从逻辑上讲，管理者应该有意将组织设计得更加灵活一些，并拥有在情况需要时逐渐投入的资源。这要求留有足够的资源缓冲区，当事件真的发生时能及时做出反应……培养并配置一些在机会出现时勇于好好利用机遇的"勇者"，缩短这样的人和高层领导之间的决策线路，加速系统反应。

- **建立实验制度和责任感**。执行官们还应该有意发起一些实验行为，以吸引人们提出更多切实可行的建议。

- **明确重点并使责任正式化**。处于领导地位的执行官们通常会有意保持初期目标表述的模糊性，以及责任的宽泛和暂时性……然后，随着他们对想要达到的目标有了更多的信息，得到了其他人更多支持时，他们会利用自己的威望或权力促进或明确一个特别的制度。

- **进行持续不断的变革**。即使组织内形成了新的统一意见，处于领导地位的执行官也必须确保这种一致性不会破坏组织的弹性。因此，有效的战略管理者必须将新的重点和激励引入公司的高层，并发动对刚刚固定的战略目标再次进行变革，这是一种至关重要的心理状态。

- **认识到战略不是一个线性过程**。战略的有效性不在于它清晰或严密的结构，而在于它能够捕捉新事物，处理未知事件，重新配置资源使之集中于新出现的机会和目标上，采用这样的战略有助于最有效地使用资源。

资料来源：Quinn，1982.

演化理论

与奎因的研究成果相关的理论被称作演化理论，最初是由经济学家纳尔逊和温特（Nelson and Winter，1982）提出的。他们描述了类似的子系统，但是他们认为变革源自子系统之间的互动，而不是来自领导本身。

在纳尔逊和温特看来，组织并非全部在理性的控制之下，也不存在单一的统一框架能领导变革。变革来源于基本行动体系（也就是所谓的"惯例"）之间的长期累积的互动。惯例指的是反复出现的行为模式，它可以支撑并控制组织的平稳运行，涉及雇用、解雇、提升和预算编制。组织由不同层级的惯例组成，包括从工厂最基层的惯例一直延伸到管理者用来控制其他活动的惯例。就像回转仪保持飞行平衡一样，惯例使组织保持稳定。

然而，演化理论者也提出，惯例在不经意间也可以推动变革的产生。已存在的惯例和新情况之间的互动也是一种重要的学习源泉。随着改变惯例以应对新的形势，更大的变革就会应运而生。这种情况之所以出现，是因为惯例之间是相互联系的，因此一个惯例出现变化会影响到其他的惯例，产生连锁反应。有人对惯例（重复和不变的特质）如何产生变革提出了质疑，为此，2002年费德曼和拉菲莉给出了一个有趣的类比以展示这种矛盾是如何实现的。他们指出"惯例"也可以定义成"舞蹈中的系列舞步"（Webster，1984：1241）。他们写道，让我们把组织比喻成交谊舞吧（324）。

在交谊舞中，舞蹈者的舞步是有规范脚本的，但并不死板。舞步规定了在什么时候要做哪些连接动作以及如何做。舞步还需要根据不同情境进行舞步的调整（舞池中央有无东西？你是否要和其他人跳舞？）以及配合舞伴的动作（舞伴是靠近了还是远了？节奏是否跟上？），两位舞者身体之间的关联使他们可以沟通并根据对方的情况进行调整。结果就是两人会跳差不多的舞步，但绝不是机械地重复。细小的变化一定存在，因为照着舞蹈的脚本，他们会根据舞伴的情况以及跳舞情境进行调整。组织的行为惯例也是如此，虽然不是通过身体接触实现沟通，但也有一些其他的交流方式。

正如跳交谊舞的例子，当新的组织惯例出现，其他的惯例就消失了。但和跳舞不一样的是，效率扮演着重要角色，管理者可以通过废除无效的惯例，将有效的惯例从组织的一个部门传递到另一个部门，或向组织引进新的惯例来影响组织惯例。引进惯例可以通过模仿，即借鉴其他组织中的最佳实践，也可以通过试验，看小范围的创新能否给组织其他层面带来影响。

因此，尽管这种方法和奎因的理论是一致的，都强调子系统的作用，但是它更强调子系统对战略过程的影响而非战略家的影响。下一种方法也是如此。

战略风险投资

同时，在另一方面，我们已经了解到，组织中的其他一些人对战略发起起到了倡导作用。奎因提到了倡导（参见专栏 7-2 中的"有意地建立弹性结构"），但实际上只聚焦于高层管理者的推动和整合作用。另外一些学者在描述战略变革最初产生的过程时，已经注意到了这一关键要素。这样的倡导作用可以从一些战略执行者所提出的建议或者风险投资中发现，这些执行者并不一定是，甚至可能通常不是高级管理人员。

那么这个过程会是怎样一种情形呢？第一条线索来自现有大公司的创新活动。对于创新的传统印象通常是那些富有活力的企业家创建新公司（如第 5 章所阐述的那样）。但是一些大公司在经过初生期后仍然保持了创新能力。它们的员工可以自主追求新创意，开发新产品。不需要严格的资源分配体系，员工的创新也能得到支持。

所有这些均取决于公司各级管理人员作为内部企业家的创新才能和技巧，也就是"内部企业家精神"（Pinchot，1985）。如同在市场上拼搏的外部企业家一样，这些内部企业家也必须与其他忙于发展自己事业的人竞争资源。但是他们必须说服自己的上级主管，而非外部的风险资本家。尽管高级经理使用各种正式的管理体系评价内部风险投资（例如第 3 章提到的资本预算程序），但是他们更多地依靠自己在过去的经历中所获得的判断能力。换言之，他们的学识远比任何正式的分析来得重要。

对于内部风险的研究可以追溯到约瑟夫·鲍尔对资源配置过程的经典描述（Joseph Bower，1970）。鲍尔对传统的资本预算持有异议，他发现资源分配"比大多数管理者所想象的要复杂得多……它是一个涉及组织多个层次并经历很长一段时间的学习、谈判、说服和做出选择的过程"（320-321）。在这里，鲍尔提出了"工作中的实质性分离过程"，这一思想先是得到了他在哈佛大学的许多博士生的继承和发展，之后还被罗伯特·博格曼在哥伦比亚大学关于公司风险投资的讲座中列为主题（Robert Burgelman，1980，另见 1983a，b，1988，1996；Burgelman and Sayles，1986）。

总的结论就是，战略的发起通常在组织层级深处产生，然后经由那些寻求高层管理团队授权的中层经理倡导或推动。在近期的论文中，诺达和鲍尔（Noda and Bower，1996）将"鲍尔－博格曼的战略决策过程模型"总结成涉及"在三个层次上发生的多元的、同时的、闭环的、有先后次序的管理活动"。

传统意义上，这个层次是指基层、中层和高层管理者。但在鲍尔－博格曼的模型中（见图 7-1），群体领导或投资管理者被放在最下层，新投资发展管理在中间一层，而最上面一层是共同管理，用来监督战略的各个方面，包括新投资发展在内。模型的另一轴是过程维度，分为两个过程，每个过程又分为两个子过程。诺达和鲍尔对这些过程进行了如下描述：

- 定义是一个认知过程，在这个过程中，基层管理者将模糊不清的技术和市场信息转化为清楚明白的数据以供中层管理者制定决策时使用。

- 推动是一个社会政治过程，在这个过程中，基层管理者和中层管理者起着拥护和推动战略举措实施的作用。

- 战略情境是一个政治过程，在这个过程中，中层管理者说服高层管理者进入和开拓一个新的业务领域。

- 结构情境是各种行政管理机制，包括信息和考核体系、奖惩体系等，通过这些体系来塑造基层管理者的决策情境。

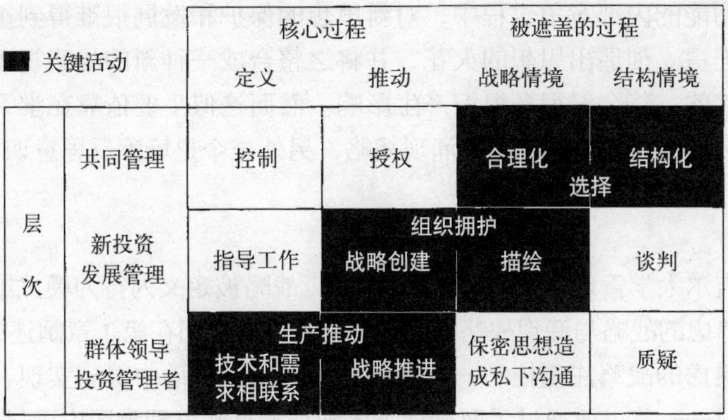

图 7-1　鲍尔 – 博格曼的内部共同投资模型

资料来源：Burgelman，1983a.

博格曼强调第一阶段对培养运营层面的创新精神至关重要。但将运营层面的创新精神转化为公司层面成熟的风险投资项目，关键要靠中层管理者，因为中层管理者在"联结运作层面成功地涌现战略行为和公司战略概念上起到了关键作用"（Burgelman，1983a：241）。要成功扮演这个角色需要政治手段和阴谋诡计。中层管理者必须尽力说服上层管理者，风险投资项目有助于推进组织目标，与此同时（如果有必要）应悄悄地寻找资源让风险投资项目保持活力。

"风险投资"的概念似乎很适合学习学派，无论对学习过程本身还是对过程中多个个体的作用而言，它都有意义。在下面一段博格曼描述管理实践中企业内部风险投资的含义的文章摘录中，这一点被阐述得十分清楚：

首先，这个战略决策的观点……将高层管理者的注意力集中到组织学习中内部企业家的作用上。内部企业家是识别和理解新机会的推动力，尽管这些新能力对于企业的独特性还没有被意识到……其次……高层经理应该建立机制以获取并利用组织中操作层面和中层个体参与者通过试错获得的知识……保持战略决策一直是一种社会学习过程，评价、分析并奖励企业家式的成功与失败对于战略决策是不可或缺的。（Burgelman，1983a：83，84）

但是，仅靠这些重要的工作，我们仍不能得到一个完整的有关战略形成的学习模型。内部风险投资过程可能在战略活动中达到顶峰，但不一定必须达到共同协作的顶峰，或者说是战略的顶峰。公司的风险投资大多只对自身起作用，它们与组织的其他部分脱离，而非融入其中。正如一位首席执行官所说："企业家精神与不服从之间只有一线之差。"（Garvin and Levesque，2006：104）在类似于市场功能的内部竞争过程中，对新思想的保护和发展很难得到重视。行动上也必须连贯。创造出思想的火花，并将之整合成一种新的战略视角，这是非常有挑战性的，将会对很多组织产生影响。然而这似乎要依靠在学习学派思想中产生的另外两个概念，一个是涌现战略，另外一个是培养反思意识。

涌现战略

在麦吉尔大学管理学系的研究工作中，[⊖]战略被定义为行为模式或行为连续性，深思熟虑的战略与涌现战略被区分开来（正如我们在第 1 章阐述的那样）。

深思熟虑的战略注重控制——确保管理意图在行动中得到实现，而涌现战略强调学习——首先要通过采取行动来逐渐理解这些管理意图应该是什么样的。在战略管理的三个规划性学派中，研究者只意识到了深思熟虑的战略，正如我们所提到的那样，这种战略非常强调控制，几乎到了排斥学习的程度。在这些学派中，组织注意力集中在清晰意图的实现（也就是"执行"）上，而不是使组织意图适应新的理解。

然而，涌现战略的概念开启了一扇通向战略学习的大门，因为它承认了组织的试错能力。采取一个单一的行为，就会收到反馈信息，并且这个过程可以一直持续，直到组织聚焦于某个模式，这个模式就是组织的战略。但不同的是，用林德布鲁姆的比喻来说，组织不能随意地"啃"，每"啃"一下就会影响到下一步，逐渐形成一套非常好的"食谱"，最终会成为一次丰盛的"宴会"。

当然，如奎因所说的那样，涌现战略可以源自个别领导者或一个执行小组。但是情况往往不止这样，表 7-1 列出了战略可能表现出的各种形式，包括完全深思熟虑的战略和完全出乎意料的涌现战略。例如，主要的发起者可能是一个秘密的行动者，他领悟到了一种战略愿景，并传达给首席执行官，造成仿佛是后者想出这一战略的假象，或者他只是简单地将这一战略强加于一个毫无思想准备的组织（这种情况下，这个战略对于发起者是深思熟虑的，但是对于企业而言是涌现的）。"战略家"也可能是一个集体，不同成员可以通过互动，甚至是在不经意间发展出一种模式，进而变成一种战略。

⊖ 这项工作包括跟踪不同组织战略的一系列实证研究，以及对一些概念性文章的研究。参见 Mintzberg（1972，1978）；Mintzberg and McHugh（1985）；Mintzberg and Waters（1982，1984）；Mintzberg，Taylor and Waters（1984）；Mintzberg，Brunet and Waters（1986）；Mintzberg，Otis，Shamsie and Waters（1988）；以及 Mintzberg and Austin（1996）。这些的综述见 Mintzberg（2007）。

表 7-1 深思熟虑的战略和涌现战略

战略类型	主 要 特 征
计划型	战略起源于正式计划：存在明确的意图，由核心领导层阐明和制定，受到正式控制体系的支持，以确保战略在良性、可控且可预测的环境中平稳地执行；战略是极为深思熟虑的
企业家型	战略源自核心愿景：意图存在于个别领导者的个人愿景中，并且因此能适应新的机会；组织处于领导者的个人控制中，并处于受到保护的利基市场环境中；战略通常是深思熟虑的，但在定位和细节上可以是涌现的
理念型	战略源自共有的信念：意图存在于所有行动者的集体愿景中，表现为灵感的形式，但是相对难以改变，通过教化和社会化进行规范地控制；组织通常对于环境具有前摄能力；战略是相当深思熟虑的
雨伞型	战略源自制约：领导层控制部分组织行动，只界定战略边界或战略目标，然后其他执行者在约定范围内，根据自己的经验和偏好行动；愿景是深思熟虑的，但是定位等可以是涌现的；战略也可以被描述为经过深思熟虑后涌现的
过程型	战略在过程中产生：领导层控制着战略过程的各个方面（雇用、结构等），而战略内容则由其他执行者完成；战略部分是深思熟虑的，部分是涌现的（同样也是经过深思熟虑后涌现的）
无关联型	战略源自组织内部领域和风险投资：执行者与组织其他人关系松散，组织中缺乏核心的共同意图导致执行者采取自己的行动模式；无论执行者是否经过思考，战略在组织层面都是涌现的
统一型	战略源自共识：通过相互调节，执行者达成行动模式，这样的模式缺乏核心或共有意图，但在组织内得以盛行；战略相当具有涌现性
强制型	战略源自环境：环境通过直接强制或间接约束组织的选择范围，影响了组织的行动模式；尽管战略可能被组织内在化了或是有意制定的，但它大多是涌现的

资料来源：Mintzberg and Waters，1985：270.

这种集体性的涌现过程可能非常简单。例如，一家企业的销售人员可能会发现他们喜欢某一种类型的顾客胜过另外一种（可能因为对前者更容易销售）。因此企业的目标市场在没有受到任何管理意图的支配下转移了。但是，这个过程也可能很复杂。回想我们描述过的内部风险投资过程，初始战略在一线发起，中层经理的倡导为战略提供推动力，而高层经理则设法为这些活动创造条件。然后在此过程中加上一个汇聚的概念，也就是说，这些初始战略导致了某种整合或模式。上述这些情况可以以各种形式发生，人们互动，互相冲突，互相适应，互相学习，最终达成共识。专栏 7-3 描述了一种此类观点，据这种观点，战略可以自然出现在任何一个专业组织中，包括大学、医院甚至会计师事务所或顾问公司。注意我们假定的所有事物是怎样进行的，尤其是在这个描述中战略是如何渐渐浮现的。

专栏 7–3

专业机构中的学习战略

　　将战略定义为行为模式，为讨论专业机构中战略形成提供了一种新的观点。不应该仅仅在组织拒绝战略计划时举起我们的双手，或者走向另一种极端。我们不能因为这些"有组织的混乱组织"的决策过程是"垃圾场"而将它们解散（March and Olsen，1976，尤其指大学），我们应该关注，随着时间的推移，在这样的组织中决策和行动是如何形成的。

　　在这些组织中，许多关键的战略主题是由个别专业人员决定的，而另一些战略观点既不能由个别专业人员决定，也不能由核心管理者决定。相反，它需要各种成员参与到一个复杂的互动过程中。正如图 7-2 所示，我们依次观察由个别专业人员、核心管理者和集体控制的决策。

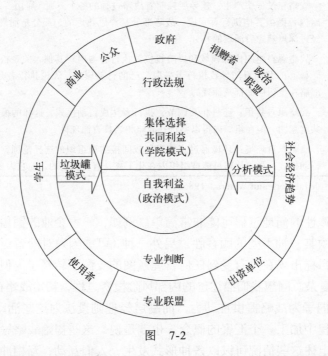

图　7-2

● **根据专业判断做出的决策**

　　专业组织由于其基本使命的不同而不同，它们为特定的顾客提供特殊的服务，这个使命的确定取决于个体的专业判断。举例来说，在大学里，每个教授都可以决定要教什么以及怎么教，研究什么以及怎么研究。因此，一个大学的整个产品-市场战略必须被看作由所有单个教授的教学与研究方案所组成的综合体。但是,对这种权力也有一些细微而又重要的制约。教授之所以可以自己做决策,是因为多年的教育能确保他们做出的决策通常是符合职业规范的。也就是说,个体的自由是受到职业规范制约的。

● **依据行政命令做出的决策**

专业自治团体通过传统层级制度严格限制了核心管理者管理专业人员的权力。但是某些类型的活动则属于所谓的行政命令范畴。它们包括一些财务决策(例如买卖设备)以及管理大量的非专业人员。核心管理者在决定集体职能程序时起到了重要作用,他们决定建立什么样的委员会,哪些人应该加入委员会等,这些都会对组织产生重要影响。此外,在危机时期,管理者可能被赋予更大的权力,因为专业人员更信任一个做事果断的领导者。

● **根据集体选择做出的决策**

很多决策是在一些互动过程中形成的,这些过程将不同等级、不同业务单元的专业人员和管理者联系在一起,发起和终止各种活动与业务单元的决策。这里还有一些其他的重要决策,包括雇用和提升专业人员等。活动中提出任何变革都可能需要一个专业人员或管理者的"倡导",但是变革的推动和最终的完善则需要任务执行者和委员会各阶层(包括专业人员和管理者,有时候还包括组织外部人员)的共同努力。图 7-2 描绘了这些集体过程运作的四种模式:基于共同利益的学院模式;基于自我利益的政治模式;没有任何利益基础的垃圾罐模式——它的主要特征是"寻找问题和寻找可以传播情绪的决策环境的选择集,寻找可以解决问题的观点的方案集,以及找工作的决策者"(Cohen,March and Olsen,1972:1);过分基于自我利益的分析模式——领导者运用分析来提拔自己的战略接班人,或是排挤其他人。

● **专业组织中的战略**

由于分散性、政治原因和垃圾罐现象,制定战略看起来似乎很困难,但事实上,专业组织中的战略(指行动中的模式)已经泛滥了。毕竟,专业人员执行的都是相当标准化的活动。那也就意味着现有产品-市场战略的繁杂性,有时每个专业人员可能要同时执行多个战略!通过专业制度制定的决策很明显能最终形成战略,但是即使通过集体过程也能形成持续的模式。除了协作行动外,究竟什么是共同掌权?只要想想专业组织中习惯和传统的强大力量就知道了。

> 总之，专业组织的战略倾向于表现出相当程度的稳定性。战略的重要再定位，即"战略变革"，会由于活动的分散性、个别专业人员的权力以及他们的外部关系而受到阻碍。但是在一个更狭窄的层次上，变化又是无处不在的。个体的计划被不断修改，程序被重新设计，客户会转移。因此，看起来矛盾的是，整个专业组织处在一直不断变化的状态中，从事的运作管理却非常稳定。稍微夸张一点讲，组织本身从来没有发生过变化，而组织的运作却从未停止过变化。
>
> 资料来源：Hardy, Langley, Mintzberg and Rose, 1983.

在学习学派领域内，还出现了一种战略决策的"草根"模型（Mintzberg and McHugh, 1985；基于对加拿大国家电影局的一项研究）：战略最初就像花园里的种子一样，在各种陌生的环境中扎根生长。有一些不断繁殖，成为广泛接受的组织战略，有时甚至没有被人们意识到它就扎下根了，更不用说那些在有意管理下成长的了。专栏 7-4 描述了这种"草根"模型，可以说，描述的是完全成熟的形态。与之相对应，我们也列出了受到设计学派、计划学派和定位学派所推崇的"温室"模型（见专栏 7-5）。这两种模型分别代表了两种极端的情况，而真实的战略行为则落在二者之间的某处。需要特别强调的是，虽然"草根"模型明显有点言过其实，而"温室"模型尽管得到了更加广泛的认同，但是它的夸大程度并不亚于"草根"模型。只有将这两个模型同等看待，我们才能更加清楚地认识到，真正的战略行为必须将谨慎斟酌过的控制和涌现性的学习结合起来。

专栏 7-4

战略形成的"草根"模型

- **战略最初就像花园里的种子一样生长，而不像在温室里培育的西红柿。** 换言之，战略形成的过程可能被管得太多了，在一个未成熟的组织中，有时候让模式自然产生比强加一种人为的连贯性要重要得多。如果需要，可以让温室出现得晚一些。

- **这些战略可能在任何地方扎根，本质上是指只要人们拥有学习能力以及拥有可以支持学习能力的资源，任何地方都可以产生战略。** 有时候是个体或单位通过一个机遇创造了它们自己的模式。一旦有了行动的先例，这种情况就会自然发生。在另外一些情形下，通过不同成员之间逐渐自发地相互调整，各种行动会汇聚成一个战略主题。而且，外部环境会将一个模式强加给一个毫无思想准备的组织。问题在于，组织不是总能预计到战略将会出现在哪里，更别提制定战略了。

- **这种战略被集体所接受时，它也就成为组织的战略了，也就是说，这种模式不断地"繁衍"，并在组织中"蔓延"开来。** 种子可以繁衍，并扩散到整个花园，然后将传统的植物驱逐出境。同时，涌现战略有时会取代现有的经过深思熟虑的战略。但是，如果种子并不能长成被期望成为的那种植物该怎么办呢？随着观念的改变，涌现战略就像种子，可以最终成为有价值的植物（正如欧洲人喜欢用蒲公英的叶子制成的沙拉，但蒲公英却是最不受美国人欢迎的植物）。

- **繁衍的过程可以是有意的，但并非必须如此，同时它也可以被管理，也同样并非必须被管理。** 无论是对正式领导还是非正式领导而言，最初的模式在组织中运作的过程无须考虑他们的意图。就像植物繁衍一样，模式仅靠集体行动就扩散开来。当然，一旦战略被认为是有价值的，它的繁衍过程就可以得到管理，正如植物也可以被选择性地普及。

- **新的战略可能持续不断地出现，在变化的过程中蔓延到组织的每个角落。** 简单地说，组织就像花园，可以接受足够长的时间去播种然后收获（即使它们有时候收获到的不是播种时想要收获的）。汇聚阶段（组织利用现有的成熟战略）可能被分散阶段（组织实验新的战略主题并接受之）打断。

- **要想管理这个过程，不在于预想战略，而是去识别战略的出现，并在适当的时候控制战略。** 一旦发现一个有害的种子，最好立即连根拔除。如果发现可以结出果实的种子则值得看护，事实上有时候甚至值得为它建一个温室。要管理这种情况就需要营造一种氛围，在这种氛围下各种不同的战略都可以"生长"……然后看到底能长出什么。但是，管理者不能急于除去未曾料到的……此外，管理者必须知道何时为了内部效率而抵制变化，何时为了适应外部环境而鼓励变化。换言之，必须清楚什么时候利用已经确立的战略，什么时候鼓励新战略取代旧战略。

资料来源：Mintzberg, 1989: 214-216.

专栏 7-5

战略形成的"温室"模型

- 组织中只有一个战略家,这个人就是首席执行官(其他的管理者可能是参与者,计划人员提供支持)。

- 首席执行官通过一个有意识的、有控制的思想过程来形成战略,就像在温室中栽培西红柿一样。

- 通过这样的过程制定的战略在完善以后,就被正式地表述出来,这类似于将成熟的西红柿摘下来并运往市场。

- 正式实施这些清晰的战略(包括必不可少的编制预算、制订计划以及设计合适的结构)。

- 管理这一过程就是分析适当的数据、预想充满洞察力的战略,然后在它们如期成长的时候细心地培育它们,照料它们,观察它们。

资料来源:Henry Mintzberg.

虽然我们已将学习和涌现战略联系在一起,但这并不完全正确。从字面上理解,如果涌现战略意味着无意识的指令,那么模式则可能更多是受到外部力量或内部需求的推动而形成的,而不是受到任何执行者主观想法推动的。真正的学习发生在思考和行动的联结界面上,即执行者反思他们行为的时候。换言之,战略学习必须将结果与反思相结合。因此,我们在模型中加入另一个元素,也就是来自卡尔·韦克的观点。

培养反思意识

卡尔·韦克花了很长篇幅来描述这一被证明是学习学派核心的过程(尽管多年来他的著作中根本没有提及过"战略"这一概念)。韦克提出,管理不可避免地与分析理解过去经验的过程紧密相关。我们尝试一些事情,得到结果,然后解释结果,并且坚持这个过程。这一切听起来都显而易见,但它却打破了战略管理几十年的传统,传统思想坚持认为思考必须在行动之前完成,也就是战略规划必须先于战略实施。

这里并不存在首先分析然后整合的先后次序,这是因为,正如我们在认知学派社会结构主义者分支中描述过的那样，世界并不是"孤立在外"的某种稳定实体，它不能被拆解分析然后拼装成总体样貌，而是像韦克讲的那样，世界是人们制定的。现实来自我们对以往经验的不断诠释和更新。我们需要秩序，但是它又会造成异常，异常反过来又会要求我们重新安排秩序。

通过运用制定（或改变）、选择和保留的生态学模型，韦克将学习行为的形式描述为：首先行动（"做些事情"），正如在上一章他所讲的那些找到了地图的匈牙利士兵所做的那样；其次找出并选择有用的东西——换言之，通过回顾弄清这些行动的意义；最后，仅仅保留那些看上去值得要的行动。对于管理者而言，这一模式最重要的启示就是他们积累了丰富的经验以及整理这些经验的能力，以便能创造有生命力的新战略。对韦克而言，"所有的理解都源自反思和回顾"。（Weick，1979：194）

一般情况下，人们相信学习应该在行动开始之前结束。假如你想多元化经营，首先分析你的优势和劣势，以建立自己所属的市场，然后展开行动得到这个市场。这听起来非常高效。但是在很多情况下，这种做法是行不通的。韦克认为，没有行动就不可能学习。正如我们在对设计学派的评述中总结的那样，组织必须去"发现"自己的优势和劣势。

因此，一个致力于多样化经营的企业可能会进入多个不同市场，以找出自己能做得最好的事情（学习自身的优势和劣势），它只选择留在自己做得最好的市场里继续经营。逐渐地，通过努力弄清这一切，企业就可以形成一套适合自己的多元化经营战略。专栏 7-6 描述了烟草公司是如何真正将生产线转向多元化的，这个学习过程花了近二十年的时间。

专栏 7-6

从多元化经营中学习

根据菲利普·莫里斯多元化经营的经历，尤其是传奇性并购米勒酿酒厂并使之起死回生的故事，以及雷诺公司和利格特－梅耶斯公司多元化的经历，罗伯特·迈尔斯在他的著作《棺材钉和公司战略》中提出了一些关于"从多元化经营中学习"的观点：

（1）在战略形成早期阶段做出的决策，虽然适当地提供了最初的学习环境，但后来却成为战略选择的枷锁。这三家公司最初都是带着适度谨慎的态度开始它们的多元化战略的。一开始，它们都是暂时地、试验性地、有所保留地建立或并购一些与公司传统业务联系紧密或相关的小企业，并引导它们进入包装行业或包装消费品行业……有了这些早期的试验，三家公司的高层管理者都可以学到一些有助于推动企业未来采用多元化战略的早期经验。

（2）只有在新业务领域内积累相当经验后，业务"相关性"的含义才逐渐明晰化。在多元化战略启动之后，预期中传统业务和新业务之间明显的相似性会被证明是不可靠的。尽管三家企业都进入了有重复购买特征的包装消费品市场（这个市场也是它们从传统的香烟市场转移进入的），它们都发现自己的"独特竞争力"并不总是能带来成功：业务实践变化很大，技术很难学习，市场价格、需求和供给的变化比预期的大。

（3）随着新业务经验的增多，对于"自己"和"他人"的了解也更加准确。"后见之明"使这些企业意识到，多元化经营需要对环境和关键成功要素进行比以往预期更加全面的评估。刚开始，这三家企业中大多数高层管理者由于业务经验受限于烟草行业，他们找不到合适的办法来评估并购的备选对象。而且，即便能实行并购，条件又不允许在接管并购对象前进行系统、深入的行业分析。这些诱人的收购机会总是突然出现在市场上，而且总是转瞬即逝。因此，并购人员如果希望他们的出价显得更有优势，行动就必须迅速。但是，随着时间的推移和经验的积累，这些公司学会了在市场、管理及并购对象的生产线中找到自己所需要的……同样重要的是，多元化经营需要对母公司的优势和劣势进行比最初预期更加全面的评估。从这三家企业的历史中很明显可以看出，在多元化战略的推动以及新业务的开展、组织和管理的过程中，它们都对并购公司与母公司的优势和劣势做出了正确的评估。

（4）经历了 15～20 年的多元化战略后，这些公司的高层管理者积累了相当坚实的知识基础，这个知识基础已经深深地嵌入了企业的管理理念体系，并且写入正式计划文件从而成为制度，指导着公司未来的发展。

资料来源：Robert H. Miles, *Coffin Nails and Corporate Strategies*（Englewood Cliffs, New Jersey：Prentice-Hall/Pearson），1982.

培养涌现意识

将涌现与反思相结合，可以产生各种奇妙的可能性。比方说，组织可以通过识别自身的行为模式来学习，并因此将过去的涌现战略转变成未来深思熟虑的战略。因此，在某些条件下，那些看起来与计划编制格格不入的行为可以通过创造新的战略为计划编制提供信息。学习还可能发生在一个宽泛的愿景下，表7-1提到了雨伞型战略，该战略的整体观点是深思熟虑的，但是在某个特定的位置这种观点又可能是涌现的。人们在雨伞下自动调整。同样，组织也可以使用过程战略，核心领导者管理战略过程（如鼓励风险投资和战略创造），但是战略内容（这些战略会成为什么样的战略）则由其他人决定。

思考和行动之间的相互作用也会引起各种有趣的问题。例如，战略意图是如何在一个组织内扩散的？（战略意图不仅层层往下传达，还会向上传达以及穿越不同的活动。）"组织的思维"这一令人难以琢磨的概念究竟是什么意思呢？当一个体系中的许多人都按照同一种思维行动时，会发生什么样的情况呢？这种"集体认知"来源于哪里？有趣的是，就像我们将在第9章看到的，文化学派可能会为这些问题提供比认知学派更有用的线索。

这一讨论说明了战略形成的学习模型正是逐渐涌现的，正如图7-3矩阵的右下角所示，它代表了与战略主流定义不同的各种过程。

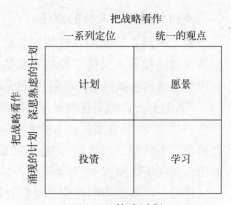

图7-3　战略过程

吸取本田带来的教训

理查德·帕斯卡尔（Richard T. Pascale，1984）对于本田公司事实上如何进入美国摩托车市场的解释与波士顿咨询公司的看法不同，这形成了典型的学习学派与定位学派的对比，并且他为这个讨论提供了理想的小结。我们将回顾帕斯卡尔对两种说法的对比，然后列举战略管理文献对此问题的讨论。

波士顿咨询公司的解释

几年前，英国政府聘请波士顿咨询公司帮助解释日本企业，尤其是本田公司是如何戏剧性地在美国摩托车市场上超越英国企业的。（1959年，英国占有该市场的进口率为49%；到了1966年，本田一家企业就占有了整个摩托车市场63%的市场份额。）波士顿咨询公司的报告发于1975年，因为是大名鼎鼎的波士顿咨询公司的报告，使用的又是经典的理性定位方法，很自然这个报告被收入著名的哈佛大学案例教学库，并且美国许多商学院将其作为典型的战略行为教授给学生。这个报告涉及了经验曲线、高市场份额和深思熟虑的战略，尤其描述了一家企业是如何处心积虑地利用国内的生产基础降低成本，强行挤入一个新的细分市场来占领美国市场，将小型摩托车出售给中产阶级顾客的。下面引用了波士顿咨询公司的一段报告：

日本的摩托车产业，尤其是市场的领先者本田公司，为我们展现了一种始终如一的形象。日本制造者的基本经营哲学就是：通过资本密集和高度自动化技术，对每一种型号的产品进行大批量生产，从而提高生产率。因此，它们的市场战略直接导向开发高产量的摩托车型号。因此，我们在观察它们时将注意力放在了它们的业务增长和市场份额上。(Boston Consulting Group Inc.，1975：59)

本田公司管理人员的叙述

为了弄清实际情况，曾与安东尼·安西斯合著《日本管理的艺术》一书的帕斯卡尔前往日本采访了参与开发美国市场的本田公司管理人员。他们讲述了一段与上述内容截然不同的经历（Pascale，1984）。

"事实上，我们没有制定任何战略，我们只是想知道自己能否在美国市场上出售产品。"本田必须从日本的大藏省（一个以支持参与境外行业竞争而闻名的政府部门）获得一项拨款。"他们顾虑重重。"这些经理们说。但政府最终允许本田公司在美国投资25万美元，但其中只能有11万美元的现金。

接着，这些经理们提到了他们的领导者："本田先生对250cc和305cc型的摩托车非常有信心。这些大功率摩托车的车把造型非常独特，他觉得这是个很好的卖点。"（他们心里非常清楚，当时在美国骑摩托车的都是那些身穿黑色皮夹克的年轻人，但还没有为两地奔波的上班族提供摩托车的市场。）

这些经理在洛杉矶租了一套廉价的公寓，其中两个人甚至不得不睡在地板上。在这个城市他们找到了一间破旧的仓库来存放产品，为了省钱，他们亲自擦洗地板，亲手把摩托车排列整齐。他们到达美国时正好碰到了1959年摩托车市场的销售滑落期。

第二年，他们售出了少量的大型摩托。然后，他们遇到了"灾难性的打击"。由于在美国摩托车行驶的距离长，速度快，本田摩托车都抛锚了。"但同时，"他们说，"事情开始出现了令人惊奇的转机。"

在美国的前八个月，凭着本田先生和我们自己的直觉，我们并没有考虑在美国出售50cc型的摩托车。尽管这一型号在日本取得了惊人的成功（在日本已经供不应求了），但是它们看起来完全不适合美国市场，在这里，所有的东西都更大更豪华。我们对于重要的市场有自己的见解，我们认为美国市场和欧洲市场一样，偏好更大型的工具。

外出办事时，我们自己骑着 50cc 型摩托车穿梭在洛杉矶街头，它们引起了人们的注意。一天我们接到了西尔斯采购员的电话。尽管我们一贯坚持拒绝通过中间商出售产品，但是他们对 50cc 的兴趣引起了我们的注意。同时由于担心损坏公司在大型摩托车市场上的形象，我们对于是否推出 50cc 型摩托车仍然犹豫不决。最终，由于大型摩托销量下滑，我们别无选择，只能启动了 50cc 型摩托车的销售计划。

其他的就是我们已经熟知的故事了，销售额戏剧性地增长。美国的中产阶级开始骑本田摩托车，先是小型摩托车，后来变成大型摩托车。甚至著名的"骑上本田摩托车，让你成为最帅的人"的宣传口号也是偶然中发现的，它本来是加利福尼亚大学洛杉矶分校的一名大学生为一个班级活动想出来的，后来被呈献给了本田的经理们。考虑到要跨越市场，又要避免引起黑皮衣族顾客的反感，经理们意见也难以统一。最终由销售总监说服了上级领导接受了这一创意。

有争议的叙述

明茨伯格在 1990 年的《战略管理期刊》上引用了本田的故事，对设计学派提出了一些批评意见，并对战略学习提出了一些观点。迈克尔·古尔德从计划和定位学派的观点出发，发表了一篇回应性文章（Michael Goold，1992：169-170），我们曾在第 3 章引用过。古尔德把自己看作波士顿咨询公司报告的合著者，做出了以下评论：

这个报告并未详述本田战略是如何演化以及学习又是如何发生的。但是，这篇报告是由于这一行业处于危机中而受到委托完成的，它的目的在于识别一些商业上的可行性。所要得出的结论是用于管理上的（"我们现在应该怎么办？"），而不是探究历史（"这种情况是怎样发生的？"）。对于大多数关注战略管理的执行者来说，他们主要的兴趣总是在于："我们现在应该怎么办？"

对于管理者这样的兴趣，学习学派很可能会建议："试着做些事情，看看是否有效，然后从你得到的经验中学习。"事实上，的确有建议说特别应该尝试些"也许毫无成功可能的事情"。对于管理者，这样的建议不仅毫无用处，甚至让人懊恼。"我们当然应该从经验中学习，"他们会说，"但是我们既没有时间也没有金钱拿那些数不清、没有结果也毫无成功可能的事情做实验。"管理者真正需要的帮助是他们该做些什么才能有效。这才是战略管理真正应该考虑的问题。

在这种条件下，波士顿咨询公司对于本田公司的成功所做的分析要更加有用……它的目的在于本田公司取得成功的原因是什么，这才是可以帮助人们思考什么战略可能会成功的方法……（169）

图 7-4 绘出了在波士顿咨询公司发布报告的 1975 年前后，美国从英国和日本进口摩托车及其部件的数量。1975 年之后，从英国的进口量暴跌，但第二年后从日本的进口量则大幅提高，突破了 10 亿美元，同年从英国的进口额则跌至 100 万美元。因此，很难说波士顿咨询公司的咨询报告对于扭转英国的出口贸易起到了什么正面影响。

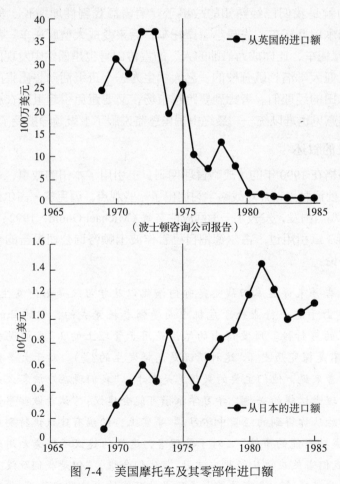

图 7-4 美国摩托车及其零部件进口额

资料来源：Commodity trade statistics.

明茨伯格（1996a：96-99）在回应古尔德的文章中公布了这些数据，并做出如下评论：

那种认为注重管理就要忽略历史的观点存在极大的问题。波士顿咨询公司报告的错误在于它对本田战略形成过程的推断，因而也误导了每一位阅读这份报告的管理者。读一下这份报告，你得到的暗示就是，你应该将自己锁在办公室里，自作聪明地进行一些竞争分析。但是本田公司从未那样制定过战略。相反，读了帕斯卡尔记录的本田经理亲口讲述的故事，你会觉得，应该卖掉你的劳斯莱斯，买一条牛仔裤，骑上摩托车到艾奥瓦州的得梅因去兜几圈。做"随机试验"与自己在市场中寻找令人惊奇的机会并从中学习是有本质上的不同的。

读了帕斯卡尔记录的故事，人们会问：是什么让日本人如此精明？这是个关于成功的故事，而不是个关于失败的故事，但他们看起来每件事都做错了。他们的确很执着，他们的管理者对于公司的事情尽心尽力，而且他们有现场做出重要决策的权力。但是说到战略思考，他们很难说是什么天才。事实上，这个故事有悖于我们关于有效战略管理的诸多信条（波士顿咨询公司正是将这些强加到了聪明的日本人身上）。日本的管理者们发表评论时被动的语气（"事情出现了令人惊奇的转机""我们没有选择"等）与波士顿咨询公司报告中大量使用的描述他们做计划的主动行为形成了多么鲜明的对比！

如果这个故事能为我们提供某种启示，那就是日本人的优势根本就不在于他们的聪明，而在于我们自己的愚蠢。我们为了更"理性"而费尽心机，而他们只是运用自己的常识。本田的员工避免了变得过于理性。他们不认为在东京就可以把所有的问题弄清楚，所以他们宁可抱着学习的态度来到美国。当然他们运用了自己的经验以及在日本建立的基于产量的成本定位方法，但这些都是在他们明确了自己该怎么做之后的事情。波士顿咨询公司的专家们的主要错误在于忽略了学习过程的重要性……

相比之下，那些"既无时间又无闲钱来进行试验的"管理者们注定要步英国摩托车产业的后尘。世界上又有谁能够提前识别出哪些是"毫无尽头又没有结果的"行动呢？认为自己具备这种能力绝对有些自大，并且实际上已经扼杀了许多（如果不是绝大多数的话）我们现在已经意识到的有创新意义的产品。（宝洁公司显然做梦也没有想到人们会在外出旅行时也使用帮宝适；托马斯·沃森先生在 1948 年公开宣称："我认为全世界只能售出五台计算机。"）分析根本就不能预计将来发生的事情，它们至多是对过去的回顾（并且不能回顾得很远）。而且大多数情况下，它识别出过去的发展趋势并运用它来预测未来。这就

是为什么很多伟大的创新因被认为"早就无成功希望"而一度被终止。[○]

迈克尔·古尔德对这段文字发表了一篇回应文章（1996：100），他写道："波士顿咨询公司报告尽管分析得很正确，但它仍未能提出一个拯救这一产业的战略。"[○]

学习学派的前提假设

现在我们从学习学派的相关文献中推断出该学派的前提假设，并对上面的讨论做出如下总结：

（1）组织环境具有复杂和难以预测的特性，通常还伴随着对战略必不可少的知识的扩散活动，在这种环境下有意识地控制通常很难行得通；制定战略必须首先持续不断地学习，在这种情况下，战略规划和战略实施变得很难区分。

（2）尽管领导者也必须学习，有时候他也是主要的学习者，但通常是整个集体在学习：大多数组织中都有很多潜在的战略家。

（3）这种学习通过行动引起反思，以一种涌现的方式持续，因此感觉是来自行动的。任何一个有能力和资源去学习的行动者都可以创造战略雏形。这也就表明战略可能在各种奇怪的地点以各种不寻常的方式出现。一些战略雏形可

[○] 有些创新也可能是永远被终止：在一本题为《英国的摩托车产业到底怎么了》的书中，长期任职于英国摩托车公司的管理者伯特·霍普伍德评论道：

> 在20世纪60年代早期英国摩托车公司的历史上，整个英国摩托车产业中很大一部分企业沉沦于疯狂地进行管理咨询，而不是真正关注有效的工作。正是这种学术化的业务思考模式导致了一场灾难，它最终使得曾经享誉全球的英国摩托车产业走向死亡。我认为，了不起的日本摩托车产业一定不敢相信原来自己就是这样成功的。（Bert Hopwood, 1981：173）

> 霍普伍德谈到了这样一个"早就无成功希望"的例子：速可达（一种单脚滑行车）被否定了，这是因为"这段时间我们和大量的管理咨询顾问进行了沟通，等到专家们对速可达产业进行诊断后，可以大批量生产速可达的时机已经错失了"。霍普伍德还提到，一位管理者曾经说过："生产小型摩托车绝无利润可言，我们完全没有必要进入这个市场。"但事实上，这个管理者后来又公开向日本人致谢，因为日本人向人们介绍了摩托车这种产品，以至于他们也可以出口更多的大型英国摩托车（183）。最后，霍普伍德得出了令人瞠目结舌的观点：

> 在20世纪60年代早期，一家世界闻名的管理咨询集团的首席执行官竭力说服我，最理想的情况是企业高层的执行官对与产品相关的知识知道得越少越好。这个不得了的家伙是真的相信这种特质使得执行官们可以以一种毫无拘束的方式高效地处理所有的业务！（171）

[○] 关于这一争论的整个说明，包括在古尔德回应之前安索夫和明茨伯格相互做过一次交流，都发表于 *California Management Review*（Summer 1996：78-117）上。明茨伯格最早发表的文章，以及他和安索夫交流后的成果，可以参见 *Strategic Management Journal*（1990：171-195；1991：449-461；1991：463-466）。

能不被重视，任其自生自灭，还有一些雏形则得到了管理者的倡导，被推广到整个组织或者高层管理者那里，得到了发展。不管怎样，成功的战略雏形将经验的"小溪"汇聚成模式的"大海"，最终形成涌现战略。一旦被识别，这些涌现战略便可能成为正式的深思熟虑的战略。

（4）领导者的作用不再是预先构思出深思熟虑的战略，而是管理战略学习的过程，这样才能推动新战略的产生。那么，最终，战略管理需要巧妙地处理思考与行动、控制与学习、稳定与变革之间的微妙关系。

（5）战略首先表现为从过去行为中得出的模式，只是在后来才可能成为未来的计划，最终又演变成指导总体行为的观念。

学习学派的最新进展

学习学派鼓励管理者们将战略视为与某种学习形式密切相关。普拉哈拉德与加里·哈默尔在此观点的基础上写了一系列影响力很大的文章并发表在《哈佛商业评论》上——包括《企业核心能力》（1990）、《战略的延伸和杠杆》（1993），以及 1994 年出版的《竞争大未来》⊖一书中。我们将讨论这些出版物中的三个最具影响力的概念——核心能力、战略意图、延伸和杠杆。请注意，这些概念与组织特征的关系要比与组织行为过程的关系密切得多。

核心能力

这些观点的起源应追溯到伊丹敬之在 1987 年出版的一本非常重要的题为《无形资产流动》的小册子。在这本书中，他提出"成功战略的本质在于……战略的动态匹配"，内外因素与战略本身必须相配合。"一家企业可以通过高效地积累和有效地使用其无形资产来获取战略适应能力，这些无形资产包括技术诀窍或者顾客忠诚度等。"（Hiroyuki Itami，1987：1）

无形资产，"作为战略产生和战略发展的焦点"（31），"很难积累，它们同时具有多种用途，它们既是业务活动的投入，也是业务活动的成果"，这意味着它们不仅孕育了战略，同时也是战略成果的累积（12-13）。

伊丹敬之还提出"动态不平衡增长"，为了"超越无形资产的现有水平"，企业应该自我"扩张"，它的"战略有时候需要延伸企业的无形资产"（159）：

在恶劣的环境下积累资源显得困难重重，就像植物要在寒风中苦苦挣扎。企业的人力资源必须深深地扎下根，坚强地挺立在竞争的残酷暴风中。你通常

⊖ 此书已由机械工业出版社出版。

不会在温室中找到这么坚韧的植物，珍贵的无形资产也是一样的……资源必须参与到残酷的竞争环境中才能变得强壮，而战略延伸则是实现这个目标的最佳途径。(162)

普拉哈拉德和哈默尔还详细地阐述了一套相似的概念。他们认为，竞争优势的"根基"在于企业的核心能力。为了说明这种思想，他们用"能力树"做比喻：

多元化经营的企业就像一棵大树。树干和主要的树枝就是核心产品，小的树杈是业务单元，树叶、花朵和果实则是终端产品。树根提供养分，维持生存，而核心能力则保持稳定。如果你只看到竞争对手的终端产品，你就察觉不到对手真正的实力，正如你只看到树叶是不会理解大树的力量的。(Prahalad and Hamel, 1990：82)

普拉哈罗德和哈默尔提出卡西欧公司和佳能公司就是行动中的大树。例如，佳能的核心能力就是它的光学技术，这种技术"贯穿在相机、复印机和半导体平板印刷设备等业务中"(90)。

因此普拉哈拉德和哈默尔相信，竞争优势来自企业产品背后深深根植于组织的能力。它们通过重新应用和重新组织企业做得最好的业务，帮助组织扩散进入新的市场。此外，由于这些能力是"隐藏的"(就像一棵树的树根一样)，它们不可能被轻易模仿。因此成功的秘诀不在于优秀的产品，而在于一套使得企业可以创造优秀产品的独特能力。因此，应该鼓励管理者将他们的企业看成可以用各种方法将不同资源和能力进行组合的组织，而不是一些产品或业务部门的集合。

他们将核心能力看作"组织集体学习，尤其是学习如何使不同的产品技术相协同"的结果(1990：82)。这需要"沟通、参与和对于跨组织工作的承诺……能力是黏合现有业务的黏合剂。它们也是驱动新业务发展的动力"(1990：82)。⊖

战略意图

战略意图是普拉哈拉德和哈默尔提出的另一个重要概念：

一方面，战略意图设定了一个理想的领导位置，并建立了一些标准，企业可以用来记录自己的进步。三菱开发"环形履带"，佳能力图"打败施乐"，本

⊖ 在某种意义上，我们应该将核心能力加入研究学习学派模型的过程中。正如威克所描述的那样，一旦把行为弄清楚了，就可以尝试识别核心能力，并以此为基础提升学习水平，实现涌现战略。

田努力成为第二个福特（汽车行业的领先者），这些都是战略意图的表现。

同时，战略意图不仅仅是被释放的野心（很多大公司拥有远大的战略意图，但是在短期目标上失败）。这个概念还包含积极的管理过程：将组织的注意力聚焦在获胜的本质上；通过与员工沟通目标价值来激励他们；给个人或小组发挥才能的空间；当环境改变时通过重新定义工作来维持员工的热情；不断运用意图引导资源分配。（Prahalad and Hamel，1989：64）

因此，战略意图确定总体的方向，识别出现的市场机会，激励员工。博伊索特发现了在环境不确定时这个概念的价值："……战略意图依赖一种直觉式的模式或形态（也可能被称为愿景）使之统一或连续……它能提供一种简单但有活力的引导，企业所有的员工都能感觉到它的存在，由于它是一种清晰的引导，尽管可能存在混乱，但是企业可以长时间沿着这个方向前进。"（Boisot，1995：36）

延伸与杠杆

接下来，普拉哈拉德和哈默尔又提出了"延伸"和"杠杆"这一对概念。他们将"延伸"定义为"企业资源与其期望之间不匹配"（Prahalad and Hamel，1993：78）。一方面，很多企业资源丰富，但是缺乏战略延伸的野心——常常因为自己是"第一"而自满。另一方面，还有一些企业资源贫乏，却极具野心，也就是说，具有充分的战略延伸欲望。这也就是为什么小个子大卫能杀死巨人歌利亚的原因。

但是仅有战略延伸还不够，企业必须学习如何利用杠杆使有限的资源发挥作用。这可以通过不同的方法做到（78）：

- 更加有效地将资源集中在战略焦点上（如泰德·特纳关于全球新闻的梦想）。

- 通过从经验中汲取知识以及借用其他企业的资源来更高效地积累资源，如加强与主要供应商的联系以利用它们的创新。

- 将一种资源与另一种资源组合，创造更高的价值，将这两种资源混合起来，平衡产品研发、生产或制造服务、配送、营销和基础服务设施等。

- 通过循环利用或借用其他企业资源（如引导竞争者去对抗共有的敌人），尽可能地保存自己的资源。

- 在尽可能短的时间内从市场上回收资源。

在一些文章中，哈默尔提出"把战略当作变革"。企业不能再简单地遵守游戏规则，相反它们应该从根本上改变"行业竞争格局"（Hamel，1997：72）。哈默尔指出，宜家、美体小铺、嘉信理财、戴尔、斯沃琪和西南航空都是规则的破坏者，它们"打乱了整个行业的秩序"（1996：70）。1998年，哈默尔在一篇发表在《斯隆管理评论》上的文章中提出了五种反思组织使命的方法（见专栏7-7）。

专栏 7-7

战略如何涌现

我想问学过商学院案例研究的人一个问题：当你看一个完美的公司战略看到一半时，你自己是否有想过："他们真的是有先见之明吗？真的不是巧合吗？真的不是事后聪明？那些失败的案例又是怎么回事？"你一定这样问过。在我们开发战略理论过程中会遇到这些尖锐的问题。这究竟是伟大战略的运气，还是有先见之明？当然两种都有可能。问题在于我们该如何提高那些能创造新财富的战略产生的概率？我们该如何让这些机缘巧合发生？该如何推动战略涌现？

我的经验表明，战略涌现需要五个前提条件：

- **新的观点**。将新的"遗传物质"引入战略进程总能产生非同寻常的战略。高层管理者必须放弃对战略制定的垄断，并在战略制定过程中给以往无法表达意见的投票者更多话语权。我觉得年轻人、新人以及边缘化的人应获得更多发言权。各种奇思妙想正是潜藏于这些人之中。所以战略制定必定是一个多元过程，一个需要广泛参与的艰巨任务。

- **新的对话**。跨一般组织和产业边界的战略对话，能实质性提高新战略思想涌现的概率。在大型组织中，通常这些对话都比较程式化，对话的对象和讨论的问题年复一年，一成不变。一段时间后，很少有人能从别人身上学到些别的东西。只有当人们将之前孤立的知识以一种新的方式进行组合时，才可能产生新的洞察力。

- **新的激情**。释放每个人心中潜藏的探索发现意识，以及将这种探索发现意识用于寻找财富创造的新战略，二者缺一不可。我认为个体拒绝改变的普遍假设显然是错的。只有当改变无望创造新的机会时，人们才拒绝改变。如今人们喜欢谈投资回报，而我更愿意谈情感的投资回报。除非相信自己的投资能获得回报，一般人不会感性地投资一家公司及其前景。我自己的经验也表明，当人们对创造公司未来具有话语权时，人们都乐于拥护改变。当这个机会能创造独特的、令人兴奋的共同未来时，人们都愿意投资。

- **新的视角**。新视角能让人们去重新思考他们的行业、公司的能力和顾客需求等，并对战略创新进程起辅助作用。为了提高战略创新的可能性，管理者们必须成为新思路的"销售商"。他们必须寻找新视角帮助公司重新思考公司本身、顾客、竞争者以及面临的机遇。

- **新的试验**。在市场上进行一系列风险规避型的小试验可在最大限度上帮助企业了解哪个新战略可行和哪个新战略不可行。源于广泛战略对话的洞察力并非完美。虽然传统分析可将这些洞察力转化为切实可行的战略，但是很多东西只能在市场中习得。

　　那么这告诉了我们什么？我们不应把战略当成一件"事情"来研究，而是应该花时间去弄清产生战略"这件事情"的前提条件。首席执行官、顾问以及商学院教授应同时兼顾情境、内容和执行，而不要只对执行情有独钟。

　　对战略执行的关注不应只是去"发现"一些东西（即战略涌现的隐藏部分），而应该"发明"一些东西。就像古人发现了烹饪的原理，我们需要发明一个战略烤箱。

　　为了发明战略烤箱，我们最有价值的洞察力可能来自非传统的战略理论。我个人认为我们会在如涌现、自主组织、认知和组织学习等概念的碰撞中发现战略烤箱。科学是为了揭示生命奥秘，而我们作为战略学家，也应以揭示企业活力的奥秘为己任。

资料来源：Hamel, 1998：12-13.

从组织学习到学习型组织

　　许多文献大多从过程的视角研究学习，关注的重点在于对变化的管理而不是战略本身。正如 2001 年舒尔茨（Schultz）提到，对组织学习的研究与动态观相渗透，以解释决策制定与变革的每一方面。因此，描绘组织学习的过程显得非常有用。开端便是将阿吉里斯和舍恩（Argyris and Schön，1978）所提出的"单环学习"和"双环学习"区分开。单环学习比较保守，它的主要目的在于检查错误，确保组织活动正常开展。双环学习则主要学习单环学习：如果你愿意，你可以学习如何去学习。

> 当一个屋子里的温度降到20℃以下时，恒温器自动打开"加热"功能，这是一个很典型的单环学习的例子。如果恒温器问自己："我为什么被设定在20℃？"并且开始探索设定在其他温度能否更经济地达到保持房间温度的目标，这就是双环学习。（Argyris，1991：100）

这意味着管理者"必须带着批评的态度反思自己的行为，识别出这些行为有时是怎样导致组织出现问题的，然后改变行为的方式……教会人们运用新的、更加有效的方法思考自己的行为以便破除阻碍学习的桎梏"。

在以下内容中，我们将考察三种新的关于组织为形成战略而学习的主要观点：将学习看作知识创造，哈默尔和普拉哈拉德的动态能力观，以及混沌理论。

将学习看作知识创造

最近，关注"知识创造"的文献在学术界异军突起，成为目前非常流行的一个研究对象。当企业设计职位时，打着"知识创造"的旗号确实是一种时尚。毕竟，包括首席执行官在内的任一组织的管理者，哪一个不是从事创造知识的工作呢？

最近一本值得关注的有关这一主题的书是由野中和竹内合著的《知识创造型企业》。他们提出，西方的管理者：

> 必须抛弃那种认为可以通过使用手册、书籍或讲座培训人们，使之获取知识的陈旧观念。相反，人们需要多加注意知识非正式、非制度化的一面，并特别重视通过暗喻、图片和经验获得高度主观的灵感、直觉和预感。（Nonaka and Takeuchi，1995：11）

为了达到这个目标，野中和竹内确信管理者必须意识到缄默知识（我们无法表述出来的知识）的重要性，它和显性知识（我们可以表述的知识）有很大区别。前者说明"我们所知的要多于我们所能表达的"（引自Polanyi，1966，他最先提出缄默知识的概念）。"一方面，缄默知识是高度个人化的，是针对具体环境的，因此很难表述或与别人沟通。另一方面，显性知识或者'编码化'知识指的是可以通过正式的系统化语言传播的知识。"（Nonaka and Takeuchi，1995：59）

　　将缄默知识转化成显性知识尤其重要，在这个过程中，中层管理者"发挥了关键作用"，他们"将第一线员工的缄默知识和高层管理者的缄默知识综合起来，使其清晰化，并将其输入到新的产品和技术中"（16）。

　　这本书主要是围绕"知识转化的四种模式"来讨论的，如图7-5所示，具体描述如下：

- 社会化，描述的是员工间默契地分享缄默知识，甚至经常不用语言，比如，通过经验分享。这种模式在日本企业中非常流行。

- 外在化，通常指通过使用暗喻和分析，将缄默知识转化成显性知识，是对语言的特殊用法。

- 结合，在西方企业中非常受欢迎，它将编码化的知识综合起来，并正式地由一个人传递给另一个人。"MBA教育就是一个最典型的例子。"（67）顺便提一下，在日本几乎没有MBA教育。

- 内在化，将显性知识转化成缄默知识，人们通过"干中学"将知识内在化。学习必须身体力行并且认真领会。

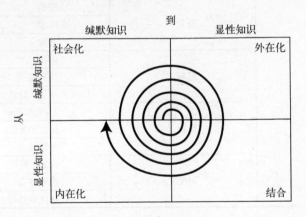

图 7-5　知识螺旋图

资料来源：Nonaka and Takeuchi, 1995: 71.

　　因此，所有学习的核心在于如图7-5所示的"知识螺旋"，这四个过程以一种动态的方式互动。"战略的本质就在于发展组织获取、创造、积累并利用知识的能力。"（74）但是"知识只能由个人创造"，因而组织的作用在于通过支持和激励个人学习，在群体层面通过对话、讨论、经验分享和观察来综合个人的学习,使之更清晰,从而推动这种学习。

这些可以用来描绘战略形成的不同学派。例如,计划学派和定位学派涉及结合过程(通过清晰的程序利用显性知识),而企业家学派,以愿景和暗喻为基础,可能是最类似于外在化过程的。我们在后面还会介绍,文化学派运用社会化过程推动战略。最后,学习学派主要是关于内在化过程的还是关于整个螺旋的呢?或者可能所有的学派都包括在这个螺旋中了。

一篇非常具有启发性的文章特别探究了这个关于个人学习如何提升集体学习水平的问题。西安大略大学商学院的学者玛丽·克罗森、亨利·莱因和罗德里克·怀特建立了一个关于组织学习的"统一框架"。他们坚信,组织学习"包含了一种介于消化新知识(探索)和运用所学知识(利用)之间的张力"。他们认为,这种学习就像野中和竹内提出的那样,分别发生在个体、群体和组织层面,而且三个层面互相联系。

这三个层面被社会过程和心理过程相连接,他们将这些过程称为直觉、解释、整合和制度化,如表 7-2 所示(Grossan, Lane, and White, 1997: 239)。

表 7-2　克罗森、莱因和怀特的组织学习统一框架

层次	过程	输入 / 输出
个体	直觉	经验
		印象
		暗喻
群体	解释	语言
		认知地图
		谈话 / 对话
	整合	共同的理解
		相互调整
组织		互动体系
	制度化	计划 / 惯例 / 规则
		诊断体系
		制度和程序

直觉是发生在个体层面的潜意识过程,它是学习的开端并且只能发生在单个人的思维中。解释是在掌握了这个个体学习中的意识元素后,在组织层面将其与其他人共享。整合则改变了群体层面上的集体理念,搭起通往整个组织层面的桥梁。制度化通过将学习根植到组织的系统、结构、惯例和实践中,使个体的学习最终与组织融为一体。用我们列出学派的顺序表示是这样的,首先是认知上的理解,然后是学习(涌现战略在组织中流行),紧接着从企业家方面和

文化方面来表达所学到的理念，将其内在化，最后是制订计划，使学到的知识正式化。

我们最后用专栏 7-8 列出一些关于如何创建学习型组织的建议来作为本小节讨论的总结。

专栏 7-8

构建学习型组织

对于许多学习战略的人来说，能够不断学习并持续更新的组织就像圣杯一样可贵。这样的组织同时具备灵活性和高效性。它可以从经验中学习而又不会受到这种经验的羁绊，同时它还能在市场上有效地利用所学到的知识。这种所谓的"学习型组织"充分体现了学习学派的观点和方法。这种组织努力使学习成为组织的中心，而不是让它成为毫无用处的偶然活动。学习型组织的基本特征可以用如下一些原则来说明：

- **从失败中学习**。学习型组织抵制人们想要掩盖错误、尽快忘记错误的天性。失败会使组织付出代价，但是学习型组织意识到，如果仔细分析潜在的不足，失败造成的部分损失是可以弥补的。

- **持续重复检查**。学习型组织通常在过程中反映它们的效力和效能。它们明确拒绝这样的古老格言："如果没有破碎，就不要去修补。"学习型组织的经理们明白，看上去很流畅的流程也可以改进。但因为改进的源泉通常深深地埋藏在现有的做事方式中，一个学习型组织必须周期性地反复检查系统、惯例和程序，以判断它们是否仍然能实现必要的职能，是否应该保留。新技术、新知识和新实践通常帮助组织重新设计惯例，使其更加有效率和有效益。

- **第一手资料学习**。学习型组织知道，一线员工对工作过程的优点和缺点最清楚。因此一个关键的管理技能是掌握基层知识，使其服务于整个组织。掌握基层知识的最好方法之一便是管理者四处走动，与工作岗位上的员工交流。另一个方法是开放型政策，鼓励工人与主管们将工作中的问题反映到高层管理者那里，并引起他们的注意。

- **保持信息流动**。在学习型组织中，不同层次的人会交换并共享他们的知识。学习型组织中的经理们则意识到，在相对自治业务方面，仅限于工作范围内相互交流，知识积累仅会在各自的领域内形成。这种知识分割化阻碍了组织的改进。

- **从外部获取知识**。学习型组织认识到从自身之外学习新知识的重要性。它们向顾客学习，向供应商学习，也向竞争者学习。但这需要将客户视为合作伙伴而非统计数据源，越来越多的企业开始同时将顾客和供应商纳入产品开发和设计过程。这也意味着与竞争者对抗的标杆定位不再仅仅是跟随行业领导者，而更多的是进行诚实而批判性的自我评估。

学习型组织与传统老旧的官僚式组织是完全对立的：较为松散，鼓励开放的沟通，鼓励个体在团队中工作。相互协作取代了森严的等级，冒险、诚实和信任是它们推崇的价值观。事实上，学习型组织所表现出来的形象与以前的社会改革者提出的乌托邦式愿景有着惊人的相似性，因为这种组织也许会被证实在实践中既难以创建，也难以维持。但是，这些困难也不能否认学习型组织中具有非常重要的一些特质，正如提出"学习型组织"这一热门概念的彼得·圣吉（Peter Senge，1990）在著作中提到："懂得从自身经验中学习的组织比只是简单适应环境的组织做得更好。"简单地说，组织学习所带来的持续改进的能力不仅仅帮助组织生产更好的产品，赢得更多的利润，它们还增强了组织利用快速变化的外部环境的能力。学习型组织的战略允许意料之外的情况出现，因此，它们的组织学习能力可以应对变化的环境。

资料来源：Joseph Lampel.

动态能力的动态性

学习学派关注组织流程，尤其是与创新和变革相关的流程。外部环境在学习学派中丧失了其在设计学派和定位学派中的主导作用，而被视为组织管理内部资源的背景。所以，乍一看，战略的关键挑战在于发现哪些资源可提供持续竞争优势。然而，在动态环境中，持续竞争优势要求对资源进行组合、整理和再整理。能否有效地做到这一点取决于学习。更确切地说，随着组织慢慢学到哪些资源组合可提供竞争优势，哪些不可以，它们就会获得改进资源组合和再组合的流程知识。这些知识是一种关键能力，在战略中居核心地位，因此正如艾森哈特和马丁（Eisenhardt and Martin，2003：345）对"动态能力"的定义：

动态能力是企业将资源与市场匹配，甚至使用资源创造市场变革的资源利用过程，尤其是对资源进行整合、重构、获取以及释放的过程。动态能力因此是组织和战略惯例，通过这些惯例，组织能随着市场的涌现、冲突、分裂、发展和消失实现资源配置。

由于动态能力本质上是组织的"集体学习"，因此自然而然与学习学派相容（Volberda and Elfring，2001）。但是动态能力汲取了计划学派的一些精髓，特别是在强调高管人员在资源选择和流通方面扮演的"统筹"角色（Helfat et al.，2007：25）。进一步说，西尔蒙、希特和艾兰（Sirmon，Hitt，and Irland，2007）在近期发表的文章中提出，高层管理者应致力于追求深思熟虑的"资源管理项目"：

……高层管理者应将他们的公司看作资源与能力的一个系统，为了给顾客和所有者创造价值，他们应发展战略杠杆以使他们的能力与市场和环境相匹配（237）……特别是，管理者们需能随时对资源进行获取、积累和剥离以实现最有效的资源投资组合。管理者们还应具有整合资源的必要技能以培养有效的能力。他们还必须有效地管理反馈和学习过程，因为这些过程对持续更新能力和调整资源投资组合必不可少（288）。

动态能力持续受到追捧得益于 20 世纪 90 年代出现的"新经济"。新经济的倡导者认为技术和全球化使得标准化的战略举措越来越无力。哈默尔和普拉哈拉德在 1996 年发表的一篇评论中提出了这一观点：

当我们从机械时代进入信息时代，传统实践和管理理念的弊端越来越突出。马拉犁在工厂的地板上毫无用处。机械时代开发的管理工具可能对信息时代没有意义，好比农业时代的农业工具对机械时代毫无意义一样。

动态能力似乎是对战略过程根本性反思呼声的一种回应。动态能力还融合了设计学派和学习学派（也有企业家学派的一点影子），这使得动态能力的概念更具有吸引力。如果你喜欢的话，现代观点认为适应战略是一个概念设计过程。

当然这种融合可能会使我们对十个学派的明确划分变得混乱。但我们喜欢这种融合，因为这意味着该领域正走向成熟——已经远远超过了过去那种简单的学派分类。当我们介绍到最后一个学派时，我们会发现许多学派都是早期一些学派的混合体。

超越学习，达到混沌

有些人认为，即使是学习型组织也是有约束的，因为它总是强调连续性或持续性，而非创新和变革。这些人认为混沌理论或无序系统是一种替代的方法。

混沌理论最初是在物理学领域内提出的，目的在于更好地理解复杂、非线性的动态系统，如液体和气体的紊乱。它说明，传统的将复杂现象分解成简单、可预测的元素来进行科学研究的方法不能进一步满足研究需要，人们开始意识到系统是一个动态整体。通过混沌理论，科学家们可以更好地理解"激流中的漩涡"（Levy，1994：168）。

混沌理论的核心原则是，一些确定联系的简单组合可以产生模式化却不可预测的结果（168）。换言之，"秩序可以导致混沌，混沌中又可以产生新的秩序"（Stacey，1992：98-99）。不禁使人想起这个故事："铁钉缺，蹄铁落；蹄铁落，战马折。"接下来就导致了骑士死亡战争失败。

1972年，爱德华·洛仑茨在一次著名的演说中提到了这么一个非常贴切的比喻：一只蝴蝶在巴西扇动了翅膀，很可能导致得克萨斯的一场飓风（Edward Lorenz，1993：181-184）。谁能够洞悉这些"并非随机但看似随机"的系统呢？"这些系统看似被一些机缘巧合的因素所推动，但它们实际上却是遵循着精确的规律。"（4）（还可以回顾在本章开头我们提到的苍蝇，它们也是任意乱撞，却比有严密组织的蜜蜂表现得更好。）

传统的管理方法强调控制、秩序和可预测性。混沌和无序被看作对组织不利的要素，是应该受到制约的破坏性力量。甚至包括学习过程，最初看起来可能是无序的，但最终也需要被制度化成组织惯例的一部分。

但是，像野中（Nonaka，1988）和斯泰西（Stacey，1992）这样的学者却提出，无序和混沌是组织所固有的，而非外来的。管理者所极力控制的混乱包含着重要的富有创造性的机遇，它有助于推动能突破既定战略思考模式的学习。因此，那些赞同混沌理论的学者们提出，组织应该被看作一个永远处于非平衡状态的系统。事实上，组织的管理者应该故意在组织运作中添加一些混乱，它造成的不一致性能创造新的知识。换言之，一个处于混沌状态的组织是勇于自我颠覆的，它崇尚不稳定，并试图创造危机，将其作为一种自我超越的方法。它总是处于一种变革的状态中。

这些观点可能有点夸张，但其中的确包含着一些真理。斯泰西（Stacey，1992：99-100）讨论了被混沌理论否定的传统管理的假设条件，例如，"未来很长一段时间是可知的"，对于能够通过理解"清晰的因果关系"而"成功地适应环境的企业"，"环境是既定的"。与之相反，混沌理论认为，任何事都是可能发生的，无规则是组织不可或缺的组成部分，在组织中，任何"偶发的小混乱"都可以产生大的影响。因此，管理者不能依赖结构、系统、规则和程序，而是应该为持续适应新方法做好准备。

当然，所有这些似乎支配了管理的选择权：在这样混乱的情况下，我们还可以做什么呢？事实上，正如学习学派中的一部分观点认为的那样，这正意味着巨大的选择权，至少对于聪明的战略家而言是这样的。专栏 7-9 描述了利维所述的混沌理论对战略管理的启示：情况的确非常混乱无序，但是那些动作灵活、行动迅速的人却正好能够随处发现机会，而那些官僚主义者和计划者则是真的要头痛了。

专栏 7-9

战略管理的混沌理论

- **制订长期计划是非常难的**。在混沌系统中，由于非线性关系和系统的动态、重复特性，轻微的扰动会成倍放大。结果，这种系统对于初始状态极为敏感，从而使预测变得非常困难……构建的预测模型越复杂越精妙，预测的结果就越失真。

- **行业不会达到稳定的平衡状态**。混沌系统不会达到一个稳定的平衡状态，事实上，它们永远不会达到两次完全相同的状态……也就是说，行业不会"稳定下来"，任何表面的稳定都是短暂的。

- **巨大的改变会出乎意料地发生**。新竞争者的进入或看起来很微小的技术进展都可能对行业内的竞争态势产生重大影响。

- **短期预测和模式预测还是可能的**。混沌系统中也存在让人惊奇的秩序……假设企业是按月或者按年做出战略决策，那么行业的仿真模型则可以做出几个月甚至几年的有用预测。

- **为了应对复杂性和不确定性，需要一些指导方针**。无论是在象棋、足球还是商业竞争中，正是战略博弈的复杂性使得采用简化的战略来指导决策是非常必要的；即使最强大的计算机也不能计算出一场象棋比赛中博弈双方所有可能的棋招。

资料来源：Levy, 1994: 170-173.

对学习学派的评价

我们不可能期望学习学派的积极拥护者会对该学派提出尖锐的批评。我们支持这个学派的观点是因为，该学派撼动了长期以来处于战略管理的理论界和实践界主流地位的"理性"思想。但是，我们的支持并不是绝对的，这么做也有走向另一种极端的危险。虽然"学习"目前还是非常受推崇的，但是它也可能导致战略的瓦解。下面我们转而思考没有战略、失去战略和错误的战略的问题。

没有战略

安德鲁斯（Andrews，1980）曾经指出，林德布鲁姆提出的"蒙混过关"型组织其实是"缺乏目标"的，而拉普（Wrapp，1967）提出的优秀的管理者不制定决策其实是"反战略"的。对于近期学习学派的研究工作，这个评论可能有失公允，尽管近期学习学派的研究已经超越了断续渐进主义而聚焦到学习上，但是本质上它们仍然是断续渐进主义——慢慢地啃而不要一口吞下，战略的核心方向会逐渐分散成为机动的战术策略。一系列的理性行动会使整体活动失去理性。引用加拿大幽默大师史蒂芬·利科克的一段话："他冲出屋子，上了马，然后疯了一样地四处乱跑。"因此，海斯和杰库马（Hayes and Jaikumar，1988）提出了"非理性的渐进主义"，企业零星地创新，积累了一堆技术和系统的大杂烩，最后大杂烩还不如这些技术和系统简单相加来得好。一堆象牙并不能组成一头大象。

当然，正如我们在对设计学派的评价中提到的那样，组织不总是需要明确的战略，偷猎者有了一堆象牙也能发财。但是很多企业因为缺乏精心设计的战略而苦恼却是事实，漫不经心的猎人通常会一无所获地回家。例如，加迪斯（Gaddis，1997）写了关于"超组织"的假设，这种组织可以"持续进步，逐渐提高，将自己的战略导向一个光明的未来"。他还提到了罗马大将瓦若，"一个早期的渐进主义代表……'他不需要任何战略'"。他带领自己强大的军队和汉尼拔对抗，而后者的战略是攻击敌军的薄弱点，结果瓦若遭到了重创。加迪斯总结道（以挖苦到了极点的口气）："很显然，直到战斗结束，适应于强大的罗马军队的战略也未能'涌现'。"

这并不是一个公平的测试：我们希望在这一章能说明通过计划安排战略并不会自己形成，更别说在激烈的战斗中了。我们也许该说明一下，汉尼拔被罗马渐进主义耗光了精力，最终退出了意大利。但是，在危机四伏时，不能总是依靠耐心的学习。这时组织需要一个强有力的领导者，他必须有拯救组织的战略愿景。甚至在相对稳定的条件下，一些组织也需要来自核心企业家而不是分散学习的强烈的战略愿景。一个组织可以承担风险，可以遍地开花，也可以完全没有一致性，也就是说，没有战略。

如果这个组织处于玩具行业中，它的经理可能做出这样的回答："管他呢，产品生产出来顾客就会买。因此，关键在于做，而不是战略。"但是，如果是组织建立的核反应堆，或是它运作的生产线，甚至是制定的对外政策，那么一致性对于组织绩效就非常重要了。换言之，对于这些组织真正重要的不仅仅是学习，还包括群体学习。

以对外政策为例，政府接收到的信号差别很大，这些信号反映了来自各个群体的压力和特殊利益。因此政府必须选择一些信号而忽略另一些信号。战略观念帮助人们进行这种选择，没有战略，人们将四处乱撞，肆意而为。政府会因为无缘无故地浪费资源而遭受各方打击，最终垮台。当然，对全世界任何一个国家的外交部而言，都存在同样严重、同样明显的相反的危机：完美的一致性不断地失效，是因为时局在变化，却无人察觉。

失去战略

对于学习的过分强调也可能会破坏一个连贯的、完美的可行战略。人们四处游走，仅仅由于新方法比较新或者比较有趣而偏离了有效的方法。请记住，没有纪律也就没有组织。

战略漂移（Johnson，1987：244-247）就描述了这样一种问题。组织会逐渐地、缓慢地、可能不被察觉地偏离原有的战略，最终可能每个人都会后悔。这里有个著名的煮青蛙的故事：将一只青蛙放到开水中，它会立刻跳出来；将它放到冷水中，然后慢慢将冷水煮开，青蛙会留在水里，直到死去。青蛙并不想死，但是等它意识到水太热时，已经太迟了。

学习学派所探讨的学习不应该是某种圣杯一样的事物。多数情况下，它应该是用来建立有用的方向感（一种已有的战略观）的方法，偶尔必要时，它也可以是改变方向感的方法。要做到这些，可能需要持续的试验，以判断情况何时改善，以及如何改善。

但是不断地改变也是个问题。正如我们将在第 11 章讨论的那样，窍门不在于总是改变所有的事情，而是在于在合适的时候改变该改变的。这也就意味着平衡变化和持续性。有效的管理指的是执行有效的战略同时保持学习。正如我们在本章前面提到的，要把握播种战略和收获战略的时机。

最难琢磨的问题在于如何在战略范围的边缘学习：何时削减超出战略范围

的投资？反过来还有，何时该扩大战略范围以实现投资创造收益？管理者不能总是选择后者（扩展组织的战略观），但也不能总是固定它们，使其永远不能改变。

错误的战略

除了没有战略和失去战略，学习也可能促使那些人们没想到甚至不希望的战略出现，组织因此被一步步引入困境。

我们已经讨论过"内部轨迹"技术，据此用渐进方法得出的可能是那些曾经被全盘否定的事物。但这样的假设是由那些缩在某个角落里为了愚弄一个毫无准备的核心管理层的秘密的战略家提出的。其实根本不需要任何战略家：有时小小的决策正好导致了大的不理想的战略。正如我们提到过的，一家汽车制造企业恍然大悟后发现：没有任何人做过决策就出现了一个新的汽车模型，就像马蹄上的一根钉子导致战争失败，一个大的设计模型就创造了一辆新车。康诺利一针见血地对这种事情做出了概括："核战争和分娩就是那种典型的糟糕战略的例子，一开始是走一步看一步地尝试，最后却发现结果越来越失控！"（Connolly，1982：45）学习好比摸着石头过河，所以对待学习必须谨小慎微。

谨慎地学习

学习型组织现在风靡一时，并且大多有很好的理由。但是它也不是包治百病的灵丹妙药。人们必须学习，但也必须有效地完成常规工作。总应有些时间用来学习知识，有些时间用来利用已经学到的知识（盲人骑马的故事是个很好的理由）。此外，还有可能存在迷信的学习，以及"集体思维"，即如果你喜欢，那么就在集体的角落里学习。正如斯塔（Staw，1976）提到的"承诺升级"，负面学习也是存在的：当你失败的时候，你会持续投资得更多，希望能弥补损失，但根本没有意识到，这种行为可能于事无补。[⊖]因此学习是件好事，但物极必反，好事也未必带来好结果。

最后，学习还可能是昂贵的。它花费时间，有时会带来无止境的会议和数不清的电子邮件；它会向各种滑稽的方向发展；会开始不正确地使用资源；人们必须相信某个初始战略带来的收益大于另外一个；组织不得不踯躅不前，为不能快速稳定下来集中资源而付出代价。管理者必须关注他们的学习，他们必

⊖　斯塔的文章其实主要是关于美国在越战时期的经验，题为《深陷泥潭》。但是如果美国军
　　方获得胜利他还会使用这个标题吗？换言之，在一件事情被确认为无望之前我们怎么能有
　　把握呢？

须知道"学习什么"。一个真正的学习型组织也同样担心发生不必要的学习。

看到这些，你是否还会惊讶为什么那么多组织认为找到一个制定企业愿景而其他人都去追随的领导要方便得多，或者用定位学派的方法制定出最优战略供大家执行更合适呢？

学习学派的贡献和适应条件

当然，前面我们也提到过学习学派的贡献。不是哪里都能找到制定愿景的领导者，有时是因为环境太不稳定而无法"制定愿景"。同样，为复杂问题提供标准解决答案的定位学派方法也只能流行一时（回顾本田的故事）。那么，那些需要新战略的组织可能因为没有选择而只能集体学习。

专业型组织尤其需要这样的学习。这类组织处于高度复杂的环境中，制定战略所需的知识范围非常宽泛，如医院这种组织。当然，有些组织是因为其他原因而非常分散，例如，在美国国会，由于权力合法地掌握在许多人的手中而造成组织分散，可参见林德布鲁姆的著作（Lindblom，1959，1968）。这里，战略形成之所以会是一个集体过程，仅仅是因为没有核心权威能将一个战略强加给整个组织。不同的个体必须通过互相适应来制定战略。奎因（Quinn，1980a）所描述的企业在某种程度上与这种情况类似：核心管理者可以制定战略，但是政治现实要求战略实施过程要么是一个集体学习过程，要么是一个取得集体认同的过程。

同样，任何一个面临新形势的组织为了弄清究竟发生了什么，通常必须参与到学习过程中去。这个过程既可以是个体，也可以是集体的，这主要取决于组织收集相关信息并反馈给组织核心的能力。例如，当一家位于成熟行业中的企业遇到了前所未有的情况，如出现了一个打破现有技术模式的重大技术突破，组织必须参与到学习过程中以形成新的可行战略。

有些企业总是不断地面临新的情况。换言之，它们所处的环境是动态且不可预测的，这使得这些组织根本无法形成一个清晰的战略。在这种情况下，组织结构最好采用更加灵活的形式，或者是项目型组织，同时学习几乎变成了强制性的——这是唯一能以灵活的方式处理问题的方法。至少，学习使得组织可以采取行动——以单个步骤对不断演变的现实做出反应，而不必等待一个完全确定的战略。

总之，学习学派说明了战略形成中的一个事实，这些正是到目前为止我们讨论过的其他学派所忽略了的。在很大程度上学习学派以描述性方法为基础，告诉我们当面临复杂的动态环境时，组织期望去做的事情和它们实际上做的事情是有很多不同的。但是事实上，好的描述也可以是说明性的，有时它可以反映出特定环境下的典型行为。

正如我们可以从描述中得到好的说明，我们也可能从看起来像决定论的事物中发现唯意志论的存在。说明性学派，尤其是定位学派，看起来讨论的全是自由意愿。但正如我们在对它的评论中提到的，它们比表面看到的更加像决定论。学习学派则正好相反，虽然表面看起来像对外界力量的被动反应，组织实际上是在学习、在创造——它提出了更有趣的新战略。帕斯卡尔讲述的本田公司做错了所有的事情却成为美国摩托车市场的领导者的故事，正是对学习学派最好的说明。

无论情况是多么偶然，无论过程是多么混乱，也无论个体最初是多么困惑，寻找初始战略的做法最终就是唯意志论。相反，把组织置于一个通过正式的行业分析得到的假定最优的战略中才是决定论，这正如试图使利润最大化反而可能损害利润一样（因为这样做是强制性的），因此过分地控制事实上可能导致失控。这可能就是上帝开的一个玩笑。

我们个人认为（可能带有偏见），学习学派对我们非常有用。它的研究是基于简单的理论，但看起来能很好地用于解释复杂现象，可能比社会学中那些复杂的技术（从认知心理学家的草案到行业经济学的数学方法）还有用。在实践中也是如此，战略的学习方法并不算很奇特，也不算复杂。事实上，它们甚至是非常天真的——战略家就像是迷路的人四处摸索，一件事接一件事地尝试，然后，"砰"，概念出现了。但是，不要被混乱的过程所愚弄：这需要无数次的尝试。这些人必须一直坚持尝试那些可能有用的事情，或者鼓励其他人去尝试。而且在碰到好的做法时，还要能将它识别出来。

无论是个体还是群体，能够意识到战略是一个学习过程是非常重要的。学习学派，尽管与计划学派和定位学派相比，文献还非常少（尽管实践中运用比较多），但在这一点上它做出了主要的贡献，而且它还会继续做下去。

第 8 章
权力学派
战略形成是一个协商过程

"他们找不到秘密议程了。"

　　倘若所有的棋手都充满激情和智慧，同时又带些诡诈的话，那么国际象棋该是一项多么有趣的游戏啊！或许你不但对对手的棋艺知之甚少，而且对自己取胜的把握也心中无数；或许你略施小计可以使你的"马"在棋盘上驰骋；或许你不愿意将"相"易位，但这时你的"兵"就有可能被骗出原位；而如果你认为"兵"无足轻重，结果使"兵"离开了指定的位置，那你就很可能突然被

"将死"。你或许善于演绎推理，却可能因为疏忽而被你自己的"兵"打败。倘若你过于依赖自己的精确推理而忽视了灵感的话，你就更可能输掉比赛。

——George Eliot，*Felix Holt*，*The Radical*（1980：237）

学习学派，尤其在奎因和林德布罗姆的作品中已经将权力和政治列入了讨论的范畴。但我们所提到的前四种学派都忽视了这一点。此处所说的权力学派从权力与政治等因素入手，将战略形成看作一个明显受权力影响的过程，强调将权力和政治手段应用于战略谈判以获得特殊利益。

这里的"权力"是指在纯经济范围以外运用所有影响力（包括在传统市场竞争之外使用的经济力量）的行为。这种解释使"权力"一词更接近本章广泛使用的一个术语——"政治"。在某种意义上，我们这样做就是要改变定位学派所做的定位：如果说一个商业组织的目的是在市场经济中"合法"地竞争，那"政治"就可能被用在合法的行为中。换言之，它就是非法的或忽视法律的（即不太合法）。这样一来，"政治"就成了利用非经济手段获取权力的同义词，包括暗中破坏竞争的秘密行为（如建立一个卡特尔），也包括设计其他用于产生同样结果的协作计划（如某些联盟）。

正如前面所提及的，这意味着"权力"学派对战略的理解稍做了"扭曲"，把定位学派所说的通用战略理解为此处的政治手段。（如市场地位扩大到什么程度就变成对竞争的破坏呢？）同样，我们也可以运用波特的概念来讨论政治战略集团和政治通用战略。之所以这样做，是因为经济目标和政治意图之间的界限非常精细、微妙。定位学派非常谨慎地将自己定位到经济目标一边，权力学派则在另一边取得其位置。但是，这种区分其实是刻意的，在现实中两者往往是合二为一的，我们并不能明确区分。

权力关系既发生在组织外部，也发生在组织内部。由此，我们可将权力学派区分为两个分支。我们所称的微观权力涉及组织内部非法的政治行为，尤其是发生在战略管理过程中的政治行为。宏观权力关注的是组织对权力的应用。在剥离一个部门时所产生的各种冲突属于微观权力的例子，而处于破产边缘的组织要求政府为其提供贷款保证时所出现的冲突则属于宏观权力的例子。前者注重组织内部成员间的冲突，通常出于自身利益；后者出于本组织的自身利益考虑而采取行动时，与其他组织产生冲突或者进行合作。

从 20 世纪 70 年代早期至今，有关权力学派的战略管理文献数量相当少。

近些年来虽有些许增加（其中多数是围绕合资企业和联盟这类主题的），但情况并无大的改观。"权力"通常被看作战略管理领域中的"第五纵队"。大家都对它有所了解，但研究者却很少对此展开研究。

当然，在实践中，权力和政治从来都与组织的战略形成密不可分，尤其是在大型组织中，只是对此的正式学术研究比较少。直到 20 世纪 70 年代后期，陆续出版了一些著作——如 MacMillan（1978）的《论战略形成：政治概念》（*Strategy Formulation：Political Concepts*）；Sarrazin（1975，1977～1978）关于计划的政治方面研究；Pettigrew（1977）和 Bower、Doz（1979）有关政治过程的战略形成的著作。当然，如果我们将关于公共政策制定方面的政治学著作也算作权力学派的研究文献的话，那么这一学派文献的数量就变得相当可观了。

本章的内容主要分为三个部分：第一部分论述微观权力；第二部分论述宏观权力；第三部分评论权力学派，并介绍其适用环境及贡献。

微观权力

权力学派著书立说的意图是希望将战略管理上升到组织生活的基本现实层面：组织是由充满梦想、希望、妒忌、利益及恐惧感的人组成的。这一点似乎显而易见，但长期以来许多文献给人们的印象却是，高级经理人是理性的战略制定者，其他人则是遵循战略、顺从且忠诚的"劳动者"。实际上，战略形成是一个政治过程，而战略本身就是当权者为了获取利益而制定的策略。从这个观点出发，我们可以总结出微观政治学的积极利益结论。

作为政治过程的战略形成

战略形成是一个计划和分析、认知和学习的过程，也是不断协调组织内部个人、集团之间利益的过程。引入任何形式的模糊性，如环境的不确定性、竞争目标、不同的观念和稀缺资源等概念，都会导致政治的产生。据此，权力学派的支持者们认为，不可能存在公式化的最优战略，更不用说去执行它了：个人和联盟的竞争目标使人相信，任何拟议中的预先构想的战略，在前进道路上所走的每一步都会受到扰乱和歪曲。人们在组织中玩弄各种各样的"政治策略"，其中的一些将在专栏 8-1 中描述。

扎尔德和伯杰（Zald and Berger，1978）描述的"组织中的社会运动"可以用以下三种形式来描述：

- **政变**是内部夺取权力的活动，目的是弹劾当权者但又保持权力制度的完整性。在公司组织中，这种手段往往会取得"意想不到的成功"！（833）

- **叛乱**不追求取代领导权，而是要"改变组织功能中的某个方面"，如某个规划或关键决策，并且这种叛乱来自传统政治渠道的外部（837，838）。

- "从抗议到造反"的**群众运动**"是表达不平与不满以推动或抵制变革的集体尝试"（841），这种形式比其他两种形式更显而易见，涉及的人更多。

专栏 8-1

组织中的政治策略

- **叛乱策略**。用来抵制权威或影响组织中的变革；通常被那些"下级参与者"（Mechanic，1962），即那些最看重正式权威的人使用。

- **反叛乱策略**。被那些掌握实权的人使用，他们用政治手段，并且可能是合法的手段来回击（如逐出教会等）。

- **资助策略**。用来建立权力基础，在这种情况下，需要利用上级；个人依附于某个地位较高的人，向他表达忠诚以作为获得权力的回报。

- **建立联盟策略**。运用于同级之间——通常是直线经理，有时是专家，目的是在组织中建立权力基础，使自己获得提升，途径是协商达成私下约定。

- **建立帝国策略**。由直线经理使用，尤其是在想要单独与下级（而不是与同级）合作建立权力基础的情况下。

- **预算策略**。一种公开运用的策略，制定了相当清晰的资金运用规则以建立权力基础，该策略与前一种策略类似，但较少造成内部不和，因为奖励是资源，而不是地位或经营单位本身，至少不是竞争对手的地位或经营单位。

- **知识技能策略**。既不鼓励倚仗专门的知识技能来建立权力基础，也不通过炫耀知识或不懂装懂的方法来建立权力基础；真正的专家通过利用技能和知识来发挥作用，强调知识技能的独特性、决定性和不可替代性，并采用严格的保密措施来保守知识的秘密；非专家人员试图使用一些策略来开展工作并且让人们觉得他们非常专业，为了取得良好的效果，他们称这些策略为专业知识。

- **霸权策略**。通过对那些没有权力或权力很小的人肆意行使合法权力来建立权力基础（如以非法手段运用合法权力），比如，经理人员可以对下级肆意运用正式职权等。

- **直线经理对参谋策略**。一种手足相争的策略，不仅用来提高个人权力，而且要击败对手。拥有正式决策权力的直线经理和具有专业知识技能的参谋们相互争斗，各方都倾向于以不合法的方式来获得合法权力。

- **对手阵营策略**。也是用来打败竞争对手的策略。一般来说，这种策略是当建立联盟策略或建立帝国策略导致产生两大权力集团时才使用。它可能是所有策略中最容易造成内部冲突的一种策略，冲突可能发生在部门之间（如制造业企业中的营销和生产部门）、敌对个人之间或者在两个竞争性的团体之间（如监狱中，赞成监禁犯人的一派与赞成恢复罪犯名誉的另一派之间会产生冲突，这种冲突会造成分裂）。

- **战略候选人策略**。用于实现组织变革的策略。通过政治手段，一些个人或集团为谋求实现他们自己热衷的战略而鼓吹变革。

- **告密策略**。一种典型且简单的策略，也用于实现组织变革。内部人员，通常是下级参与者利用获知的特许信息，将组织的可疑行为或非法行为向有影响力的外部人员告发。

- **少壮激进分子策略**。是所有策略中最冒风险的策略。一群接近但不处于权力中心的少壮激进分子组成小集团，谋求对组织基本战略的重新定位，希望替代主要专家，取代其文化或者摆脱其影响。

资料来源：Mintzberg，1989：238-240.

博尔曼和迪尔（Bolman and Deal，1997）对组织政治做了以下陈述：

- 组织是不同的个人、利益集团的联盟。

- 联盟成员在价值观、信仰、信息、利益和对现实的感知方面存在着差异，并且这种差异在任何组织都永远存在。

- 大多数重要决策都会涉及稀缺资源的分配，即谁得到什么样的稀缺资源。

- 稀缺资源和持久差异的存在使冲突在组织的发展中必然发生，也使得权力成了人们竞相争夺的最重要资源。

- 为了谋取地位和权力，不同的企业利益相关者通过不断地讨价还价、协商以及运用各种手段，制定目标和做出决策。

这些陈述使得我们摒弃了原先对战略形成的想法，即战略的形成是单个"建筑师"或"战略"小组讨论的结果。事实上，不同的参与者和参与者联盟都在寻求自己的利益和策略。权力学派警告我们："把经营管理策略的制定权归属于整个管理层集体是危险的……管理的内聚力本身就是一个值得深入研究的事情……很可能会从一个问题变成另一个问题……"（Cressey, et al., 1985：141）

此外，下属集团也可以进入战略形成和调整的过程。因此，权力学派竭力主张更全面地分析，以确认每个人在战略形成或改造中所起的作用。

权力的政府制度

如前所述，企业战略的形成常常被比作政府的政策制定。这里有一份相当重要的文献，其中大多数内容是关于具体政策（如外交事务或警务改革）的，这实际上对战略管理没多大的帮助。文献中也有关于计划学派、学习学派（如Lindblom，上一章中引述过）和认知学派（如Steinbruner，1974）的内容，很明显，这些与权力学派都是相关的。

可能人们最熟知的模型是格雷厄姆·阿利森（Graham Allison，1971）的"政府政治"模型（它是基于研究古巴导弹危机而建立的），这很可能是对决策或作为内部政治过程的战略形成的最全面且详尽的描述了。政治学中其他有趣的研究是关于"政策滑移"和"政策漂移"的（Majone and Wildavsky, 1978：105；Kress et al., 1980；Lipsky, 1978）。滑移意味着某些意图在战略实施的过程中受到了一些曲解，而漂移（前一章中已经提到）是指随时间的推移，做出一系列"或多或少的合理的适应性调整……"慢慢地引起变化，从而最终改变"原有的意图"（Kress et al., 1980：1101）。我们在第1章介绍的术语中，第一部分关于未实现战略，第二部分关于涌现战略。在对公共部门运作的讨论中，马约内和维尔达夫斯基（Majone and Wildavsky, 1978）批判了把公务员仅仅看作"被无所不知的政策制定者全副武装起来"（113），用以执行战略的"机器人"的观点，就像本章开头引言中的棋手一样！

几乎所有的组织，无论私人组织还是公共组织，都会略微（或偶尔）地介入政治，只有很小的或很专制的组织才有可能在运营过程中暂时地避开公开的政治。另一方面，一些组织完全被政治控制，以至于每做一项战略决策都如临战场。战略制定场所成了"政治竞技场"，与一些政府立法机构采用的激烈尖刻的形式没有任何区别。这种情况我们屡见不鲜，例如，在一个小型家族企业中，有兄弟俩，一个负责市场营销，另一个负责生产，他们也有可能发生交恶的情况。当然，对于一个长期处于交恶状况的小公司来说，要想维持下去是很困难的，尽管一些大公司有时可能会勉强坚持数年。

在困难变革时期，权力不可避免地会以一种难以预测的方式被重新调整，此时"政治竞技场"就出现在组织中。在这种形势下，许多东西变成了人们竞相争夺的对象，人们感觉很不安全。所有这些都会变成政治冲突，尤其是在风险较大的决策制定过程中。罗伯特·格林和朱斯特·艾尔弗斯出版了一本名为《权力的 48 条法则》的畅销书。该书评述了历史上伟大的政治学家、骗子和臭名昭著的人物。我们选取了其中的几条与战略最相关的法则（见专栏 8-2）。

专栏 8-2

权力的法则

- **隐藏你的意图**。永远不要泄露你行动背后的真正目的，要让别人难以意料，捉摸不定。没有你行动方向的蛛丝马迹，他们就无法事先防备。误导他们在错误的道路上不断向前，施放重重烟幕迷惑他们，等他们知道了你的意图就已经晚了。

- **用行动而不是争论制胜**。通过争论获得的任何短暂胜利代价都过大，争论带来的愤恨和憎恶会比单纯的意见交换来得更强烈，也更持久。通过行动而不是言语来获得别人的认同是更具影响力的。你需要用行动证明而不要用言语辩解。

- **打击敌人不遗余力**。自摩西以来的任何领导人都明白，面对令人畏惧的强敌，必须全力以赴（要学到这点谈何容易）。如果敌人的残余势力仍然存在，不管它有多微弱，都会死灰复燃。斩草不除根，后患无穷：敌人会"春风吹又生"，回来报仇。要在肉体和精神上双重击垮敌人。

- **让别人陷入未知的恐惧中，营造不可预知的氛围**。人们都贪得无厌地希望在别人的行动中找到一种熟悉感。你行为的可预测性让他们有一种控制感。那么换一换，故意让自己变得深不可测。你的行动不再有一致性或目的性，让他们难以捉摸，他们会想方设法去解释你的行为。将这点做到极致，那么你的战略就具有胁迫感和恐怖感。

- **使用投降策略——把劣势转为优势**。当你是弱者，别再为荣誉而战：选择投降吧。投降让你有时间去恢复，去折磨和激怒你的敌人，去等待他力量的衰竭。别给他打败你、战胜你的满足感。通过容忍去激怒他，使他不安。让投降成为你的一种权力工具。

- **集中火力**。在最强的点集中能量可以事半功倍。发现一个丰富的煤矿并深度挖掘，相比于在多个贫瘠的煤矿不停转换，收获要多得多，所以深度每次都能打败广度。

- **重塑自我**。不要接受社会强加于你的角色。努力为自己塑造一个新形象，来获得别人的关注而不是让人厌烦。让你自己成为个人形象的主人而不是让其他人来定义。将各种方法吸收到你的公共举止和行为中，你的权力会因此加强，而你的形象会比你的人生更深入人心。

- **预先想好所有的方法**。任何结局都有可能。因此预先想好所有通往结局的路，规划实现目的的所有方法，考虑所有可能的结果、阻碍，以及命运转折点，这些转折点可以颠倒黑白，让你的辛苦工作付诸东流，为别人做嫁衣。预先想好所有的方法，你就不会为你所遇到的情况感到困惑，你就会知道何时该停下。所以考虑长远一点，就可以引领命运并决定未来。

- **控制选择——让别人打出你想要的牌**。最好的欺骗就是看上去给了别人一个选择机会：你的受害者还以为自己有控制权，但其实已经成为你的棋子。只要对方选择，结果都是你赢。强迫他们在两者之间选一个不那么差的，但其实两个选项都能达到你的目的。将他们带入两难的死角：无论他们转向哪个方向都会遍体鳞伤。

- **把握时机**。绝不要看上去匆匆忙忙，匆忙只是表示随着时间的流逝你对自己越来越缺乏控制力。要显得有耐心，好像一切都在预料之中。把握正确的时间，发现时间和趋势的内在含义，这会给你力量。当时机不成熟时学会避开，当时机成熟时学会牢牢把握。

- **浑水摸鱼**。生气和情绪化都会让事情适得其反。你必须保持冷静和客观。但是如果你在冷静时能让你的敌人变得恼怒，你就获得了决定性优势。让你的敌人失去平衡，让他们惊慌失措，然后你就可以将他们控制在手中。

- **善于利用镜像效应**。镜子反照现实，但它也是完美的欺骗工具。当你照出你的敌人，完全模仿他们的行为，他们就无法知道你的战略。利用镜像效应模仿和羞辱他们，最终激怒他们。通过映照他们的内心，可以造成与他们有同样价值观的假象，通过映照他们的行为，你可以教训他们，很少人能够抗拒镜像效应。

- **鼓吹变革的需要，但切不可一次变革太多**。抽象地说每个人都明白变化的必要性，但日常生活中人们却成为习惯的仆人。太多创新会带来创伤及抵制。如果你刚刚获得一个新的职位，或者你是想建立权力基础的外来者，那么请尊重原有的处事方式。如果改变必不可少，那么就让改变看上去是对过去的一种温和改进。

- **不要超过既定目标，见好就收**。成功之时通常也是危险最大之时。面对成功的喜悦，傲慢和自负会将你推向既定目标之外，当你超过既定目标太多，就会树敌太多继而超过自身的防御能力。所以不要让成功冲昏了头脑。没有什么可以替代战略和周密的计划。设定目标，当你达到目标时就止步。

- **无招胜有招**。设立框架，制订可预见的计划，也就意味着你将坦诚迎敌。你应该随着前进的步伐不断调整和适应，不要让对手摸清你的招数。要明白没有什么事是确定的，没有什么法则是不可改变的。保护自己的最好方式就是像水一样流动与无形。不要将赌注押在稳定和持久秩序上。任何事都是会变的。

资料来源：Robert Greene and Joost Elffers，1998.

政治战略的兴起

　　拟议的战略不仅是行动的指南，它们还是权力关系转移的信号。战略的意义越重大且组织的权力越分散，政治手段伴随其中的可能性就越大。这些政治手段会使得组织更加难以完全实现其战略目标，不管这些目标是深思熟虑的还是涌现的。

深思熟虑的战略意味着组织上下要对战略意图达成共识。但是，当人们的观念和利益存在冲突而非达成一致时，又怎么才能实现集体的意图呢？而对于涌现战略来说，当充满权变的战略议定取代战略制定过程时，又怎样才能做到战略与执行步调一致呢？西尔特和马奇早在1963年就非常清楚地对此做过解释，下面是他们提出的"依次关注不同目标"的观点：

> 组织要解决目标之间的冲突，在某种程度上可采取在不同时间关注不同目标的办法。就像一个政治组织采取先解决一个问题，然后再解决另一个问题的办法，对于解决来自"左倾"和"右倾"相互冲突的压力，企业同样也可以采用先解决一个，然后再解决另一个的办法，解决来自"使生产顺利"和"使顾客满意"的相互冲突的压力。（Cyert and March，1963：118）

也就是说，他们认为，一个组织有能力做出决策，但似乎无法形成战略。

然而，我们相信战略能够并且确实产生于政策性的过程。有时候一个政策上的简单决定就能够开创先河，进而建立一种战略模式。例如，销售部门可能不经意地给某个顾客降低了某种产品的价格，那么接下来的事情就不言自明了，所有产品的价格都会被调低。这不禁使人们想起"上门服务"这一技巧，就像在上一章讨论的那样：这些隐喻告诉我们刺探者可能会撬开通往战略之路的机会之窗。或者说，某些非正式的小群体具有足够的政治实力，可以将其意图加在整个组织之上。例如，一家银行的一个IT团队，每个人都对他人的技术服务有所依赖。当一个重要战略发生改变，敌对阵营就产生了。例如，致力于分子研究并取得突破性进展的研发人员，就会与抵制新技术的"老近卫军"产生对立，谁是胜利者谁就能制定战略。

我们的怀疑是，当战略产生于政治过程时，它们往往是涌现性的战略，而不是深思熟虑的战略，并且更可能是以定位的形式而不是以展望的形式出现。以政治的手段来实现战略通常意味着要通过协商的过程，一步一步地去达到目的。特定的战略参与者也许之前已经怀有要制定深思熟虑战略的意图了，但是对于组织来说，结果仍然可能是涌现性的。换言之，结果可能完全不符合事先设想，出乎所有人的意料。而且，"目标依次而来，每个片段各居其位"的、清晰的战略定位的出现可能只存在于想象之中。在政治环境下，要形成作为整体观念的、单一性的、共享愿景的战略似乎是不可能的。但反过来说，在这种政治环境下，战略作为一种手段却是司空见惯的。

政治利益

没有必要花太大的篇幅去阐述政治对组织机能的阻碍作用，这容易引起分歧并且代价不菲。它会耗掉本可用于为顾客服务的精力，还会导致形形色色的越轨行为：维护过时的权力中心或者引入新兴的权力中心都可能是不正确的，甚至会使一个组织因难以运转而陷入瘫痪。企业的目的首先是要生产产品和提供服务，而不是为人们提供角斗场。

不过这里倒是值得花一些篇幅论述那些可能导致政治在组织中发挥功能性作用的条件，因为它们很少受到重视。

几乎在所有的组织中都存在三类被正式认可的正当权力系统：正式的权威、成熟的文化和被认可的专家意见。但是这三类系统有时候却被用于实现不正当的目的（如抵制必要的变革）。第四种系统就是政治系统，其手段在形式上是不正当的（按照我们的定义），但可以被用于实现正当的目的（这一点非常明显，例如在告密策略和激进分子策略中，政治压力可以用于纠正当权者不负责任和无效率的行为）。我们下面从四个具体的方面详细阐述。

第一，政治作为一种影响系统可以以达尔文式的方式行事，以确保组织中实力最强的成员上升到组织的领导层。尽管权力偏爱简单的命令链条，实力弱的领袖可以压制实力强的跟随者，但是，政治能够提供可供选择的各种信息和晋升渠道，正如资助策略能够使某人越过实力较弱的老板。此外，卓有成效的领导者已经向人们展示出对权力的需求，并通过知识技能策略证明其潜在的领导能力。二流的对策参与者可能会因为政治纷争而大吃苦头，只有明星才会被允许去参加角逐，政治策略不仅有助于推荐那些明星，而且也有助于淘汰那些较弱的对手。

第二，政治可以确保一个问题的所有方面都能够得到充分的辩论，而其他影响系统可能只会促进问题的一个方面得到充分的辩论。权威系统把信息收集上报到核心层，往往只会提出一种简单的观点，这种观点通常是众所周知的并且是为上级所赞许的。组织内根深蒂固的文化也是这样，会按照一套组织内流行的信念来解释每一个问题。已经被认可的专家们可能拒绝接受一些新的观点，尤其是在组织内的专业人员接受专家的培训之后，这些新观点就更难以在组织中传播。不过，政治通过鼓励人们为自己美好的理想而努力奋斗这种方式，激励人们就任何问题百家争鸣，而且，由于受到对方的攻击，每一种声音，无论出自什么样的利己目的，都要从整个组织的利益出发去证明其观点的正确性。正如康福德在他有趣的《年轻学术政治家指南》一文中所说的：

（工作）分为两类，我的工作和你的工作。我的工作是提出有公益精神的建议，这恰巧（非常令我遗憾）牵涉到我朋友或（更令我遗憾）我的晋升。你的工作是制定阴险的阴谋，而且为了你和你朋友的提升，将其伪装成了有公益精神的建议。（Cornford，1993：39）

第三，政治也许可以用来激发那些受到合法系统阻碍的必要的变革。权威系统可能把权力集中于高层，通常集中在负责现行战略的人手中。专家系统则把权力集中在高层专家手中，到不了可能具有新技能但资历尚浅的专家手中。同样，文化倾向于根植在过去和传统当中，所以也可能是变革的阻碍力量。面对这些阻力，政治能够扮演"看不见的手"来促进必要的变革。

第四，政治可以为实施变革铺平道路。例如，高层管理人员经常运用政治手段来使他们的决策被认可，通过建立联盟铺平他们前进的道路（正如我们在上一章看到的奎因的有关逻辑渐进主义的作品所描述的那样）。

因此，政治可能使我们烦恼，但也能为我们服务。专栏 8-3 归纳了麦克利兰和古思在这方面给经理们的建议。

专栏 8-3

运用政治手段使战略得到认可

1. 认清政治现实并且把握它

组织中的政治活动，比如联盟行为，是在进行资源分配时来自组织内部和外部的竞争需求造成的自然结果……由于联盟过程存在于组织当中，行使着必要的职能，并且影响着决策结果，所以高层管理者必须认识它们，了解它们并且学会把握它们。

2. 认识到中层管理者承诺的重要性

高层管理者不是万能的，他们在技术知识和专业职能技巧方面在不同程度上依赖于中层管理者……如果高层管理者决定往前走，强制实行其决策而不顾中层管理者的职责承诺的话，那么来自中层管理者联盟的抵制将会急剧降低决策实施的效率……正如日本人教给我们的：花时间构建好职责承诺是很有价值的投资。

3. 学会使用经典的政治工具

下列政治管理工具已经被政治家们使用了多个世纪，它们对于高层管理者管理自己的组织是非常有效的……

（1）关注结果。对一件事情来说，通常采取不同的方法和途径可能会得到相似的结果，因此高层管理者应该认识到获取成功的结果比关注所采取的手段更为重要。

（2）满意原则。政治家们知道取得令人满意的结果比因使用不常用的战略以致未能取得最佳的结果要好得多。

（3）一般化原则。高层管理者在寻找有效且组织能够胜任的战略和相关政策时，把焦点从特定问题转向一般问题（如从降低成本转向提高生产率），将可能增加高层管理者的选择方案。

（4）聚焦于高层次问题。通过把问题提到较高水平，许多短期利益的追求将会被延缓，从而有利于获取长期的根本利益。例如，在汽车行业和钢铁行业，通过将焦点集中于生存问题能够说服工会在加薪问题上做出让步。

（5）预见联盟行为。联盟的产生往往基于组织当前所面临的问题。高层管理者应当事先花点时间仔细考虑眼前和近期的问题，鉴别因各个问题形成的联盟参与者，并且最好分析一下不同成员加入联盟的表面原因。

4. 驾驭联盟行为

当可能会出现反对某一战略选择的联盟时，高层管理者应该怎么办呢？这里有两大备选答案：

（1）把握好组织当中的联盟的结构，以降低联盟所带来的负面影响。

（2）修改组织战略及相关政策以平息来自联盟的反对。

对于第一种情况，高层管理者可以从以下几个方面考虑：

- 控制好问题提出的顺序。因为问题提出的顺序可能会导致截然不同的联盟的形成。

- 增加某些问题的透明度。通过会议、书面沟通或特殊仪式等形式来阐明问题以增加透明度，这对于创立服从于最高管理层的联盟是非常有用的。一旦联盟形成并确定了成员各自的位置，那么联盟的成员就很难退出了。

- 把问题分解为类似的子问题。这样做可以减少联盟的反对，这仅仅是因为形成联盟需要时间和实力，而且问题越小，则争斗越不重要，人们构建和加入联盟的动机也越弱。而且，一连串的小问题还会使联盟难以保持稳定性。

5. 采取直接行动，反对对立联盟

（1）构建一个先发制人的联盟。如果高层管理者能预料到可能形成一个反对战略的联盟，那么可以通过吸收支持这一战略的中层管理人员来建立另一个联盟，并使得组织中人人皆知该联盟正在支持企业战略，从而减小对立联盟成功建立的机会。

（2）在对立联盟出现以后可建立一个反联盟。这里高层管理者处于先成立的对立联盟的对立面，因此得承受某些不利的后果。

（3）改变对立联盟领导人在组织中的地位。与组织职位相关的信息和与职位关联的正式互动模式可以使一个经理轻松地建立和控制一个联盟……因此，在严重的情况下，调动或者将对立联盟的领导人降职的做法能够对对立联盟的潜在效果产生重大影响。

（4）吸纳联盟成员。联盟成员在董事会、委员会或特别工作组的职位使得他们能够获取新信息和受到新社会模式的影响，这可能会使得他们改变建立或者加入对立联盟的想法。

（5）努力增加与联盟成员的沟通和联络。这一方案对于那些采用狭窄沟通渠道模式的组织特别行之有效。例如，可能由于没有与战略发起部门进行有效沟通，一些关键性下属部门加入了对立联盟，但即使这样，它们自己也不会反对该战略。

（6）把对立联盟的领导人从组织中排除出去。对立联盟领导人经常具有拒绝发展战略的强烈动机，而建造和领导一个对立联盟需要这种高度的内在动机……因此，从组织中排除这些领导人对于战胜对立联盟是非常有效的。

在上述的大部分方案中，最高管理层在决策过程中是很有可能战胜对立联盟的，但如果由于人们对战略认同度很低，那么战略仍然会无法得到有效执行。在这种情况下，高层管理者也许该考虑适当调整战略了。

资料来源：Macmillan and Guth, 1985: 247-253.

高阶理论：高层战略管理

要精通微观政治需要许多技能，但单靠技能无法让战略决策尽善尽美。总之，技能可以让战略决策者获取权力。这些"高阶"（upper echelon）的人不仅具有权力，而且使用权力的方式极具个人色彩。

这一关键点使得研究者对高管团队的组成和动态性进行了更细致的研究，汉布里克（Hambrick，2007：334）提出："如果我们要理解组织为什么做这些事或为什么这么做，我们必须考虑其最有权力的行动者——高层执行官的偏好和倾向。"

汉布里克和梅森（Hambrick and Mason，1984）发展了这一观点："'高阶理论'指出具有相似规模、技术和生产线的组织却经常采用截然不同的战略。具有"管理自主性"的高层执行官比处于低层次的管理者们对战略影响具有更大的自由度。这样，相比于低层次的管理者，高层执行官的价值观、信仰和工作经历会对战略决策的影响程度更高。"

比如，芬克尔斯坦（Finkelstein，1992）提出，高层管理团队中有金融背景的人比例越大，企业越有可能采取收购战略。汉布里克（Hambrick，2007）总结说，高管团队中的权力分布不满足正态分布，通常以半自治的"巨头"收尾，这些人喜欢"与首席执行官保持来往，但彼此之间却老死不相往来，很难组成一个团队"。

中下层梯队战略

什么是"高层管理"？在战略管理领域，尤其是设计学派和企业家学派，塑造了一个由扮演"头"的权力高层和扮演"被雇用的手"的底层组成的组织形象。

在这两者之间未被标出的是中间部分，即所谓的"中层"，他们既不是制定战略决策的"头"，也不是执行具体任务的"手"。因此随着企业规模和经营范围的扩大，中层管理者开始受到攻击，被指责并未像先前想的那么必要，这也不足为奇。20 世纪 80 年代，当股东财富最大化成为上市公司高层管理者的首要目标时，他们对"裁员"热情高涨，导致中层管理者的数量下降。这一流行做法的本质如同倒洗澡水时连同婴儿一起倒掉，遭到了人们的质疑。为什么这么多公司在同一时间发现了问题所在？难道高层管理人员之前在睡大觉或者后来过于活跃了吗？

为了回答这一问题，出现了很多文章来纠正对中层管理者的负面观点，特别是对中层管理者在战略进程中的角色的误解。比如，史蒂文·弗洛伊德和比尔·伍尔德里奇就质疑了将中层管理者视为"破坏分子"和"混混"的说法（Steven Floyd and Bill Wooldridge，1994：47-49）。他们抛弃了认为中层管理者只是"将上层的战略意图传达给运作层工人"的传统观点（1994：48）。他们还提出，由于管理知识需要应用到经营前线，"中层管理者作为信息网络中心"的角色对于推动变革和学习是非常重要的。就这一点而言，他们的关键作用在于：拥护战略选择、综合信息、促进适应以及执行深思熟虑的战略。诺那卡（Nonak，1988）在一篇题为《中下层管理》的文章中提出了相近的观点，于伊（Huy，2001）的《赞扬中层管理者》的观点也是如此。

中层管理者参与战略决策，最终取决于和高层管理者的沟通成果。正如弗朗西丝·韦斯特利（Frances Westley，1990）提出的，高层管理者有一个选择：权力集中并在战略进程中将中层管理者排除在外，或者通过搭建有效的"战略对话"将中层管理者纳入战略过程。这种对话是重要的，达顿等人（Dutton et al.，1997）将其称为向高层管理者"销售问题"。但是韦斯特利（Westley，1990）提出这个过程对感知权力差距很敏感，当高级经理越级时，对话就会中断，这确保了下级对上级的服从，但也使一部分中层管理者产生消极情绪。然而，当对话不存在权力差距时，更容易产生有活力和建设性的战略（同样可参见 Balogun and Johnson，2004）。

宏观权力

微观权力是关于组织内部的个人和团体的权力，而宏观权力则反映了组织与其环境之间的相互依赖性。组织必须应对供应商与客户、协会与竞争者以及投资银行家和政府官员，还有层出不穷的各种影响组织活动目标的压力集团。源自宏观权力视角的战略首先要处理这些参与者的需求，其次是有选择地利用这些参与者实现组织利益。

组织的外部控制

普费弗和萨兰西克（Pfeffer，Salancik，1978）在他们的奠基之作《组织的外部控制》中给出了有关宏观权力理论（确切地讲，应称为组织进行的外部控制）的框架。他们声称，组织能"调整和改变自身来符合环境的要求，或者……组织能够试图改变环境以期与其能力相匹配"（106）。这样，前一种观点成为环境学派的基础，后一种则成为这里的宏观权力学派的基础——战略是对外部环境的作用或协调而不是反应。

普费弗和萨兰西克正是出于此点而描述了一些组织是如何去追逐具有政治特征、清晰而深谋远虑的战略的。的确，他们书中讨论的许多战略和定位学派讨论的一样通用，有时候甚至是同一个战略！例如，在定位学派中，并购被看作一种经济战略，而在这里它被看作为了追求政治目的——权力和控制——而采取的一种政治手段。莫尔顿和托马斯（Moulton and Thomas，1987）甚至为此讨论了"把破产作为一种蓄意的战略"。

普费弗和萨兰西克两人与波特和其他定位学派学者之间的差异在于对有关组织外部关系包括什么人和什么事的界定。在这里,企业的利益相关者是股东的延伸,"市场"被"环境"所取代,因此,组织向更多、更大范围的参与者和参与势力开放。

普费弗和萨兰西克认为,市场是"公开竞技场"这一传统描述实际上和波特的所谓组织自由"谋求定位"(即组织运用手段谋取好的位置)如出一辙,但是,在高级经济状态中,这种自由化状态很大程度上已经被组织化、规则化、专业化的系统所替代,这些系统具有很高的相互依赖性和复杂性。在此情形下,关于组织的核心问题演变为:

……把握好组织与受其活动影响的不同利益集团的交流和关联。由于组织的内部联结日益增强,组织间的影响更多地由规章制度和政治谈判而不是客观市场力量来调停……所以,谈判、政治战略、对组织制度关系的管理,都已变得更加重要。(1978:94)

结果,一个组织有三种基本战略可任意使用:

- **在各种组织需求出现的初期,组织能够轻易地满足这些需求**。这是西尔特和马奇对目标持续关注后得出的又一例证。但是在宏观权力层次上,组织不应试图一举解决相互对立的所有需求,而是需要依次解决它们。例如,先考虑压缩财务需求,然后再转而关心市场占有率(Cyert and March, 1963:96)。

- **组织能够战略性地截留和泄露信息**。运用这种方法,组织能够操纵预期及调整结果。"……一个团体往往对依据自己历史绩效和竞争对手历史绩效而制定的预期目标感到满意。因此,当公司濒临破产时,雇员可能情愿放弃增加工资的要求而继续工作,供应商、债权人和所有者也愿意遭受损失而共同发展。如果雇员发现所有者实际上却在秘密盈利,那么他们将会非常恼火。为了组织的利益,需要每一团体或组织都认为他们正取得相对来说最好的待遇。因此,关于每个团体正在获得什么利益的信息最好还是保密。"(96)

- **一个组织能够使某个团体反对另一团体**。例如,可以把"公务员提高工资的要求与当地居民降低税收的要求并列放置在一起"(97)。

　　组织可以寻求办法减少对外部的依赖，或者寻求与环境之间的共同利益从而达到与之相适应的目的。后一种战略包括组织结构和信息系统方面的适应等，像减弱或利用控制的战略，包括兼并（吸引外部力量），为谋求有利的政府行动（如关税、规则）而游说等。也可能求助于非正式的或隐蔽的措施。在20世纪初，许多组织结盟形成卡特尔，通过限定价格和分割市场变互相竞争为互利联合。随后，许多类似事件被认定为非法行为。直到今天，它们仍在进行，而且更为普遍，只是变得更隐蔽了。

　　正如明茨伯格（Mintzberg，1982）描述的，大体来说，组织会在不同阶段终结。一个极端状况是，一些组织成为外部权力集团的工具，直接按照外部的指令运作，如来自单个所有者的指令；另一个极端状况是，组织与外部影响相对隔绝，如组织由许多股东拥有，但没有人拥有真正的影响力。在这种情况下，组织成为外来影响的操控者而不是接受者。介于二者之间的组织受制于一些权力集中的影响者集团，并发现这些集团的权力系统有着明晰的权力阶层划分。比如，监狱分成主张监禁的一派和主张恢复罪犯名誉的一派是一个例子，而股权高度集中但同时面对一个强大的工会和单个关键客户的公司则是另一例子。当然，宏观权力的目的是处于第二种状态，也就是与大多数外部影响隔绝。

　　宏观权力领域内的一些应用更广泛的研究包括企业利益相关者分析、战略操纵和合作战略决策。我们将在下面逐一讨论，要注意这三者的研究都与另一学派有着密切联系，导致它们成了有关战略进程观点的混合体，至少按照本书的说法是这样的。

企业利益相关者分析

　　企业利益相关者分析主要是试图运用理性方法来处理政治力量。在某种意义上，它是计划学派对杂乱政治活动的解决办法。弗里曼（Freeman，1984）把部分想法整理成一种模式，称之为"利益相关者战略形成过程模式"，具体描述如下。

- **利益相关者行为分析**。"为利益相关者集团构筑战略计划的第一步就是行为分析……对每一问题，任何企业的利益相关者集团至少有三类行为……现实的或者是可以观察到的行为……合作的潜力行为（此行为在未来能够被看到并且有助于组织在有争议的问题上实现自己的目标）……竞争威胁行为（此行为会阻碍或帮助阻碍组织达到它的目标）。"（131-132）

- **对利益相关者行为的解释**。"开始为利益相关者构建战略计划的第二项任务是为企业利益相关者行为建立合理解释……这就要求经理人员置身于企业利益相关者的位置,并且站在企业利益相关者的角度去尝试和领会。"(133)

- **联盟分析**。"为企业利益相关者构建战略计划的最后分析步骤是在几个利益相关者之间寻求可能的联盟。"(131-135)

弗里曼提出,这种企业利益相关者战略形成过程能够产生四种通用战略:进攻性的(如试图改变利益相关者目标)、防御性的(如把问题与其他企业利益相关者认为满意的问题联系起来)、占据目前的地位、改变规则。

尽管这种分析可能对有计划倾向的人存在吸引力,但是能够冷静地分析别人的竞争能力,并且采取合理的应对措施来平衡压力却是困难的。所以,也许下一个宏观权力的应用主题会更加实际。

战略操纵

因为控制外部参与者权力的最有效方法就是控制他们的行为,所以关于组织如何实施战略性操纵以达到目标这一主题已经形成了一部有趣的著作。迈克尔·波特在他的作品中再度强调了这一点,特别是在《竞争战略》(Porter,1980)一书以"市场信号"和"竞争行动"为标题的章节中。

当然,由于我们的讨论也是有关取得市场定位的竞争行动的,因此也可以放在有关定位学派的章节中。但放在那里也可能是一个败笔,这不仅因为那一章的篇幅长度,而且因为这部作品的品位是如此别具一格。

克劳塞维茨写道:"从另外层面看,战争也是一种政治。"政治的目的是要在避免毁灭性的实际冲突的情况下达到特定的目标。波特列举的行动(含对抗行动),主要是针对那些已确立其地位并一心想要维持其有利地位的企业而言的。运用手腕与对手沟通,通过协商达成互利协议比公开作对更为明智;而将威胁和承诺结合起来获得优势,是类似外交的手段。

因此,这里讲的战略,与其说是确立地位,倒不如说是施展计谋,这种战略是针对那些已在早期建立稳定秩序的公司的。它由各种通常带有愚弄竞争者意图的佯攻和其他阴谋诡计所组成。这些文献更多的是论述有关公司如何"仗势欺人"。尽管波特在著作中意在讨论经济,也没有使用"政治"这个字眼,但所有这一切都是围绕政治的——这就是定位学派的政治面。

此外,战略决策采取了与定位学派其他著作(以及波特本人的著作中论述这一问题的其他章节）完全不同的风格。因为在那里，重点是系统分析、对硬信息的评价以及精心制定各种战略，而在这里成功取决于软印象、快速行动以及直觉。鉴于此，我们将这块内容的论述放在这里。战略操纵的确是冒着迷失在定位学派中的风险！

但有时战略操纵也会以分析为幌子。请认真思考一下专栏 8-4 中波特的话，他认为在寡头垄断的情况下，一个企业可以在下面列举的行动范围内活动。进而自问一下，一个企业实际上会怎样处理所有这些精心做出的评估呢？

专栏 8-4

波特论战略操纵（节选）

由于在一个寡头垄断的市场中，企业行为在一定程度上取决于对手的行为，选择正确的竞争行动包括找到一种能够迅速得到结果的方法（绝不能发生旷日持久的或后果严重的斗争）。

- 一种广泛采用的办法是利用优势资源和能力，战胜反击力量，迫使竞争结局向企业利益倾斜，我们可以称之为强力方式。这种方法只有在一个企业拥有明显优势时才能得以维持……而且只有在竞争者没有在这方面发生错误判断并试图错误地改变地位时，才可能奏效。

- 对竞争者的目标不构成威胁的行动是研究改善地位方法的出发点。

- 对于提高企业地位来说，许多具有重大意义的行动对竞争者都具有威胁，因为这是卖方寡头垄断的实质所在。因此这种行动成功的关键是预测和影响反击……在考虑威胁行动时，关键的问题如下：①可能是什么样的反击？②反击会来得多快？③反击潜在的效果如何？④反击的强硬程度会有多大？这里的强硬程度是指竞争者反击的愿望是否很强烈，甚至不惜任何代价。⑤能否影响反击？

- 阻止或防御竞争者行动的必要性可能是同样重要。好的防御创造一种竞争局面，使得竞争者从中得出的结论是不明智的。正如进攻行动一样，防御可以通过迫使竞争者战斗后撤退而实现。不过最有效的防御是要共同防止斗争。为了制止行动，竞争者必须确定无疑地预见反击并相信反击将是有效的……一旦竞争者采取行动，拒绝给竞争者提供实现其目标的充分根据，同时预料这种事态将持续，可以使竞争者撤退。

● 也许在筹划和实施进攻性或防御性竞争行为中最简单、最重要的概念就是承诺。承诺可以保证对进攻行动报复的可能性、速度和魄力，而且可能成为防御战略的基石。已经建立的承诺实质上是把企业的资源和明确的意图紧密联系起来的一种形式。

资料来源：Porter，1980：91-100.

创立波士顿咨询公司的布鲁斯·亨德森也提出了一些令人感兴趣的有关战略操纵的观点。相比于波特的观点，他的这些观点也许更具挑战性。他强调了两点："第一是公司的管理当局必须说服每一个竞争对手不要尽最大努力去争夺顾客和追求利润。第二是这种说服要依靠情感和直觉的因素，而不是依赖于分析或演绎"（Bruce Henderson，1979：27）。亨德森提出了明智的竞争型操纵所应遵循的五个规则，实际上其中也暗藏着大量的分析。

● 你必须尽可能准确地了解竞争者与你签订的契约中隐藏着哪些危机。不是你的得失，而是他的得失决定了他能够对你做出让步的底线。

● 竞争对手对你的利害关系了解越少，他的优势就越小。找不到参照点，他甚至不知道眼下的契约是不是合理。

● 如果你想要取得谈判优势，那么了解你的竞争者的个性、态度、动机以及习惯性行为是绝对必要的。

● 你的要求越是随意，你的相对竞争地位就越好，当然，前提是你并没有感情用事。

● 你表面看起来越不随意，实际上你就会更为随意。

这些规则补充了实施企业边缘政策的艺术，是竞争者心目中赢得战略胜利的指南。一旦赢得这一胜利，它就会转变为在销售量、成本和利润等方面的竞争性胜利。（32-33）

保罗·赫希（Paul Hirsch，1975）从社会学而非经济学的角度出发，对组织如何运用政治手段构建和保护其战略进行了特别丰富的描述。赫希发现经营制药和唱片的企业，尽管其生产特点和分销方式相似，但它们的获利能力却存在差异。赫希进一步指出，制药企业运用着更为变化多端的政治操纵——涉及对行业"体制"环境的积极管理，包括产品准入限制、定价和促销（所有这些需要立法和法规批准的领域）。只要有可能，制药企业总是"创建"出有利于其经营的体制环境，有时通过复杂合作和协作行动。这是一个与宏观权力有关的多么完美的实例啊！

合作战略制定

"网络""集体战略""合资企业""战略联盟"和"战略性外包"等都是战略管理的新词。事实上，埃尔夫林和沃尔伯达（Elfring and Volberda，2001）发现其重要性已足以在战略管理领域内自成一派了，他们将之称为"边界学派"。

随着合作关系的迅速兴起，战略形成了超越单个组织的排他性边界，而成为一个与合作伙伴共同发展的过程。企业通过关系网络进行协商，制定出集体战略。这当中显然包含计划和定位等方面的特征，但正如我们将看到的，在战略形成过程中，协商的特征将越来越突出。让我们依次来回顾其中的各个要素。

网络

当企业之间的联系在广度和深度方面得到扩展时，研究者们也开始对此进行关注，并建立起了一个网络模型（Hakansson and Snehota，1989：190，通过追溯20世纪70年代中期瑞典乌普萨拉大学的研究得出）。组织并不是孤立运作的，而是处在与其他组织和参与者发生交互作用的复杂网络之中，其中包括了供应商、竞争者和顾客（参见 Gulati，1998）。这一观点向传统的"孤独先锋者"战略形成模型提出了挑战，在传统模型中，"利己主义组织"被看作"对抗未知环境的孤独个体"（Astley，1984：526）。

集体战略

集体战略这一术语是由格雷厄姆·阿斯特利和查尔斯·丰布伦（Graham Astley and Charles Fombrun，1983）创造的，用来描述网络成员中的战略形成的"共"性。他们指出，除了公司战略（应从事什么业务）和经营战略（在每项业务中应在哪些领域展开竞争）外，组织需要在集体层面上发展战略以处理其复杂的相互依存关系。阿斯特利进一步指出，"协作"已经超越了"竞争"，并主导着战略的形成过程。

在现代社会，相互依存已发展到这样一种程度，即组织已逐渐融合为集体单位，而集体单位的特性不允许独立行动。随着组织朝着逐步消灭竞争性对抗的方向发展，协作变得普遍。因此，我们必须研究这种集体效忠的制度化，因为它们在当今的企业社会中正扮演着越来越重要的角色。（Astley，1984：533）

银行业的发展可以看作有关这一点的一个早期例证："……随着共享的自动柜员机（ATM）网络的普遍出现，行业内不同企业的共同利益变得显而易见。在银行与电子网络挂钩之后，跨州银行业务变成了现实，但只局限于管理者许可的交易种类范围内。"（Fombrun and Astley，1983：137）

多林格（Dollinger，1990）指出，集体战略可将一个过去高度分散的行业转变成一个集中度更高、行业标准更多的行业。现在作为全球贸易基础的集装箱产业就是一个很好的例证。集装箱过去用于在铁路上或海上运输货物，有各种大小。远距离货物运输通常需要将货物从一个集装箱卸下再搬到另一集装箱里。这是一种低效的方式，既增加了成本又不利于交易。大家使用同一规格的集装箱的好处显而易见，但直到国际标准化组织支持的集体战略出台才使得集装箱标准化的理念变为现实。

战略联盟

网络和集体战略的思想为风靡一时的著书立说和研究奠定了基础，这些著作和研究提出了一个迅速进入实践领域的概念——战略联盟。战略联盟是指各种不同的合作安排（如共享研发技术、共同开发新产品），通常在供应商、客户以及合伙人（结果越来越多地变成了其他领域的竞争者）之间。

"合资企业"一词指的是合伙人在其创建的各项新业务中具有股权地位的战略联盟。反之，"合作协议"一词指的是非股权形式的合作，诸如长期合同、许可证业务、特许经营以及全承包协议等。当合资企业的发展长期徘徊不前时，这些合作协议在 20 世纪 80 年代和 90 年代却得到了飞速发展。似乎每天都有某种新创造的形式问世。表 8-1 是一份包含各种各样联盟的名单。

表 8-1　战略联盟的类型

联盟类型	例　　子
协作广告	美国运通和玩具反斗城（电视广告和促销的合作）
研发合作伙伴	Cytel 和 Sumitomo 化工公司（开发下一代生物技术制剂的同盟）
租赁服务协议	Cigna 和 United Motor Works（为非美企业和政府提供金融服务的协议）
共同销售	日产和大众汽车公司（日产在日本销售大众产品，大众在欧洲分销日产的汽车）
技术转让	IBM 和苹果电脑公司（开发下一代操作系统软件的协议）
合作投标	波音、通用动力公司和洛克希德（在赢得先进战术歼击机合同过程中通力合作）

（续）

联盟类型	例　子
交叉生产	福特和马自达公司（在同一条生产／装配线上设计并制造类似的汽车）
资源风险企业	Swift 化工公司、Texasgulf、RTZ 公司和 US Borax（以加拿大为基地的自然资源开采风险企业）
政府和行业合伙	杜邦公司和美国癌症研究所（在 IL 的癌症临床试验第一阶段，杜邦公司与美国癌症研究所合作）
内部派生	Cummins Engine 和东芝公司（为开发／营销氮化硅产品而创立新公司）
交叉专利许可	Hoffman-LaRoche 和 Glaxo（HL 和 Glaxo 达成协议，由 HL 在美国销售 Zantac 抗溃疡药物）

资料来源：Pekar and Allio，1994：56.

战略采购

所谓的战略采购，近来已成为合作协议的一种特别流行的形式。它指的是把"内部"用别的方法生产的东西外包出去。早些时候，我们常常听到"生产或购买"决策。如今，"外包"及相关的"离岸业务"成了流行词。

根据文凯特桑的观点，公司应该"外包部分业务，这些业务对于供应商来说具有明显的比较优势——更大的生产规模、更低的成本或更强的经营动机"（Venkatesan，1992：98）。换言之，把你缺乏核心竞争力的东西外包出去。但兰普尔（Lample）和巴拉（Bhalla）在 2008 年指出，现在离岸业务的趋势是，公司让其他国家（如印度、中国）的公司做非核心业务，而公司自身掌握核心能力。

网络、联盟、集体战略、外包——将所有这些联系在一起，就会更加难以区分组织与组织之间的分界线（Afuah，2003）。换言之，随着网络取代内部严格的等级制度和外部开放市场，组织的边界日益变得模糊不清。同时，战略决策过程也已变得相当错综复杂，其论述的复杂性也增加了好几倍。

联盟是政治性的吗

借用本章的副标题，所有这些活动都明显与作为一种协商过程的战略形成有关。但把它归在本章的标题下合适吗？或者说，我们是否可以把这些联盟描述为与单纯的经济力量相对的权力与政治联盟呢？

其中许多看上去似乎只是简单明了的经济问题——仅仅是创造竞争战略的又一种方法，但实际上情形要复杂得多。专栏 8-5 表明了这一点而且事实上还有更多原则。

专栏 8-5

协作优势的原则

- **协作是一种不同形式的竞争**。成功的公司从不会忘记其新伙伴可能会跳出来缴它们的械。它们怀着明确的战略目标加入联盟，同时也了解其合伙人的目标将如何影响它们的成功。

- **融洽并不是成功最重要的度量标准**。事实上，偶尔的冲突可能是互利合作的最好征兆。几乎没有联盟能永远维持双赢的承诺。一个合伙人即使是在无意中交出了核心技术，也可能仍感到满意。

- **合作是有限度的**。公司必须防止竞争中的妥协。战略联盟就是一份不断发展的契约，它的真实条款超越了法律协议或高层管理目标。交易何种信息通常由工程师和执行经理日复一日地决定着。成功的公司会告知不同层次的员工哪些技能、技术是禁止透露给合伙人的，并监视合伙人的需求和所得。

- **向合作者学习是至关重要的**。成功的公司把每个联盟都看作合作者展现其主要能力的窗口。它们利用联盟在正式协定之外的各个领域发展技能，并系统地在整个组织中传播新的知识。

资料来源：Hamel et al., 1989: 134.

　　与我们早先关于经济战略中政治性因素的讨论相一致，许多联盟也同样涉及政治因素，不论是否经过深思熟虑。我们想通过此点说明这些联盟反对纯粹公开竞争势力的立场。联盟必须是合作性的，因而也具有排他性。它们因此能够停止竞争，至少是在一段时间内，以有利于获取共同的利益，发展更多的关系。

　　一些联盟创建的目的很明显就是减少竞争或者保有市场。当然，也有公开的政治联盟，如较大企业联合起来以削弱小企业和新建企业的实力。被布兰登布格尔和纳莱巴夫（Brandenburger and Nalebuff, 1995）认为合作竞争的那些竞争者之间的合作协议又是一种什么样的情形呢？对抗也许就潜藏在合作的表面之下，但合作也能够占据有利地位并缓和对抗。企业能清楚地分开这些吗？抑或我们某天醒来会发现自己被加上了某种极端网络的巨大拘束？（许多人认为，这已经成为像法国等地的大企业和政府中存在的实例。）我们真的不得不对经济活动的政治后果持敏感的态度。权力学派的真正要点正在于此。

结论

权力学派的假设前提

我们在此介绍权力学派的假设前提以总结一下我们的讨论。

- 战略的形成由权力和政治决定，无论是作为组织内部的过程，还是作为其外部环境中组织本身的行为。

- 从这一过程产生的战略可能是涌现的，采用的形式是定位和手段，而不是展望。

- 微观权力把战略决策看作在狭隘利益集团和诡诈联盟中，通过游说、议价或对抗，以政治博弈的形式表现的相互作用，在任何重要时期都不占主导地位。

- 宏观权力把组织看作采取控制或与其他组织合作的方法，通过使用战略性策略及各种网络和联盟的集体战略，来提升自身的福利的行为主体。

权力学派的适用环境、贡献及对其评价

至此，我们对不同学派的每一种评价都已形成它们各自的模式，至少在一个方面是这样的。战略形成与权力有关，但它不仅仅与权力有关。显然，这一学派如同其他每个学派一样，过分强调了自己的意义。领导层、文化以及战略观念本身在此都遭到了忽视。由于将注意力集中在分裂和局部问题上，权力学派也许忽视了正在形成的模式，即使是在相当矛盾的情形下。

此外，尽管政治因素在组织中确实会起到积极的作用（尤其是受传统影响，推动必要变革时），但它也可能是造成组织中大量浪费和曲解的根源。许多论述这一问题的人，更不用说那些饶有兴趣的实践者，似乎都怀着某种情感去看待它。但这可能会掩盖住其他需要提出的问题。例如，以联盟形式表现的宏观权力可能导致大型组织群体中相互勾结的严重问题。然而，这方面的问题在文献中几乎没有被提及。实际上，学术界正在积极讨论这些概念。

但反过来，如果把战略形成描述为没有权力和政治的过程，则几乎是毫无意义的。这一点在以下情况中尤其如此：①在重要变革时期，当权力关系中的重大转变势在必行，从而矛盾突显时；②（对宏观权力来说）在大型成熟的组织中；③（对微观权力来说）在复杂的、高度分权的专家型组织中（如大学、研究实验室和电影公司等），那里许多参与者拥有权力并且倾向于维护自身利益；

④在封锁时期，战略变化被迫停止，也许是因为当权者的不妥协；⑤在不断变动的时期，组织无法确定任何明确方向，因此决策制定往往成为一场混战。（政治活动在后两种情形中往往也是普遍的。）

权力学派已将它那部分的一些有用词汇引入了战略管理领域——如"联盟""政治博弈"和"集体战略"。它还强调了当已经站稳脚跟的参与者一心想要维持必须改变的现状时，政治在促进战略变化中发挥了重要作用。当然，政治也是抵制战略变化的一个因素，但也许不像文化势力那样有效，这一点我们将在介绍下一个学派时讨论。

第 9 章

文化学派

战略形成是一个集体思维过程

"难怪他从来都不会忘，他的记忆内存已经达到了 360 兆。"

只要你改变对世界的固有观念，安井先生，一切都会变得很简单。

——詹姆士·克拉维尔，《幕府将军》

把权力置于镜子面前，你见到的镜像就是文化。权力掌管着被称为组织的实体并将其划分为各个部门，而文化却把所有个人联合成整体，即组织。事实上，前者主要关注个人利益，后者更关注共同利益。相对于权力学派，文化学派认为战略形成是根植于文化、受社会文化驱动力影响的过程。权力学派研究内在政策对促进战略变革的影响力，而文化学派更多关注文化对保持战略稳定性的影响，有时候甚至是对抵制战略变革的影响。

文化绝不是一个新观念。正如每个研究领域都有其核心概念，如经济学中的市场、政治学中的政治、战略管理中的战略等，文化一直是人类学的核心概念。从人类学的主流观点来看，文化无处不在——我们的饮食，我们的音乐，我们的沟通方式……与此同时，文化又是我们所有行为的独特性所在，也是一个组织与另一个组织、一个产业与另一个产业、一个国家与另一个国家的区别所在。我们将会看到，文化的这种二元性——广泛性与独特性——同样也反映在战略管理的应用中。

由于日本公司的成功，从 20 世纪 80 年代开始，文化受到管理学界的关注。日本公司公然模仿美国公司的技术，而它们的运营方式却与美国公司截然不同。所有研究都瞄准了日本的文化，特别是这些文化在日本大公司中所表现出来的方式。

在美国有大量的文献来解释这种现象，尾随其后的还有各式各样的致力于提升文化的咨询报告。由于它们大多探讨关于组织和员工激励方面的问题，因此并没有增进我们对战略的理解。战略管理中文化学派的主要研究也是后来才出现的。（有意思的是，正如我们之前提到的，学习学派倒是能更好地解释战略管理中出现的日本式管理方法。）

文化可以从局外人旁观和内部审视两个角度进行研究（这与认知学派的两个分支流派相对应）。前者站在客观的立场上考虑文化，用客观的社会及经济关系来解释人们为什么这样做，即人们的行为方式，而后者将文化看作一种主观的诠释过程。

虽然人类学开始持客观观点，但后来又整合了主观观点。从某种意义上说，战略管理与之相反，这一点将在本章得到体现。我们从思考文化的概念开始，对文化学派的假设进行陈述，然后介绍一批瑞典学者的开创性工作，他们在 20 世纪 70 年代发展了一系列与文化诠释相关的概念。但是到了 90 年代，"战略即实践"法聚焦于管理者的工作方式，而不是抽象的标准和意念。最后，我们讨论一个最近的观点，即已经广为人知的企业资源观。持这一观点的学者认为市场优势只有在依靠资源的稀缺性、难以模仿性和不可替代性而建立时，才可能是持久的。用我们的术语来说，这些客观属性将归结为组织作为一个文化系统的独特性。本章以对文化学派的评判以及对其适用情境和贡献的阐述作为总结。

文化的本质

人类学家无休止地争论着文化的定义。在这里我们只需关注文化概念的要点。文化本质上是由人们对世界的诠释和反映这些诠释的人类活动和人造物组成的。此外，经过认知之后，这些诠释在社会进程中被集体共同分享，并不存在私人文化。或许，某些活动是个人层面的，但其内涵还是集体的。

因此，我们把组织文化与集体认知联系在一起，这就是"组织意愿"。这些组织成员共同的信念将反映在组织传统、习惯以及各种更为明确的表现形式（故事、标志，甚至人造物、产品和建筑）中。佩蒂格鲁（Pettigrew，1985：44）在写到组织文化可以被看作"富有表达力的社会组织"时做了个很好的比喻：像人体的结缔组织一样，组织文化紧密联系着类似骨头的组织结构和类似肌肉的组织过程。从某种意义上说，文化代表着组织的生命力，代表着组织躯体的灵魂。

人类的这种诠释与组织活动交织得越紧密，文化的根植就越深入。从表面上看，也许存在较为明显的联系，例如，许多软件公司内的非正式穿着，传达着一种创造力与衬衫领带无关的理念。在深层次上，诠释与组织活动之间的关系就较难理解，对局外人当然如此，但是甚至对于身处文化之中的人员也是如此。丰田公司和惠普公司的经理们都肯定能背诵象征着它们企业文化的公务信条（如七条"惠普风格"）。但他们能详细描述出文化的本质以及文化是如何对他们产生影响的吗？我们对此的猜测是，许多类似的问题都隐藏在不自觉的意识层次中。

确实，文化的力量也许是与避开自觉意识的程度成比例的。正如格里·约翰逊所指出的，拥有强文化的组织具有一系列"想当然的假设"的特点，而这些特点又受到"由各种文化产品构成的网络的保护"，包括人们相互之间处事的方式、人们口头流传的"根深蒂固地存在于组织历史之中的事迹"、人们使用的语言等（Gerry Johnson，1992：30）。

盲人摸象寓言诗的另一诗节完美地捕捉到了文化的这种气质——这一节诗是在一次法国南部的会议上当有关这些学派的观点初次形成时（也是首次使用该诗歌时）所做的。它来自约翰·爱德华兹（John Edwards，1977：13）的一篇有关战略过程中文化特征的论文：

> 第七个盲人，
>
> 尾随其后，
>
> 一步之遥或是远远跟随，
>
> 他是否在竭力地感知
>
> 那头大象的样子？
>
> 他遵循着什么样的规则？
>
> 气味？足迹？还是气氛？
>
> 对他而言，大象的确显现了。

换言之，盲人也许比将一切看得太清楚的明眼人更能理解文化！文化也是组织群落的一种表达。跟随这种观点，戈菲和琼斯认为社交性和团结性决定了组织的文化类型（见专栏 9-1）。通常，群落具有将群落成员凝聚在一起的共同信仰或意愿。

专栏 9-1

靠什么凝聚现代企业

将现在的企业凝聚在一起的是什么？是文化。文化也可以说是"群落"，是人们相互联系的结果。

社会学将群落分成两种不同的人际关系：社交性人际关系和团结性人际关系。社交性衡量群落成员之间真诚友善的程度；团结性衡量群落快速、有效追求共有目标的能力，而不考虑群落中个人连带的作用。

在商业群落中，高社交性的好处显而易见且十分大。第一，大多数员工觉得在这样的环境中工作非常愉悦，这有助于提升士气和团队精神。社交也有助于提高创造力，因为其促进了团队性工作、信息共享、理念开放……社交还创造了一种让个人更愿意超额工作（超过正式的工作要求）的环境。

第二，团结会产生高战略聚焦，对战略威胁进行快速响应，以及保持对不良绩效的容忍，但也可能导致没有人情味。如果组织的战略是正确的，这种焦点意图和行动会非常有效。

为了评估组织的社交程度，请对以下陈述回答"是"或"否"：

● 组织成员想方设法地交朋友并保持紧密联系。

- 组织成员相处融洽。

- 组织成员在工作之外也常来往。

- 组织成员真心实意地相互喜欢。

- 组员在离开我们组后，依然和本组成员保持联系。

- 组织成员真心实意地相互欣赏，彼此有好感。

- 组织成员在私事上也相互信任。

  为了评估组织的团结程度，请对以下陈述回答"是"或"否"：

- 本群体（组织、部门、单元、团队）理解和分享相同的业务目标。

- 组织成员的工作高效、高产。

- 本群体对不良绩效高度重视，并采取强有力的改善措施。

- 我们有很强的好胜心。

- 我们善于抓住能创造竞争优势的机会。

- 我们分享共同的战略目标。

- 我们知道谁是竞争对手。

资料来源：R. Goffee and G. Jones，1996.

我们将借用意识形态这个词来描述组织内部丰富的文化内涵——被员工们积极共享的人生信条，有别于其他一切组织的信念体系。比如，汉堡王公司的文化与烤制汉堡包联系在一起，而麦当劳的意识形态则与一种对高效、服务、清洁的几乎充满拜物教式的信念联系在一起。

当然，政治体系也是具有意识形态的（资本主义、社会主义等），正如社会和种族（日本人、加利福尼亚人等）都有自己的文化，行业（航空航天业、银行业）也有各自的文化。事实上，"行业秘方"（Grinyer and Spender，1979；Spender，1989）真正描述了行业文化——为了生产和销售产品，"我们在本行业中是如何运营"的（如在麦当劳带领下形成的快餐业）。

显然，所有层面上的文化和意识形态，无论是在社会、产业还是组织层面，都是以各种方式相互作用的。例如，日本文化的特点是强烈的日本企业意识形态，反之亦成立。罗斯和里克斯（Roth and Ricks，1994）指出了国家文化如何影响公司对环境的诠释方式，从而使得同一公司在不同国家产生不同的战略反应。里格（Rieger，1987）证明了国家文化对不同国家航空公司的组织结构和决策风格是有影响的。

文化学派的假设前提

下面我们总结了文化学派的主要假设前提，你也可以称之为文化学派本身的信念体系。◯

（1）战略形成是一个社会交互作用的过程，它建立在组织成员拥有共同信念和认识的基础之上。

（2）个人通过积累或社会化过程感知到这些共同信念，虽然这个过程有时能通过正式教导得到强化，但更多的还是潜移默化和非语言的。

（3）因此，大多数组织成员只能部分地描述支撑组织文化的信念，而且文化的起源和解释对他们来说仍然非常模糊。

（4）结果是，战略采用了上述意识形态，而不是定位的形式，它根植于集体意愿（未必被表述出来），并在各种模式中反映出来，这些模式是用来保护和利用组织的内部资源或能力，以给组织带来竞争优势的。因此，对于战略的最佳描述应该是"深思熟虑的"（即使没有充分意识到）。

（5）文化，特别是意识形态，并不鼓励战略变革，而是维持现有战略，它们至多在组织的整体战略观内做出一些定位上的转换。

文化和战略

1980 年以前，在斯堪的纳维亚半岛之外，文化并非管理领域的重大议题。后来才出现了少量文献。在英国，安德鲁·佩蒂格鲁（Andrew Pettigrew，1985）详细研究了英国一家化学公司 ICI，找出了重要的文化因素。同时，在美国，费德曼（Feldman，1986）开始考虑文化对战略变革的影响，巴尼（Barney，1986）研究了文化是不是维持竞争优势的一个源泉。在加拿大，弗西洛图（Firsirotu，1985）和里格（Rieger，1987）的获奖博士论文分别是关于加拿大火车运输公司"文化变革的战略转变"（还可参考 Allaire and Firsirotu，1985）和国家文化对航空业的影响的。

◯　约翰（John，1987：50-57）对此有类似的阐述，且更详尽地包含了认知学派的某些内容。

当然，一直都有很多关于文化如何对战略变革产生抵制力的文献。此外，如同企业利益相关者设计权力关系的方法一样，还有一些文献是有关如何运用技术来进行文化设计的，我们把这类内容归纳到计划学派中。下面这一段话为我们做了清晰说明："要使公司文化与商业战略相匹配，如上所概括的过程（四个步骤）就应该成为公司战略计划过程的一部分。"（Schwartz and Davis，1981：41）

因此，文化概念与战略概念之间存在着多种不同的联系。我们把文献中相关的一些内容总结如下。

决策风格

文化不仅影响组织内的思考风格和使用的分析方法，还影响组织战略的形成过程。例如，通用汽车公司早期经过阿尔弗雷德·斯隆（Alfred Sloan）的重组后，消除了不同业务自由放任式的管理方法，取而代之的新文化则强调慎重仔细的分析和深思熟虑的决策（Buick，Oldsmobile，Pontiac，Chevrolet，etc.）。此外，许多年后，约翰·德洛雷恩在撰写他作为通用汽车公司高级经理的生活经历时提到，文化与确保平滑流畅的决策密不可分。每次会议之前，每位高级主管"都要提前阅读发下来的将要讨论的材料，从来没有例外……我们对同一份材料至少要过三遍：先是阅读材料，然后在会议上听材料报告，最后阅读有关材料的会议记录"（Wright，1979：27-28）。

文化扮演着知觉过滤器或是透镜的角色，反过来，这两种角色又确立了人们的决策假设（Snodgrass，1984）。换言之，文化学派把认知学派的解释主义分支的理论应用到了组织的集体生活中。结果是，拥有不同组织文化的组织在同一社会环境下运营，将会用完全不同的方式来诠释社会环境。正如第 6 章提到的，不同的组织只会看到它们希望看到或了解的。反之，它们不希望看到或了解的，自然也是它们看不到的。每个组织都会形成一套充当信息过滤器的"主导逻辑"，在这套主导逻辑牵引下，人们在战略制定过程中会关注某些数据而忽视另一些数据（Prahalad and Bettis，1986）。

阻碍组织战略变革

组织内对信念的共同承诺提倡组织行为的稳定性，从而不利于组织战略变革。"……在战略学习发生之前……原有的主导逻辑在某种意义上必须被组织抛弃……例如，IBM 在建立新战略之初，组织内原有的主框架逻辑就需要被部分地抛弃或遗忘。"（Bettis and Prahalad，1995：10）这就是文化在最深层次所蕴含的信念和不言而喻的假设，它们是阻止组织根本性变革的强大的内部障碍。

也许卡尔·韦克说得更好："公司不需要文化，公司本身就是一种文化。这也是组织难以变革的原因。"

洛尔施注意到文化不仅作为一个棱镜使管理者不能正视外部环境的变化，而且"即使管理者能够看到外部环境变化，他们也只是根据自身文化来应对外部变化"——他们总是固守以往工作时拥有的信念（Lorsch，1986：98）。当然，这也意味着固守已有的战略，并把它作为观念植根于文化深处。例如，如果一个企业曾经采用过以低价销售产品来阻止销售额下滑的策略，那么这种降价策略肯定还会被再次采用（Yukl，1989）。同样，在行业层面上也可能发生类似事件。当整个行业的经营方式受到威胁时，即使技术已经发生了翻天覆地的变化，企业也仍可能原地踏步。正如亚伯拉罕森和弗姆布隆指出的，将各个组织联系起来的网络鼓励相同的价值观和信念，这种相同的价值观和信念增加组织网络的惯性，并导致网络内各个组织间的"战略态势"呈现相似性（Abrahamson and Fombrun，1994：728-729）。其他学者（Halberstam，1986；Keller，1989）指出，在美国制造商内部就存在这样的倾向，制造商之间互相视对方为"标杆"，却忽视了来自"网络"外生产者的威胁。

克服战略变革的阻碍

如何克服组织文化带来的战略惯性已经引起了人们的注意。洛尔施建议高层经理采纳柔性和创新，并将之作为组织文化最重要的组成部分（Lorsch，1986：104）。他提出了很多实现方法，包括任命一名"没有公务的"高级经理，规定他的职责就是提出问题、挑战信念和建议采纳新观点；起用"能质疑在变化的时代中公司的这些信念是否仍然适用"的外部董事；采纳"聘请外部专家，针对公司中层干部开展内部学习培训"的意见；鼓励"经理们在不同职能和业务部门进行系统轮岗"（107-108）。洛尔施还主张必须把重要信念文字化："如果经理们清楚他们共同拥有的信念，当文化的某个方面过时时，他们就不容易被蒙蔽，而且可能会更加迅速地理解这些变化。"（105）他认为管理者应该通过文化审计来发展、形成有关组织共同信念的一致意见。问题是，正如我们之前讨论的，这些深层次的信念是否真的能通过这些方式捕捉到。

比约克曼（Bjorkman，1989）提出，研究表明战略的激进改革必须以文化根本性变革为基础。他把这个过程划分为四个阶段：

（1）战略漂移。在多数案例中，激进改革之前都会出现组织信念体系与环境特征之间隔阂加大的情况，战略漂移（Johnson，1987）也就发生了。

（2）现有信念体系解冻。战略漂移通常最终会导致财务状况的恶化和组织危机感。在这种情形下，之前毫无问题的组织信念被暴露，并受到来自组织内外的挑战。结果，组织内不断产生紧张和不团结的气氛，最终导致共同信念体系崩溃。

（3）实验与重构。在原有组织信念体系被抛弃后，组织通常会经历一段迷茫期。这段时期内也许会产生新的战略愿景。这种战略愿景通常是在实验中累积的新旧观念的结合体。随后，组织根据这个愿景进行战略决策，一旦带来好的结果，组织就会对这种新的行动方式给予更大程度的承诺。

（4）稳定。正面反馈会不断增强组织成员对看来有效的新信念体系的认可。（257）

主导价值观

成功（或卓越）的企业被认为是受组织核心价值观主导的，如服务、质量以及创新等，反过来，这些核心价值观也成为组织的竞争优势。这是彼得斯和沃特曼（Peters and Waterman，1982）所著的《追求卓越》一书的重要主题，这本书也是最为畅销的管理学图书之一。非常有趣的是，这本书并没有探讨战略（这个词在索引和参考文献中都只出现了两次），而是研究组织如何用竞争优势来维持非常稳定的战略观念。

在更早的一篇论文中，这两位作者与他们的另一位同事（Waterman，Peters，and Phillips，1980）介绍了著名的 7S 框架。该框架把文化（被称作"超级目标"（superordinate goals），因而也是以 s 开头的）放在中心位置，周围排列着战略、结构、系统、风格、员工队伍及管理技能（strategy，structure，systems，style，staff，and skill）。根据他们的观点，如果组织想要成功，所有这些因素之间必须实现和谐匹配。

文化冲突

对合并、收购、合资战略，研究者们已经从不同文化间对抗的角度进行过考察。例如，"文化冲突"被用来解释 20 世纪 80 年代合并浪潮并没有达到预期目的的原因。从"理性的"产品或市场角度来考虑，两家公司的合并可能是很有道理的，但不同公司间并不明显的文化差异却有可能使被合并者分道扬镳。不难发现，各个组织所塑造的各自独特的文化将会使此类战略在实施时困难重重。

文化学派中的瑞典支派

1965 年，瑞典的斯堪的纳维亚行政研究学院（SIAR）作为一个企业咨询型研究机构成立了。该机构学术带头人埃里克·莱恩曼（Eric Rhenman，1973）出版了《长期计划理论》一书，理查德·诺曼（Richard Normann，1977）出版了《成长管理》一书。这两本举足轻重的著作都介绍了一个概念性框架（很大程度上根植于组织文化中）、一种理论风格（创新、开放式的）以及一种方法论的途径（从少量细致深入的案例分析中得到有用的推断）。这些思想在 20 世纪70 年代激发了瑞典各大学（特别是哥德堡大学）整整一代人的研究。这些研究者从各种研究领域中抽象出部分错综复杂的理论，使用精彩的术语说明一些复杂的概念。⊖阅读了迈克尔·波特和乔治·斯坦纳的同类著作后，看到类似"幽灵幻想""组织戏剧""格格不入的事物"这些词，这本身就是一种文化冲击，虽然在传统的、单调乏味的战略管理文献中这些词也会出现。

瑞典学派的讨论不仅局限于文化领域。该学派的学者围绕组织的停滞、衰退、危机和转型，在理论体系内部构建了一个包括适应或调和（设计学派和结构学派的精神）、价值观、想象或幻想、政策、任职、组织学习在内的丰富的概念网络（把部分我们已经讨论过的学派作为出发点）。通过在此领域投入少见的雄心勃勃的努力，这些学者力图把所有概念都纳入对组织增长和战略变革的理解中来（虽然在他们的著作中并没有明显提及战略这个概念）。我们把这些著作归入文化学派而非任何其他学派的理由是，文化学派极其关注集体为适应环境而进行的变化，并且认为这是战略变革的前提条件。

许多研究关注的是组织的停滞不前、衰退，以及文化、政治和认知力量是如何通过阻碍组织变化导致组织停滞不前和衰退的。研究者们还关注之后组织究竟又是如何实现成功变革的。他们的答案立足于把组织当作一个集体社会系统，这一点在瑞典并不会令人感到新奇。

"适应性"在这些研究中扮演了重要角色。例如，莱恩曼（Rhenman，1973：30-36）介绍了四种能达到适应效果（他称之为调和）的机制：规划（反映周边环境）、匹配（对环境进行补充）、联合磋商（通过支持以及与邻近系统的合作达到"联合探索共同环境"的目的）和支配（"把自身规划融入环境中的系统能力"）。

"幻想"的概念在这些著作中也很重要。例如，赫德伯格和琼森就把战略定位于现实与幻想之间，他们所说的幻想是指一种罕见而又具变革性的元系统。这与本书提到的观念、文化，特别是意识形态非常类似（当然所有的这些都包

⊖　包括 Sten Jonsson（n.d.）、Bo Hedberg（1973，1974，also with Targama 1973，with Jonsson 1977，with Starbuck 1977，and with Starbuck and Greve 1978）和 Rolf Lundin（with Jonsson，1977，and with Jonsson and Sjoberg 1977-78）的作品。

含在世界观和信念体系的概念中)。

幻想也是……有关世界的理论之一。它不能被直接检验,只能通过战略所描述的操作性假设来检验。即使是这样,幻想也只能有条件地被检验……幻想作为思维的产物储存在人的大脑之中,而且这种储存往往是经过简化且部分错误的。只要主导型幻想保持不变,它们就依然会对组织行为……的事实做出解释。然而,不管是以理论还是事实作为出发点,对两者之间的不匹配性的感知才是战略变革的触发器。(Hedberg and Jonsson,1977:90-92)

在其他地方,琼森详细描述了幻想的概念,同样也是一种意识形态:

幻想为组织行动提供平稳的基础。它消除了过错带来的不确定性,取而代之的是确定性;我们能够办到,现在轮到我们了……如果你对所要完成的事情非常清楚,那么行动也就会加速进行。(n.d.:43)

在 20 世纪 70 年代后期之后,尽管相同领域的研究在瑞典延续着,例如,布伦森(Brunsson,1982)和梅林(Melin,1982,1983,1985)的工作,但随着哥德堡团体的解散,SIAR 也失去了充当传教士的热情,瑞典学派逐渐消失了。⊖

战略即实践:挖掘战略过程

20 世纪末,越来越多的研究者开始质疑传统文化学派关于"文化引导行为,行为反过来强化文化"的信条,部分原因在于日本和美国经济截然不同的命运。20 世纪 90 年代,随着日本经济步入停滞期,美国经济得益于高技术产业的发展而复苏,那些成功的日本企业战略被认为是脱离文化背景的管理创新。

此外,用文化去解释战略越来越让人反感,因为它经常被用来解释任何现象:一个成功的组织往往有正确的文化,而绩效差的组织是因为文化错误。为了成为成功的企业,企业就必须具备正确的文化,但是企业在成功前并不知道它们的文化是否正确。

为了更好地理解社会特征对战略结果的影响,一些研究者觉得需要深度挖掘管理者是如何决策的。为此,他们转向社会人类学,认为社会实践而不是文化信仰和规范是理解社会系统的关键。这些研究者称他们的成果为"战略即实践"(Whittington,1996;2006),并在 2003 年 1 月出版了《管理研究》的一期特刊,在特刊中汇集了兰利(Langley,1990)、布朗和杜吉德(Brown and

---

⊖ 见 Engwall(1996)对 SIAR 在 1981 ～ 1992 年出版的研究成果的回顾。

Duguid, 1991)、惠廷顿（Whittington, 1996）以及约翰逊和赫夫（Johnson and Huff, 1998）的开创性的文章。

战略实践的学者认为要理解战略，必须对现实中管理者每天的战略决策进行细致和近距离的研究——不是他们的认知过程，而是他们行为的结果，如开会、陈述和沟通。

涉及战略的管理者是他们实践的主人和仆人，好比音乐家是他们自己的乐器。将战略与战略决策的现实分割开来是毫无意义的。这里，几个关键的理念支撑这种变化：

- 战略不是"组织具有的，而是其成员做的事"（Jarzabkowski et al., 2007：6）。

- "战略是一种特殊的行为，这种行为与特定的实践相联系，如战略规划、年度回顾、战略研讨以及相关的演说"（ibid：8）。

- 为了深入战略过程，必须与管理者打成一片，并且像人类学家沉浸在原生态文化中一样研究管理者。一个好的过程研究依赖于二手的回溯报告，特别是由高管提供的报告。早期人类学者关于部落习俗的记录通常是基于他们在殖民地阳台上与部落首领的对话。人类学的进步包括民族志学者直接进入行为、实践发生的世界，事实上是去行为、实践发生的地方生活（Johnson et al., 2003：11）。

最后一点强调了战略实践中心原则的优势和劣势。这种变化正确地批判了大样本抽样研究存在着没有充分考虑战略形成的微妙性和复杂性的问题。但是进入到战略发生地（如"战略规划"撤回处）可能会助长德洛雷恩在通用汽车所经历的谬论：相信战略由阴谋诡计和正式的会议等组成（见图 9-1 的矩阵）。

	叫战略	不叫战略
战略的	运作良好的研究	错失良机的研究
非战略的	浪费性或方向错误的研究	没问题

图 9-1　战略实践的状态

最受关注的单元包括所有类型的事件和行为，人们对许多行为保持缄默，且某些行为不能被战略实践研究者识别出来，这些行为可能对战略具有很大的影响（在学习学派中我们已经讨论过这种例子）。

例如，关键的组织事件可能在研究者到达现场之前就已经发生了。管理者经常会处理数十年前他还未加入公司时的某些决策的后果。眼光长远者往往独具慧眼，可以让那些被当下的成见所淹没的战略重获新生。

资源观下的竞争优势理论

这里我们要从文化软性的一面转向硬性的一面。

物质文化

文化是人类群体随着时间的推移而形成的一种共享观念，它是通过纯粹的社会活动（如谈话、欢庆和悲伤等）创造的，也在人们为完成共同任务一起工作时出现，包括工作时发生的互动以及所使用的资源（Gagliardi，1992；Rafaeli and Vilnai-Yavetz，2004；Taylor，2002）。

人类学家所谓的"物质文化"，包括有形的资源（像机器和建筑）与不完全无形的资源（如科学知识和预算系统）以及组织员工之间的交互作用（Prown，1993：1）。当然，这种关系是相互的：信念与价值观创造了物质，反过来，物质又重塑和创造了信念与价值观。例如，汽车原产于欧洲，作为一种奢侈机器是由技艺娴熟的工匠为富人制造的。美国人对汽车进行了重新发明创造，由非技能工人为大众制造出了标准化的、低成本的机器。这就反映了文化上的巨大差异：欧洲拥有历史悠久的手工业，而美国为了弥补缺乏熟练工人的劣势，只能学做标准化产品，同时也掌握了大批量生产的技巧。最终在欧美汽车生产厂家之间的竞争实际上就是两种不同文化的竞争（现在依然如此）。许多欧洲公司试图通过模仿美国汽车公司，从而达到击败美国人的目的，但这些公司发现，它们或许可以借用一点或者两点，但似乎总是不能掌握所有要点。第二次世界大战后，日本公司也试图掌握所有要点，但最后也放弃了，取而代之的是它们自己的生产方法。这种回归与它们的文化相适应，并最终挑战了美国的霸权。

认为不是产品在市场上竞争而是生产体系竞争的观点并不新鲜。经济学家一直以来都认为生产体系的效率在竞争中扮演了核心角色。几乎所有经济学家都意识到，某种程度上这种优势是独特性的文化和独特性的企业，即这种优势根植于组织文化之中——独特性是竞争优势的根本。但伊迪丝·彭罗斯是个例外。

企业为什么多元化

1959 年，彭罗斯发表了破解经济学核心谜团的重要文章《企业为什么多元化》（Penrose，1959）。当企业有了不能用于自己市场的新产品时，为什么不厌其烦地开发新市场？为什么不直接把产品出售给最高投标人？彭罗斯给出了绝妙的回答：市场失灵。简单地说，就是市场不能很好地评估新产品、新技术和新观念。老牌的捕鼠器公司就是不相信你的新捕鼠器更好，因此，你不得不自己生产和推销这种东西，以证明新产品的优势。

彭罗斯认为，很多企业选择了这么做，所以出现了大量多元化经营的企业。不过，她的回答还有更深层次的含义，而战略研究者比经济学家更欣赏这一点：企业从不完全竞争中获得了优势。独特性为企业发展提供了基础：在创造独特性产品的过程中，企业也形成了独特的能力或"资源"。对研究开发投入得越多，生产和营销能力也就越强，从顾客身上学到的也就越多。

资源观理论

伯杰·沃纳菲尔德在一篇题为《资源观理论》的获奖论文中，首次在战略领域发展了彭罗斯的理论（Rugman and Verbeke，2002）。在文章中，他提出了如下观点：

- 与从传统生产角度观察企业相比，根据企业所拥有的资源来观察企业会有不同的发现。特别是，用一种全新的视角来看待企业的差别。

- 人们可以识别能够产生高额利润的资源类型。与进入壁垒类似，这与我们将提到的资源地位壁垒有关。

- 大企业的战略包括了打破利用现有资源与开发新资源之间的平衡。

- 收购可以被看作在一个高度不完全竞争市场中购买一组资源。在假设其他情况都相同的条件下，通过购买稀有资源使不完全竞争最大化。这是买便宜货获大利的绝好机会。（Birger Wernerfelt，1984：172）

沃纳菲尔德（Wernerfelt，1995：171）认为他的观点直到 1990 年普拉哈拉德和哈默尔（Prahalad and Hamel）推广了他们的动态能力观（参见本书第 7 章）后，才真正获得认可。事实上，这两种观点（正如作者们分别承认的）都与企业内部能力的维持和发展这个核心观念紧密联系，它是"从里到外"的观点，与"从外到内"的战略定位观点相反。

不过，我们已经把资源观理论与动态能力理论的这些观点区分开来了，后者属于学习学派，而前者属于本章讨论的文化学派。其原因是我们觉察到两者有一个很重要的差别：资源观理论强调这些能力在组织演化过程中的根植特性（实际上就是其文化），而动态能力观则强调这些能力主要是通过战略学习过程形成的。这也反映出两者各自的受众之间存在的明显差异：资源观的受众是学术期刊上激烈辩论的人，动态能力观的受众则是咨询师和业务经理们。

人们看待战略过程的方式有所不同，常常在某些方面有这样或那样的倾斜。一些学者强调学习能力，另一些学者强调根植于文化的能力。

杰伊·巴尼把资源观发展成了完整的理论。他在 1991 年发表的一篇综述中总结了重要概念。他简略阐述了资源的概念，这是整个理论观念构成的基石，它包括"企业所控制的全部资产、能力、组织过程、信息、知识等"。所有的这些都能够帮助企业创造和获取有效战略，并且它还可以划分为物质资本资源（自然技术、工厂和设备、地理位置、原材料渠道等）、人力资源（培训、经验、判断、智力、关系等）以及组织资源（正式体系和结构以及团体间非正式联系）（Jay Barney，1991：103）。

因此，企业可以被看作一组资源束，包括有形资源和无形资源。把这组资源编入一个系统的是共享的文化网络。它维护、更新并重塑这些资源，把经济和社会——物质文化和社会文化紧密结合在一起。

然而，企业又是如何知道哪些资源是战略性的，即哪些才是在企业面临竞争时提供最持久利益的资源呢？巴尼对此制定了四个标准（这让人联想到了波特）：

- **价值性**。显然，资源必须具有战略价值——必须具备提高组织效率和效果的能力。

- **稀缺性**。战略性资源在一定程度上是稀缺的、高需求的。因此把一个城市主要地点都连接起来的超市连锁店，就具有了类似于拥有独一无二面孔的好莱坞明星一样的超凡威力。

- **难以模仿性**。资源不仅是有价值的、稀缺的，而且也必须是难以模仿的。难以模仿性既可以从既成历史事实（超市连锁店的位置）中衍生，也可由因果模糊性中产生（电影明星的超凡魅力究竟是什么，如何复制），或者纯粹就是很复杂而难以模仿的（竞争对手知道构建类似的资源既耗时又耗材）。

- **不可替代性**。如果竞争者能够找到稀缺和不可模仿资源的替代品，那么这种资源还是不能成为战略性资源。试想实行广播许可后卫星对那些长途转播站的影响吧。

企业拥有的资源如果具备这些特征，会比竞争对手具有更高的竞争地位。但是这些资源会带来持续竞争优势吗？为了回答这个问题，玛格丽特（Margaret Peteraf，1993）指出有价值、稀缺、不可模仿和不可替代（即 VRIN）的资源转换为持续竞争优势必须具备以下四个条件：

（1）异质性。资源观认为企业竞争在本质上是资源束的相互竞争。事实上企业的资源束各不相同，如果它们是异质性的，那么资源就可能创造持续竞争优势。如果所有的企业在同一产业具有相似的资源束，那么持续竞争优势就不会出现。历史偶然性和管理决策带来的资源束差异，为管理者构建持续竞争优势提供了基础。

（2）竞争的事前限制。企业持有和竞争对手不同的资源束是获取持续竞争优势的必要而非充分条件。产业内的其他企业可以找到相同的资源束机会并模仿。因此，阻止或者防止其他企业试图开发类似资源束的壁垒是获取持续竞争优势的一个重要因素。这种壁垒的例子包括只允许一些企业将高度专业化的技术运用到其新产品中的专用许可，或者对位于大都市（如多伦多或纽约）的冰球队数量的限制。

（3）竞争的事后限制。如果说竞争的事前限制是构筑防止企业开发相同资源束的壁垒，那么竞争的事后限制则关注让竞争对手难以有效模仿先行者的壁垒。例如，获取战略性的零售点，从而迫使竞争者在不具备优势的地方构建零售点。

（4）资源的非流动性。如果资源束不依赖外部资源提供者的持续支持，那么它就可以带来持续竞争优势。当带来持续竞争优势的资源束要求雇用具有高专业技能的人时，前面所说的情况经常发生。一旦这些个人意识到他们对企业的价值，他们就会要求更高的薪酬，或者为竞争对手提供服务。这些行为会削弱先行企业的持续竞争优势。一个例子是 20 世纪 40 年代末好莱坞制片厂的破产。第二次世界大战前，电影制片厂是以 7 年独占合同雇用明星的。它们的持续竞争优势依赖于对明星的开发和占有。演员一直在与这种他们认为不公平的签约方式做斗争，直到 20 世纪 50 年代最终打破了独占合同。今天，演员签合同是一个电影一签，根据市场对他们所提供服务的需求情况来调整他们的薪酬水平。结果，制片厂不得不发展不同的资源束以获取持续竞争优势。

文化作为重要资源

成为优势资源的第一道防线是阻止模仿。专利和商标自然很容易达到这个目的，但从长远来看，也许最佳保护来自无形的关系、体制、技能和知识等方面。这样就又转回到文化上了。

在一篇题为《组织文化：它是否能成为持久竞争优势的资源》的文章中，巴尼（Barney，1986）把文化视作应对模仿的最有效和最坚固的堡垒。他引用了两个理由。首先，文化造就独特的产品。其次，文化培养具有因果模糊性，因果模糊性使文化很难被理解，更不用说复制了——即使是组织内部的人也不行。所以，举例来说，内部人跳槽后也未必能帮助竞争者复制原公司内的某种资源。可见，无法被复制或难以被理解的组织文化恰恰是该组织战略优势的最佳保护者——远远好过任何安全体系或法律措施。当然这也是文化的脆弱之处，很容易受到不能理解它的新领导的破坏，因为有的新领导不会考虑文化对组织的影响而贸然采取激烈的行动。

最近这种理解上的悖论又引起了大家的争论。康纳和普拉哈拉德认为，"资源观的本质是知识观"（Conner and Prahalad，1996：477）。根据这个观点，企业不能被视为各种有形资源的集合，而应该被视为无形知识和创造知识过程的层级体系。例如，像可口可乐这样的品牌的战略价值是显而易见的，但是这种品牌内含的技术诀窍又如何呢？掌握这种技术诀窍的人的经历又如何呢？那么，难以模仿的最终根源是"人力资源"吗？

科格特和赞德（Kogut and Zander，1996）不这么认为。他们认为难以模仿的根源来自作为"社会团体"的组织整体，社会团体是指为员工们确立了共同身份的组织机构体系。在这里，员工们"被他们所了解和重视的东西束缚住"，同时机构体系也成为这些员工的道德规范的制定者（515）。

资源观理论何去何从

资源观在学术界取得了很大的成功。但是正如十年后巴尼（2001）回顾资源观的发展历程时，难过地表示：成功会招致吹毛求疵。一些学者指出资源观有循环论证的嫌疑：我们识别出具有竞争优势的企业，然后找出具有资源观所说的能带来持续竞争优势的必要特征的资源（Priem and Butler，2003：27-28）。

如果根据是否具有价值、稀缺性、不可模仿性和不可替代性，我们能识别和测量出这些资源，可能对避免循环论证有所帮助。但是这个方法已经被证明很难操作。到目前引用最多和最好的研究是米勒和沙姆西（Miller and Shamsie，1996）的一项研究，他们检验了有价值的产权资源（如专利和管理者才能）对好莱坞电影制片厂破产（寡头垄断整合所导致）前后的绩效的影响，在分析时他们将有价值的资源与持续竞争优势关联，并进一步指出随着好莱坞电影制片厂破产，这些资源的价值也随之下降。但是，有些研究者仍然未被说服，他们认为这个研究以及其他的研究，事实上并没有测量资源观所定义的价值（Priem and Butler，2003：36；Newbert，2007）。

然而，即便是批判资源观的学者也承认，资源观对战略理论做出了重要的贡献。事实上，随着波特把战略管理的焦点转移到了外部环境，围绕着变化以及所谓的环境"动荡性"——最好称为"超级动荡性"——给你带来组织应该变化而且不断变化的错觉。对那些采取跟随战略的企业，采纳资源观就成了正确的策略。这就重新把问题转回到了根植于长期文化的企业内部能力。事实上，SWOT 依然能很好地应用于战略管理中，只是内部 SW（优势与劣势）的重要性应胜过外部 OT（机会与威胁）的重要性。

但是战略管理需要的是有所侧重还是平衡呢？企业真的就应该迫切地倒向一边或另一边吗？从内到外的理论难道比从外到内的理论更好吗？也许设计学派应该回到它们在 20 世纪 60 年代中期所强调的平衡适应观点上去！

对文化学派的评价及其贡献与适用环境

如果说定位学派的缺点是人为的精确性，那么文化学派的缺点就是概念的模糊性。瑞典学派、文化学派的这些概念来去匆匆，而且相互之间并没有根本性的差别。就像理查德·鲁梅尔特曾经讥讽过的："如果两个学者持有同样的观点，那么其中一个就是多余的。"（Strategic Management Society Conference talk，Montreal，1982）解决这种问题的"诀窍"就是改变概念的叫法，然后想办法让其得到广泛认可。

从另一个角度来看，社会科学的"硬"方法必定会错失像文化这一类无形的东西，就像对领导能力的研究一样。所以，我们应该为瑞典学派及在那里工作的其他研究者的想象力喝彩。

文化学派的一个危害是阻碍组织进行必要的改变。它赞成管理一直站在原有的轨道上，一直维持现有的状态。文化是凝重的、既定的、稳固持久的，而资源是灌输的、有根源性的。文化学派强调传统和舆论，强调变化是非常困难和复杂的，从而鼓励停滞不前、维持现状。（当然，该理论的支持者可能会说并不是他们的理论是这样的，而是组织生活本来就是如此。既然如此，为什么要批判信息传递者也就是制造舆论的人呢？）不过，具有讽刺意义的是，相对于文化本身在一开始就很难构建，后面的重构更是难上加难，破坏文化倒是非常容易。假设给一些行为不连贯的所谓"职业"经理以足够的权力，我们来看看会发生什么样的情况（见专栏 9-2）。此外，如上所述，随着近来对变化言过其实的宣传，我们迫切需要得到在稳定性理论方面一些好的旧观点的信息。

专栏 9-2

破坏浓厚文化的五个简单步骤

第一步：设定底线（如同你通过管理钱来赚钱）。

第二步：为每个行动制订计划——没有自发行动，就没有学习。

第三步：鼓动周围的经理确信，他们除了正确地管理之外，无须过问其他事情（让老板待楼上——最好只管公文）。

第四步：总是保持客观，即把人当作物体来对待（尤其是像购买和出售机器一样聘用和解雇职员，任何事都是"投资"）。

第五步：事事都按这里所讲的步骤来做。

资料来源：Mintzberg，1996b.

把文化当作解释框架的另一个危害是它把战略优势与组织独特性等同起来了。一个组织与其他组织有差别总是好的，但差别不能是内部固有的或是在于本身的。否则，组织就会滋生一定的骄傲自大情绪。又有谁会推理现状背后的原因呢？"非此处发明"并不是一个陌生的组织现象。

更为矛盾的是，类似资源观的理论有可能加剧这种倾向。它们为经理们提供了为现状辩护的现成语言。任何看起来莫名其妙的组织实践都可以站在不可模仿的立场上进行辩护：也许永远都是如此不言而喻——建立在稀缺资源的基础上。毕竟，有谁清楚绩效的真正来源呢？

资源观理论滋生了一些有意义却又不能轻易地转化到战略管理中的见解。与资源相关的模糊性可能会帮助解释为什么成功的战略可以不受挑战地——其他管理者不知道应该何时及如何挑战它——运行很长时间。管理者们是否应该揭露这些战略成功的秘诀，即所谓的对其进行反向管理，或者他们是否应该尝试创造对其他企业同样模糊的战略呢？

　　由此就产生了不平衡的问题。在这一领域我们需要的不是矫正——受外部竞争困扰后转而关注内部资源——而是在所有适用因素之间的动态平衡。这就是我们宁愿把本书的各个章节不仅仅看作各种可能的经营战略组合，而且还看作单个战略过程的不同方面。毕竟，所有的这一切都是为了弄清楚战略形成的全貌。

　　对文化的一般性论述和对资源观的特殊性论述所存在的问题是，它们只是对已有现象做非常简单的解释，而没有处理一些将要发生的、较难解决的问题。这并不是说文化学派的研究无足轻重。相反，与政治学中一连串脱节的冲突相比，文化学派是整体一致的思想体系；与设计学派、认知学派和企业家学派的个人主义不同的是，文化学派引入了社会过程中重要的集体思维，确立了组织风格与个人风格的同等地位，提倡建立整体的观念，向那种把任何事情都区分为毫不相关部分——把"代理"看作"投资组合"的组成部分——的流行趋势提出了挑战；与计划学派和定位学派中与历史无关的思想倾向——改变战略就像换衣服一样——完全相反，它把战略根植于色彩斑斓的组织历史画卷之中。在这个学派中，战略形成成为对集体认知的管理——这是一个虽然很难把握，却非常重要的观点。

　　当然，所有这些都是特别针对某一特定组织的——明显地适用于较具有"传教士"性质和浓厚文化的组织；也可运用于老牌大型组织，其固有的文化巩固了组织的长期战略。文化学派似乎更适用于组织生活的特殊时期，包括强化期。在强化期内企业追求丰富的战略观念，也有可能最终停滞不前。一般来说，这就导致了阻碍变革时期的产生，在这个时期已有文化的惯性包括企业既定的战略观念阻碍了必要的战略调整。而且文化学派也有可能帮助我们理解企业再造时期，即集体形成新观念时期，甚至有助于我们理解伴随着战略转变的文化变革时期。

第 10 章

环境学派

战略形成是一个适应性过程

"因为在这个特定环境里，我已经说了所能说的一切。"

当艾萨克·巴舍维斯·辛格被问是相信自由意志还是相信命运时，他回答："除了相信自由意志，我们别无选择。"

——法迪曼（Fadiman, 1985：510）

到目前为止，在所讨论的各种学派中，一直出现的主要行动者是领导者、策划者、智囊团和组织等，而有一个行动者虽不在其中，却引起了大家的关注。这就是来自组织外部的力量，组织理论家喜欢（很随意地）称其为"环境"。其他学派把环境看作一种"影响因素"，但环境学派则把它看作一个行动者——一个真正的行动者。

因此，持这一观点的学者倾向于认为组织是消极被动的，当外界环境发生变化时，组织会花时间应对这种变化，并重新调整自己的议事日程。这样，战略制定的过程就可以看作一种映射外部环境的过程，从而真正使该学派超越战略管理的范畴（事实上我们赞同这种结果）。而且，运用这种方法来描述战略制定的文献已经出现了，有几个理由使我们有必要了解环境学派的内容，至少是它走过的弯路。

理由之一，环境学派把环境定位成战略形成过程中的三大中心力量之一，同领导力和组织这两大中心力量一起，有助于协调关于战略形成的总观点。但该学派的局限性是，在关于经理们是否真能进行"战略选择"的问题上产生了一些相当愚蠢的争论：认为经理们不能够进行这样一种"战略选择"和认为战略家具备无所不知的能力的想法都是不明智的。但是，平心而论，环境学派的观点确实迫使从事战略管理的人考虑各种有效的决定性力量的范围，确定这些外部环境的强度和要求。理由之二是，该学派本身还有助于描述战略家所处环境的各个方面，并指出它们对战略形成产生的可能影响。

当然，"环境"并没有被其他学派排除在外。可以确定的是，它必然存在于定位学派中，不过是以一种相当独特的方式存在：作为一种经济力量——代表行业、竞争和市场而存在。实际上，我们得出了这样一个结论，定位学派与环境学派钻进了同一条死胡同，他们穿着自由意志的外衣，表达相当宿命的观点：那些颇有能力的经理们最好还是去做竞争环境所要求的事情。

同样，认知学派中的某一个分支对偏见和曲解的强调，也反映了环境对组织的影响力：环境是一个发出各种混淆信号的地方，它过于复杂，以致很难被完全理解。我们关于学习学派的讨论也强调环境的复杂性，但环境只是作为一个既不会对经验和实验有所反应，也不会影响学习的因素。然而，在其他学派中，环境往往处于空缺的、非主要的地位，至少是这样假设的。

在本章，领导力和组织都从属于外部环境。实际上，从我们所了解的各种学派来看，主要战略家的能力在逐步削弱。设计学派以及后来出现的企业家学派认为，领导者处于支配地位；计划学派和定位学派对此做了修改，把计划人员和分析人员视为战略家的助手；而认知学派的一个分支则把人们的注意力转移到复杂环境中战略家的局限性上来（另一个分支则把战略家的思考归结于想象力）；而学习学派及权力学派介绍的战略家，则被文化学派看作充分发展的集体。但综观所有这些学派，战略家概念——无论是个人性质的还是集体性质的，是合作的还是冲突的——始终占有至高无上的地位。在本章，环境处于支配地位。事实上，在其他一些学派中，人们认为组织与环境变得密不可分，环境成为组织的骨架甚至就是组织真正的自画像。

　　那么，究竟什么是"环境"？环境通常被看作一类"外在的"模糊力量，实际上，它指的是组织以外的所有东西。通常，环境被描绘成一系列抽象的东西，例如，不说气愤的顾客粗暴地敲门，而说"恶意行为"；不说出乎意料的技术突破，而说人的"能动性"；不说移植心脏手术的复杂，而说"复杂性"。有时，所有这些都被简化为一种总的力量，这种力量把组织带进了某种生态环境中，但不是企业家学派所说的环境——他们所说的环境是一种没有竞争、市场可以被开发的环境。这里的生态环境是一种真正充满竞争的场所——组织和与其本身相似的实体竞争，就像在生态学中，树袋熊都争相追逐桉树叶一样。⊖实际上，这种生态环境对于环境学派来说，就如市场对定位学派一样。只有一点不同，就是这里总是充满了竞争。

　　环境学派首先提出了所谓的"权变理论"，该理论描述了特定环境与组织特殊属性之间的关系。例如，外部环境越稳定，内部结构就越正式。随后，这些观点被应用到战略形成中，如稳定的环境适合更多的计划。于是就出现了一批自称为"种群生态学家"的组织理论家，认为响应外部变化环境的行为不能提高组织适应力。的确，企业家和管理者在组织早期阶段所做的决策是非常实在和具有决定性意义的，如采用的结构和使用的技术。但是这些早期的决策，对组织后续的发展可能起促进作用，也可能起阻碍作用。换言之，研究者认为，一旦组织成立和运行，后续的大多数战略决策对组织的成功或失败几乎没有影响。关键决策在早期，它们决定了组织的命运。

　　同时，另一些被称为"制度理论家"的人，基于不同的框架得出了相似的结论。他们认为环境施加的政治和意识形态压力极大地减少了战略选择的余地。因此，环境变成一个"铁笼"。在总结了环境学派的前提条件之后，我们将依次讨论上述这些不同的观点。

环境学派的前提条件

- 环境，作为一种综合力量向组织展现自身，是战略形成过程中的中心角色。

　⊖　树袋熊（Koala），又名"考拉"，澳大利亚特有树栖动物，只吃桉树叶。澳大利亚有500多种桉树，只有40多种桉树的叶子可以作为树袋熊的食物，而其中只有十几种桉树的叶子是树袋熊爱吃的。——译者注

- 在形成阶级，组织可以通过塑造自我来响应环境，但随后组织就渐渐无法响应环境了。

- 组织能否长期生存取决于在形成阶段所做的决策。

- 随着时间的推移，领导对组织绩效和生存力的影响越来越小。

- 屈从于生存选择压力的组织最终会形成不同类型的生态种群，同一生态种群中的组织具有相似的技术、产品和管理风格。

权变观点

环境学派源自权变理论，而权变理论又是在反对古典管理学的狂妄断言中发展起来的，该断言认为存在一种管理组织的"最佳方法"（综述见 Donaldson，2001）。对于权变理论来说，"这种方法完全依赖"组织的大小、组织技术、组织环境的稳定性、外部的敌对性等。

这也符合人们的一般常识，即不同的环境会产生不同的行为。例如，法国面包房与美国面包房的运营完全不同。但这也就更需要对环境进行系统描述。因此，我们需要在工作前识别影响组织行为的各种环境因素。明茨伯格（Mintzberg，1979：268-269）把环境因素分为以下四大类型：

（1）**稳定性**。组织的环境可以是从稳定的到动态的，包括从年复一年为客户雕刻同样松雕的木雕师，到不知道下次会碰到什么情况的侦察员等范围。各种各样的因素导致环境是动态的，包括政府的不确定性、未预料到的客户需求变化。真正的问题是由意料之外的变化引起的，对这些变化，预先无法觉察到任何迹象。

（2）**复杂性**。组织环境可以是从简单的到复杂的，从利用简单知识生产简易折叠盒产品的制造商的环境，到必须利用来自最先进科学领域的知识生产极端复杂产品的太空代理商的环境。（请注意，一个复杂的环境也可能是稳定的，如会计业务；而一个动态的环境则可能是相当简单的，如赌马。在第 11 章我们将描绘符合所有四种可能条件的组织形式。）

（3）**市场差异化**。一个组织的市场范围可以从一体化延伸到差异化，从把铁矿这一种产品销售到一家单独的钢厂，到寻求在全球范围内推销一个国家所有产品的贸易代理商的市场。

（4）**敌对性**。最终，一个组织的环境包括从慷慨合作到恶意敌对的范围，从有声望的外科医生可以选择病人，到建筑公司必须对所有合同投标，再到军队作战的范围。敌对性除了受竞争的影响，还受组织与社会团体、政府以及其他外部集团关系的影响，同时也受到可利用资源的影响。（1979：268-9）

权变理论从这些方面阐述了一套学说。它们大多是关于结构的（主要参见Pugh et al.，1963-1964；1968，1969），后来则是关于战略的。例如，在结构学派中做出主要贡献的丹尼·米勒发表了如下看法：

- 爱冒险的企业家往往和动态的环境相联系。

- 在大量挑战和机遇共存的环境中，战略将会变得更综合、更全面化。
  （Danny Miller，1979：302，304）

我们将从第10章开始对战略管理的权变理论进行综合性评论，因而这里不再赘述。

种群生态学观点

有些研究人员的研究成果能够有力地解释环境学派的观点，这些研究人员把他们的研究方法称为种群生态学。尽管权变理论认同"适应性变化"这一观点，但种群生态学家如汉南和弗里曼在其论文《组织的种群生态学》中对这一被广泛引证的观点提出了怀疑，他们不认为"组织世界的主要特征是通过学习或适应性变化显现出来的"（Hannan and Freeman，1977：957；1984）。

如果真是这样，那么，我们该如何看待在组织中经常观察到的变化呢？种群生态学家认为这些变化大多是表面性的。组织的基本结构和特征在组织建立后很快就固定下来了。决策者所获信息的有限性，使得管理者的早期决策行为（如对工厂、设备、专业化人才的投资）会导致组织惰性，这种惰性会降低管理者后续行动的自由度。早期决策导致的组织惰性，除了会引起行动僵化，还会导致内部的政治压力（如拒绝重组的组织机构）。组织惰性也受到了外部压力的影响，包括进入和退出市场的法律和财务壁垒，对外部信息的获取及利用的局限性；已建立的合法形式也开始抵制变革（就像大学试图摆脱大学生教育一样）；另外，还有集体理性的问题（组织相互之间墨守成规）。

种群生态学家运用的模式是众所周知的达尔文的变异——选择—保留模式，但并不像我们从学习学派中了解的那样，这里的过程发生在群体层面上。事实上，与生物学家了解果蝇的方式一样，种群生态学家也是从一定的距离，从集体行为角度了解组织。为了解释组织的变化，他们比较关注单个组织的偶然变革与种群内生存斗争之间的相互影响。

通过一次革新而重生的单个组织，把变异引入一个群体中。革新给组织创造了有利条件，但组织的生存仍要依靠其获得足够资源的能力。然而，每个环境的资源都是有限的，或者用种群生态学家借用的一个生物学的术语来说就是"有限的承载力"。

在一个快速成长的新兴产业中，承载力也许能支撑大多数现存组织的发展。但是，随着这些组织的不断成长和更多组织的加入，将会超出承载力的范围。此外，随着产业成熟，承载力下降，产品需求饱和（Durand，2001），于是就引发了争夺资源的斗争，淘汰不太适合的组织，这就是竞争。当然，这种竞争与定位学派界定的不一样，因为这里的组织并没有进行直接针对性的竞争。确切地说，是环境制定出了适应的标准，适者生存，不适者则被淘汰。

尽管种群生态学对战略是一种不断适应的过程的观点避而不谈，但它还是让战略从"后门"偷偷溜了进来。汉南和弗里曼（Hannan and Freeman，1977）提出，组织确实有权进行选择，即使这种选择通常是偶然的：它们可以寻求构筑自己的大部分环境，以便最大限度地适应环境，或者储备特定资源以备将来的紧急之需。前者强调效率，后者则强调灵活性。为了防患于未然，组织会制定决策以便确定所储备的超出其自身能力的资源的数量和类型。

在汉南和弗里曼研究成果的影响下，"种群生态学"已经开始研究哪些情况会增加或减少组织的生存机会（Henderson，1999）。与前文基本的选择隐喻相一致，从劣势方面可以判断组织的特征。例如，"小型组织的劣势"表示较大的组织可以获得更多的资源，从而降低失败的概率；"新生组织的劣势"表示某一产业的新公司与同产业的老公司相比更可能死亡；"青春期组织的劣势"指出组织面临的最大危险是在初期和成熟期之间的交替时期。组织创建的初期伴随着创新思想和企业家的干劲，成熟期的组织则拥有大量的资源和能力。介于初期和成熟期之间的组织，可能缺乏创业初期时的创新思想和企业家的干劲，而成熟期所具有的资源和能力还没有建立。

组织迟早会经历所有这些阶段。这是否意味着它们迟早都会有这些劣势呢？根据亨德森（Henderson，1999）的案例来看答案是否定的。一些劣势只是在某些情境下才会出现，而在其他情境下，劣势可能实际上是为了获得竞争影响力。所以，劣势的交互是复杂而不可预测的，从管理者的视角来看，这种复杂性和不可预测性构成了种群生态学，而不是仅仅局限于有用性。

谁需要适应

对于组织种群生态学的评论有很多，包括一些显而易见的问题。范德文（Van de Ven，1979：324）提出了"种群内的这些变化来自何方"这个问题，即是否来自企业家或发明家，而同时阿斯特利（Astley，1985）则注意到，环境常常是很开放的，无论对环境强加何种变更，它都能接纳。

批评家们反对说，组织不是果蝇，决策不是通过遗传天赋制定的。种群生态学家可能通过颠倒的望远镜看世界：近处的东西看起来远了，因此细节都乱成一团。

考虑到变革的问题，种群学家不得不花很长时间去证实自己的观点。实际上，为了证实"即使是最大、最有能力的组织经过长时间后也难以生存下去"的观点，汉南和弗里曼觉得有必要追溯到美国独立战争年代！那时存在的公司只有二十多家存活在他们研究的这个时代中（其中七家公司成了其他公司的分公司）。他们认为"可能要用更长的时间去正确观测，以研究最大和最优组织的种群生态学"（Hannan and Freeman，1977：960）。但是200年的时间够吗？

然而，一个组织或许会因为另一组织的挑衅性战略行为而死亡，而不是因为某种所谓的抽象环境。实际上，即使在生态学中，有关物种适应能力的争论也非常普遍，争论认为物种适应能力不是通过环境的自然选择而是由于自身的内部变化引起的。斯蒂文·杰伊·古尔德的"非连续均衡"模型进一步引发了此类争论。该模型认为，至少从生态学方面看，快速的变化已无法支撑达尔文的自然选择观点。"地质记录对突变和循序渐进变化提供了同样多的证据"，换言之，即对"突然出现……'完全形成'"提供了证明（Steven Jay Gould，1980：180，187）。

古尔德还认为"灭绝并不值得惋惜"，他指出，"恐龙统治陆地长达一亿年，但是一个测定自己的生命只有成千上万年的物种已注定恐龙要作为失败的象征！"因此，他总结道，生命是"一个暂时幸存者适应当地变化环境的错综复杂的故事"（1982：12）。阿斯特利本着这种精神，吸收生态学的理论，回到管理领域进行研究，他区分了个人适应和集体适应，前者可能是遗传的，但也可能是自身的适应。这就意味着"单个的有机体能够适应当地环境的变化"，即使有时是临时性的（Astley，1984：530）——这一点很像组织制定战略时的情况。这促进了"社区生态学"的发展，社区生态学考虑各种组织形式的出现与衰落，而不是具体组织的诞生和灭亡。

需要适应的制度压力

组织理论之父马克斯·韦伯认为，技术的突飞猛进和经营管理的合理性形成了组织，这种形成过程通过不断增长的官僚主义体现出来。运用韦伯提出的一个著名表述，可以说：经理们面对的环境是一个理性的"铁笼子"。

一批组织社会学家沿着韦伯的理论，建立了一个众所周知的理论——"制度理论"，即有关一个组织在其生存环境中所面对的制度压力的理论（这些压力来自其他组织或该组织本身）。

制度理论把环境看成两类资源的储藏所：经济性资源和象征性资源。经济性资源指人们熟悉的有形的货币、土地和机器等，而象征性资源包括（办事）效率高的声誉、因过去成就而受人称颂的领导人以及与著名大公司紧密联系所获得的威望等。因而，战略就成为获取经济性资源并把它们转化为象征性资源的办法，反之亦然，从而保护组织免受不确定性环境的影响。因此，战略形成过程就进入了"印象管理"领域。

这里的环境由多方面的相互影响关系组成——包括主要供应商、消费者、制定规章的政府机构及其他政府机构的相互影响关系，当然还有包括竞争者在内的相互影响关系。假以时日，该环境就形成了一套日益复杂和强大的标准规范，这些规范支配着（组织的）实践行为。因此，一个组织要想成功，就必须适应并掌握这些规范。久而久之，同一环境下的组织就会采用类似的组织结构和行为。

制度理论使用"制度同型现象"这一术语来描述这种通过模仿逐渐趋同的现象。提出这一观点的迈耶和罗恩认为，这种现象为组织提供了一个藏身之所，组织因此获得了保护。例如，保护"组织的行为免受质疑。总而言之，组织具有合法性"（Meyer and Rowan，1977：349）。

制度理论把这种同型现象划分为三类。强制性同型代表需要通过实施标准规章制度等施加的压力。例如，所有航空公司都必须遵守严格的安全规则（Lampel，2006）。模仿性同型来源于借鉴和模仿：组织经常照搬成功的竞争对手的方法，显然是想让组织获得成功，而且也因为它们想让其他组织相信自己也处于最优的实践行为中。因此，当前盛行"标杆"（Vorhies and Morgan，2005）。规范性同型来自专家的强烈影响。这些专家把自己的职业规范带到了决策中，从而使得专家经常左右当代组织。例如，在合同谈判的过程中，普遍依赖律师往往会增加公司间的一致性，同时也剔除了较多非正式的和带有个别特征的交易方式（Dobbin and Sutton，1998）。

制度理论家认识到这三种同型压力的叠加效应让组织没有一点独立的决策

空间（Dacin et al., 2002）。其他研究者则关注组织对同型压力的不同反应。例如，奥利夫（Olive, 1991）认为组织会采取不同的行为：①默许（完全屈服于制度压力）；②妥协（只是部分屈从于压力）；③回避（试图排除服从的必然性）；④蔑视（积极地抵制社会习惯压力）；⑤操纵（试图修正或改变压力）。但是请注意，这并不代表其打破了环境学派的假设，因为所有这些战术（postures），即便是蔑视和操纵，也都是对环境压力的响应。

环境学派的贡献、适用环境及对它的评价

之前已经提到，本章关注的是战略选择的有限性。这里对此做详细阐述。

从战略管理的目的出发，我们认为权变理论最大的弱点或许是其环境的范围常常太过抽象（模糊而且集中）。战略必须帮助组织选择特定的位置。一位有能力的战略家有时能在深湖中找到立足之地，而无能的战略家们有时会在平静的浅滩中淹死。这就是为什么战略的分化是战略研究领域中一个如此重要的概念的原因，它说明了在看似相同的环境中组织的不同。

在现实中，没有一个组织总是面临着大量的、复杂的、敌对的或动态的（更不用说骚动的）环境。在个别市场，由于某种独特的技术或客户独有的偏好，或许这种情况会周期性地出现。但是在这些特殊情况集中出现的场合进行战略管理，却是有勇无谋的。战略家需要"精心调查"，以便更加"翔实"地描述出时间、运用方式和应用情境，并找出细微的差别。就像我们将在下一章讨论的，这些环境类型详细地叙述了特定组织在其历史上特定时刻的经历，从而能更好地服务于战略管理。

除了行动，我们别无选择

我们在这里真正关心的还是"战略选择"，尤其是像种群生态学家所详细描写的战略选择——即使这并不是唯一的描写。有一种说法是，由于组织环境中存在某种类型的"环境规则"，因而组织没有真正的战略选择。这种说法已经在许多领域受到了批评。两个运用不同战略的组织在一个相似的环境中如何都能成功经营，一个组织与它所在的"环境"之间的本质区别是什么呢，尤其是在界限模糊的企业联盟和合资企业不断增加的情况下，这些问题更加突出。实际上，究竟是环境"选择"组织，还是组织"制定"环境呢？一个所有组织都在其中运作的"产业环境"究竟是什么样的呢？例如，在垄断市场中，产业环境可以是一家公司，但更一般的情况是某一产业中有多家这样的公司。此外，环

境确实"存在"吗？或者它仅仅是人们的感觉或社会结构本身？而且，最终任何活着的有机体真能说是缺乏选择吗？

在我们看来，争论组织能否进行选择差不多与争论人们是否快乐一样。每个个体都有自己完整的想法，但在这里更倾向于自我暗示：如果你相信自己是快乐的或者正在选择快乐，那么你将发现快乐无处不在，否则快乐无处可寻。此外，参与这种争论会使人不愉快并错失选择的良机。

毫无疑问，果蝇被种群生态学家视为生态学的宠儿。从远处看，它们仿佛都很遵守自然选择的规律。然而实际上，它们正不断进行选择。例如，飞上、飞下、左边、右边——选择是无限的！试想一下，当几个种群生态学家在清晨匆匆赶去上班时，一只果蝇正在俯视他们。大部分时间，这些生物几乎不能向前进，更不用说向左、向右、向上或向下了。倘使果蝇真的跟着生态学家进了办公室，那又会怎样？就能得出结论是生态压力迫使这些人写文章吗？千万别搞错了，果蝇选择飞往哪个方向和大学教授决定写哪篇文章（或批评哪个理论）同样重要。如果果蝇也能够写写关于大学教授的文章的话，世界或许会更有趣。

在评论有关"占主导地位的大组织可以和其他强大的组织建立联系，从而减小选择压力"的影响时，汉南和弗里曼提出的观点可能是最有说服力的了。他们认为，"选择的压力被推到了一个更高的水平上，从而整个网络系统的失败取代了个体系统的失败"（Hannan and Freeman，1977：961）。如果某人已经意识到最终网络就是社会本身，那么结论确实如此。当我们都冷静下来，让这一争论形成一个"自然而然"的结论，并意识到（或许并没有意识到）我们都是某一更大规则下的棋子时，那么我们可能想问，为什么任何事情（种群生态学、战略管理或生命本身）之间都有关系？

因此，最好的忠告可能来自辛格："除了相信自由意志，我们别无选择。"

受到限制的选择

鉴于组织要适应自身环境这一事实，战略管理者必须近距离观察组织，通常理想的位置就在战略家脚下。在此，我们必须考虑的不是"选择的存在"，而是影响战略管理选择范围扩大或缩小的"条件"。例如，哈格（Hage，1976）认为组织选择限制了条件，而这些条件又限制了组织的选择。

麦吉尔研究团体在对战略制定的历史模式的研究中，看到了与此相关的几个有趣的例子。例如，20 世纪 70 年代的加拿大航空公司是一家强有力的组织，是加拿大安全和管制市场中的主要角色。然而，正是因为其规模限制了它的选择：有哪家"世界级"的航空公司在刚开始发展时，还没有订购大型喷气式客机呢？（Mintzberg et al.，1986）。相反，在20世纪30年代，斯坦伯格商店是一家成立于经济严重萧条时期的小型连锁超市，由于它的特殊能力使得该商店能够做出大型连锁店不能做的选择，比如，它可以搬进大型连锁店腾空的商店里（Mintzberg and Waters，1982）。

同样，威廉·泰勒（William Taylor，1982）在研究四个小型组织对看似敌对环境（处于民族主义日益抬头的魁北克的一个讲法语地区的英语机构）所做出的反应后发现，这些组织的内部文化——被他称作"组织想改变战略的意志和愿望"——是组织适应环境的主要因素。例如，泰勒研究的那家医院从各种迹象看应该是最受环境限制的，但实际上它却适应得非常好。泰勒总结说："该研究表明，战略性适应的外部范围是极其广阔的，它为组织谋略留下了很大的空间。"（William Taylor，1982：342）这或许是战略管理本身的中心要旨。

在我们看来，战略管理之所以成为一个令人兴奋的领域，是因为实践者和管理者都同样一直面对（或者至少可以选择面临）着一个丰富多彩且差别细微的世界，它充满了令人惊异的事物，它是一个推崇富有想象力行为的世界。成功的战略家和成功的研究者靠近这一世界并了解其细节。

在管理方面，这一领域与其他领域的区别在于，它的兴趣完全集中于战略选择：如何找到战略选择，在何处寻找战略选择，在找不到时如何创造战略选择以及之后如何利用战略选择。因此，对战略管理中是否存在选择的争论就如同对种群生态学中是否存在种群的争论一样，是毫无必要的。每一方都必须建设性地解决各自的核心问题。

因此，让我们从环境学派中学习组织种群学、组织环境，尤其是它们所能采取的不同形式。然后考虑一下，该学派的思想中哪些看起来最适用，自问一下什么样的组织类型看起来最受限制，战略选择何时看起来最受限制，例如，在一个组织生命周期的成熟阶段。但同时，我们也不要因为过分夸大或抽象从而走上歧路，让那些无法解决的争论自行其是吧。

第 11 章

结构学派

战略形成是一个变革过程

砰

"那是什么？是大爆炸吗？"

世间任何一地的历史，都如同战士的生涯，多数时候风平浪静，只有短暂的惊涛骇浪。

——史蒂文·杰伊·古尔德

本书前面讲述过的所有内容，其实都成了结构学派的知识点，结构学派是从特定视角来看待这些知识点的。每个学派都有自己的兴盛期和相应的历史位置，而结构学派区别于所有其他学派的一个根本方面就是，它提供了一种调和的可能性，并提供了一种整合所有其他学派观点的方法。

结构与变革

这一学派包括两个主要的方面，反映在本章主副两个标题中。一个方面描述组织和组织周围环境的状态，此为结构；另一个方面描述战略制定的过程，此为变革。

正如一个硬币的正反两面，如果一个组织选择了一种存在状态，那么战略制定就是组织从一个状态向另一个状态跃迁的过程。换言之，变革是结构的必然结果。组织状态既有稳定连贯的时期，也有动荡变化的时期。

这与本书第 1 章提到的战略管理那个颇为奇妙的特征是一致的，大量文献明显地侧重于讨论变革，但毫无疑问，战略本身不是关于变化而是关于连续的——无论是通过建构模式得到的深思熟虑的战略，还是通过涌现模式得到的战略。换言之，战略制定过程也许旨在改变组织的发展方向，但形成的战略则在巩固着那个方向。因此这样描述结构学派最为贴切：它描述了既定状态下战略的相对稳定性，同时穿插着偶尔向新战略的显著飞跃。

如果说定位学派是"构造"学派，那结构学派就是"共同构造"学派，这体现在两方面。首先，组织中不同维度的因素在特定条件下如何集结在一起，以确定"状态""模式"或"理想类型"。例如，新建组织（尤其是在新兴行业中）往往依赖企业的领导者和运行于简单结构中的愿景式的战略而发展。其次，这些不同状态是如何随着时间的推移而形成序列，进而确定"阶段""时期"和组织的"生命周期"的。接着上面的例子来说，随着创业组织的成长及其所处行业的逐渐成熟，初始时期的结构会让位于一种更为正规的、由依靠计划过程的职业经理人来管理的结构。

当然，稳定的状态就意味着行为的固化，而战略制定可以使那些墨守成规的人产生动摇，从而使组织得以尽快向新的状态转变（能快则快，不能陷于"无状态"的情况中）。因此，这一学派认为这种状态转换的过程是一种显著的变革，借用这一学派中两个流行的词来形容就是"转型"或"复兴"。

如同谚语中的马和马车，或者婚姻中的男人和女人一样，尽管结构和变革焦不离孟，事实上它们之间有很大的差异——至少在战略管理的文献和实践中均是如此（Dycke，1997）。结构往往用于学术界人士做研究和描述（因为这是一个概念性问题），而变革往往被经理们用于实践，（尤其是）被咨询顾问们用于开"（咨询）处方"（因为咨询是一个故弄玄虚式的行业）。在我们的狩猎旅行的比喻中，一面是追踪，另一面则是设陷阱。但不管哪种方法，始终都是为了寻找大象。再回到我们的马和马车的比喻，这里面也有一种类似"婚姻"般的关系，马（过程）隔段时间就把马车（状态）从一个地方拉到另一个地方。

总括论者和分裂论者

查尔斯·达尔文（Charles Darwin，1887：105）曾经区分过"分裂论者"和"总括论者"。环境学派的支持者多是根深蒂固的分裂论者，他们喜欢分离"变量"，并将之按顺序排列，继而研究两两之间的联系。结构学派研究者是毫不掩饰的总括论者，他们根据完美齐整的分类来看待世界，从总体归类的视角出发，并假设细微的差异不存在，按统计学的语言来讲就是只考虑中心趋势而忽略偏离总体的那些值。

这当然也是把问题简单化了。事实上，对结构学派最好的批评也许来自某些分裂论者的精辟论著（如本书第 9 章讨论过的瑞典学派），他们试图把各种各样的广泛问题都纳入错综复杂、相差甚微的各种理论中去。相反，总括论者的描述往往相当简单——也许用"极其简单"来描述更为恰当——这使得总括论者的描述更容易被人们理解，在实践中得到广泛接受，但这未必意味着其更准确。

尽管结构方法在所有的社会科学中都有运用，但它并不总是处于各项学术主流之中。人们常常排斥结构方法，迷恋偏重计量、分解的"科学方法"。不过历史学领域是个明显的例外，在这个领域中十分普遍的方法是总括，而非建立理论。历史学家们喜欢把历史中的特定时期分割出来，进行集中并且细致的研究。例如，一个研究某一场革命的历史学家，通常并不会提出关于革命的一般性理论。但也有例外，克兰·布林顿（Crane Brinton，1938）对革命进行了概括，而汤因比（Toynbee，1957）和罗斯托（Rostow，1971）则提出了一般性的历史时期理论。

事实上，结构方法可以应用于战略管理。毕竟社会与组织之间看上去仅有一小步之差。例如，战略转型就可以看作类似于政治或文化革命（Firsirotu，1985）。还有的历史学家论述了"历史时期"本身的特性（Gerhard，1956；Pokora，1966；Popescu，1965），他们的工作成果确认了历史时期的划分基础，从而有助于我们理解组织的历史阶段。

在战略管理中，总括法已经顺理成章地得到了普遍应用，这或许反映了理论和实践之间的紧密联系：研究者会乐于提供实践者认为有用的东西。其实，该学派乃至整个战略管理领域的起源可以追溯到 1962 年商业史学家艾尔弗雷德·钱德勒的名为《战略与结构：工业企业的历史篇章》的开拓性著作。按历史学研究传统，钱德勒的书在很大程度上研究了具体对象，即主要是研究了当时美国最著名的四大公司——杜邦、西尔斯、通用汽车和标准石油公司（新泽西）是如何形成战略和结构的。钱德勒在最后一章提出了一种具有四个时序上明确阶段划分的战略和结构理论（后文将加以描述）。他还得出了一个被广为引用的结论，即战略先行于结构（设计学派采纳了这种观点，我们在讨论设计学派时已评论过）。

我们将先陈述结构学派的理论前提，因为这已经非常明晰了。然后聚焦于结构学派的研究工作，之后再转到结构学派有关变革的实践性工作上。最后，像通常一样，以对这一学派的评论以及对其适用环境及贡献的点评结束本章。

结构学派的理论前提

从某种意义上讲，结构学派的理论前提包含了其他学派的前提，但是每个前提都有其明确界定的适用环境，而这种兼容并蓄正是结构学派的特色。

- 大多情况下，可将组织描述为某种由自身特性所构成的稳定结构：组织在一段特定时期内，采用特殊的结构形式，与特殊类型的环境匹配，产生特殊行为，从而形成一套特殊的战略。

- 这些稳定时期偶尔会被一些变革过程（即转向另一种结构的量的飞跃）打断。

- 这些相继的结构状态和变革过程可能会随着时间的推移而自发地规律化，形成模式化序列，如组织的生命周期。

- 战略管理的关键就是维持战略的稳定状态，或者说大多数时候是适应性的战略变化，但应周期性地辨认变革的需要，并能够在不损害组织的前提下安排好破坏性的变革过程。

- 相应地，战略制定过程可以是一种概念性的设计，也可以是正式计划；可以是系统分析，也可以是领导愿景；可以是合作学习，也可以是竞争性手段；专注于个人认知、集体社会化或对环境的简单反应，但每一种都有自己存在的时间和情境。换言之，这些战略形成的思想学派自身就代表了特别的结构。

- 结果战略采取了计划或模式、定位展望，甚至策略的形式，但也都是依
   自己的时间和情形出现的。

对结构的研究

我们先从麦吉尔大学管理策略研究组早期所做的一些研究开始对结构研究
工作的讨论，然后讨论丹尼·米勒的研究工作（他是首位从该研究小组获得博
士学位的人，在结构学派中著作颇丰），之后我们再转到对其他研究的综述。

麦吉尔大学对结构的研究

普拉迪普·康德瓦拉于 20 世纪 70 年代早期来到麦吉尔大学管理学院，他
的到来激起了学院内对结构方法的研究兴趣。康德瓦拉（Pradip Khandwalla，
1970）在卡内基 – 梅隆大学时期的博士论文中为这种方法提供了一种经验主义
的证据。经研究，他认为组织效能与运用诸如分权或者特殊计划方法等特定措
施无关，而是与多个措施之间的相互作用有关。换言之，组织有效地运作是因
为把各种不同的特性以互补的形式结合到了一起，如在某种特定领导方式和特
定结构形式下的某种特定规划方式。

这个发现激起了一些人对结构概念的研究兴趣，尤其表现在两本有关组织
分类的书中，一本按照组织结构分类（Mintzberg，1979），另一本按照组织权
力关系分类（Mintzberg，1983）。将这两种观点结合，如专栏 11-1 所示，组织
可被描述为创业型、机械型、专业型、多元型、定制型、教会型和政治型。

专栏 11-1

结构与权力的构造

创业型组织

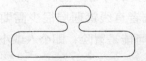

组织较为简单，多为小型，通常较年轻，不多于一个组织单元，由老
板和其余全部员工组成。结构为非正式和富有弹性的，由首席执行官主控
协调工作。这使它得以在动态环境中运营，比官僚型机构更为灵活。典型
例子自然是创业型企业（有时在创始人的控制下成长壮大）。但即使是相当

大型的组织，在面临危机的时刻也常返回到这种领导形式。在这种情况下，战略形成即愿景（如创业学派所描述的）。

机械型组织

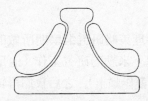

这类组织是工业革命的产物，在工作岗位越来越细分，工作高度标准化之后，其运行就如一台润滑良好的机器一样高度程序化。与创业型组织在运行基础之上只有一个领导者不同，机械型组织更为复杂，其一侧是负责规划每个人工作的技术专家型参谋（计划人员、工作时间分析师等），另一侧则是提供帮助的支持型参谋（公共关系人员、法律顾问、收发室人员等）。它还存在从中间垂直向下的直线等级关系，控制着众多从事低技术含量工作的人员。机械型组织往往多见于稳定的、成熟的、进行大批量生产或提供大众服务技术的行业，比如汽车业、航空业和邮政部门。在这种情况下，战略形成即计划。

专业型组织

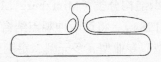

专业型组织的主导思想为：组织将很大一部分权力下放给受过高级训练的专业人员，譬如医院的医生和实验室的研究人员，由他们负责运营工作。这样，组织结构体现出高度的分权化。但由于工作相当标准化（不会有人特别需要一个具有创新精神的外科医生），专业人员大多能各自独立工作，合作仅在他们互相自发需要时才会产生。专业人员受到较多支持型参谋群的支持，但专家型参谋或者直线管理层很少需要（或能够）控制他们的工作。在这里，战略形成更可能是冒险，即个人或小团体的学习。

多元型组织

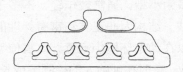

多元型组织中存在一系列相当独立的组织单元，由一个松散的管理结构所连接，其整合程度不是很高。例如集团公司或多校区的大学，每个"分部"都有自己的结构，处理自己的事务，受远处中央"总部"的绩效控制体系的领导。所以，战略形成的不同学派在"分部"都可能找到，这取决于各学派的结构。

定制型组织

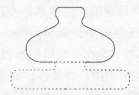

许多现代的行业，如航空业和电影业，甚至游击战，都不得不用综合的方式进行创新，需要制订项目计划，把来自不同领域的专家融合在一起，形成高效率的团队，通过"相互调整"的方式开展合作，有时需要由常务委员会、特别工作组、矩阵结构及其他类似部门提供支援。由于权力为专家所有，直线和参谋人员之间的区别消失了，就好像只有最高管理层和员工之间的差别。一些创新型组织直接为其客户制定项目（如在广告代理机构中），而另一些则为它们自己制定（如依靠大量新产品开发的公司）。在这里，战略形成更多是集体学习（和冒险一样）。

教会型组织

当一个组织被浓厚文化所主导时，其成员会因激励而凝聚在一起，从而劳动分工往往不太明确，职位专门化程度较低，直线经理、参谋组和执行层员工之间的差别缩小，等等。所有成员拥有的共同价值观和信念使他们团结在一起，因而每个人都被赋予了充分的自由去表现，组织几乎是一种纯粹的分权形式。一些宗教组织和俱乐部是很明显的例子，在很多日本公司也能看到这种影子，具有强文化的一些西方组织也是如此。在这里，战略形成更像文化学派所主张的那样。

政治型组织

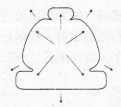

当一个组织能够在没有稳定的权力体系，没有主导因素（如上所述）的情况下存在时，矛盾往往随之产生，甚至可能失控，走向一种以不同部分的分裂为特征的政治形式。一些政治型组织是暂时的，尤其是在困难的变革时期；而另一些政治型组织则更具持久性，如存在不同牵制力量的政府机构或远离市场竞争太久的垂死的商业公司。在这里，战略形成更像权力学派所主张的那样。

应该强调的是，上面所提出的每种结构都是理想化的，是对现实的简化和模拟。不会有任何实际中的组织与上面的哪一种完全相同，尽管有些的确可能非常接近。

资料来源：引自 Mintzberg，1989，基于他以前的研究。

为识别战略稳定期和变革期，麦吉尔大学在 1971 年开始了一项大型研究，长期跟踪调查各种不同组织的战略，通常为 30 ～ 50 年，甚至更长（研究方法因而也具有历史性），该研究提出大量的问题，例如不同战略是相互连接的，是什么力量驱使战略发生变革，何时战略是在深思熟虑的基础上刻意强加的，战略是何时以及如何形成的。（其中一些研究我们已经在本书其他部分讨论过，例如，第 3 章的加拿大航空公司、第 5 章的斯坦伯格公司、第 7 章的加拿大国家电影协会，脚注中列出了所有已发表过成果的研究。）

在这些研究中，战略在确定时期内自我维持的过程被认为是一种模式，相关例子有加拿大航空公司的飞机采购和斯坦伯格公司的商店开张。如果把这些战略按照时间顺序彼此连接（如图 11-1 所示的斯坦伯格公司的部分战略），就可以识别出组织的特定历史时期。所确定的时期类型有：

- 发展期（聘用人员、建立制度、巩固战略地位等）

- 稳定期（对战略、结构等进行调适）

- 适应期（结构与战略定位出现边际性变化）

- 奋斗期（过渡期、动荡期或者试验性地对新方向进行感觉与摸索的时期）

- 革命期（许多特征同时迅速改变）

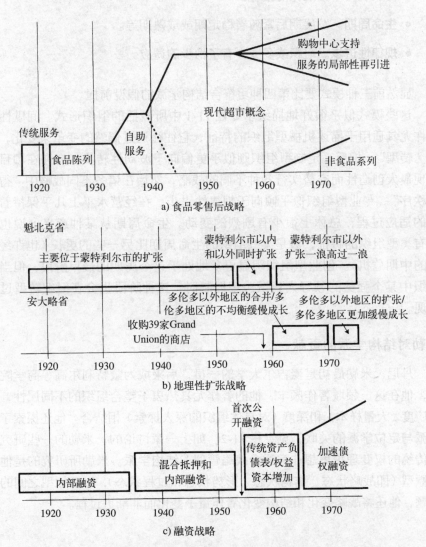

图 11-1　斯坦伯格公司的部分战略

资料来源：Mintzberg and Waters，1982.

至于这些时期如何在时间上排列，则有四种公认的模式：

- **间歇性爆发**。较为普遍，尤其多见于传统组织，长期的稳定状态被偶然性变革打断。

- **波动性转换**。适应性地趋同于稳定状态的时期，伴随着趋异的变化，有时表现为十分规律的循环。

- **生命周期**。发展期后紧随着稳定期或成熟期等。

- **规律性进步**。组织或多或少有了稳步的适应。

显然前三种模式要比第四种更符合结构学派的假设前提。

这些模式似乎很好地描绘了专栏 11-1 中所概括的组织形式。间歇性爆发也许尤其适用于描述机械型组织的特征，它往往通过偶然的变革来变化，被称为"转型"。相反，定制型组织则似乎更偏向于波动性转换，允许在项目中为实现最大创造性而交替实行各种不同的战略，然后在诸多不同战略中"得出某种秩序"。专业型组织似乎倾向于规律性进步，在经营水平上几乎保持着持久性的适应过程，总体上很少有剧烈的变动。生命周期从某种意义上说也许是所有类型组织的特征，只是某些组织的生命周期比另一些的更长（也许经过反复的中期危机）。创业型组织明显更多地处于这个周期的最早阶段，但当成熟组织中某个强势的领导人尝试决策控制时，这种阶段也会在组织转型过程中出现。

米勒对结构学派的贡献

丹尼·米勒最初是麦吉尔大学的一员，后来成为蒙特利尔高等商学院的一员，他在这一领域著作颇丰。他的著作尤其热衷于整合组织的不同属性，以及将广度（大量样本）和深度（对具体组织的深入探索）相结合。他还探索了结构学派与定位学派的关联，见专栏 11-2。如上一章讨论的，米勒的一些研究体现出传统的权变理论思想非常适合战略管理的结构学派。米勒所研究的是他所称的原型（即战略状态、结构状态、形势状态和过程状态），以及原型之间的转化问题，他还将战略变化和结构变化看作量子变化而非渐进过程。⊖

⊖ 参见 Miller（1982，1983，1986），and Miller and Friesen（1977，1978，1980a and b，1982a，b，and c，and especially 1984）。

专栏 11-2

什么是架构

　　概括说来，架构也许可以定义为组织要素的构象，这些要素是由同一主题（如无与伦比的服务或开创式的发明）整合在了一起。第一个构象是内核，由使命、手段（实现使命的基本能力和资源）和市场构成。这些构成了企业存在的理由。第二个构象包括支持内核的系统、过程和结构……在一个良好构型的组织中，两个构象内及之间和谐统一，创造协同，以使组织独特有效。简而言之，构建架构就是要做好两件事：一是决定企业做什么以及怎么做；二是确保企业做的事件之间能相互强化。

　　架构能成为一个强有力的武器。的确，独特能力和竞争优势的关键可能不在于拥有具体的组织资源和技能（因为资源和技能通常能被模仿和购买），而在于和谐主题的影响力和不同组织要素（使命、手段、市场和支持系统）之间的互补性。事实上，企业可以被视为与这些要素相互依赖的系统，这些要素必须与竞争效率和谐一致。

企业的使命

　　所有的架构必须有具体的使命：能引起关注的东西，告诉人们什么是关键，什么不是关键。比如，"包围卡特彼勒重机械公司"体现了强有力的新日本竞争对手的使命。

手段：核心能力和活动

　　手段构成了员工和客户识别组织的基础。手段——技术、程序、项目和不寻常的人才和资源——构成了组织中每个人的任务和交集……当它们与众不同时，手段就创造了独特的产品和服务，从而将企业区别开，并逐渐建立顾客忠诚。

市场：能力和顾客需求的匹配

　　只有当市场赋予手段价值时，特别是当竞争对手无法企及时，手段才起作用。一个企业的核心人才或资源必须得到外界给予的最大的回报，否则一个架构将变得一无是处。事实上，大多数架构都是根据脑海中特定的细分市场需求建立的。

建立综合支持

　　架构的种子如果得不到辅助结构的适当支持，就不会生根发芽。这些支持包括惯例和仪式、权力和报告结构、计划和信息系统、人力资源政策和行政管理程序。

　　高品质葡萄酒的口味错综复杂、妙不可言，能将不同的口味和谐统一。它们避免了多种口味的冲突和单一口味的突兀。企业架构也应如此。

资料来源：Danny Miller and John O. Whitney，1999.

原型

　　米勒的博士论文（Miller，1976；1979）从已发表的公司研究中推导出十个战略形成的原型，其中四个为失败型，六个为成功型。例如，"在停滞官僚机构型"中，"平静和简单的环境使企业昏昏欲睡，最高管理层感情上对旧战略恋恋不舍，其信息系统无力提供需要改变的迹象"（Miller and Friesen，1984：94）。其他的失败原型包括"无头脑巨人型"（中央集权较弱的一组企业单位）和"不幸后果型"（新团队用有限的资源和不足的经验试图影响企业转型）。成功原型中有"主导企业型"（声望较高，通常不受严重挑战的干扰，拥有关键专利、集中制结构和传统战略）、"创业集团"（胆识过人、精明强干的个人所建立并持续经营的组织）以及"创新型"（通常为实行市场机会战略的较小企业，结构简单，非多样化生产线，较多产品革新行为）。

量子变化理论观点

　　在其后期工作中，米勒和弗里森（Miller and Friesen，1980b，1982a，1984）将组织变化描述为量子运动，这种观念成了结构学派的中心观点。量子变化意味着许多因素同时变化，而不是先战略、再结构、接着体制这样一次一个的"零碎式"变化。这种变化可以很迅速，或用他们的话说是革命性的，尽管它也能逐渐地开展。

　　这种观点认为组织对变革与连贯对立问题的解决方法是先针对一个再针对另一个分别进行，各种战略总是在不断发生着边际性变化，战略观念上大的变革似乎难得一见。例如，在前面引述的斯坦伯格公司的研究中，在20世纪60年代只有两次重要战略方向变动，同样加拿大航空公司在其航空业发展的前40年中就没有任何大的变动，一直维持着最初的定位。否则组织就会将大量时间耗费在追求各种新制定出的战略方向上（如完善特定的零售程序）。这就意味着成功不是通过改变战略，而是通过开发并利用既有的战略来取得的。

　　世界总是在变化，只是时缓时剧而已。结构在某些时刻的变化与环境的变化并不同步。此时米勒和弗里森所称的战略革命就不得不发生，许多变化在此过程中立刻产生。作为结果，组织试图向新的稳定状态飞跃，以尽快地重新整合并建立一套新的战略、结构和文化，即新的架构。

但是学习学派所谈论的那些在组织中如雨后春笋般逐渐生成的战略又该如何解释呢？量子变化理论认为，真正新颖的战略通常被控制在组织的某个角落里，直到战略革命成为必然。不需要从头开始制定新战略或者复制竞争者的战略，组织就可以在自己逐渐生成的战略模式中找到新的经过深思熟虑的战略导向。

量子变化理论似乎特别适用于那些大型、老牌、大批量生产的组织——机械型组织。由于高度依赖标准化程序，它们往往会强烈抵制战略的剧烈变化。所以很多这类组织的长期稳定状态往往会被短期的变革突然打破。定制型组织则相反，在变化与稳定方面具有更为平衡的模式，更早产生波动性转换（Mintzberg and McHugh，1985，有关电影制造业公司的论述）。显然新型产品制造行业的组织需要通过在一段时期内做多方向的尝试来维持它们的创造性，然后稳定一段时间，以求在前一阶段所引起的混乱中寻得某种秩序。

革命性还是渐进性的变化

结构学派中米勒的革命性变化观点遭到了学习学派中奎因渐进性变化观点的反驳。事实上，这已经成为战略管理中的一个争论点，可与生物学中著名的史蒂文·杰伊·古尔德间断性均衡理论和查尔斯·达尔文进化论之争（上一章提过）相提并论。是渐进性变化还是革命性变化，取决于你观察事物的距离以及所处的有利地位（如在古尔德的时间观中把 100 万年只看作一刻）。因此，变化在一个研究者眼中可能是渐进性的，在另一个研究者眼中则可能是革命性的。

得到这些不同结论的战略管理研究者们事实上关注的是不同类型的组织和它们发展过程中的不同片段，他们研究的现象也各自不同（Wischnevsky and Damanpour，2006）。例如，奎因向主管经理们询问他们的思考过程（也就是他们的意向和观念），而米勒追踪组织的行为记录（也就是它们的行动和结果）。所以他们两个人实际上描述的是同一个过程中的两个不同序列阶段：战略家们也许是渐进地学习，然后以革命性的方式驱动战略变化。换言之，组织在明白其发展方向之前也许会等待时机，而在战略之窗打开时会一跃冲天。

这表明了领会每一个学派关于战略过程的思想并把它们整合进某种整体框架之中有多么重要。比如，认知学派试图揭示战略家们是如何思考的，企业家学派揭示了他们是如何飞跃的，文化学派揭示了他们的落脚点，结构学派则揭示了战略过程的顺序。

卓越与卓越的危险

在一篇早期的文章中，米勒与明茨伯格（Mintzberg，1983）认为结构方法（他们称之为"综合观"）在描述各种不同形式时可以考虑多种因素，可以为描述组织奠定良好的基础。结构或许是事物的本质状态：达尔文式演化力量能驱使组织在各自的不同部分之间寻求某种一致性，具有协同作用和高效率。这种一致性可以使组织更易于理解，从而易于经营管理。例如，使管理者们可以只运用那些适合既定结构的技术（创新型组织中的矩阵结构，机械型组织中的质量环等）进行管理。

在随后一篇文献中，米勒（Miller，1996）进一步提出，结构也许是"战略的本质"，因为战略是模式，没有时间上的一致性或连贯性，就意味着没有整体的战略。米勒还对结构的优势做了详尽阐述，比如它使模仿更加困难，使组织的反应更加迅速。但它同时也有一个严重的不足，就是简化了管理者所面对的事物："……简化是危险的，它会蒙蔽管理者的眼睛，使组织局限于一套狭隘的技能、关注点和环境状态中。"因此，像彼得斯和沃特曼（Peters and Waterman，1982）以及波特（Porter，1980）等人提出的"杰出的业绩常需要奉献、激情和全神贯注"（130-131）非常切中要害。使组织卓越的那些东西，也能孕育其后的失败。

米勒在他的《伊卡洛斯的悖论》一书中对这一点做了详尽的阐述，书中引用了这位希腊神话人物的传奇，飞行的神力使他能够接近太阳，却因之融化了翅膀，跌落而死。借用类似思路，米勒提出了揭示由成功走向失败的四条主要"轨道"：

- 聚焦式轨道锁定了谨小慎微、质量导向的匠人以及拥有熟练工程师和经营无懈可击的组织，并将之变成僵化的、迷恋于细节的补锅匠，企业封闭的、技术至上的文化提供着完美却不相干的产品，疏远了顾客。

- 冒险式轨道把成长导向、企业家式的创业者和由富有想象力的领导者、创造性策划及财务参谋经营着的公司转变为冲动、贪婪的帝国主义者，在仓促扩张到一无所知的经营领域中时，严重滥用组织的资源。

- 发明式轨道锁定了拥有卓越的研究开发机构、弹性的智囊经营机构及尖端科技产品的先锋性组织，将之变成了乌托邦式的遁世者，由一帮不守秩序的科学家经营，把资源浪费在毫无希望的浮夸、超前发明上。

- 最后，脱节式轨道把具有无可比拟的营销技术、卓越品牌和广阔市场的销售商及组织变成了没有目标的官僚主义的随大流者，对销售的迷信模糊了规划要点，生产着一些过时和脱节的"我也有"产品。（Miller，1990：4-5）

　　请注意建设性结构是如何变成破坏性结构的。实际上结构本身正是问题所在。为避免人们对其论述产生怀疑，米勒列举了他认为曾经"陷入"这些轨道的企业，包括 IBM、宝洁、德州仪器、克莱斯勒、通用汽车、苹果电脑和迪士尼等。这简直就是一本一流公司的花名册！或许我们就是注定要经受成功与失败、增长与衰败的循环（当然，这是人类的"自然"状况）。

探索结构

　　其他学派的研究工作也不乏对结构及变革的讨论，比如定位学派的战略集团、认知学派的再造、企业家学派的转型、文化学派的停滞（指缺乏变革的状态）。事实上，当我们描述组织类型和种种可能最为适用的阶段时，我们就已经把结构思维渗透到了对每个学派背景的最终讨论中了（也就暗示了我们的态度）。在此我们考虑对有关结构的几点深入探究，在之后的一节则是对转型的探究。

战略与结构

　　要把目光投向战略管理中广为流行的其他有关结构的研究，我们必须从钱德勒（Chandler，1962）对战略与结构的开创性工作开始说起。如前文提到，在研究"美国大型工业企业"的演变过程时，钱德勒定义了它们历史中的四个"篇章"，依次代表着它们生命周期的各个阶段。

- 第一阶段是最初资源的获取——工厂、设备、人员，或者购并已经拥有这些资源的小公司等（如通用汽车公司起步时），建立起营销与分销渠道，并获取对供应商的控制（称为纵向一体化）。

- 第二阶段，决策者们开始高效合理地利用这些资源，为协调生产能力而建立起职能结构（生产、销售等）。

- 第三阶段，当最初的市场遭到限制时，出现了又一个增长期，企业采取多样化形式进入新市场，或进入与现有经营领域相关的新领域。

- 第四阶段，结构需要发生第二次变革，形成由杜邦公司首创的多事业部制，每个经营领域都由特定单元来管理，并向中心总部报告以做总体的财务控制。

　　钱德勒的研究完成于很久以前，假如是今天来做的话，他也许会加上一个业务重组和部分业务外包的阶段，作为对企业早期多元化经营和纵向一体化的逆向行为。如今的大型企业一般都集中于关键业务和核心竞争力，同时也存在许多分散的经营活动，以有利于拓展关系网络。这一阶段与钱德勒的四阶段理论一起，解释了控制与放松控制这样一个波动性循环。

钱德勒的研究工作被哈佛商学院的一系列博士论文所扩展。不过，它们不再是深入探究具体公司，而是对很多企业进行了更大样本的调查，以更好地理解多元化经营战略和多事业部制结构之间的关系。可能最为著名的是理查德·鲁梅尔特的研究（Richard Rumelt，1974），他发现尽管《财富》500强中大约70%的企业在1949年为单一领域或者主导型领域经营类型，但是到1969年已有超过一半的企业进行了多元化，许多企业进入了他所称的相关或不相关（即跨行业）的经营领域（要不就是已经被兼并，其位置已经被更为多元化经营的企业所取代）。与此同时，很大程度上像钱德勒所发现的那样，它们使用了基于产品多元化的新结构，以与新战略相匹配（从1949年的20%到1969年的75%）。尽管有回溯研究之嫌，鲁梅尔特所做出的一般性的结论现在也许显得更为有力：除战略之外，"结构也追随着时尚"（149）这个结论得到了时尚管理研究的进一步证实（Abrahamson and Fairchild，1999；Carson et al.，2000）。

展望者和防御者

尽管迈尔斯和斯诺（Miles and Snow，1978；Miles et al.，1978）对结构的研究与众不同，但在学术界以及实践者当中也一样广为接受。根据一项对四个行业（教材出版业、电子业、食品加工业和保健业）中的企业所进行的研究，他们把公司划分为四大类（防御者、展望者、分析者和反应者），每一类"都有着与所选市场相关的独特战略"，以及相关的"技术、结构和过程的特殊构架"（Miles et al.，1978：550）。

- 防御者关注稳定，即如何"为了创造一个稳定领域而封锁部分市场……把有限的一套产品导入整个市场中某个细分市场"（550）。为排斥竞争者，防御者实行竞争性定价或者专注于产品质量。技术效率和对组织的严格控制十分重要。

- 展望者则相反，积极寻求产品创新和市场机会（有时甚至以利润为代价）。关键是同时保持技术和管理的灵活性。

- 分析者处于防御者和展望者之间，寻求"风险最小化以及获利机会最大化"，因此对其方法的最佳描述是"平衡"（553，555）。

- 反应者与其余三者不同，根据环境进行反应。这是一种失败后的举动，是"不持续和不稳定"的。换言之，是"在其余三种战略之一实行不当时，产生的一种'剩余'战略"（557）。

迈尔斯和斯诺所提出的类型可以缩减到两种基本形式（似乎对应机械型组织和创新型组织），以及作为混合形式的第三种和作为其实是为不当反应集合的第四种。

理智、官僚和政治行动者

在第 8 章，我们提到了格雷厄姆·阿利森（Graham Allison，1971）对苏联和美国决策者在古巴导弹危机期间行为的著名研究。这是又一个结构研究的极好的例子，牵涉多方面的战略（或政府的"政策"）、结构和管理风格。阿利森宣称人们"在思考外交和军事政策时，很大程度上根据隐含的概念模型进行，这明显影响着他们思维的结果"。即他们在脑海中有架构，不管架构作为独特的实体是否存在。他重点概括了三条。

"理智行动者"模型把政府行动看作"统一的国家政府采取的或多或少带有目的性的行动"——明确目标，做出选择，然后采取行动。"预测一个国家所要做的或者本该做的事情，是通过推算针对特定情形下既定具体目标的理性行为而得出的"。

阿利森称这个模型"是有用的"，但如果想不被取而代之的话，就需要另外两个"着眼于政府机器的参考框架"的补充。其一，要关注政府的内部系统过程，即关注作为官僚系统，组织的不同部分的"强度、标准运作程序和指令系统"。其二，关键要理解相关单元中的行为模式，这可看作决策制定时的齿轮和杠杆。

"政府政治"模型着眼于政府的政治策略："……所发生的事情被刻画为国家政府之中参与者们之间各种交易博弈的产物。"焦点在于"参与者们的观念、动机、权力和策略"。基于不同参与者的相应权力和技巧（3-7），用"谁对谁干了什么"的理解来解释事件。

因此，组织行为可能不仅仅是一个理性设计过程的结果，而且还是渗透组织的社会和政治过程的结果。由此引发出一个问题：决策者是如何思考不同的架构的？戴克（Dyck，1997）在一个有趣的研究中指出，尽管决策者以一个既定的架构执行日常运营，他们却能意识到其他的架构，甚至对它们饶有兴趣。因此，架构是经久不衰还是被抛弃取决于决策者对现有架构与竞争架构的评价。戴克追踪了一个小的宗教学院 40 年，追溯了有关被采纳的架构和其他被考虑过而又被否定掉的架构的争论，发现"成员们经历了合理现状和合理替代选择的持续紧张斗争"（817）。

对转型时期的探索

结构研究的另一个用武之地是对组织发生重大变化的时期进行深入探索。安德鲁·佩蒂格鲁（Andrew Pettigrew，1985；1987）对英国的一家化工公司ICI的变革所做的研究是个很好的例子，它综合了许多战略学派的内容。佩蒂格鲁将此变化看作一系列事件的组合，而不是一个事件。

佩蒂格鲁从 ICI 公司 1969～1986 年的变化过程中得出以下几点结论：

（1）变化不是以连续的渐进过程发生的。

（2）变化模式适用于激进变化的年代，变化具有周期间隔性。三个高水平变化活动时期中，1960～1964 年和 1980～1986 年发生的两次变化可明显被标注为革命性的，因为它们存在实质性的意识形态、结构和经营战略变化……这些变化之间的时期是实行和稳定变化的时机，也是……意识形态上做好了革命性突破准备的组织学习的时代。

（3）每个高水平变化活动的时期都与世界经济衰退、与它们对……ICI 公司相应经营业绩的影响存在联系。换言之，ICI 公司只有在面临严重的经济困难时才做出实质性的变化。不过，这些变化时期的临界面……也是管理者们在业绩困难时营造变化氛围的积极战略。

（4）变化的革命期也与 ICI 公司领导层及权力的变化相关联。

（5）在革命性变化时代，鲜有证据支持钱德勒的战略先行于结构的断言。ICI 的变化模式是有关高层决策者核心信念调整的复杂混合体，随之是结构变化、制度变化、报酬变化，在（这些）变化合理化并实施一段时间后，经营战略变化才开始出现并付诸实施。（Andrew Pettigrew，1987，664-665）

请注意佩蒂格鲁的结论是怎样支持米勒的量子变化观点的。另请注意他是怎样把许多战略学派的观点按照该组织各个生命周期的特定时期进行编排的。

另一个类似性质的探究是格里·约翰逊（Gerry Johnson，1987）对一家英国服装零售企业所做的研究，他的结论关注我们在第9章中讨论过的战略解释观，但掺杂了理性主义和适应性（或渐进性）观点。约翰逊总结说，他所研究的管理者们"把他们自己看作逻辑渐进主义者，并相信这是一种明智的管理方式"。然而，他们受到一系列核心信念的驱使，这些信念决定着他们如何解释所面临的复杂局面，并采取行动。这为变化树立了障碍，对信念的挑战被看作

"政治和文化行动，而不是理智的辩论"。但是当"战略偏移"发生和业绩下滑时，渐进性的调整就不得不被彻底的变革所取代，"需要对范式进行'解冻'，进而打破政治联盟以及（挑战与改变）程式和惯例……"，而在新观念和新思想的引入过程中，局外人也许会起到关键作用。

相对来说，所发生的变化过程可能会是不确定和笼统的。组织成员会知道变化正在发生，但可能并不太清楚变向何处或者变化意味着什么。不过，这样的变化过程可能是引入特定战略的必然先兆。

这也许就"需要通常被界定为理性、科学管理的各种分析和规划方法"，但"只有在打破旧信念的变革过程已经在进行时才会行之有效"（270-274）。

在戴维·赫斯特（David Hurst，1995）新近出版的一本精彩的书中，他根据自己作为总经理的经历，通过一个存在危机和新生的"生态循环"模型来描述组织变革。如图11-2所示，模型包括两个交叉的回环，构成了一个无穷大符号。森林的生态循环要经过生长期和开发期："对任何可用空间的迅速占领"（98），然后是保持，即已建生物群落的稳定关系，随之是创造性毁灭，自然森林火灾扮演着这样的角色，其导致新生，诸如此类。

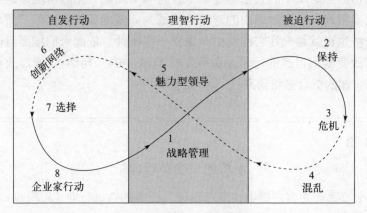

图11-2　组织生态循环图

资料来源：Hurst，1995：103.

人类组织也经历着类似阶段的周期循环，做着自发与被迫之间的行动。正如钱德勒所描述的那样，企业家行动安于维持已有进程，最终激起了危机和混乱，刺激了创新行为，从而开始一个新的循环。前半部分叫模型中的"业绩环"，在图11-2中以实线表示，是"常规生命周期"，按赫斯特的说法是战略管理所在的部分；后半部分叫"学习环"，以虚线表示，代表着"一个不太熟悉的'死亡'与'重生'的再生循环"，是魅力型领导的领域（104）。

与钱德勒所述的线性生命周期截然相反，这个模型描绘了危机与新生之间的无尽循环，我们可以从中依次找到很多其他学派的方法。有时，各阶段之间的连接平滑，几乎为线性的（换言之，是难以察觉或"无缝的"，更多是一种分解的精神），而其他时候，它们往往是迅速和非线性的（即波浪起伏的）。

变革中的组织

有大量的文献和咨询实践可用于帮助管理者们处理组织的重大变革，如转型、复苏和缩编等。但如果要把这些内容都说清楚，我们也许要为此增加第二册，我们在此不想过多详述（大概你也不想听）。不过，我们试图给出一个大体的框架并阐述某些部分。

请注意"被管理的变革"这个词，专栏 11-3 对此有细致的描述。这个词看上去有些矛盾，因为管理被解释为强制使某事发生，而变革是不能被管理的。经理们经常抱怨组织中的人拒绝变革，有时确实如此，原因可能是这些人一直以来被过度管理着，此时解决的对策恰恰成为问题的原因，因而"管理"变革最好的方法也许就是允许它的发生：建立一些条件，依此人们按照自己的本性去尝试和改变他们自己的行为。引用专栏 11-3 中的一句话："通过改进自己来迎接变革，你的机会必将到来。"

专栏 11-3

矛盾的"变革管理"

一个宣称能为客户提供"变革管理"服务的咨询行业（和职业）发展起来。变革和管理这两个词组合在一起后的意义就如同"圣战"或是"全职母亲"一样。"变革管理"像战略计划一词一样，其产生有着危险而诱人的理由，它们基于的假设是：存在一种能够客观地制定行动方针的有序的思考与执行过程，就像星级杂志《企业》上的琼·卢克·皮卡德一样，只要"按部就班地做"就可以了。但事实果真如此的话，我们面临的世界就不会成为当今这种高速变化的样子了。

成功的变革来源于学习、成长及发展

变革不能被管理。对于变革，人们可以忽略、抵制、响应、利用以及创造，但不能管理变革并使之有步骤地进行，我们成为变革的牺牲品还是成为变革的胜利者，这取决于我们对变革的准备程度。亚伯拉罕·林肯曾经说过："我会做好准备，我的机会必将到来。"这就是变革该如何管理的真谛。

那些因我们轻视和提供劣质服务而流失走的顾客，我们不可能很快把他们重新拉回来。我们也不可能因为市场发生变化，就能在六个月的时间内把我们的组织变革成创新型组织。当革命性的新技术出现时，我们不可能一下子改变多年来养成的习惯及繁杂的运作流程。当成本压力来临时，我们不可能奇迹般地迅速扁平化现有组织，并让有着多年层级控制观念的员工变得主动而有活力。这些是长期形成的文化、系统、习惯及技术的变革。要在变革之前就做好准备，用一个中国的成语说就是"未雨绸缪"。

为了实现有效的变革，你不应把它当作一种可控的力量。通过改进自己来迎接变革，你的机会必将到来。

资料来源：Adapted by Jim Clemmer from his book, *Pathways to Performance*, 1995.

变革什么

第一个问题是，在组织中什么是可以改变的？一种思维方式是像专栏 11-4 所讨论的变革方图，它表明了组织中全面变革的意义所在，包括了战略与结构，从概念到具体，以及从高度正式的行为到非正式的行为。

专栏 11-4

变革方图

组织变革被广泛地讨论着，然而这种讨论通常只是在理论上的零散的讨论。我们听惯了诸如转型、复苏、文化变革、全面质量管理、风险经营、新产品开发等词，所有的这些都应当纳入一个分析视角之中，变革方图就是这样的一个尝试（见图 11-3）。

方图的正面展现的是变革的两个维度。左边是关于战略的，即组织前

进的方向；右边是关于组织的，即组织的现状。当变革在组织发生时，二者都要被考虑到。

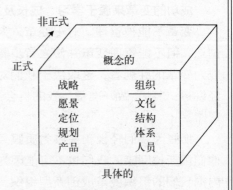

图 11-3　变革方图

从方图的上面和下面来看，战略和组织都可以划分出不同的层面，从高度概念化的、抽象的，到具体的、有形的。在战略维度，愿景是最概念化的（再思考、再认识），文化则是在组织维度上最概念化的（再激活）。沿着方图向下，是更具体些的两个部分，即战略定位（重新定位、重新配置）和组织结构（重新组织、缩减），接下来是规划与体系（重新规划、重新运作和重新构造），最后是产品与人（重新设计、再培训和调换），最后这部分也可以看作对行动及行动者的变革。也就是说，在组织中你可以进行变革的最为广泛也最为抽象的是愿景与文化，而最为具体的是实在的产品和真实的人（要么替换现有的人，要么改变他们现有的行为）。

仅仅改变愿景或是结构是相当愚蠢且徒劳无功的，一个组织可以很轻易地改变单个的产品或者人。换言之，不论你在这个方图中的哪个位置介入并进行变革，你都要对这个位置以下的东西进行改变。比如，不改变体系与人而仅仅改变结构是毫无意义的，不考虑战略定位、规划设计与产品就想改变愿景也是如此。

最后，如方图从前向后所表示的，所有这些都可以从公开及正式的，延伸至内隐的、非正式的。例如，战略定位可以是更为成熟稳定的（正式的），也可以是逐渐生成的（非正式的），而人员行为的改变既可以通过正规的教育来实现，也可以通过非正式的师徒式指导来实现。

这里的关键点在于组织中的重大变革包含了整个方图：既有战略也有组织，有最抽象的也有最具体的，有正式的也有非正式的。

描绘变革过程

为思索变革的方法，我们有必要对目前已有的大量方法进行分类整理，并以图表的形式展现给读者。在图 11-4 中，我们将所有的方法置于其中，并用两个维度描述。横轴表示变革幅度的规模，从微观到宏观。微观变革主要集中于组织内部，比如工厂中新的工种的设计，或是新产品开发。宏观的变革关注的则是整个组织，如在市场中的重新定位或是其全部物质设施的更换。〇

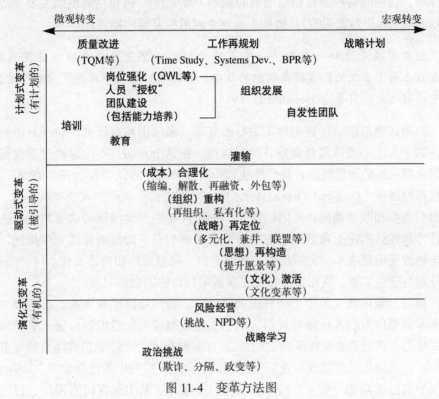

图 11-4 变革方法图

资料来源：Henry Mintzberg and August，1997.

戴维·赫斯特（在一份未出版的材料中）用另一种方式对此做了描述："舵手在不停地变化舵的方向。但导航员除非万不得已，并不会改变船的航线。控制整条船的方向的船长更不会轻易地改变，因为这意味着整个组织的价值变化。探险者们在其一生中可能只有一次发现新大陆的机会。"

我们在全书中考虑的显然是宏观的一面。有两个原因使我们在这里描述变革的整个范围：①要对所有的变革进行概述，将其纳入一个背景框架之下；②微

〇 微观变革倾向于关注变革方图中的具体层面，但不一定如此。你可以改变一个工厂中的工作设计的愿景。宏观变革也是，并不必然从概念层面开始。组织可以替换掉它全部的物质设施但并不改变其愿景，尽管这看起来并不合逻辑（但并不意味着从不会发生）。

观的变革可能会带来宏观的后果，单一的行动可以产生重要的行为模式，新的产品可能会使组织重新定位其市场，这也正是逐渐生成式战略的意义所在。

图 11-4 的纵轴中，我们提出了变革的三种基本手段：计划式变革、驱动式变革以及演化式变革。计划式变革是事先计划好的，有业已制定好的一套体系或程序，包括改善产品质量与培训的规划（微观的），也包括对组织发展与战略计划的规划（更为宏观的）。譬如下面这个对组织发展的描述：

> 组织发展是这样一种努力：①是有计划的；②是在整个组织范围内的；③是自上而下管理的；④提高组织的效率；⑤运用行为科学理论在组织"过程"中有计划地介入引导。（Beckhard，1969：9）

驱动式变革是一种在引导下进行的变革，通常由拥有权威且居于有影响力地位的个人或小团体监督实施并确保执行。在这个方面，不论是通过重构而进行的合理化改造还是激活，我们能找到所有当前流行的以"re"开头的词汇。㊀多兹和坦海泽（Doz and Thanheiser，1996）把它们分别称作改变战略类型、改变组织类型和改变情感（文化）类型。在图 11-4 中，这些驱动式变革从靠近微观且计划性强的左上角到靠近宏观且演化性强的右下角呈对角线顺序排列，其中包括改变运营成本、组织结构、战略定位、管理思路和整体文化。（后面的三个分别与定位学派、认知学派和文化学派所探讨的内容相对应。）

最后，演化式变革是一个有机的过程，它通常是自然发生的，或者至少由居于非显要位置的人员指导进行，不引人注意地发生在组织的角落。前面两种方式或由正式的步骤安排所"驱动"，或在某种程度上比较非正式地由管理者们"管理"，而演化式变革既不受到管理，又不会处在经理们的控制之下。㊁政治挑战位于靠近微观的一侧（当然，正像我们在权力学派中所探讨的那样，它也是可以比较宏观的），中间是风险经营，而战略性学习则更靠近宏观一侧（后两者都在学习学派中有所探讨）。

在我们的图 11-4 中，各种各样的变革方法都被归为上述从微观到宏观这一连续坐标上三类中的一类。当然，其他人也许会有不同的归类（如计划式变革的支持者们会指出真正的意图在于引发有机式的反应）。我们不准备在这点上进行争论——这张图仅仅代表我们自己的意见。正如地图的作用一样，为了向查

㊀ 对于以"re"开头的词，作为同义词或变义词，还有 renewing、rethinking、revisioning、reconfiguring、retrenching、reforming、rearranging 以及 reducing。

㊁ 因此从受计划到受驱动使得演化的转变对应变革方图中的正式到非正式。不过应该注意，从抽象到具体都有分布。战略计划（如我们在第 3 章所指出的）可以相当抽象，尽管它注定是具体的结果，而战略学习和政治挑战可以从一边排列到另一边。

看的人表明地形的总体情况，人们对地图做了必要的简化，否则只能让人不知所云。

全面变革的规划

经理可以直接从某件事情入手去进行变革，比如对销售队伍加强培训或重组研究室。大多数的变革都是不论何时何地零星进行的。汤姆·彼得斯长久以来一直积极倡导这样的变革。他建议要随时随地对需要改进的事项实施变革，而切忌等到身陷泥潭时再付诸行动。

从变革方法图中我们看到，相较于概念（宏观）层次，变革在具体（微观）的层次上也许会更容易一些。也许你可以对一组工人重新培训或者重组一个部门，但在没完成相关方面的诸多变革之前，你是不能轻易对战略重新定位或者改变整个文化的。"改变组织文化"单单看起来只是些空洞的字眼，正像前面所论述的，在其他方面都不改变的情况下，文化是不会改变的。

因此，在涉及全面变革（被称作转型）的众多项目上，大量的文献研究和咨询实践成果都提出了建议：可将不同的变革方法组成一个合理的顺序，从而对组织实施"转向"或者"复兴"。（转向是指快速、剧烈的革命性变革，复兴是相对较慢的、广泛的变革。）但这却是一项令人无所适从的工作，每个作者、每家咨询公司都拥有一套成功的变革方案，而对于哪一套最好根本没有统一的看法，尽管有过不少短期的主流时尚，因为是短暂时尚，所以这里我们再次提醒，"转向"即意味着彻底抛开以前的道路！

正像在其他的问题上那样，这里没有任何屡试不爽的程式。不管目前变革有多流行，并不是所有的组织都需要在所有方面一直不停地变革，否则就是"无政府"所描述的状态了。问题的关键是要在持续发展和变革之间寻找到平衡：在必要的时间、必要的地点实施变革，同时又要保持一定的秩序。迎接新事物、彻底扫除旧事物也许是最时髦的做法，但总的来说找到将新事物中最好的方面和旧事物中最有效的方面整合起来的方法会更为有效，不过这也同样困难。当今有太多的组织经历了欠缺周密考虑的变革，组织并不能仅仅因为新的首席执行官上任或者新的潮流出现就将现有的一切统统抛弃。

但是，有时候组织确实也需要认真地进行一场广泛的变革。此时管理的职能就在于决定从哪里入手，确定哪些方面因需要人工干预变革而令其他方面的变革自然而然发生，以及何时、以什么样的速度和顺序进行变革等。是从小处着手逐渐推广，还是一开始就轰轰烈烈？是从更替人员、重构愿景，还是从更换战略开始？之后，是关注战略、结构、文化还是股东价值？是同时进行全面的变革，还是以"分块"的方式进行？

另外，也许管理的职能是应该为变革创造条件，然后让其自然发生。最好的变革可能是由下而上的，它发端于工厂的某个角落，或者来自对客户的某次造访，然后就自然地从这些地方展开。

如果变革看上去常常是乱糟糟的，那么请想一想，法国哲学家阿兰的评述："所有的变革看起来都好像不可能似的。可是一旦变革完成，你就会觉得其实也没什么不可能的。"脑海中有了这种观念后，我们来看一些关于进行广泛变革的框架的案例。

在 1995 年，三位麦肯锡的顾问发表了一篇关于变革的文章，文章在对 25 家公司研究的基础上讲述了六类基本的"战略"：

- **演化型的制度建设**。"对公司价值观、高层组织结构和绩效评价"逐步改造，"以便于直线经理们驱动变革。"

- **震动和重新聚焦**。"打破原有的权力结构"，领导者"一举……解散高级管理层，建立新的经营单元并重新设计管理流程"。

- **跟随领导者**。为了直接见效，领导者们"自上而下发起重大的变革"。比如出售疲软的业务，"同时解决组织中最关键的瓶颈"。

- **多面聚焦**。在这种情形中，"变革是由任务小组来驱动的，他们的目标更为广泛"，如降低成本、刺激销售等。

- **系统的重新设计**。同样，任务小组驱动整个过程以提高绩效，但"核心流程的重新设计和其他的组织变革在计划中往往是同时进行的"。

- **基层动员**。"变革的领导者授权任务小组去收集来自中层管理者和一线员工的被禁锢的想法。"（Dickhout，Denham，and Blackwell，1995：102-104）

这些主要描述了初始或关键的活动。但对于许多在此领域工作的人来说，关键的问题是不同的活动如何按顺序进行以有效完成一项重大的变革。我们下面首先来看一下自上而下的变革，然后转向自下而上的变革。

自上而下的变革

也许最著名的方法莫过于杰克·韦尔奇在 1981～2001 年带领通用电气公司所进行的变革。Tichy 和 Sherman（1993）将其视为一部包括觉醒、展望、再造的三幕戏剧（见图 11-5）。

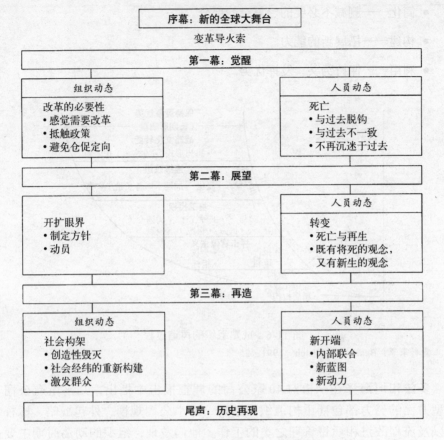

图 11-5 转变中的领导：三幕戏剧

资料来源：Tichy and Sherman, 1993: 305.

与韦尔奇并肩工作过的乌尔里克，在和贝蒂合著的一篇文章中描述了一个五步过程（既可以同时发生，也可以按照时间顺序发生），包括组织的"硬件"（战略、结构和系统）和"软件"（员工行为和想法）。他们的描述从缩编和精简机构的重构开始，进而是抨击官僚主义，即"丢掉那些没有必要的报告、审批、会议和指标"等，然后经历了一段员工授权时期，并由此引起了连续改进。在此之后，作为这四个步骤的衍生，文化得到了彻底的改变（Beatty and Ulrich, 1991: 22，24-29）。这些如图 11-6 所示。

巴登－富勒和斯托普福德（Baden-Fuller and Stopford，1992）的"复苏的渐增模型"与此相似：

● 激励——建立一个复兴行动的专职高层工作团队。

- 简化——删减不必要的、复杂的部分。

- 构建——拓展新的能力。

- 利用——保持势头，发挥优势。

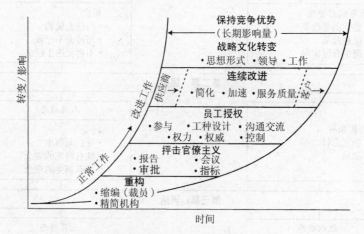

图 11-6 成熟组织的再造过程

资料来源：Beatty and Ulrich，1991：25.

多兹和坦海泽在一份对 40 家公司的调查报告中指出，几乎所有公司在转型方面的努力都包括重构组织的结构、缩小公司规模、外包战略、标杆学习以及流程改进和质量管理之类的工作。他们发现，组织的动荡时期主要是由一些转折性事件激发的，比如聚会、研讨会或者其他的有员工和经理参与的集会。从这些"效率更高的、长期的"变革过程中，他们总结出以下三种类型：

- **"从里到外型"**。首先改进效率，然后创造新的机会。

- **"从上到下授权型"**。即使变革在整个公司没有实施以前是由分部发动的，一般而言，惯性被打破的过程也通常是由高层强烈推动的。在惯性被打破后，随后的活动经常由分部推动。

- **"从感情和理解力到组织"**。在几乎所有的案例中，新的战略性理解驱动着起初的变革周期。这些战略性理解首先聚焦于感情的变化过程（关键事件的附属品），然后反映到组织中的进一步延伸的、细微的和多方面的变化中。（Doz and Thanheiser，1996：10-11）

实际上，首席执行官采取一些初始的战略行为，如剥离一些业务和替换一些关键性管理人员，下一步非常重要的事情就是赢得人心，这些在认知层次的变革使得在战略层次和组织层面可以进行更深、更细微的变化，这时首席执行官就可以放心地分权，以激发下属更高的积极性。

简而言之，随着时间的流逝，变革过程的本质就是游走于一次次的循环之中，这些循环包括由能量集中爆发到不显著的周期性扩散的小转换。成功的变革都是把组织从剧烈的变化动荡时期带到持续学习和更新的时期。(11)

自下而上的变革

前面的观点主要是从战略管理的角度出发，认为自上而下的战略至少在起初是领导驱动型的，但是在对组织发展的早期工作进行研究之后，一些人发现变革是一个自下而上的过程。在这个过程中，组织的无数个小的变革驱动整体的变革过程（Nutt et al.，2000），变革对于这些人而言，是一个探险的历程而不是预先确定好的轨道，更多的是一个学习的过程而不是一个被计划好的或被推动的过程。如果这一论断成立，那么将是具有重大战略意义的。

这是比尔等人在《哈佛商业评论》上所发表的文章《为什么变革规划不能产生变革》的基本精神。在讨论了"变革项目的缺陷之后"，他们发现更加成功的变革通常是从远离公司总部的分部或者下属工厂发起的，并且这些变革是由分部的经理们领导的，而不是由公司的首席执行官或公司高层人员领导的（Beer et al.，1990：159）。优秀的首席执行官创造了变革的氛围，并且让其他人决定如何实施变革，然后再把变革最成功的分部作为公司其他部门的榜样。专栏 11-5 为这些单位的经理们列出了"成功变革的六个步骤"。

专栏 11-5

自下而上的变革

为业务单元和工厂经理们制定的"成功变革的六个步骤"：

（1）**通过对业务问题的联合诊断，进行变革动员**。通过共同的诊断，让大家共同认识到组织中哪个地方出错了，哪个地方能被且必须被改进，（基层单位的）总经理开始着手促进变革所必需的最初动员。

（2）**针对如何组织和管理竞争能力达成共识**。一旦指定了一个核心小组对问题进行专门的分析，总经理就能领导员工转向针对具体任务的组织

愿景，这个愿景定义了新角色和新职责。

（3）**对新愿景建立共识，积蓄能力去实践，并推动其前进。**

（4）**让所有部门都重新调整而不要从高层推动。**把新的发现灌输给组织其他部门的诱惑是很大的，特别是组织需要快速转变的时候，但正如高层经理把计划好的变革推向全公司一样，这会犯同样的错误。这会让变革过程如同"短路"一样。最好是让每一个部门"再造一个车轮"，即让每一个部门找到适合自己的新组织方式。

（5）**通过正式的政策、制度和结构，把重新调整制度化。**新方法必须牢固确立。

（6）**对重新调整过程中的问题及时反应，以监控和调整战略。**变革的目的就是创造一个能适应不断变化的竞争环境的学习型组织，有些人说这是总经理的职责，但是对变革过程的监控需要所有人共同努力。

资料来源：Beer, Eisenstat, and Spector, 1990：161-164.

我们还列出了专栏11-6，它摘自几年后发表在《哈佛商业评论》上的文章《领导变革：为什么变革的努力总是徒劳无功》，作者科特是比尔的同事，他们在哈佛商学院的同一个系工作。但是科特的"变革公司的八个步骤"是自上而下的。科特写道："变革，根据定义而言，要求创造新的系统，因此总是需要领导。一般而言，更新流程的开始几乎是没有头绪的，直到有高层领导加入为止。"（Kotter，1995：60）

专栏 11-6

自上而下的变革

为总经理制定的"变革公司的八个步骤"：

（1）**树立一种紧迫感。**审视市场和竞争现实，发现并讨论现存危机、潜在危机和重要机遇。

（2）**组建强有力的指导组。**建立有足够权力的群体以领导变革，鼓励小组形成并以团队形式开展工作。

（3）**建立一个愿景。**建立愿景以指引变革的方向，构建实现愿景的战略。

（4）**传播愿景**。利用所有可能的方式传播新的愿景和战略，通过指导组的示范传授新的行为。

（5）**授权其他人按照愿景行动**。排除变革的障碍，调整严重阻碍愿景的系统和结构，鼓励承担风险和非传统的观念、活动和行为。

（6）**计划和创造短期盈利**。对可见的绩效改进进行计划，实现这些改进，识别并奖励提高绩效的员工。

（7）**巩固已有的改进，并且创造更多的变革**。用增强的信心继续改变不适合愿景的制度、结构和政策，聘用、提升和发展能实现愿景的员工，采用新的项目、主题和更换实施人员来激活变革流程。

（8）**把新的方式制度化**。明确表达出新行为与公司成功之间的联系，制定确保领导权发展和继任的方式。

资料来源：Kotter，1995：61.

所以，变革过程到底是应自上而下，还是应自下而上呢？如果你相信专家，你将不得不抛硬币决定了。要不就试着理解自己组织中打破了什么，然后再决定如何修补起来。关于如何变革组织没有统一的模式，何况对组织是否需要变革本身就众说纷纭。

事实上，麦肯锡的顾问迪克霍特及其同事认为（他们关于变革战略类型的观点在前面已经叙述过），组织采用何种方式进行变革取决于组织的目标、需求和能力。在他们的研究中，"每一种变革方式都是对特定问题和机会的唯一反应……领导者的任务是'打破嵌套在组织内部的规则'……使能量释放和传递以改变绩效……"（Dickhout，Denham，Blackwell，1995：20）用好话结束对文献和时间的讨论并不总是非常明智的。

事实上，有关转型的流行文献关注有计划的和驱动性的变革。换句话说，关注"被管理的变革"到底是更倾向于使用正式的程序管理，还是更依赖于领导的非正式管理（领导是否在组织内以比尔等人的方法充分发挥作用）。这些可能会激发组织的根本性变革（这是众多这类方法的目标），但是这个方法本身几乎不是根本性的。这种方法的支持者可能会反对必须管理组织变革的观点；反过来，我们想知道这些方法有多少不是管理者的自我中心主义的体现和咨询公司的主意。

想象一下，首席执行官召集了所有员工开会，说："嘿，伙计们，我一直在想有关变革的事情。我不是你们所想的英雄。如果事情能如愿以偿，你们就放手去做。我随时为你们提供帮助和便利，并为你们打气。但是把这个地方变得伟大是你们的责任。"这种做法是否会让这个人出现在《财富》杂志的封面上？类似的行为和说法出自你最喜爱的咨询公司又会怎么样呢？"咨询机构的方案其实很粗糙，而你在组织中却拥有一帮成熟的精英。只要你给他们一点机会，他们就会积极创新。试一下吧，你可能会发现惊喜。那也许只是 55 美元的请求。"

所以，什么是超越期望的企业？比起让它自然而然地死亡，拯救它会花费更多吗？我们需要那些资深的咨询顾问吗？我们需要那些管理企业的生命支持系统的人吗？

关于结构学派的评论

麦吉尔癖

莱克斯·唐纳森对结构学派的批评最为尖锐，他曾称之为"麦吉尔癖"。唐纳森认为结构是进行推理的拙劣方法，因为它们非常容易理解和传授：

> 没有几个组织是结构简单或者机械官僚的，几乎所有的组织都介于两者之间。学习该理论的人，无论是 MBA 还是管理人员，大多来自中等规模、标准和建制的组织。组织变革的范围通常只是涉及规模的增长、更进一步的创新、这种而非那种成熟产品等。他们需要用一个高度分化和有着等级化指令性建议的框架来描绘经验。在结构中，他们找到的是过于简单的描述：简单的结构、机械的官僚主义、创造性的专案决策。这些模型没有太大用处。（Lex Donaldson，1996：127）

唐纳森还认为："组织在很大程度上是灰色的，而不只是白色和黑色的。"（114）因此这些"理想型"只能是个名词而已，但它们和描绘组织世界多样性的相关程度不高。"每个组织都存在问题。"（117）例如，多事业部的企业的各个单位可能因为具有不同的结构而追求不同的战略。

唐纳森保留了对结构学派另一个主要观点——量变进行的批评。他认为，让企业保持原状或者迅速变革是经验主义和概念性的错误。"大多数组织在大多数时候是在进行渐进性变革。"（122）进一步说，如果组织处在不同结构之间的某个位置是处于不平衡状态——其战略在达到一个较稳定的结构以前为无效战略，那么它究竟是怎样着手制造这个变革的呢？

唐纳森的观点是依据"非对即错"的绝对标准。但所有的理论都是有缺陷的，它们都只是停留在纸上的言语或计划。现实总是更为复杂的（如地球不是平的，但也并非就是圆的，赤道处很粗，还有各种各样起伏的山脉），所以，关键要看理论有用与否，特别是对偏重实践的经理们来说。（荷兰建造机场跑道时就参照了地球是平的这一理论。）

这并不能否定唐纳森的观点（把世界看作结构，存在缺陷），但这至少对选择产生了同等重要的问题，在本书第 10 章的偶然性理论中隐含着这种理论的实质。换言之，经理们不得不从这些有缺陷的理论中挑选。

我们在本章试图说明结构通常是很有用的，即使仅作为一个词，用来理解不同的组织是如何按照唐纳森描述的方法进行结合的。而且，作为工具的理论是在不断发展的。生物分类学家花了很长时间才得到了今天这个已经有很强影响力的庞大分类系统，如果因为不能包括所发现的所有物种而放弃全部研究的话，他们将一事无成。

在 20 世纪 90 年代中期，由格雷戈·拉塞尔教授指导的博士生组致力于一个经典课题的研究：评价所有关于组织架构和绩效的关系的实证研究（Ketchen et al., 1997）。小组识别了 40 个相关的实证研究，然后他们估计了这些实证研究中关于架构与绩效之间关系的强度。结果发现，当研究者采用更广的架构定义、聚焦单一的行业、注意了架构的时间演化时，架构与绩效的关系更强。

至于变革的速度，可能无法评论。因为对于渐变或者跃变都有大量明显的证据（各章都有引述），而且对两者都是很有用的。当然，一个适合权变理论，一个更适合结构性理论，所以我们选择理论时要多加考虑。

归类分析

因为模式是旁观者眼中的模式，所有的归类都带有某种程度的随心所欲。用结构来描述就是为了解释而歪曲。但是每个概念、每种理论甚至每个词（只是一个范畴）都是如此，都在这个方面或那个方面有所简化。所以，问题就相当于这种或那种形式的歪曲相比较而言有多么严重。不管喜欢与否，我们都需要这种分类来帮助理解复杂的世界。（试想一下世界没有这些概念会是什么样。）所以，我们需要分类，即使我们先要明确它们的缺点是什么。

举个典型的例子，我们都知道关于大陆的分法是很有用的。澳大利亚是一个大陆：地理位置突出，居民的特征显著（如语言和口音）。但格陵兰岛也符合这些标准，也许更甚，虽然这个"岛"并不是很大。那么为什么不把它划为大陆呢？非洲是大陆，非常大，语言也较多，但为什么欧洲也是大陆呢？它有丰富的语言，但它的东部并没有明显的边界。把欧洲当作一个大陆难道仅仅是因为欧洲人制定了大陆划分规则吗？

我们的结论是：范畴，包括结构，至少是我们在想象中（或没有想象）臆造的差不多的事物。

边缘

通过上文得知，结构性的方法不应该让我们忽视这个混乱世界的细微差别。我们需要尽心地工作来揭示事物之间的复杂关系。拉斐尔（Raphael，1976）指出，最丰富的生命形式存在于边缘，如在大海与陆地之间、森林和田野之间等。在适度的范畴、狭隘的结构之外，很多有吸引力的创新都发生在组织中。因此在某种意义上说，我们不能详细区分这个学派的具体内容，即文中的学派，却可以把注意力集中在它所忽略的东西上——没有经过分类或者不能分类的细微差别。

同样，组织从结构中获益时，也会从中受到损害。米勒在著作《伊卡洛斯的悖论》中表述得很明白：追求成功和导致失败之间存在着某种一致性。"选择合适的结构程度是一种复杂的平衡过程。经理们必须既避免结构程度太低引起的混乱，同时也不能过于迷恋结构化。由不同的葡萄酒混合在一起达到和谐完美的平衡，就能调出美味的美酒。"（Miller，1996：511）

总之，结构学派对于战略管理还是有很大贡献的。它使得战略形成这个仍然混乱的研究领域有了秩序，尤其是它提供了很多的文献和战略活动。你读完这本书后一定要记住：这不是一次穿越沼泽、田野、森林和河流之间进行的跨越边缘的旅行历程，而是通过了十个各具特色的系统（或指思想系统），是对同一个领域所划分的十个结构，这个领域并不像想象的那么杂乱无章。但如果你完成了这次历程，那你肯定会欣赏这些条条块块。请牢记怀特黑德的告诫："寻求简单，并质疑它。"

第 12 章

结 束 语

完整的战略管理大象

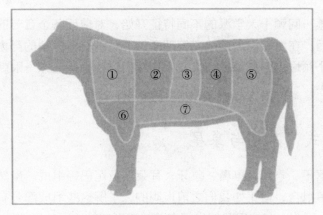

这是一幅展现牛不同部分的组织轮廓图，
对一头真实的牛而言，
每个组成部分并没有意识到自己只是一部分，
它们之间毫无障碍地共享信息，
各部分自然地作为一个整体工作着，
这才是一头真正的牛。
那么你只需要回答一个问题：
你希望自己的公司像整头牛那样运作，
还是只像图中形式那样运作呢？

　　像很多旅行一样，允诺的和最后看到的可能会不尽相同。所以，本章的内容也不是一头完整的大象。

我们在第 1 章就提醒过读者，只有你自己才能看见完整的大象。它可能在你的心中，而不是我们的文章内。如罗伯特·奥恩斯坦在他的《意识心理学》一书中提及的：

站在大象的身旁，因为只能看到它的部分躯干，每个人可能都会对情况做出有限的判断，但我们仍不能只把这些"尖硬的""长而软""粗壮的柱子"等以想象的比例加在一起而拼凑成完整的大象。如果没有对全面观点的发展，那么我们仍旧会迷失在个体研究之中。这样的观点属于另一种知识模型的领域，它不能依靠与探索局部类似的方法来获得，也不是不相关结果的线性叠加。（Ornstein，1972：10）

这些引文是有关传统知识模式的——语句呈线性排列。其他知识模式则超越了文字本身，可能是人们脑海深处的某种图像。所以我们甚至没有办法向你展示出整头大象（事物的全貌），但也许我们能帮助你找到它。这也是本书最后一章的目的。

我们从逐一回顾十大学派的不同特征开始，对前面各个章节的材料进行概括总结。然后，在为了弄清楚战略管理所做的一番徒劳无功的努力之后，我们提出贯穿整个领域的各种争论点。最后，我们讨论一些让你一眼就可以看到完整大象的方法。

计划与模式，象牙与象尾

大象由躯干、象脚、象鼻、象牙、耳朵以及尾巴等组成。虽然大象不是这些部分的简单组合，但正如我们之前声明的，了解这些组成部分有利于我们对整体的把握。因此，在这里我们先把有关战略形成的不同特征归纳到一起。

事实上，我们先赋予每个学派一个形象化的比喻——我们本次狩猎远征中遇到的各种动物，然后根据时间来划分不同学派的发展过程，从而揭示它们的来龙去脉——每个学派所受到的关注以及它们是如何取代主流学派的。最后，我们把这十个学派的全部要点概括成一张大表。

各学派的标志性动物

为什么只有大象这一种动物？有谁会去参加只能发现一种动物的狩猎旅行呢？很明显，我们已经在沿途遇到了各种各样的动物，现在是说出它们名字的时候了。

我们本次旅程第一个遇到的是蜘蛛，它顽强地发挥着与众不同的才能，那孤独的身影正专心致志地编织着自己的那张网。不远处是正在收集和整理自己资源为将来日子做打算的松鼠。水牛无视这一番情景，只是心满意足地坐在自己精心挑选的位置上。什么会破坏水牛的淡定？

一头孤独的狼认为既然自己可以独自对付水牛，为什么还非要与狮子去争夺那头羚羊呢？"冒险，太冒险了？"猫头鹰站在树上这么想着。虽然它把这一切都看在眼里，但它做得对吗？也许这只是它自己编织的某个幻想世界吧。

再往前走，我们看到的是一大群猴子在树上跳来跳去、戏耍玩闹、你争我夺。与此同时，大狮子们正紧紧盯着一群羚羊，寻找着试图追击的目标，而小狮子们也好像在互相打量，估摸着谁能吃到第一口。

孔雀对此却毫不在意。它从未转移过自己的焦点，它只关心自己是否漂亮。同样，鸵鸟也是如此，与其他动物不同的是这类动物一点也不愿意去关注它们身外的事物。这在战略管理领域中是一种非常危险的行为。

最后，你看到那些在附近飞快爬行的变色龙了吗？它们似乎很善于变化，从一种形态到另一种形态，但你不得不怀疑它们最终是否真的有很大的不同。

现在想一下，我们从头到尾就没有遇见大象。

各学派的演化

大象是一个不断成长和发展的复杂机体。每头大象都是如此，大象这个物种亦是如此。因而，盲人们偶遇的那头大象是长期进化的产物。那么想象一下，生物学家在试图绘制所有物种从极为简单到相当复杂的进化图时所遇到的问题吧。

与之相类似（但与进化相比要快一些），从 20 世纪 60 年代早期以来，战略管理领域也走过了一段很长的道路。最初，其文献与实践活动都发展得较为缓慢；到 70 年代，战略管理中有一个流派得到快速发展；80 年代，则是另一流派迅速发展；到 90 年代则出现了多个前沿领域齐头并进的局面；而现在正在形成百家争鸣的势头。早期那些著名的学派也促生了后来一个又一个更为复杂、差别也更细微的学派。

图 12-1 通过区分十大学派的行为来揭示各学派的发展。这些曲线图是总体印象，即我们对每个学派受到学者们和实践者关注度的主观评价。

图 12-1a 揭示了三个说明性学派相继占据主导地位的过程——早期的设计学派，20 世纪 70 年代的计划学派，然后是 80 年代的设计学派（虽然它不再是主流学派，但仍有很大影响）。进入 90 年代后，随着其他学派变得越来越重要，这一领域也变得更加兼容并蓄了。

权力学派的微观层面，即董事会的作用、高管团队的动态性、修辞在维护控制中的作用以及与此类似的事物，不仅在后来的学术界，而且特别是在战略实践中及企业家学派的相关研究中，都受到了极为广泛的关注。另外两个学派——结构学派和学习学派，确实在最近几年也得到了突飞猛进的发展。当然，没有人会避而不谈战略制定的结构化方法，类似的有早年谈及的计划方法和之后的定位方法。但在学术界，讨论更多的是战略过程的类型和战略发展的阶段；战略实践者在很多方面几乎就沉湎于战略转移。在另一个极为不同的前沿领域里，学习作为一种方法也已经取得了相当大的优势，特别是在打着"学习型组织"和"核心竞争力"幌子的情况下。

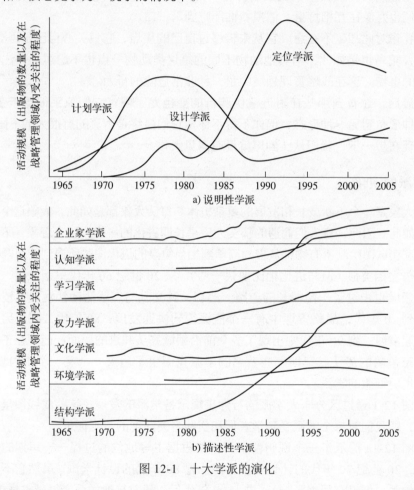

图 12-1　十大学派的演化

各学派的维度

表 12-1 列出了不同学派的各个维度。该表既可以作为一个总结，又可以作为主要参考资料的来源，但没有必要全部阅读。

表 12-1 十个学派的各维度比较概要

学派	设计学派	计划学派	定位学派	企业家学派	认知学派	学习学派	权力学派	文化学派	环境学派	结构学派
象征动物的	蜘蛛	松鼠	水牛	狼	猫头鹰	猴子	狮子	孔雀	鸵鸟	变色龙
信奉者的格言	"三思而后行"	"及时处理，事半功倍"	"让事实来说话"	"带我们去你的头儿"	"心诚则灵"	"失败是成功之母"	"枪打出头鸟"	"虎父无犬子"	"酌情而定"	"万物皆有时节"
奠基人	Selznick (1957)、Andrews (1965)	Ansoff (1965)	Purdue ((Schendel、Hatten), 1970)、Porter (1980, 1985)	Schumpeter (1950)、Cole (1959) 及其他经济学者	Simon (1947, 1957)、March and Simon (1958)	Lindblom (1959, 1968)、Cyert and March (1963)、Weick (1969)、Quinn (1980)	Allison (1971) (微观派)、Pfeffer and Salancik (1978)、Astley (1984) (宏观派)	20 世纪 60 年代后期瑞典的 Rhenman and Normann, 其他地方没有明显的起源	Hannan and Freeman (1977)、权变理论家 (例如 20 世纪 60 年代后期的 Pugh 等)	Chandler (1962)、McGill 研究组 (20 世纪 70 年代后期的 Mintzberg 等、还有 Miles and Snow (1978))
学科基础	无 (比喻为建筑)	(有一些与工程学、城市规划学、系统论、控制论有一定联系)	经济学 (产业组织学)、军事历史学	无 (尽管早期著作出自经济学家)	心理学 (认识论方面)	无 (可能有一些表面上与心理学和教育学中的学习理论有关; 数学中的模糊理论)	政治学	人类学	生物学，政治社会学	历史学
倡导者和支持者	案例研究教师 (尤其权衡好者，领导权嗜好者 (尤其是美国)	"职业"经理，MBA、参谋人员、顾问的专家，特别是在美国和法国较为流行	如同计划学派，尤其是分析机构人员、咨询机构和军事著者，在美国最著名	知名的商业出版社、浪漫的个人主义者 (特别是各地的小企业主 (特别是展中经济体)	有心理学嗜好的人，其中一个分支为悲观主义者，另一分支为乐观主义者	倾向于实验、不确定性、适应性的人士，另在日本和北欧较流行	喜欢权力、政治、智谋的人士，在法国较为流行	倾向于社会、精神和集体的人士，在北欧和日本较为流行	人口生态学者、实证主义者，在盎格鲁-撒克逊人的国家较流行	综合者
意旨/实际词汇	适合/思考	形式化/规划	分析/计算	展望/集权	塑造/或想象	学习/赌博	掠取/囤积	联合/维持	处理/投降	结合、改造/汇总、彻底改革
关键词	一致/匹配、独特竞争力、SWOT、形成/执行	规划、预算、日程、方案	一般战略、战略集团竞争分析	大胆举措、愿景、洞察力	蓝图、框架、图构、解释、认识模式	渐进现观、涌现战略、意义建构、冒险、精英核心能力	讨价还价、意见冲突、联合、利益相关者、集体战略、联盟	价值观、信仰、神话、象征主义	适应、演化、权变、选择、复杂性、利基	架构、原型、阶段、生命周期、转型、转变、复兴

（续）

学派	设计学派	计划学派	定位学派	企业家学派	认知学派	学习学派	权力学派	文化学派	环境学派	结构学派
战略本质	计划性远景，具有唯一性	分解的计划（或定位）	是有计划的一般性定位，以及手段	是一个人的独特观念（远见）	观念性远景	学习模式	政治性与协作性的形式和定位，以及手段	集体性愿景	专门化定位（在流行的社会生态学中叫利基）	文中左边任何一个
基本程序	个人的、经过判断的、深思熟虑的	正式的、深思熟虑的	分析的、深思熟虑的	想象、直觉，主要是深思熟虑的（定位可涌现）	精神上的	涌现的、非正式	冲突的、涌现的（微观），深思熟虑的（宏观）	思想上的、集体的、深思熟虑的	被动的、强加的、涌现的	综合、插曲，再加上排序，再加上文中左边内容（转变是深思熟虑）
变革模式	偶然的、量变的	周期性的、渐进的	逐个的、经常的	偶然的、机会性的、革命性的	不经常的	持续不断的、渐进或逐个的、带有偶然的量变知识	经常的、逐个的	不经常的	很少的、量变的（权变理论）	偶然的、革命性的
核心行动者	首席执行官	计划人员和程序员	分析师	领导者	智者	学习者（任何人）	有权之人、整个组织（微观、宏观）	集体	"环境"	左边内容符合情境的任何人
环境、领导和组织	领导主导、环境顺从	组织主导、环境顺从	组织主导、分析环境	领导主导、组织可塑、环境基本利基	认知源于领导、环境压倒一切	领导（任何）、学习主导	权力受到组织的统治	组织（一旦建立）主导	环境主导	左边的都可以
最适用的环境	稳定的和可理解的	简单的和稳定的，可理想地控制	简单、稳定的和成熟的（可以计量的）	动态但简单的（所以可以为领导所领会）	复杂的	复杂的、动态的（不可预测）	制造不和谐的（微观），恶意的、可控的（宏观）	被动的	竞争性的，描绘出的	左边的都可以
适用的组织形式	机械型	大型机械型	大型机械型	创业型	任何型	灵活的组织机构、还有专业型	灵活的组织、机构、封闭型（微观），封闭型机械型（宏观）	教会型组织，停滞的机械型	机械型	以上均可，最好是教会型
发展进程（最可能的）	重构概念	发展和规划	评价	新建、转向，保持小规模	原则概念，重构观念，惰性	演化，尤其是没有先例的变化	波动（微观），主导、协作（宏观）	稳定（加固、惰性）	成熟、衰亡	转变（如转向、复兴），其他情况下以上均可

表 12-1 中的有些资料是为了记录各学派早期的学者、基础学科、关键词等。其余资料是每个学派对战略过程的描述：基本程序、核心行动者、组织观点和环境观点、偏好的状况和阶段等。

其他特别值得一看的栏目还包括收录各学派格言的栏目，以及各学派的意指 / 实际词汇的栏目。

看清战略管理

即使不可能完全看清，但为了能够尽量接近战略管理的全貌，我们先来考虑一些贯穿于各个学派的争论点。例如，战略应具有怎么样的普遍意义，战略制定过程应该如何控制等。所有这些争论点也是我们理解战略过程的基础。

每个争论点都是一个两难问题，都有自己的名目，同时由一个问题引出。但每一种情况我们都不会给出绝对性的答案如"是"或"不是"，而是用"在何时、何地也许是正确的"这样的说法。也就是说，我们认为答案都不是绝对的，无论是将矛盾归并在一起还是分开，答案都取决于这些矛盾在实践中是如何协调的。我们一共讨论了八个争论点，前三个有关战略内涵，其余五个是有关战略进程的。每一个论点都由一个问题来开头或结尾。引用电影大师萨姆·戈尔德温的一句名言："为了了解您，请允许我问您几个问题。"

复杂性问题

一个好的战略需要具备怎样的复杂性？一方面，我们直接根据阿什比的"必需多样性法则"（Ashby，1970），保证系统已经拥有充足的多样性资源来面对各种挑战。例如，复杂多变的环境要求（战略）必须有相当程度的多样性，以便做出反应。这就意味着，战略总是复杂的、关注细节的。另一方面，KISS法则（Keep It Simple，Stupid. 见 Peters and Waterman，1982）也同样很受欢迎。因此安德鲁斯在设计学派中提出了"战略只是简单地提供情报"的观点，而帕斯卡尔（Pascale，1982）却根据学习学派的精神，批判美国人"抛弃"了战略的简洁性，认为这与日本人抛弃了相扑运动一样并不可取。

肯尼思·博尔丁很好地表述了这种两难问题："在一个没有意义的特殊性和一个没有内容的一般性之间……的某个地方……对每个抽象化目的或每个抽象化层次而言，肯定存在着一般性较普通的层次。"（Kenneth Boulding，1956：197-198）关于复杂性的争论倒是很少在战略管理中出现：我们何时、何地以及如何精心制定战略，如何使战略具备差异化，如何使战略易于领会，如何使战略一般化。

整体化问题

一个好的战略应该如何紧密地整合成一体？在定位学派中，特别是在提及波士顿矩阵和股东价值时，战略给人的印象是一种资产组合，是一种组成元素的松散结合体。尽管计划学派使用了"协同作用"这个词，但它持有类似的观点：在其资本预算技术中，把战略选择看作一系列独立的投资决策。还有一些学派，特别是企业家学派和文化学派，根本就没有部分的观念，而是把战略看作一个完全整合的观念，用一句时下流行的表达就是"天衣无缝"。

战略的整合机制已经提出了很多：计划的正式组合、认知或思想上的精神整合、文化上的标准化整合及相互调整的集体整合等。那么现在的问题是，何时、何处需要何种类型的整合？整合到何种程度才能称心如意？

一般性

好的战略应该具有怎样的独特性或新颖性？合适的战略是无穷多还是存在一系列组织必须选取的"一般"战略？相应地，组织是依靠遵守这些规则还是破坏这些规则来取得成功？

定位学派告诉我们，战略是一般性的，并且这些战略存在一个前提条件。战略定位就像梨子一样，需要从环境这棵树上摘下来。（但在环境学派中，梨子掉到了你的头上并且把你砸得毫无知觉。）

毫无疑问，行业秘诀有很多，也不缺乏"主流"战略和"跟随"战略。但企业家学派和文化学派却告诉我们战略是独特的，是一个人对心中的愿景或一个组织对文化的独特展望。没有两个战略是完全相同的。进而学习学派认为所有的战略都是适应过程中的特色产物。设计学派认为战略之所以独特，是因为它是由个性化的设计过程创造的（即使这个学派喜欢重复地提到战略选择）。

所以问题不仅仅是战略在何时何地是新颖的还是一般性的，还有这两者是如何相互关联的，新颖的战略在何时以及如何变成了一般性的战略，战略集团（作为一般性战略的集合）又是怎样形成的。

请注意这三个有关战略内容的争论是如何自我糅合的。一般性战略看起来较为简单，整合程度较小（组成部分只是资产组合），但也许更为灵活，也很容易表达清楚。新颖的战略可能较为复杂，整合程度似乎较高，因此灵活性较差（这是因为只要改变整体战略的任一部分，都会使其面临整体瓦解的危险）。它们也可能更难表达清楚，但只要表达清楚了，也就很容易被记住。此外，如果战略是一般性的，那么战略内容就自然会成为焦点；如果战略是独特的，焦点就必须转向战略形成的过程。所以我们现在就把焦点转到有关战略过程的争论点上。

控制问题

有效的战略形成过程应该在多大程度上是深思熟虑的或是涌现的？即怎样预先确定，怎样深刻思考，怎样汇聚集中呢？预先控制与之后对学习的需求各自要达到什么程度？我们把它作为战略过程诸多争论点中的一点来讨论，是因为它也是一个有关内容的争论点，事关战略是有意的计划，还是既成的模式。（的确，战略越是涌现的，越需要核心管理层将内容作为过程来对待——换言之，管理者应慎重地对待组织人员和结构，并希望能由这些人员和结构提出称心如意的战略。）

三个说明性学派都积极推行深思熟虑战略，企业家学派也是如此（虽然不是很正式地提倡）。认知学派的一个分支对战略家处理战略问题的能力产生了怀疑。学习学派放弃深思熟虑而偏好涌现战略。但正如我们在第 1 章提到过的，世界上没有一个真正的战略是纯粹深思熟虑的或完全涌现的，因为前者完全排除了学习，而后者完全排除了控制。因此，问题出现了：二者各自的比重究竟多大才算恰如其分？该在何时、何地达到这样的比例？

集体问题

谁是战略家？我们应该怎样解读"组织的思想"？在表 12-1 里，我们列出了战略家职位的候选人，每个学派都有自己的候选人。其中的极端之一是设计学派和企业家学派中的候选人；另一极端是学习学派、权力学派和文化学派的候选人。或者也许战略家还可以是环境、计划、定位、认知和文化等学派的外部世界、程序、分析或者生物学意义上的大脑。换言之，战略形成从根本上说是个人过程呢，还是技术过程、生理过程、集体过程甚至是非过程，抑或上述所有过程的总和？如果是这样，那么何时何地采用何种过程？或者，如果是所有过程的总和，那么比例又当如何？

变化问题

在这里我们真正希望讨论的是有关战略变化的三个不同问题：战略变化的存在、模式和根源。

首先，战略家是如何平衡引起变化或稳定的冲突力量的？又是如何在战略再造、战略适应、战略反应、战略创新和战略学习的过程中，保持战略统一和提升秩序、效率、模式以及控制的？不管大多数文献给人们的印象是什么，我们仍要重复一个早期的观点，战略是一个根植于稳定性而非变化性的概念。组织追求战略是为了保持目标的一致性。但有时组织为了对变化了的环境做出反应，也不得不抛弃既定的发展方向，即改变战略。

计划学派认为组织可以稳定地与变化共存：通过明确计划，同时每年按照计划表进行修改，这虽然方便但同时也很值得怀疑。其他学派则很明确地站在稳定一边或者变化一边：组织要么总在变化，要么总也不变。权力学派的观点认为战略随着新挑战的产生而处于永恒变化的状态。同样，战略学习是个永无止境的过程：战略模式可以形成，但因为初始战略总在出现，所以战略也总是不能完全确定下来。但对于环境学派和文化学派以及一部分认知学派来说，战略即使存在变化，程度也是非常小的：组织或其战略家选择某种学派或文化，落入某个精神框框，从此永不改变。（对于环境学派来说，他们宁愿死也不愿改变。）当然，现实世界的行为大多处于这些极端状况之间。

接下来，我们探讨变化的模式或步骤。结构学派非常看重偶然却有分量的根本性变化。设计学派和企业家学派也隐约提过这样的变化模式，它们的战略表现为某种精确的概念。甚至认知学派和文化学派也支持这种模式。但在其他方面，对它们来说，战略几乎从不变化。与此相反，学习学派允许渐进变化，因为战略家通过实践可以对复杂情形有所认识（虽然有时他们突然洞悉后会发生质变）。计划学派也倾向于推行渐进变化，虽然事实上不是刻意的，但权力学派（微观派）却描述了由冲突产生的不连贯的零碎变化。

所有这些观点似乎都很受欢迎。的确，我们已经讨论了支持各种观点的经验性证据。例如，定量理论表明组织通常按照其既定的战略方向进行渐进变化，但偶尔会在变革时期调整方向。企业组织和批量生产组织更是可能如此，因创新而更富灵活性的组织机构则在平衡的变化与连续之间来回游走。因而变化形式可能就更富多样性，而何时、何地、为何以及哪种形式的问题也依然存在。

变化的最后一个争论点是变化的来源，即新战略从何处产生。如果把学习的概念延伸到不止一个学派，那么组织学习是通过做（如学习学派）、想（如设计学派）、策划（如计划学派）、计算（如定位学派）还是争论（如权力学派）来完成的？学习学派认为组织学习毫不费力，认知学派和文化学派则指出学习绝不轻松，而环境学派却认为组织根本就不学习。那么组织到底要在何时、何处以及如何学习？怎样轻松学习？学习多少？

选择问题

我们已经较为详细地讨论了这个争论点：问题并非是否存在战略选择，而是存在的程度如何。因此，我们拒绝环境学派的纯宿命论，也拒绝非常类似的认知学派与文化学派的观点，即境遇支配战略家的观点。同样，我们也拒绝设计学派和企业家学派的唯意志论（其"伟大的领导者"几乎无所不能）。至于计划学派和定位学派的假设唯意志论——为那些聪明的计划师和分析师准备的领地——经过仔细考察，我们可以发现计划学派会被不期而至的变化所搅乱，而定位学派则害怕做出明确的选择，只是在自由意志的幌子下炫耀着宿命论。

也许权力学派的宏观层面在这里达到了很好的平衡，它认为组织权力反映了其对环境资源的依赖性。大部分组织都得服从这种关系，至少在部分时期内如此。另外一些组织则在某些时候能够支配环境（当然，某些组织在服从的同时依然相信它们能支配，就像圣－埃克苏佩里的《小王子》中的国王一样，他能够命令太阳落下山去，但只能在一天的特定时间里）。学习学派也能达到平衡，它建议战略家通过不断学习来处理复杂局势，甚至偶尔达到认知的飞跃，使他们之前假定的认知落空。那么问题就变成：前摄性领导权、个体直觉和集体学习的力量何时、何地对立于环境要求、组织惯性和认知局限性呢？

思想问题

最后我们来看看也许最能引起人们兴趣的一个争论点，同样也与缜密的控制有关。帕斯卡尔（Pascale，1982；1984）提出"我们究竟需要多少战略思想"这个问题，这暗示着组织沉迷于战略形成过程而没有关心如何去控制它。按学习学派的观点来处理这个问题，帕斯卡尔认为组织应该采取实际行动。

但是，问题没有必要做二分法处理。当然，我们需要思考——毕竟我们是智慧动物——甚至有时候需要将之公式化。然而，在我们批评说明性学派的同时，我们的自我意识也可能过于强烈，从而降低了我们的行动能力（"因分析而迟缓"）。实际上，自觉思考在认知学派中并不那么吃得开。从而具有讽刺意味的是，自觉思考在学习学派中确实得到了某种补偿（学习学派对洞察力和灵感的承认导致了这种效果）。也许卡尔·韦克的观点用在此处非常恰当，他认为我们需要行动，但之后也需要搞清楚行动本身。这就是我们既在学习学派又在认知学派中评述其著作的原因。

假如本书能够（我们希望能够）激发大家对战略形成进行思考，也许我们就该把帕斯卡尔的观点转换到下面的问题中，这些问题在战略管理的文献中大多并未提及："战略思想"究竟是什么？它采取什么形式，即什么样的"战略风格"最为有效？思想是怎样与战略制定的行动结合起来的？换言之，特定思想是如何将信息传递给一般行动的？一般行动有时怎样对思想施加影响？这些又发生在何时与何地？

逼近完整的大象

我们的狩猎旅程将近结束，现在就要掉头返回基地了，这意味着很快你就能回家，但能带回去的只有对整个旅程的印象，所以让我们试着把一些零散的结果归纳到一起。

至少有一个模糊之处始终贯穿本书：这些学派是在描述不同的过程，还是同一个过程的不同部分？即使在本章，我们也已经间接地把战略决策定义为一个特定过程或多个特定过程。换言之，这是不同的物种（蜘蛛、狼等），还是同一物种——战略家应认识大象的不同部分，并在以下观点中做出选择：战略家是应该像自助餐桌旁边的就餐者一样，在所有这些观点之间挑来拣去，还是应该像厨房里的厨子一样，把这些东西拼成美味可口的菜肴呢？对这个问题，我们将两种方式都尝试了，原因是：在两种情况下，答案都为"是"。

每个战略过程都必须将这些不同学派的各个方面结合起来。无法想象一个严肃认真的组织在制定战略时不考虑精神和社会因素，不考虑环境的影响，不受领导力的左右，无须组织力量的推动。现实追求的战略过程是绝对深思熟虑的，还是纯粹自然涌现的呢？否认学习就像否认控制一样愚蠢。

但实践过程中也会有所倾斜。有时它成了更个性化的认识而非社会性的交互作用（如在很多小企业中）。有些战略看来是较合理地深思熟虑、精心谋划出来的（尤其是在成熟的大批量生产行业和政府部门中），而另一些战略则往往是更适合涌现的（如在动态变化的高科技行业）。环境条件有时会很苛刻（社会大变动时期），而其他时候（甚至相同时期）企业领导者则能轻松驾驭。总之，战略决策存在着可辨认的时期和阶段。

当然，本书总的来说赞成后一种解释：战略决策是不同的过程。本书主要是把问题归纳在一起讨论，而不是分开讨论，更不是谈论战略决策的各种类型。这样对我们来说，更容易编写，我们也希望读者们更容易读懂。还应该阐明的是，这是对一个研究领域的综述，而战略管理领域在过去的 40 年中，从计划学派到定位学派再到学习学派等有很多条条块块。这更多地反映了学者和咨询师——正是他们在一直引导该领域的思想——受到的影响。他们（包括我们在内）像屠夫一样，为了方便自己把现实分割成块，有时只使用事物的某一部分而忽视其余部分。就好像偷猎者掠取象牙而任大象躯体腐烂一样。当然，我们回头看得越远，印象中出现的条块越多，细微差异也就消失了。

但对所有这些担负最终责任的人，即组织中的经理们，却不能允许他们自己如此奢侈。他们要处理的是战略形成这整头大象，要让它活下去。确实，他们能用各种方法来利用这个过程（即大象），可以把它当作庞然大物，也可以把它当作节庆的吉祥物，但所有的这一切都必须保证它是完好无损的活物。

那么，为什么要写这本书呢（除了做资料存档外）？为什么不把这个领域留给那些能够把所有细微差异都编制在一起的分析者呢？这是因为他们似乎没有那种必要的冲击力，至少对实践没有。不是经理们不欣赏细微差别，而是因为这些人整天就生活在细枝末节中。更确切地说，如同我们一样，他们似乎对分门别类的事物更容易理解，至少在刚开始的时候是这样。分类可以给我们所有人都留下更深刻的印象，而细枝末节必然随之而来。

当然，诀窍在于在怀疑的同时也要直接利用它，正如我们前面引述的怀特黑德所说的话一样。我们不得不意识到分类的作用，但同时我们也必须超越分类。

我们在评论不同学派时曾试图指明（有时相当严厉），战略管理的最大失误都是在经理们太热衷于一种观点的时候出现的。我们曾执迷于计划，然后一切都需要有认真计算好的普遍性的位置。后来学习学派风靡一时，而且与持续变革的观点相吻合。权威似乎在说："所有人都去学习吧，要旗帜鲜明。"却不管还有那么多的问题没有搞清楚。

通过把十个学派的情况并列在一起，我们希望能揭示出所有的谬误。换言之，是整本书在起这个作用，而不是某个学派或某个章节。门类都在这里，它们应该被当作建造建筑物的砖或混合物的组成部分。

以下是三张示意图。图 12-2 描述了在不同情况下采用不同学派的方法来制定战略；图 12-3 将各个学派视为战略形成过程的不同阶段，并按顺序一一排列；图 12-4 则把战略形成作为一个整体来讨论。三张图有助于我们理解战略"这头大象"的全貌。

理论条块图示

图 12-2 表明了战略形成沿着两个维度发展的各种理论方法，一个维度是外部环境可控制程度（范围从可领会的到混乱的），另一个维度是所设定的内部过程的随意程度（范围从理性的到自然的）。理论条块就通过图示展现在这个战略形成的空间内。（我们本可以选择其他维度，这里只是想表明不同的理论方法是怎样展开的。）

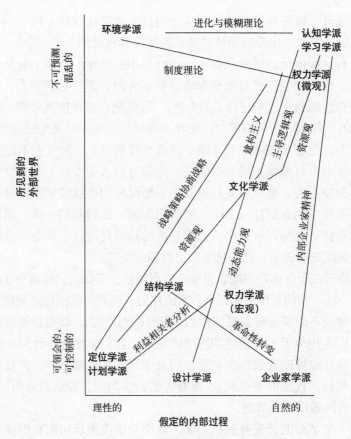

图 12-2　战略形成的空间图示

　　全部四个角都被占据。一个角上是计划学派和定位学派的方法——假设的可控环境的理性过程，面向对角的认知学派及其附近学习学派和权力学派（微观）的方法——在被认为不可预测的环境内，更为自然或有机的过程。在另外两个角上，企业家学派的方法是在表面可控环境内的随意过程，而环境学派则认为组织可对非可控环境做出理性反应。所有其他学派处在中间位置上。我们讨论过的一些综合观点也放在其间，用学派之间的连线表示。

各学派的时间序列图

　　图 12-3 根据外部情境和内部过程对各个学派进行了分块。同样，在第 11 章，我们根据最适合的组织形式对各个学派进行了分块：创业型组织偏好愿景式的方法，机械型组织偏向计划学派和定位学派的方法，专业型组织偏好冒险

（个人学习学派）的方法，定制型组织偏好集体学习和构建愿景的方法。

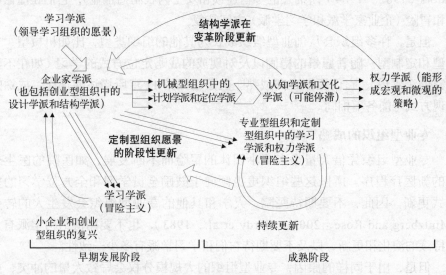

图 12-3 战略形成的各学派的时间序列图

但是，组织往往不是以一种战略方法来处理各个阶段的所有组织问题。通常，它们在早期发展阶段、成熟阶段以及随后的重整阶段会采取不同的方法。所以，这里我们考虑在不同组织的发展历程中，各个学派最可能在哪个阶段出现（见图 12-3）。[⊖]

早期发展阶段

组织（商业组织和非商业组织）一般都有领导力强大的创始人：企业家或精英都是推动组织启动和发展的带头人。他通常以某些新愿景开始，可能是一种新的零售方式，也可能是提供一些专业化的医疗服务。这些愿景来源于早期的个体学习或者其他组织的愿景。但有时候，创始人随着组织的发展才慢慢构建了愿景，例如，宜家家居连锁的创始人是以卖笔起家！在这个阶段，企业家学派、设计学派以及认知学派的建构主义都可以用来描述战略进程。

这个愿景反过来是为了激发更多冒险型学习，特别是为了明晰和精炼愿景（如零售的新形式如何在市场销售中运作起来）。在这种情况下，学习学派变得尤为重要。

小组织通常会保持这种状态（如 Mintzberg 等人所提到的小城镇报纸

⊖ 本讨论引自 Mintzberg，2007：Chapter 12，证据来自该书后面的研究报告。

（1984）），有时这些组织即便壮大也依然在创始人的控制之下（如 Mintzberg 和
Waters（1982；1984）所描述的零售连锁和女士内衣制造企业），它们在憧憬愿
景和冒险（企业家学派和学习学派）之间往复。

但是，许多组织会从创业型组织成长为其他的组织类型，比如机械型、专
业型和定制型。随着愿景的稳固以及对现成的战略定位方式的学习（如在不同
国家的沃尔玛），它们逐渐走向成熟。但是正如第 11 章所描述的那样，成熟的
表现方式可能各不相同。

专业型组织的成熟

专业型组织凭借大量个人或小团体的冒险而不断发展，如医院的医生想
出的新医疗程序。所以这些组织更少倾向于鼓励全员学习和全方位学习的集
体式更新。因此，不要期待医院、大学和其他的专业型组织会发生大的转变
（Mintzberg and Rose，2003；Hardy et al.，1983），也不要期待结构学派有太
多持续的演化和更新，以及不要期待它们和学习学派有多少一致性。

但是，出于同样的原因，专业型组织的大规模分权会导致大量的冲突，如
专业人员为有限的资源而相互挑衅。权力学派（微观）也是如此，某种程度上
定位学派研究者也会像专业人员一样使用各种战略分析手段来判断他们所面临
的风险，并会挑战同事的战略分析手段。

定制型组织的复兴式成熟

定制型组织也有大量的冒险，但更多的是通过专家而非个人来实施（如奥
组委发起的一项新的比赛项目，或一个广告代理商开展的一项新活动）。事实
上，作为一个项目组织，定制型组织首先是一个冒险家（而冒险在专业型组织
中会带来新服务，这项新服务会变成规范的操作流程，好比医院引入一种新外
科手术程序一样）。所以，定制型组织的安分成熟源于永不安分：它保持一种持
续更新的状态，这意味着学习学派永远处于主导地位。

但是，那种学习的对象不光是项目本身。来自电影公司和建筑公司的两项
研究（Mintzberg and McHugh，1985；Mintzberg et al.，1988）表明，这些学
习从项目本身延伸至整个组织。例如在电影公司，隔离措施——如 20 世纪 50
年代最先尝试生产电视电影——引发了其他团队的跟随，继而将组织带领到一
个全新的涌现战略上。

我们发现这种情况在电影公司具有非常明显的规律。大概六年一个周期，
每个周期收敛于一些战略主题或新观点（例如，制造面向电视的电影），紧接着
下一个六年分散出多个主题。我们将这种现象称为"循环性聚焦和离焦"。在

建筑企业也获得了一些证据支持，这可能是定制型组织自我更新的方式。这些组织也都是分权式的，存在大量的冲突。这就再次证明，当学习学派处于主导地位时，权力学派（微观）紧随其后。

机械型组织的成熟

大批量生产和大规模服务组织呈现出完全不同的模式（见 Mintzberg 关于欧洲汽车企业、国家航空公司和大型纺织企业的论述（2007：Chapter 2，6，8））。

这些组织（在机械型组织中特别典型）是真正安分地追求既定的战略愿景和战略定位。这些组织可能也会有一些冒险——同样也会有学习，除了那些特别落伍的企业。但是绝大多数组织有计划，通过预算程序、经营计划以及其他类似的程序（如第 2 章提到的，许多战略计划是一个矛盾修辞）跟进现有战略，而不会创造新的整体战略。

在整体战略愿景之下，这些组织可能也会有一些战略定位，以找到新的定位和重置现在的定位（如航空公司建立新的航线，汽车企业为现有产品开拓新的海外市场）。产业成熟阶段通常意味着存在大量可利用的产业和竞争者信息，在位大企业可以很好地利用这些数据。所以，我们可能也会发现数量可观的战略分析（作为定位学派的一个组成部分）。

转型带来的机械型组织的停滞和更新

当机械型组织又大又强时，即便没有战略更新，它们也可以维持很长一段时间。事实上，为了变得强大，许多组织转向权力学派（宏观）；它们使用整体权力以威慑政府和竞争者，或者转向合作并与潜在竞争对手形成卡特尔似的格局。

最终它们都会趋于停滞状态，特别是在环境变化的情况下（新技术和竞争变化等）。所以文化学派和环境学派在前面，并排在了用来解释抵制变化的认知学派的旁边。同时，政治博弈越来越盛行（权力学派，微观），比如人们因为地盘和在减少的资源而相互争斗（战略分析也可以用在这些争斗中）。

当事情变得无可救药时，或者当环境好到足以化险为夷时，可能出现或引进新的创业型领导，以实施变革（正如第 8 章所言，政治斗争也能有助于解冻组织，让组织获得新生）。结果是，在强势领导之下，组织转向企业家学派（受设计学派和认知学派的建构主义的强化，对战略学习更新），好比结构学派所描述的转型。

那种转变可能会采取运营（降低成本）、战略（改变战略定位）和愿景（引入新的愿景）这三种形式中的一种。不管是哪种形式，更新阶段通常是暂时的，因为那样的组织一般保持大批量生产和提供大众服务，随后会转向机械型组织，

其十分依赖计划，并对企业家型领导的容忍度低，这种情况在前面提到的汽车
企业和纺织企业特别明显。

设计学派和计划学派给人的印象是，十分规则的变革可能经常发生在机械
型组织中。但是我们的研究证据（Mintzberg，2007）支持了结构学派所描述的
量子变化：非常规的、不频繁的，而且通常是剧烈的变化。事实上，那家航空
公司在 40 年的发展历程中从未发生过那样的转型。

对过程的分解

图 12-4 表示各学派在战略形成这个单一过程中所处的相对位置。中心是战
略的实际创造，用黑框表示，以表明它被大多数学派所实际应用的状况：神秘
的或被忽视的。只有认知学派真正试图进入其中，但是，如同我们在第 6 章所
提到的，它并不十分成功。学习学派和权力学派在这一点上做着尝试性的努力。
正如在第 4 章加里·哈默尔（Hamel，1997：80）所提到的："战略产业最不可
告人的秘密是它根本没有创造战略的理论。"的确，可以尝试在"战略规划"图
的众多框中找到一个框，这个框对上述观点给出了极好的提示。学习学派和权
力学派在这点上，至少在如何理解组织学习以及政治策略如何驱动战略变革的
方面，做出了尝试性的努力。在我们看来，所有其他学派都处于这个黑框的周
围，或上或下，或前或后，或超出其外。

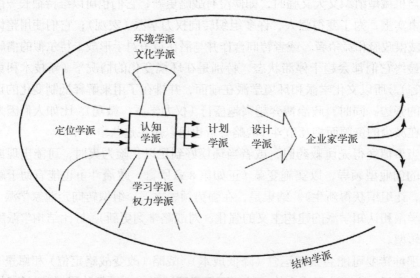

图 12-4　战略形成过程的分解图

注：感谢 Patricia Pitcher，他曾经提出过类似图示。

定位学派向后看，查找已有的（历史的）数据资料，对其进行分析并纳入战略制定这个黑框中。在另一侧，从黑框中依次出来的是计划学派、设计学派和企业家学派。计划学派向前看，但仅仅是稍向前，对以某些其他方法创造的战略进行规划。设计学派看得更远，着眼于战略远景。企业家学派既向旁边看又视野超然，越过直接障碍形成对未来的独到见解——但企业家学派在直觉过程方面没有设计学派精确。

学习学派和权力学派向下看，关注什么支撑着战略的形成，纠缠于细节之中。它们只见树木不见森林。学习学派看着地面，有时追究到草根。权力学派从某种意义上来说看得更低（但不是更深）：石头下面，有时甚至到了地下，以认清组织不想一直暴露在外的部分——它们的政治游戏。

文化学派自上向下俯视，笼罩在信念的云雾之中，而更上方的环境学派，可以说是在观望。与认知学派试图观察过程内部（通过显微镜，有别于环境学派的反向望远镜）的做法相对照，结构学派观察过程本身，也可以说，观察过程的所有方面。

我们可以得出结论，十个学派用各自不同的方式观察着同一个过程。我们希望将它们综合起来以帮助管理者们看透战略的形成。

近年来，学者们在整合战略管理的不同观点方面做出了一些尝试。例如，有人（Farjoun，2002；Frery，2006）分析了能将战略管理领域串联起来的基础。也有人（Alvarez and Busenitz，2001；Gavetti and Levinthal，2004；Sloan，1996）探讨了一个可以整合所有战略观点的关键理论或视角，还有人（Hoskisson et al.，1999）通过追溯了这个领域的历史渊源，试图找到一个包罗万象的主题作为整合基础。另有人（Hutzschenreuter and Kleindienst，2006）通过系统分析描述战略的出版物，更直接地处理了整合问题。

在专栏 12-1 中，我们给出了来自蒙特利尔商学院的帕梅拉·斯隆的一个整合方式，这是在其博士论文基础上进行的总结。该整合方法将各学派的关系视为互补而非竞争的关系。

专栏 12-1

战略综合体：学派互补

战略本质上是整体的，是由塑造企业和影响绩效的行为、意图组合而成的综合体。

　　整合性和一致性是设计学派的核心。安德鲁斯对该学派做了最清楚的陈述，将战略设想成由四个可识别的部分组成：在市场机会方面企业可能做什么，在企业能力方面企业能做什么，企业的领导想做什么，在承担社会责任方面企业应该做什么。战略形成的挑战在于平衡不同的组成部分，使其和谐一致。

　　但是，随着不同的战略学派涌现，这个领域变得越来越零散。对战略领域更生动形象的表述是：我们创造了一个战略野兽（大象）。这种现象的后果是我们丢失了战略形成最本质的综合特征、战略本身的历史观、关键的一致性战略检验方法。这样的意义不大。每个企业都有自己的市场定位、资源和能力的集合、雄心壮志的领导，在一个丑闻被隐藏的世界，越来越需要将伦理价值观融合到战略形成的过程之中，正如设计学派所做的那样。

　　整合的战略并不意味着摒弃学派间的差异。每个学派对理解战略形成的原因以及绩效解释方面，都做出了有价值的贡献。但是，为了将不同的学派看成是相互交互、组成整体的各个部分，我们需要对战略思维重新定位。

　　我的研究从战略形成的历史观开始，探讨了不同的战略影响因素之间是如何交互的。我研究了一家企业 15 年的战略形成过程，发现了多个学派的证据。定位学派的前提是对竞争战略要素的解释，而学习学派对企业资源和能力的演化给出了启示。企业家学派的关键维度——高管的远见，要和战略认知框架一起发挥作用。伦理价值观与文化学派一样，在对战略形成提供便利的同时，也带来了限制。每个学派的不同作用为达成不同的目标提供了手段。

　　但是研究也表明，单个的学派影响不能解释战略形成或战略的一致性，而各个学派的集体影响解释了企业战略如何形成及其效果。不同的影响不会以简单的平行形式发挥作用——它们也并不总是相互强化。它们由可识别的协同程序深度关联并捆绑在一起。

　　协同是通过一个复杂的变革过程发生的。比如结构学派的基本过程是整合的，以市场、企业、领导和伦理等影响要素的交互和关系为中心，但权力学派的协同过程更多地关注它们之间的矛盾、不一致性和冲突。

　　要素之间的关系对变革非常敏感，会受到各种途径的干扰。其中一个要素的决裂和不连续性对它们之间的关系都会产生深刻的影响。一些不连续性是在企业的控制之下，如任命新首席执行官。但是，其他的（像非预期的市场波动）就不在企业控制之下。在这种情况下，环境学派便有了用武之地。

协同的第一个阶段。当关系被打乱时，矛盾和冲突便会涌现。企业的市场定位、资源和能力在一个大的市场波动后不再一致。同样，执行官的继任带来不同的愿景，可能会与企业的资源和能力以及市场定位无法匹配。当不同利益相关者的利益不一致时，冲突便会出现，如保护股东利益的必要重构可能会损害员工和社区的利益。

协同的第二个阶段。调解矛盾是整合过程中的一部分。这并非易事，因为这个过程要涉及对一个或多个战略要素的改变，而这种改变的方式既要能够调解矛盾，又能够确保不同战略目标的不断实现。这个调解的过程会一直持续，直到一个更加稳定的新综合体出现。更高一致性的协同会存活下来，而低一致性的协同最终会消失。

协同的过程是为了将要素带入一个一致的、相互强化的关系中，以产生正面的、持续的绩效。但忽视一个战略影响要素带来的频发的、不能调和的矛盾或战略盲点，会使协同变成一种混乱，从而导致没有一致性、负绩效，最终让组织瓦解。

本研究弥补了战略形成中两个长期被遗忘的方面。第一，本研究指出战略的整体要素集合以及理解这些要素共同影响的重要性。第二，本研究强调整合思维的关键作用，重塑了我们看待不同学派的方式，即从竞争走向互补以解释战略形成。这种整合方法有助于我们理解战略形成的复杂性和交互性，揭开战略形成过程中可能会发生的矛盾、冲突和不一致性，以能产生一致性、可持续战略的方式对它们进行调解。

部分的背后

把战略管理的绝大部分内容整齐地放入这十个分类中是十分方便实用的。这使大家（学者、读者、研究者、顾问）的工作变得更为容易。但对管理者而言未必如此，不幸的是，它可能仍不是最好的实践方法。

我们为此感到欣慰——至少我们现在已经完成了这本书，而这个领域正在变得更加兼容并蓄、更加细分化。我们为领域内新发现的凌乱而庆贺——这比旧秩序要好得多。有人对此扼腕，他们说，这个领域已经失控了，还提出某种主导"范式"。[一]不过，多谢了，我们在 20 世纪 70 年代的战略计划中就已经有了这些。让人们东奔西跑填写那些无聊的表格是不是某种战略乌托邦呢？之后人人都不得不成为狂热的定位学派迷，随后是学习学派，要么就是不断变革。但这些是实践所需要的吗？人们真的可以相信一个学派可以使其他学派都黯然失色吗？我们需要的是好的实践，而不是精致的理论。多种学派的综合体的出现因此是一个好的现象。[二]这不仅意味着这个领域已经逐渐成熟，也意味着实践正在变得越来越复杂。

那些盲人从来没有看到过大象的胼胝体，那个连接着两个脑半球的组织。也不曾见过连接骨骼的韧带。但是我们开始对战略管理中的不同学派有所领会。所有部分存在也是件好事，如果没有这些部分，所有的大象都是死象。同样，没有对组织内的联结有如此认识，所有战略都是僵化的战略。

对这些联结的理解并不容易。战略形成是个复杂的空间。对习惯于七加二或减二计算的大脑来说，十已经是个大数目了。但是谬误，天哪，既不在天上也不在我们自己身上，而是存在于过程本身。战略形成是判断性的设计、直觉性的想象和涌现性的学习；它既需要变革性又需要永久性；它依赖于个人认知和社会性的交互、合作以及冲突；它必须先经过分析，后经过规划，其间还必须经过协商；所有这些还必须都是对苛刻环境做出的反应。不信你试试丢掉其中任何一样，看结果会是怎样吧！

猎获战略管理

现在是时候结束我们的狩猎旅行了，也是我们跑出图书馆、教室、办公室，投身到混乱的野莽中去的时机了——在那里我们需要清晰的目光去发现真正的大象。我们当然应该鼓励学者们和顾问们继续去探索每个学派的重要原理：我们需要对象牙、象身和象尾了解得更多。但是，更为重要的是，我们必须超越每个学派的局限性：我们需要了解这只被称作战略形成的，结合所有这些学派和更多其他学派的大象，究竟是如何生活的。

我们需要多提出些更好的问题，少做一些假设——让我们自己更多地受外面现实问题的引导，而不是被这里的概念推着走。我们需要变得更加全面——关心过程和内容、静态的和动态的、约束和灵感、个人认知与集体思维、计划

[一]　相关的争论，主要是有关组织理论的总体方面而不是有关战略管理的特别内容，参见 Pfeffer（1993，1995）提出的案例和 Van Maanen（1995a，1995b）提出的反驳意见。

[二]　当然，只是在我们的条件下它们才称为综合体，就像那幅著名的高脚酒杯图片，把它颠倒看就成了女人轮廓像，换一个视角去看，学派们就成了综合体。

的和学习的、经济的和政治的。换言之，除了探索局部之外，我们必须对战略形成的整体给予更多关注。虽不能至，心向往之。所以（请宽恕我们吧）：

> 是那来自战略领地的人
> 一意孤行，一往直前，
> 为追踪狡猾的巨兽
> 十个学派的脚印，遍布林莽。
> 它们叫喊着："有过这次游猎，
> 我们的眼睛是否不再盲而无光？"

参考文献

Abrahamson, E., and Fombrun, C. J. "Macrocultures: Determinants and Consequences." *Academy of Management Review* (19, 4, 1994:728–755).

Abrahamson, E., and Fairchild, G. "Management Fashion: Lifecycles, Triggers, and Collective Learning Processes." *Administrative Science Quarterly* (44, 1999:708–740).

Ackoff, R. L. "Beyond Prediction and Preparation." *Journal of Management Studies* (XX, l[January], 1983:59–69).

Afuah, A. "Redefining Firm Boundaries in the Face of the Internet: Are Firms Really Shrinking?" *Academy of Management Review* (28, 1, 2003:1231–1246).

Alberts, W. "The Experience Curve Doctrine Reconsidered." *Journal of Marketing* (53, 3, 1989:36–49).

Allaire, Y., and Firsirotu, M. "How to Implement Radical Strategies in Large Organizations." *Sloan Management Review* (26, Spring 1985:19–33).

Allison, G. T. *Essence of Decision: Explaining the Cuban Missile Crisis* (Boston: Little, Brown, 1971).

Alvarez, S. A., and Busenitz, L. W. "The Entrepreneurship of Resource-Based Theory." *Journal of Management* (27, 2001:755–775).

Amram, M., and Kulatilaka, N. *Real Options: Managing Strategic Investment in an Uncertain World* (Boston, MA: Harvard Business School Press, 1999).

Anand, N., and Peterson, R. A. "When Market Information Constitutes Fields: Sensemaking of Markets in the Commercial Music Industry." *Organization Science* (11, 3 [May/June], 2000:270–284).

Andrews, K. R. *The Concept of Corporate Strategy* (Homewood, IL: Irwin, editions 1971, 1980, 1987).

Andrews, K. R. "Directors' Responsibility for Corporate Strategy." *Harvard Business Review* (58, 6, November-December 1980:28–43).

Andrews, K. R. "Replaying the Board's Role in Formulating Strategy." *Harvard Business Review* (59, 3, May-June 1981a:18–27).

Andrews, K. R. "Corporate Strategy as a Vital Function of the Board," *Harvard Business Review* (59, 6, November-December 1981b:174–184).

Ansoff, H. I. *Corporate Strategy* (New York: McGraw-Hill, 1965).

Ansoff, H. I. "The State of Practice in Planning Systems." *Sloan Management Review* (Winter 1977:1–24).

Argyris, C. *Increasing Leadership Effectiveness* (New York: Wiley, 1976).

Argyris, C. "Teaching Smart People How to Learn." *Harvard Business Review* (69, 3, May-June 1991:99–109).

Argyris, C., and Schön, D. A. *Organizational Learning: A Theory of Action Perspective* (Reading, MA: Addison-Wesley, 1978).

Ashby, W. R. *An Introduction to Cybernetics* (London: Chapman and Hall, 1970).

Astley, W. G. "Toward an Appreciation of Collective Strategy." *Academy of Management Review* (9, 3, 1984:526–533).

Astley, W. G. "The Two Ecologies: Population and Community Perspectives on Organizational Evolution." *Administrative Science Quarterly* (30, 2, 1985:224–241).

Astley, W. G., and Fombrun, C. J. "Collective Strategy: Social Ecology of Organizational Environments." *Academy of Management Review* (8, 4, 1983:576–587).

Baden-Fuller, C., and Stopford, J. M. *Rejuvenating the Mature Business: the Competitive Challenge*, Chapter 6 (Boston: Harvard Business School Press, 1992).

Balogun, J., and Johnson, G. "Organizational Restructuring and Middle Manager Sensemaking." *Academy of Management Journal* (47, 4, 2004:523–549).

Barkema, H., and Shvyrkov, O. "Does Top Management Team Diversity Promote or Hamper Foreign Expansion?" *Strategic Management Journal*, (28, 7, 2007:663–680).

Barney, J. B. "Organizational Culture: Can It Be a Source of Sustained Competitive Advantage?" *Academy of Management Review* (11, 3, 1986:656–665).

Barney, J. B. "Firm Resources and Sustained Competitive Advantage." *Journal of Management* (17, 1, 1991:99–120).

Barney, J .B. "Resource-Based Theories of Competitive Advantage: A Ten Year Retrospective on the Resource-Based View." *Journal of Management* (27, 2001:643–650).

Barr, P. S., Stimpert, J. L., and Huff, A. S. "Cognitive Change, Strategic Action, and Organizational Renewal." *Strategic Management Journal* (13, 1992:15–36).

Bateson, G. "A Theory of Play and Fantasy." Reprinted in *Steps to an Ecology of Mind* (New York: Ballantine Books, 1972:117–193).

Bateson, G. *Steps to an Ecology of Mind* (New York: Ballantine Books, 1972).

Baughman, J. P. "Problems and Performance of the Role of Chief Executive in the General Electric Company, 1882–1974" (working paper, Graduate School of Business Administration, Harvard University, 1974).

Baumol, W. J. "Entrepreneurship in Economic Theory." *American Economic Review* (58, May 1968:64–71).

Bazerman, M. *Judgment in Managerial Decision Making*, 6th edition. (New York: John Wiley and Sons, Inc., 2005).

Beatty, R. W., and Ulrich, D. O. "Re-Energizing the Mature Organization." *Organizational Dynamics* (Summer 1991:16–30).

Beckhard, R. *Organizational Development: Strategies and Models* (Reading, MA: Addison-Wesley, 1969).

Beer, M., Eisenstat, R. A., and Spector, B. "Why Change Programs Don't Produce Change." *Harvard Business Review* (November-December, 1990:158–166).

Bello, F. "The Magic that Made Polaroid." *Fortune* (April 1959:124–164).

Bennis, W., and Namus, B. *Leaders: The Strategies for taking Charge* (New York: Harper & Row, 1985).

Bettis, R. A., and Prahalad, C. K. "The Dominant Logic: Retrospective and Extension." *Strategic Management Journal* (16, 1995:3–14).

Bhide, A. "How Entrepreneurs Craft Strategies That Work." *Harvard Business Review* (March-April 1994:150–161).

Bigley, G. A., and Wiersema, M. F. "New CEOs and Corporate Strategic Refocusing: How Experience as Heir Apparent Influences the Use of Power." *Administrative Science Quarterly* (47, 2002: 707–727).

Bjorkman, I. "Factors Influencing Processes of Radical Change in Organizational Belief Systems." *Scandinavian Journal of Management* (5, 4, 1989:251–271).

Bogner, W. C., and Barr, P. S. "Making Sense in Hypercompetitive Environments: A Cognitive Explanation for Persistence of High Velocity Competition." *Organization Science* (11, 2, 2000:337–370).

Bogner, W. C., and Thomas, H. "The Role of Competitive Groups in Strategy Formulation: A Dynamic Integration of Two Competing Models." *Journal of Management Studies* (30, 1, 1993:51–67).

Boisot, M. H., ed. *Information Space: A Framework for Learning in Organizations, Institutions and Culture* (London: Routledge, 1995).

Bolman, L. G., and Deal, T. *Reframing Organizations: Artistry, Choice, and Leadership*, 2nd edition (San Francisco: Jossey-Bass Publishers, 1997).

Boston Consulting Group Inc., The. *Strategy Alternatives for the British Motorcycle Industry* (London: Her Majesty's Stationery Office, 1975).

Boulding, K. E. "General Systems Theory: The Skeleton of Science." *Management Science* (2, 3, 1956:197–208).

Bower, J. L. *Managing the Resource Allocation Process: A Study of Planning and Investment* (Boston: Graduate School of Business Administration, Harvard University, 1970).

Bower, J. L., and Doz, Y. "Strategy Formulation: A Social and Political Process." In D. E. Schendel and C. W. Hofer, eds., *Strategic Management* (Boston: Little, Brown, 1979:152–166).

Bowman, E. H. "Strategic History: Through Different Mirrors." *Advances in Strategic Management* (11A, JAI Press, 1995:25–45).

Boyd, B. K. "Strategic Planning and Financial Performance: A Meta-Analytical Review." *Journal of Management Studies* (28, 4 [July] 1991:353–374).

Brandenburger, A. M., and Nalebuff, B. J. "The Right Game: Use Game Theory to Shape Strategy." *Harvard Business Review* (July-August 1995:57–81).

Brandenburger, A. M., and Nalebuff, B. J. *Co-opetition* (New York: Doubleday, 1996).

Branson, R. "Reflections of a Risk-Taker." *The McKinsey Quarterly* (Summer 1986:13–18).

Braudel, F. *The Wheels of Commerce: Civilisation and Capitalism* (Weidenfeld & Nicolson History, 2002).

Braybrooke, D., and Lindblom, C. E. *A Strategy of Decision* (New York: Free Press, 1963).

Bresser, R. K., and Bishop, R. C. "Dysfunctional Effects of Formal Planning: Two Theoretical Explanations." *Academy of Management Review* (8, 4, 1983:588–599).

Brinton, C. *The Anatomy of Revolution* (New York: Vintage Books, 1938).

Broms, H., and Gahmberg, H. *Semiotics of Management* (Helsinki School of Economics, 1987).

Brook, P. *The Empty Spare* (Markham, Ont.: Penguin Books, 1968).

Brown, J. S., and Duguid, P. "Organizational Learning and Communities-of-Practice: Toward A Unified View of Working, Learning and Innovation." *Organization Science* (2, 1991:40–57).

Brown, S. L., and Eisenhardt, K. M. *Competing on the Edge: Strategy as Structured Chaos* (Harvard Business School Press, 1998).

Bruner, J. S., Goodnow, J. J., and Austin, G. A. *A Study of Thinking* (New York: John Wiley, 1956).

Brunsson, N. *Propensity to Change: An Empirical Study of Decisions on Reorientations* (Göteborg: BAS, 1976).

Brunsson, N. "The Irrationality of Action and the Action Rationality: Decisions, Ideologies, and Organizational Actions." *Journal of Management Studies* (1, 1982:29–44).

Burgelman, R. A. "Managing Innovating Systems: A Study of the Process of Internal Corporate Venturing" (Ph.D. dissertation, Graduate School of Business, Columbia University, 1980).

Burgelman, R. A. "A Process Model of Internal Corporate Venturing in the Diversified Major Firm." *Administrative Science Quarterly* (28, 1983a:223–244).

Burgelman, R. A. "A Model of the Interaction of Strategic Behavior, Corporate Context, and the Concept of Strategy." *Academy of Management Review* (8, 1, 1983b:61–70).

Burgelman, R. A. "Strategy Making as a Social Learning Process: The Case of Internal Corporate Venturing." *Interfaces* (18, 3, May-June 1988:74–85).

Burgelman, R. A. "A Process Model of Strategic Business Exit: Implications for an Evolutionary Perspective on Strategy." *Strategic Management Journal* (17, 1996:193–214).

Burgelman, R. A., and Sayles, L. R. *Inside Corporate Innovation: Strategy, Structure, and Managerial Skills* (New York: Free Press, 1986).

Busenitz, L. W., and Barney, J. B. "Differences Between Entrepreneurs and Managers in Large Organizations: Biases and Heuristics in Strategic Decision-Making." *Journal of Business Venturing* (12, 1997:9–30).

Business Week, "The New Breed of Strategic Planner" (September 17, 1984:62–66, 68).

Buzzell, R. D., Bradley, T. G., and Sultan, R. G. M. "Market Share: A Key to Profitability." *Harvard Business Review* (January-February 1975:97–111).

Carson, P., Lanier, P., Carson, K., and Guidry, B. "Clearing a Path through the Management Fashion Jungle: Some Preliminary Trailblazing" *Academy of Management Journal* (43, 6, 2000:1143–1158).

Casson, M. "Entrepreneurship and the Theory of the Firm." *Journal of Economic Behavior and Organization* (58, 2, 2005:327–348).

Chaffee, E. E. "Three Models of Strategy." *Academy of Management Review* (10, 1, 1985:89–98).

Chandler, A. D. Jr. *Strategy and Structure: Chapters in the History of the Industrial Enterprise* (Cambridge, MA: MIT Press, 1962).

Chandler, A. D. "The Functions of the HQ Unit in the Multi-business Firm." *Strategic Management Journal* (12, 8, 1991:31–50).

Christensen, C. R., Andrews, K. R., Bower, J. L., Hamermesh, G., and Porter, M. E. *Business Policy: Text and Cases,* 5th edition (Homewood, IL: Irwin, 1982).

Clark, E. "Power, Action and Constraint in Strategic Management: Explaining Enterprise Restructuring in the Czech Republic." *Organization Studies* (25, 4, 2004: 607–627).

Clausewitz, C. von. *On War* (Penguin Books, 1968).

Clausewitz, C. von. *On War* (Princeton, NJ: Princeton University Press, 1989).

Clemmer, J. *Pathways to Performance: A Guide to Transforming Yourself, Your Team, and Your Organization* (Toronto: Macmillan Canada, 1995).

Coffey, W. *303 of the World's Worst Predictions* (New York: Tribeca Communications, 1983).

Cohen, M. D., March, J. G., and Olsen, J. P. "A Garbage Can Model of Organizational Choice." *Administrative Science Quarterly* (17, 1, March 1972:1–25).

Cole, A. H. *Business Enterprise in Its Social Setting* (Cambridge, MA: Harvard University Press, 1959).

Collins, O., and Moore D. G. *The Organization Makers* (New York: Appleton-Century-Crofts, 1970).

Collins, J. C., and Porras, J. I. "Organizational Vision and Visionary Organizations." *California Management Review* (Fall 1991:30–52).

Collins, J. C. and Porras, J. I. *Built to Last: Successful Habits of Visionary Companies* (New York: Harper Business, 1997).

Collis, D., and Rukstad, M. G. "Can You Say What Your Strategy Is?" *Harvard Business Review* (86, 4, 2008:82–90).

Conner, K. R., and Prahalad, C. K. "A Resource-Based Theory of the Firm: Knowledge Versus Opportunism." *Organization Science* (7, 5 [September-October] 1996:477–501).

Connolly, T. "On Taking Action Seriously: Cognitive Fixation in Behavioral Decision Theory." In G. R. Ungdon and D. N. Braunstein, eds., *Decision-Making: An Interdisciplinary Inquiry* (Boston: Kent, 1982:42–47).

Cornelius, P., Van de Putte, A., and Romani, M. "Three Decades of Scenario Planning in Shell." *California Management Review* (48, 1, 2005:92–109).

Corner, P. D., Kinicki, A. J., and Keats, B. W. "Integrating Organizational and Individual Information Processing Perspectives on Choice." *Organization Science* (3, 1994:294–308).

Cornford, F. M. Microcosmo-graphia Academica (Cambridge, UK: Mainsail Press, 1993:39).

Cressey, P., Eldridge, J., and MacInnes, J. *"Just Managing"*: *Authority and Democracy in Industry* (Milton Keynes, England: Open University Press, 1985).

Crossan, M., Lane, H., and White, R. "An Organizational Learning Framework: From Intuition to Institution." *Academy of Management Review* (24, 3, 1999:522–537).

Cyert, R. M., and March, J. G. *A Behavioral Theory of the Firm* (Englewood Cliffs, NJ: Prentice Hall, 1963).

Dacin, M. T., Goodstein, J., and Scott, W. R. "Institutional Theory and Institutional Change: Introduction to the Special Research Forum." *Academy of Management Journal* (45, 1, 2002:45–57).

Dane, E., and Pratt, M. "Exploring Intuition and its Role in Managerial Decision Making." *Academy of Management Review* (32, 1, 2007:33–54).

Darwin, F., ed. *The Life and Letters of Charles Darwin, Including an Autobiographical Chapter*, 3 vols. (London: John Murray, 1887).

Das, T. K., and Teng, B. "Cognitive Biases and Strategic Decision Processes: An Integrative Perspective." *Journal of Management Studies* (36, 1999:757–778).

Davenport, S., and Leitch, S. "Circuits of Power in Practice: Strategic Ambiguity as Delegation of Authority." *Organization Studies* (26, 11, 2005:1603–1623).

D'Aveni, R. A. *Hypercompetiton: Managing the Dynamics of Strategic Maneuvering* (New York: The Free Press, 1994).

De Geus, A. P. "Planning as Learning." *Harvard Business Review* (March-April 1988:70–74).

Denrell, J. "Selection Bias and the Perils of Benchmarking." *Harvard Business Review* (83, 4, 2005:114–119).

Devons, E. *Planning in Practice, Essays in Aircraft Planning in War-Time* (Cambridge, England: The University Press, 1950).

Dickhout, R., Denham, M., and Blackwell, N. "Designing Change Programs That Won't Cost You Your Job." *The McKinsey Quarterly* (4, 1995:101–116.

Dixit, A. K., and Pindyck, R. S. "The Options Approach to Capital Investment." *Harvard Business Review* (73, 3, 1995:105–115).

Dobbin, F., and Sutton, J. R. "The Strength of a Weak State: The Rights Revolution and the Rise of Human Resources Management Divisions." *American Journal of Sociology* (104, 1998:441–476).

Dollinger, M. J. "The Evolution of Collective Strategies in Fragmented Industries." *Academy of Management Review* (15, 2, 1990:266–285).

Donaldson, L. "For Cartesianism: Against Organizational Types and Quantum Jumps." In *For Positivist Organization Theory: Proving the Hard Core* (London: Sage, 1996:108–129).

Donaldson, L. *The Contingency Theory of Organizations* (Thousand Oaks, CA: Sage, 2001).

Downing, S. "The Social Construction of Entrepreneurship: Narrative and Dramatic Processes in the Coproduction of Organizations and Identities." *Entrepreneurship: Theory and Practice* (29, 2, 2005:185–204).

Doz, Y. L., and Thanheiser, H. "Embedding Transformational Capability." ICEDR, October 1996 Forum Embedding Transformation Capabilities (INSEAD, Fontainebleau, France, 1996).

Drucker, P. F. "Entrepreneurship in Business Enterprise." *Journal of Business Policy* (I, 1, 1970:3–12).

Drucker, P. F. "The Theory of the Business." *Harvard Business Review* (September-October, 1994:95–104).

Duhaime, I. M., and Schwenk, C. R. "Conjectures on Cognitive Simplification in Acquisition and Divestment Decision Making." *Academy of Management Review* (10, 2, 1985:257–295).

Durand, R. "Firm Selection: An Integrative Perspective." *Organization Studies* (22, 3, 2001:393–417).

Dutton, J. E., Ashford, S. J., O'Neil, R. M., and Hayes, E. "Reading the Wind: How Middle Managers Assess the Context for Selling Issues to Top Managers." *Strategic Management Journal* (18, 5, 1997:407–425).

Dyck, B. "Understanding Configuration and Transformation through a Multiple Rationalities Approach, *Journal of Management Studies*" (34, 5, 1997:793–823).

Economist, "The Return of von Clausewitz—The Fine Art of Being Prepared." (March 9, 2002).

Edwards, J. "Strategy Formulation as a Stylistic Process." *International Studies of Management and Organizations* (7, 2, Summer 1977:13–27).

Eisenhardt, K. M., and Martin, J. A. "Dynamic Capabilities: What are They?" In C. E. Helfat, ed., *The SMS Blackwell Handbook of Organizational Capabilities: Emergence, Development, and Change* (Blackwell: Oxford, 2003:341–363).

Eisenhardt, K. M., and Sull, D. N. "Strategy as Simple Rules." *Harvard Business Review* (79, 1, 2001:107–116).

El Sawy, O. A., and Pauchant, T. C. "Triggers, Templates, and Twitches in the Tracking of Emerging Strategic Issues." *Strategic Management Journal* (9, September-October 1988:455–474).

Eliot, O. *Felix Holt, The Radical* (Oxford: Clarendon Press, 1980).

Engwall, L. "The Viking Versus the World: An Examination of Nordic Business Research." *Scandinavian Journal of Management* (12, 4, 1996:425–436).

Fadiman, C., ed. *The Little Brown Book of Anecdotes* (Boston: Little, Brown, 1985).

Farjoun, M. "Towards an Organic Perspective on Strategy." *Strategic Management Journal* (23, 2002:561–594).

Feld, M. D. "Information and Authority: The Structure of Military Organization." *American Sociological Review* (24, 1, 1959:15–22).

Feldman, S. P. "Management in Context: An Essay on the Relevance of Culture to the Understanding of Organizational Change." *Journal of Management Studies* (23, 6, 1986:587–607).

Feldman, M. S., and Rafaeli, A. "Organizational Routines as Sources of Connections and Understandings." *Journal of Management Studies* (39, 3, 2002:3019–331).

Finkelstein S. "Power in Top Management Teams: Dimensions, Measurement, and Validation." *Academy of Management Journal* (35, 1992:505–538).

Firsirotu, M. "Strategic Turnaround as Cultural Revolution" (doctoral dissertation, McGill University, Faculty of Management, Montreal, 1985).

Floyd, S. W., and Wooldridge, B. "Dinosaurs or dynamos? Recognizing Middle Management's Strategic Role." *Academy of Management Executive* (8, 4, 1994:47–57).

Fombrun, C., and Astley, W. G. "Strategies of Collection Action: The Case of the Financial Services Industry," R. Lamb (ed.) *Advances in Strategic Management, Volume 2* (Greenwich, CT.: JAI Press, 1983:125–139).

Fortune, "GM's $11 Billion Turnaround" (130, 8, October 17, 1994:54–69).

Fortune, "The Entrepreneurial Ego" (65, 2, August 1956:143).

Fortune, "14 INNOVATORS Staying Creative, Jazzing Employees, Keeping That Startup Vibe, and Other Tales From the Front "(November, 15, 2004).

Freeman, R. E. *Strategic Management: A Stakeholder Approach* (London: Pitman, 1984).

Frery, F. "The Fundamental Dimensions of Strategy." *MIT Sloan Management Review* (48, 1, Fall 2006:71–75).

Gaddis, P. O. "Strategy Under Attack," *Long Range Planning* (30, 1, 1997:38–45).

Gagliardi, P., ed., *Symbols and Artifacts: View from the Corporate Landscape* (New York: Aldine de Gruyter, 1992).

Garud, R. G., Kumaraswamy, A., and Nayyar, P. "Real Options Or Fool's Gold? Perspective Makes the Difference." *Academy of Management Review* (23, 2, 1998:212–214).

Gartner, J. "America's Manic Entrepreneurs." *American Enterprise* (16, 5, 2005:18).

Garvin, D. A., and Levesque, L. C. "Meeting the Challenge of Corporate Entrepreneurship." *Harvard Business Review* (84, 10, 2006:102–112).

Gavetti, G., and Levinthal, D. A. "The Strategy Field from the Perspective Management Science: Divergent Strands and Possible Integration." *Management Science* (50, 10, 2004:1309–1318).

Gerhard, D. "Periodization in European History." *American Historical Review* (61, 1956:900–913).

Gilbert, X., and Strebel, P. "Developing Competitive Advantage." In J. B. Quinn, Mintzberg, H., and James, R., eds., *The Strategy Process* (Englewood Cliffs, NJ: Prentice Hall, 1988:82–93).

Gimpl, M. L., and Dakin, S. R. "Management and Magic." *California Management Review* (Fall 1984:125–136).

Glaister, K., and Falshaw, J. R. "Strategic Planning: Still Going Strong?" *Long Range Planning* (32, 1, 1999:107–116).

Goffee, R., and Jones, G. "What Holds the Modern Company Together." *Harvard Business Review* (74, 6, 1996:133–148).

Goold, M. "Design, Learning and Planning: A Further Observation on The Design School Debate." *Strategic Management Journal* (13, 1992:169–170).

Goold, M. "Learning, Planning, and Strategy: Extra Time." *California Management Review* (38, 4, Summer 1996:100–102).

Goold, M., and Campbell, A. *Strategies and Styles: The Role of the Center in Managing Diversified Corporations* (Oxford: Basil Blackwell, 1987).

Goold, M., and Quinn, J. J. "The Paradox of Strategic Controls." *Strategic Management Journal* (11, 1990:43–57).

Goold, M., Campbell, A., and Alexander, M. *Corporate-Level Strategy: Creating Value in the Multi-Business Company* (New York: John Wiley & Sons, 1994).

Gould, S. J. *The Panda's Thumb* (New York: W. W. Norton, 1980).

Gould, S. J. "Free to Be Extinct." *Natural History* (August 1982:12–16).

Greene, R., and Elffers, J. *The 48 Laws of Power* (New York: Viking Penguin, a division of Penguin Group (USA) Inc, 1998).

Greve, H., and Mitsuhashi, H. "Powerful and Free: Intra-Organizational Power and the Dynamics of Corporate Strategy." *Strategic Organization* (2, 2, May 2004:107–132).

Greve, H., and Mitsuhashi, H. "Power and Glory: Concentrated Power in Top Management Teams." *Organization Studies* (28, 8, 2007:1197–1221).

Grinyer, P. H., and Spender, J. C. *Turnaround—Managerial Recipes for Strategic Success* (London: Associated Business Press, 1979).

Gulati, R. "Alliances and networks." *Strategic Management Journal* (19, 4, 1998:293–313).

Hadamard, J. *An Essay on the Psychology of Invention in the Mathematical Field* (Princeton, NJ: University Press, 1949).

Hage, J. "Choosing Constraints and Constraining Choice" (paper presented at the Anglo-French Conference at the Tavistock Institute, London, 1976).

Hakansson, H., and Snehota, I. "No Business is an Island: The Network Concept of Business Strategy." *Scandinavian Journal of Management* (5, 3, 1989:187–200).

Halberstam, D. *The Reckoning* (New York: Avon Books, 1986).

Hambrick, D. C. "Upper Echelons Theory: An Update." *Academy of Management Review* (32, 2, 2007:334–343).

Hambrick, D. C., and Fredrickson, J. W. "Are You Sure You Have a Strategy?" *Academy of Management Executive* (19, 4, 2005:51–62).

Hambrick, D. C., and Mason, P. "Upper Echelons: The Organization as a Reflection of its Top Managers." *Academy of Management Review* (9, 2, 1984:193–206).

Hamel, G. "Strategy as Revolution." *Harvard Business Review* (July-August, 1996:69–82).

Hamel, G. "Strategy Innovation and the Quest for Value." *Sloan Management Review* (39, 4, Winter 1998:7–14).

Hamel, G., and Prahalad, C. K. "Strategic Intent." *Harvard Business Review* (May-June 1989:63–76).

Hamel, G., and Prahalad, C. K. "Strategy as Stretch and Leverage." *Harvard ard Business Review* (71, 2, March-April 1993:75–84).

Hamel, G., and Prahalad, C. K. "Competing for the Future." *Harvard Business Review* (72, 4, 1994:122–128).

Hamel, G., and Prahalad, C. K. *Competing for the Future* (Boston: Harvard Business School Press, 1994).

Hamel, G., and Prahalad, C. K. "Competing in the New Economy: Managing Out of Bounds." *Strategic Management Journal* (17, 1996:237–242).

Hamel, G., Doz, Y. L., and Prahalad, C. K. "Collaborate with Your Competitors and Win." *Harvard Business Review* (January-February 1989:133–139).

Hamermesh, R. G. *Making Strategy Wok: How Senior Managers Produce Results* (New York: Wiley, 1986).

Hannan, M. T. "Ecologies of Organizations: Diversity and Identity." *The Journal of Economic Perspectives* (19, 1:2005:51–70).

Hannan, M. T., and Freeman, J. "The Population Ecology of Organizations." *American Journal of Sociology* (82, 5, 1977:929–964).

Hannan, M. T., and Freeman, J. "Structural Inertia and Organizational Change." *American Sociological Review* (49, April 1984:149–164).

Harbison, F., and Myers, C. A. *Management in the Industrial World* (New York: McGraw-Hill, 1959).

Hardy, C., Langley, A., Mintzberg, H., and Rose, J. "Strategy Formation in the University Setting." *The Review of Higher Education* (6, 1983:407–433).

Hart, S. "Intentionality and Autonomy in Strategy-Making Process: Modes, Archetypes, and Firm Performance." *Advances in Strategic Management* (7, 1991:97–127).

Hatten, K. J., and Schendel, D. E. "Heterogeneity within an Industry: Firm Conduct in the U.S. Brewing Industry, 1952–1971." *Journal of Industrial Economics* (26, 1977:97–113).

Hayes, R. H. "Strategic Planning—Forward in Reverse?" *Harvard Business Review* (November-December 1985:111–119).

Hayes, R. H., and Jaikumar, R. "Manufacturing's Crisis: New Technologies, Obsolete Organizations." *Harvard Business Review* (September-October 1988:77–85).

Hedberg, B. "Organizational Stagnation and Choice of Strategy: Observations from Case Studies" (working paper, International Institute of Management, Berlin, 1973).

Hedberg, B. "Reframing as a Way to Cope with Organizational Stagnation: A Case Study" (working paper, International Institute of Management, Berlin, 1974).

Hedberg, B. "How Organizations Learn and Unlearn." In P. C. Nystrom and W. H. Starbuck, eds., *Handbook of Organizational Design*, Vol. 1: *Adapting Organizations to Their Environments* (New York: Oxford University Press, 1981:3–27).

Hedberg, B., and Jonsson, S. A. "Strategy Formulation as a Discontinuous Process." *International Studies of Management and Organization* (7, 2, Summer 1977:88–109).

Hedberg, B., and Targama, A. "Organizational Stagnation, a Behavioral Approach." *Proceedings of the Conference, TIMS XX* (1973:635–641).

Helfat, C. E., Finkelstein, S., Mitchell, W., Peteraf, M. A., Singh, H., Teece, D. J., and Winter, S. G. *Dynamic Capabilities: Understanding Strategic Change in Organizations* (Oxford, Blackwell Publishing, 2007).

Hellagren, B., and Melin, L. "The Role of Strategists' Ways-of-Thinking in Strategic Change Processes." In J. Hendry, G. Johnson, and J. Newton, eds., *Strategic Thinking: Leadership and the Management of Change* (Chichester: John Wiley, 1993:47–68).

Henderson, A. D. "Firm Strategy and Age Dependence: A Contingent View of the Liabilities of Newness, Adolescence, and Obsolescence." *Administrative Science Quarterly* (44, 2, 1999:281–314).

Henderson, B. D. "The Experience Curve-Reviewed. IV. The Growth Share Matrix, or The Product Portfolio." *Boston Consulting Group Reprint 135.* (1973).

Henderson, B. D. *Henderson on Corporate Strategy* (Cambridge, MA: Abt Books, 1979).

Herrman, P. "Evolution of Strategic Management: The Need for New Dominant Designs." *International Journal of Management Review* (7, 2, 2005:111–130).

Hill, T., and Westbrook, R. "SWOT Analysis: It's Time for a Product Recall." *Long Range Planning* (30, 1, 1997:46–52).

Hirsch, P. M. "Organizational Effectiveness and the Institutional Environment." *Administration Science Quarterly* (20, September 1975:327–344).

Hogarth, R. M., and Makridakis, S. "Forecasting and Planning: An Evaluation." *Management Science* (27, 2 [February] 1981:115–138).

Hopwood, B. *Whatever Happened to the British Motorcycle Industry?* (San Leandro, CA: Haynes Publishing, 1981).

Hoskisson, R. E., Hitt, M. A., Wan, W. P., and Yiu, D. "Theory and Research In Strategic Management: Swings of A Pendulum." *Journal of Management* (25, 3, 1999:417–456).

Huff, A. S., ed. *Mapping Strategic Thought* (Somerset, NJ: Wiley, 1990).

Hunt, M. S. "Competition in the Major Home Appliance Industry, 1960–1970" (doctoral dissertation, Harvard University, 1972).

Hurst, D. "Changing Management Metaphors—To Hell with the Helmsman" (unpublished manuscript).

Hurst, D. K. *Crisis & Renewal: Meeting the Challenge of Organizational Change* (Boston: Harvard Business School Press, 1995).

Hutzschenreuter, T., and Kleindienst, I. "Strategy-Process Research: What Have We Learned and What Is Still to Be Explored." *Journal of Management* (32, 5, 2006:673–720).

Huy, Q. "In Praise of Middle Managers." *Harvard Business Review* (79, September, 2001: 72–79).

Iansiti, M., and Levien, R. "Strategy as Ecology." *Harvard Business Review* (82, 3, 2004:68–78).

Inkpen, A., and Chouldhury, N. "The Seeking of Strategy Where It Is Not: Toward a Theory of Strategy Absence." *Strategic Management Journal* (16, 1995:313–323).

Itami, H., with T. W. Roehl. *Mobilzing Invisible Assets* (Cambridge, MA: Harvard University Press, 1987).

James, B. G. "Reality and the Fight for Market Position." *Journal of General Management.*" (Spring, 1985:45–57).

Janis, I. L. *Victims of Groupthink* (Boston: Houghton Mifflin, 1972).

Jarzabkowski, P., Balogun, J., and Seidl, D. "Strategizing: The Challenges of a Practice Perspective." *Human Relations* (60, 1, 2007:5–27).

Jelinek, M. *Institutionalizing Innovation: A Study of Organizational Learning Systems* (New York: Praeger, 1979).

Jelinek, M., and Amar, D. "Implementing Corporate Strategy: Theory and Reality" (paper presented at the Third Annual Conference of the Strategic Management Society, Paris, 1983).

Jelinek, M., and Schoonhoven, C. B. *The Innovation Marathon: Lessons from High-Technology Firms* (Oxford: Basil Blackwell, 1990).

John K., and Pomerantz, G. "USFL Is Awarded $1 In Suit Against NFL Young League Had Sought $1.69 Billion." *Washington Post* (July 30, 1986).

Johnson, G. *Strategic Change and the Management Process* (New York: Basil Blackwell, 1987).

Johnson, G. "Managing Strategic Change—Strategy, Culture and Action." *Long Range Planning* (25, 1, 1992:28–36).

Johnson, G., and Huff, A. S. "Everyday Innovation/Everyday Strategy." In G. Hamel, C. K. Prahalad, H. Thomas and D. O'Neal., eds., *Strategic Flexibility: Managing in a Turbulent Environment* (New York: John Wiley & Sons Inc., 1998:13–27).

Johnson, G., Melin, L., and Whittington, R. "Micro Strategy and Strategizing: Towards an Activity-Based View?" *Journal of Management Studies* (40, 1, 2003:1–22).

Jonsson, S. A. "City Administration Facing Stagnation: Political Organizational and Action in Gothenburg" (Swedish Council for Building Research, no date).

Jonsson, S. A., and Lundin, R. A. "Myths and Wishful Thinking as Management Tools." In P. C. Nystrom and W. H. Starbuck, eds., *Prescriptive Models of Organizations* (Amsterdam: North-Holland, 1977:157–170).

Jonsson, S. A., Lundin, R. A., and Sjoberg, L. "Frustration in Decision Processes: A Tentative Frame of Reference." *International Studies of Management and Organization* (Fall-Winter 1977–1978:6–19).

Kaplan, R., and Norton D. *The Balanced Scorecard: Translating Strategy Into Action* (Harvard Business School Publishing, 1996).

Kaplan, R. and Norton, D. *The Strategy-Focused Organization: How Balanced Scorecard Companies Thrive in the New Business Environment* (Harvard Business School Publishing, 2000).

Katz, R. L. *Cases and Concepts in Corporate Strategy* (Englewood Cliffs, NJ: Prentice Hall, 1970).

Keller, M., *Rude Awakening: The Rise, Fall and Struggle for Recovery of General Motors* (New York: Morrow, 1989).

Kennedy, J., and Pomerantz, G. "USFL Is Awarded $1 In Suit Against NFL Young League Had Sought $1.69 Billion." *Washington Post.* (30 July 1986).

Ketchen, D. J., Combs, J. G., Russell, C. J., Shook, C., Dean, M. A., Runge, J., Lohrke, F. T., Naumann, S. E., Haptonstahl, D. E., Baker, R., Beckstein, B. A., Handler, C., Honig, H., and Lamoureux, S. "Organizational Configurations and Performance: A Meta-Analysis." *Academy of Management Journal* (40, 1:223–240).

Ketokivi, M., and Castañer, X. "Strategic Planning as an Integrative Device." *Administrative Science Quarterly* (49, 3, 2004:337–365).

Kets de Vries, M. F. R. "The Entrepreneurial Personality: A Person at the Crossroads." *Journal of Management Studies* (February 1977:34–57).

Kets de Vries, M. F. R. "The Dark Side Entrepreneurship." *Harvard Business Review* (November-December 1985:160–167).

Keys, J. B., and Miller, T. R. "The Japanese Management Theory Jungle." *Academy of Management Review* (9, 2, 1984:342–353).

Khandwalla, P. N. "The Effect of the Environment on the Organizational Structure of Firm" (doctoral dissertation, Cambridge-Mellon University, 1970).

Kiechel, W. III. "Sniping at Strategic Planning." *Planning Review* (May 1984:8–11).

Kiesler, C. A. *The Psychology of Commitment: Experiments Linking Behavior to Belief* (New York: Academic Press, 1971).

Kirzner, I. "Entrepreneurial Discovery and the Competitive Market Process: An Austrian Approach." *Journal of Economic Literature* (35, 1997:60–85).

Knight, K. E. "A Descriptive Model of the Intra-Firm Innovation Process." *Journal of Business of the University of Chicago* (40, 1967:478–496).

Knuf, J. "Benchmarking the lean enterprise: Organizational learning at work." *Journal of Management in Engineering* (16, 4, 2000:58–72).

Kogut, B., and Zander, U. "What Firms Do? Coordination, Identity, and Learning." *Organization Science* (7, 5 [September-October] 1996:502–518).

Kohler, W. *The Mentality of Apes* (New York: Humanitarian Press, 1925).

Kotler, P., and Singh, R. "Marketing Warfare in the 1980's." *Journal of Business Strategy* (Winter 1981:30–41).

Kotter, J. P. "Leading Change: Why Transformation Efforts Fail." *Harvard Business Review* (March-April, 1995:59–67).

Kress, G., Koehler, G., and Springer, J. F. "Policy Drift: An Evaluation of the California Business Program." *Police Sciences Journal* (3, Special Issue, 1980:1101–1108).

Lampel, J. "Rules in the Shadow of the Future: Prudential Rule Making Under Ambiguity in the Aviation Industry." *International Relations* (20, 3, 2006:343–349).

Lampel, J., and Bhalla, A. "Let's Get Natural: Communities of Practice and the Discourse of Spontaneous Sharing in Knowledge Management." *Management Decision* (45, 7, 2007:1069–1082).

Lampel, J., and Bhalla, A. "Embracing Realism and Recognizing Choice In Its Offshoring Initiatives." *Business Horizons* (51, 5, 2008).

Lampel, J., and Shamsie, J. "Probing the Unobtrusive Link: Dominant Logic and the Design of Joint Ventures by General Electric." *Strategic Management Journal* (21, 2000:593–602).

Lampel, J., and Shamsie, J. "Capabilities in Motion: New Organizational Forms and the Reshaping of the Hollywood Movie Industry." *Journal of Management Studies* (40, 8, 2003: 2189–2210).

Lampel, J., and Shapira, Z. "Judgmental Errors, Interactive Norms and the Difficulty of Detecting Strategic Surprises." *Organization Science* (12, 5, 2001:599–611).

Land, E. "The Most Basis Form of Creativity." *Time* (June 26, 1972:84).

Langley, A. "Between 'Paralysis by Analysis' and 'Extinction by Instinct'." *Sloan Management Review* (36, 3, 1995:63–76).

Langley, A. "Patterns in the Use of Formal Analysis in Strategic Decisions." *Organization Studies* (11, 1, 1990:17–45).

Langley, A., Mintzberg, H., Pitcher, P., Posada, E., and Saint-Macary, J. "Opening Up Decision Making: The View from the Black Stool." *Organization Science* (May-June 1995).

Lapierre, R. *Le Changement Stratégique: Un Rêve en Quête de Réel* (Ph.D. Management Policy course paper, McGill University, 1980).

Lauriol, J. "Une analyse des représentations de la stratégie et de son management dans la production d'ouvreges de la langue française (prepared for La Journeé Recherche of AIMS, for FNEGE, in France, 11 October 1996).

Lawrence, T. B., Mauws, M. K., Dyck, B., and Kleysen, R. F. "The Politics of Organizational Learning: Integrating Power Into the 4I Framework." *Academy of Management Review* (30, 1, 2005:180–191).

Learned, E. P., Christensen, C. R., Andrews, K. R., and Guth, W. D. *Business Policy: Text and Cases* (Homewood, IL: Irwin, 1965).

Levitt, T. "Marketing Myopia." *Harvard Business Review* (July-August 1960:45–56).

Levy, D. "Chaos Theory and Strategy: Theory, Application, and Managerial Implications." *Strategic Management Journal* (15, 1994:167–178).

Lewin, K. *Field Theory in Social Science* (New York: Harper & Row, 1951).

Liedtka, J. "Strategy as a 'Little Black Dress'." In H. Mintzberg, B. Ahlstrand, and J. Lampel eds., *Strategy Bites Back: It is Far More and Less, Than you Ever Imagined…*" (Edinburgh Gate, Harlow: Prentice Hall, Financial Times, 2005:41–43).

Lindblom, C. E. "The Science of Muddling Through." *Public Administration Review* (19, 2, 1959:79–88).

Lindblom, C. E. *The Policy-Making Process* (Englewood Cliffs, NJ: Prentice Hall, 1968).

Lipsky, M. "Standing the Study of Public Policy Implementation on Its Head." In W. D. Burnham and M. W. Weinberg, eds., *American Politics and Public Policy* (Cambridge, MA: MIT Press, 1978:391–402).

Livingston, J. S. "The Myth of the Well-Educated Manager." *Harvard Business Review* (49, 1, January-February 1971:79–89).

Lorange, P. "Formal Planning Systems: Their Role in Strategy Formulation and Implementation." In D. E. Schendel and C. W. Hofer, eds., *Strategic Management: A New View of Business Policy and Planning* (Boston: Little, Brown, 1979).

Lorange, P. *Corporate Planning: An Executive Viewpoint* (Englewood Cliffs, NJ: Prentice Hall, 1980).

Lorange, P., and Vancil, R. F. *Strategic Planning Systems* (Englewood Cliffs, NJ: Prentice Hall, 1977).

Lorenz, B. N. *The Essence of Chaos* (Seattle: University of Washington Press, 1993).

Lorsch, J. W. "Managing Culture: The Invisible Barrier to Strategic Change." *California Management Journal* (28, 2, Winter 1986:95–109).

Lovallo, D. P., and Mendonca, L. T. "Strategy's Strategist: An Interview with Richard Rumelt". *Harvard Business Review* (4, 2007:56–67).

Lyles, M. A. "A Research Agenda for Strategic Management in the 1990s." *Journal of Management Studies* (27, 4, 1990:363–375).

Macmillan, I. C. *Strategy Formulation: Political Concepts* (St. Paul: West, 1978).

Macmillan, I. C., and Guth, W. D. "Strategy Implementation and Middle Management Coalitions." In R. Lamb and P. Shrivastava, eds., *Advances in Strategic Management*, Vol. 3 (Greenwich, CT: JAI Press, 1985:233–254).

Majone, G., and Wildavsky, A. "Implementation as Evolution." *Policy Studies Review Annual* (2, 1978:103–117).

Makridakis, S. *Forecasting, Planning, and Strategy for the 21st Century* (New York: Free Press, 1990); also extracts from 1979 draft.

Malmlow, E. G. "Corporate Strategic Planning in Practice." *Long Range Planning* (5, 3, 1972:2–9).

March, J. G., and Olsen, J. P., eds. Ambiguity and Choice in Organizations (Bergen, Norway: Universitetsforlaget, 1976).

March, J. G., and Simon, H. A. *Organizations* (New York: John Wiley, 1958).

Marsh, P., Barwise, P., Thomas, K., and Wensley, R. "Managing Strategic Investment Decisions in Large Diversified Companies" (Centre for Business Strategy Report Series, London Business School, 1988).

Martinet, A. C. "Pensée strategique et rationalitiés: Un examen épistémologique" (papier de recherche numéro 23, Institut d'Administration des Enterprise, Lyon, France, 1996).

McClelland, D. C. *The Achieving Society* (Princeton, NJ: D. Van Nostrand, 1961).

McConnell, J. D. "Strategic Planning: One Workable Approach." *Long Range Planning* (4, 2, 1971:2–6).

McGahan, A., and Porter, M. E. "How Much Does Industry Matter, Really?" *Strategic Management Journal* (18, 1997:15–30).

McGee, J., and Thomas, H. "Strategic Groups: A Useful Linkage Between Industry Structure and Strategic Management." *Strategic Management Journal* (7, 1986:141–160).

McGrath, R. G., and Macmillan, I. "Assessing Technology Projects Using Real Options Reasoning." *Research Technology Management.* (43, 4, 2000:35–50).

Mechanic, D. "Sources of Power of Lower Participants in Complex Organizations." *Administrative Science Quarterly* (1962:349–364).

Melin, L. "Structure, Strategy and Organization: A Case of Decline" (paper for an EIASM-workshop, Strategic Management under Limited Growth and Decline, Brussels, 1982).

Melin, L. "Implementation of New Strategies and Structures" (paper for the Third Annual Strategic Management Society Conference, Paris, 1983).

Melin, L. "Strategies in Managing Turnaround." *Long Range Planning* (18, 1, 1985:80–86).

Meyer, J. W., and Rowan, B. "Institutionalized Organizations: Formal Structure as Myth and Ceremony." *American Journal of Sociology* (83, 1977:340–363).

Miles, R. E., and Snow, C. C. *Organization Strategy, Structure, and Process* (New York: McGraw-Hill, 1978).

Miles, R. E., and Snow, C. C. *Fit, Failure and the Hall of Fame* (New York: Macmillan, 1994).

Miles, R. E., Snow, C. C., Meyer, A. D., and Coleman, H. J., Jr. "Organizational Strategy, Structure, and Process." *American Management Review* (July 1978:546–562).

Miles, R. H. *Coffin Nails and Corporate Strategies* (Englewood Cliffs, NJ: Prentice Hall, 1982).

Miller, D. "Strategy Making in Context: Ten Empirical Archetypes" (Ph.D. thesis, Faculty of Management, McGill University, Montreal, 1976).

Miller, D. "Strategy, Structure, and Environment: Context Influences upon Some Bivariate Associations." *Journal of Management Studies* (16 [October] 1979:294–316).

Miller, D. "Evolution and Resolution: A Quantum View of Structural Change in Organizations." *Journal of Management Studies* (19, 1982:131–151).

Miller, D. "The Correlates of Entrepreneurship in Three Types of Firms." *Management Science* (29, 1983:770–791).

Miller, D. "Configurations of Strategy and Structure: Towards a Synthesis." *Strategic Management Journal* (7, 1986:233–249).

Miller, D. *The Icarus Paradox* (New York: Harper Business, 1990).

Miller, D. "The Generic Strategy Trap." *Journal of Business Strategy* (13, 1 [January-February] 1992:37–41).

Miller, D. "Configurations Revisited." *Strategic Management Journal* (17, 1996:505–512).

Miller, D., and Friesen, P. H. "Strategy-Making in Context: Ten Empirical Archetypes." *Journal of Management Studies* (14, 1977:253–279).

Miller, D., and Friesen, P. H. "Archetypes of Strategy Formulation." *Management Science* (24, 9, 1978:921–933).

Miller, D., and Friesen, P. H. "Momentum and Revolution in Organizational Adaptation." *Academy of Management Journal* (23, 1980a:591–614).

Miller, D., and Friesen, P. H. "Archetypes of Organizational Transition." *Administrative Science Quarterly* (25, 1980b:268–299).

Miller, D., and Friesen, P. H. "Structural Change and Performance: Quantum Versus Piecemeal-Incremental Approaches." *Academy of Management Journal* (25, 4, 1982a:867–892).

Miller, D., and Friesen, P. H. "Strategy-Making and Environment: The Third Link." *Strategic Management Journal* (4, 1982b:221–235).

Miller, D., and Friesen, P. H. "Successful and Unsuccessful Phases of the Corporate Life Cycle." *Organization Studies* (4, 4, 1982c:339–356).

Miller, D., and Friesen, P. H. *Organizations: A Quantum View* (Englewood Cliffs, NJ: Prentice Hall, 1984).

Miller, D., and Mintzberg, H. "The Case for Configuration." In G. Morgan, ed., *Beyond Method* (Beverly Hills: Sage, 1983).

Miller, D., and Shamsie, J. "The Resource-Based View of the Firm in Two Environments: The Hollywood Film Studios from 1936 to 1965." *Academy of Management Journal* (39, 3, 1996:519–543).

Miller, D., and Whitney, J. O. "Beyond Strategy: Configuration as a Pillar of Competitive Advantage." *Business Horizons* (May-June 1999:5–17).

Miller, G. A. "The Magic Number Seven Plus or Minus Two: Some Limits on Our Capacity for Processing Information." *Psychology Review* (March 1956:81–97).

Mink, M. "Military Strategist Clausewitz—Be Bold." *Investor's Business Daily* (February 19, 2004).

Mintzberg, H. "Research on Strategy-Making," *Proceedings of the 32nd Annual Meeting of the Academy of Management* (Minneapolis, 1972).

Mintzberg, H. "Strategy-Making in Three Modes." *California Management Review* (16, 2, Winter 1973:44–53).

Mintzberg, H. "Patterns in Strategy Formation." *Management Science* (24, 9, 1978:934–948).

Mintzberg, H. *The Structuring of Organizations: A Synthesis of the Research* (Englewood Cliffs, NJ: Prentice Hall, 1979).

Mintzberg, H. "A Note on that Dirty Word 'Efficiency'" *Interface* (October 1982:101–105).

Mintzberg, H. *Power In and Around Organizations* (Englewood Cliffs, NJ: Prentice Hall, 1983).

Mintzberg, H. "The Strategy Concept 1: Five Ps for Strategy." *California Management Review* (30, 1, June 1987:11–24).

Mintzberg, H. *Mintzberg on Management: Inside Our Strange World of Organizations* (New York: Free Press, 1989).

Mintzberg, H. "The Design School: Reconsidering the Basic Premises of Strategic Management." *Strategic Management Journal* (11, 1990:171–195).

Mintzberg, H. "Strategic Thinking as 'Seeing.'" In J. Nasi, ed., *Arenas of Strategic Thinking* (Foundation for Economic Education, Helsinki, Finland, 1991).

Mintzberg, H. *The Rise and Fall of Strategic Planning* (New York: Free Press, 1994).

Mintzberg, H. "Reply to Michael Goold." *California Management Review* (38, 4, Summer 1996a:96–99).

Mintzberg, H. "Musings on Management." *Harvard Business Review* (July-August, 1996b:5–11).

Mintzberg, H. *Tracking Strategies: Toward a General Theory* (Oxford University Press, 2007).

Mintzberg, H., and Austin, B. "Mirroring Canadian Industrial Policy: Strategy Formation at Dominion Textile from 1873 to 1990." *Canadian Journal of Administrative Sciences* (13, 1, 1996:46–64).

Mintzberg, H., and McHugh, A. "Strategy Formation in an Adhocracy." *Administrative Science Quarterly* (30, 1985:160–197).

Mintzberg, H., and Rose, J. "Strategic Management Upside Down: Tracking Strategies at McGill University from 1829 to 1980." *Canadian Journal of Administrative Sciences* (20, 4, 2003:270–290).

Mintzberg, H., and Waters, J. A. "Tracking Strategy in an Entrepreneurial Firm." *Academy of Management Journal* (25, 3, 1982:465–499).

Mintzberg, H., and Waters, J. A. "Researching the Formation of Strategies: The History of Canadian Lady 1939–1976." In R. B. Lamb, ed., *Competitive Strategic Management* (Englewood Cliffs, NJ: Prentice Hall, 1984:62–93).

Mintzberg, H., and Waters, J. A. "Of Strategies, Deliberate and Emergent." *Strategic Management Journal* (6, 1985:257–272).

Mintzberg, H., and Waters, J. A. "Studying Deciding: An Exchange of Views Between Mintzberg and Waters, Pettigrew and Butler." *Organization Studies* (11, 1, 1990:1–16).

Mintzberg, H., Brunet, J. P., and Waters, J. A. "Does Planning Impede Strategic Thinking? Tracking the Strategies of Air Canada from 1976." *Advances in Strategic Management* (4, 1986:3–41).

Mintzberg, H., Otis, S., Shamsie, J., and Waters, J. A. "Strategy of Design: A study of 'Architects in Co-Partnership.'" In J. Grant, ed., *Strategic Management Frontiers* (Greenwich, CT: JAI Press, 1988:311–359).

Mintzberg, H., Taylor, W. D., and Waters, J. A. "Tracking Strategies in the Birthplace of Canadian Tycoons: The Sherbrooke Record 1946–1976." *ASAC Journal* (1, 1, 1984:11–28).

Mitchell, R. K., Busenitz, L., Lant, T., McDougall, P. P., Morse, E. A., and Smith, J. B. "Entrepreneurial Cognition Theory: Rethinking the People Side of Entrepreneurial Research." *Entrepreneurship Theory and Practice* (27, 2, 2002:93–104).

Montgomery, C. "Putting Leadership Back into Strategy." *Harvard Business Review* (86, 1, 2008:54–60).

Morgan, G. *Images of Organzations* (Beverley Hills, CA: Sage, 1986).

Morgan, G. *Imaginization: The Art of Creative Management* (Newbury Park: Sage, 1993).

Moulton, W. N., and Thomas, H. "Bankruptcy as a Deliberate Strategy by Troubled Firms" (paper presented at the Annual Conference of the Strategic Management Society, Boston, 1987).

Myers, I. B. *Introduction to Type: A Description of the Theory and Applications of the Myers-Briggs Type Indicator* (Palo Alto, CA: Consulting Psychologists Press, 1962).

Nasi, J., ed. *Arenas of Strategic Thinking* (Foundation for Economic Education, Helsinki, Finland, 1991).

Nelson, R. R., and Winter, S. G. *An Evolutionary Theory of Economic Change* (Boston: Harvard University Press, 1982).

Neustadt, R. E. *Presidential Power: The Politics of Leadership* (New York: Wiley, 1960).

Newbert, S. "Empirical research on the resource-based view of the firm: An assessment and suggestions for future research." *Strategic Management Journal* (28, 2, 2007:561–594).

Newman, W. H. *Administrative Action: The Technique of Organization and Management* (Englewood Cliffs, NJ: Prentice Hall, 1951).

Noda, T., and Bower, J. L. "Strategy Making as Iterated Processes of Resource Allocation." *Strategic Management Journal* (17, 1996:159–192).

Nonaka, I. "Toward Middle-Up-Down Management." *Sloan Management Review* (29, 3, Spring 1988:9–18).

Nonaka, I. "Toward Middle-Up-Down Management: Accelerating Information Creation." *Sloan Management Review* (29, 3, 1998:9–18).

Nonaka, I., and Takeuchi, H. *The Knowledge-Creating Company: How Japanese Companies Create the Dynamics of Innovation* (New York: Oxford University Press, 1995).

Normann, R. *Management for Growth* (New York: Wiley, 1977).

Nutt P., Backoff, R., and Hogan, M. "Managing the Paradoxes of Strategic Change." *Journal of Applied Management Studies* (9, 1, 2000:5–31).

Oliver, C. "Strategic Responses to Institutional Processes." *Academy of Management Review* (16, 1991:145–179).

Ornstein, R. F. *The Psychology of Consciousness* (New York: Viking, 1972).

Palich, L. E., and Bagby, R. D. "Using Cognitive Theory to Explain Entrepreneurial Risk-Taking: Challenging Conventional Wisdom." *Journal of Business Venturing* (10, 1995:425–438).

Pascale, R. T. "Our Curious Addiction to Corporate Grand Strategy." *Fortune* (105, 2 [January 25] 1982:115–116).

Pascale, R. T. "Perspectives on Strategy: The Real Story Behind Honda's Success." *Califoinia Management Review* (Spring 1984:47–72).

Pascale, R. T., and Athos, A. G. *The Art of Japanese Management: Applications for American Executives* (New York: Simon & Schuster, 1981).

Pekar, P., Jr., and Allio, R. "Making Alliances Work: Guidelines for Success." *Long Range Planning* (27, 4, 1994:54–65).

Pennington, M. W. "Why Has Planning Failed?" *Long Range Planning* (5, 1, 1972:2–9).

Penrose, E. T. *The Theory of the Growth of the Firm* (New York: Wiley, 1959).

Peteraf, M. A. "The Cornerstones of Competitive Advantage: A Resource-Based View." *Strategic Management Journal* (14, 3, 1993:179–191).

Peters, T. H., and Waterman, R. H., Jr. *In Search of Excellence* (New York: Harper & Row, 1982).

Peters, T. J. "A Style for All Seasons." *Executive Magazine* (Summer, Graduate School of Business and Public Administration, Cornell University, 1980:12–16).

Perrigrew, A. M. "Strategy Formulation as a Political Process." *International Studies of Management and Organization* (Summer 1977:78–87).

Pettigrew, A. M. *The Awakening Giant: Continuity and Change in Imperial Chemical Industries* (Oxford: Basil Blackwell, 1985).

Pettigrew, A. M. "Context and Action in Transformation of the Firm." *Journal of Management Studies* (24, 6, November 1987:649–670).

Pfeffer, J. "Barriers to the Advance of Organizational Science: Paradigm Development as a Dependent Variable." *Academy of Management Review* (18, 1993:599–620).

Pfeffer, J. "Mortality, Reproducibility, and the Persistence of Styles of Theory." *Organization Science* (6, 6, November-December 1995:681–686).

Pfeffer, J., and Salancik, G. R. *The External Control of Organizations: A Resource Dependence Perspective* (New York: Harper & Row, 1978).

Pinchot, G., III. *Intrapreneuring* (New York: Harper & Row, 1985).

Pokora, T. "A Theory of the Periodization of World History." *Archiv Orientali* (34, 1966:602–605).

Polanyi, M. *The Tacit Dimension* (London: Routledge & Kegan Paul, 1966).

Popescu, O. "Periodization in the History of Economic Thought." *International Social Science Journal* (17,4, 1965:607–634).

Porter, M. E. *Competitive Strategy: Techniques for Analyzing Industries and Competitors* (New York: Free Press, 1980).

Porter, M. E. "The Contributions of Industrial Organizations to Strategic Management." *Academy of Management Review* (6, 4, 1981:609–620).

Porter, M. E. *Competitive Advantage: Creating and Sustaining Superior Performance* (New York: Free Press, 1985).

Porter, M. E. "Corporate Strategy: The State of Strategic Thinking." *The Economist* (303, 7499 [May 23, 1987]:21–28).

Porter, M. E. "What Is Strategy?" *Harvard Business Review* (November-December 1996:61–78).

Porter, M. E. Response to Letters to the Editor, *Harvard Business Review* (March-April, 1997:162–163).

Porter, M. E. "The CEO as Strategist." In H. Mintzberg, B. Ahlstrand, and J. Lampel, eds., *Strategy Bites Back: It is Far More and Less, Than you Ever Imagined…"* (Edinburgh Gate, Harlow: Prentice Hall, Financial Times, 2005: 44–45). First published in *Fast Company* magazine with the title "Great Strategies are a Cause".

Potts, M. "New Planning System Aims to Boost Speed, Flexibility." *Washington Post* (September 30, 1984).

Power, D. J., Gannon, M. J., McGinnis, M. A., and Schweiger, D. M. *Strategic Management Skills* (Reading, MA: Addison-Wesley, 1986).

Prahalad, C. K., and Bettis, R. A. "The Dominant Logic: A New Linkage Between Diversity and Performance." *Strategic Management Journal* (7, 1986:485–501).

Prahalad, C. K., and Hamel, G. "The Core Competence of the Corporation." *Harvard Business Review* (68, 3, May-June 1990:79–91).

Priem, R. L., and Butler, J. E. "Is the Resource-Based Theory a Useful Perspective for Strategic Management Research?" *Academy of Management Review* (26, 1, 2001:22–40).

Prown, J. D. "The Truth of Material Culture: History or Fiction." In S. Lubar and W. D. K. Kingery, eds., *History from Things: Essays on Material Culture* (Washington, DC: Smithsonian Institution Press, 1993:1–19).

Pugh, D. S., Hickson, D. J., and Hinings, C. R. "An Empirical Taxonomy of Structures of Work Organizations." *Administrative Science Quarterly* (1969:115–126).

Pugh, D. S., Hickson, D. J., and Hinings, C. R., MacDonald, K. M., Turner, C., and Lupton, T. "A Conceptual Scheme for Organizational Analysis." *Administrative Science Quarterly* (8, 1963–64:289–315).

Pugh, D. S., Hickson, D. J., and Hinings, C. R., and Turner, C. "Dimensions of Organizational Structure." *Administrative Science Quarterly* (13, June 1968:65–105).

Quinn, J. B. "Strategic Change: 'Logical Incrementalism.'" *Sloan Management Review* (Fall 1978:7–21).

Quinn, J. B. *Strategies for Change: Logical Incrementalism* (Homewood, IL: Irwin, 1980a).

Quinn, J. B. "Managing Strategic Change." *Sloan Management Review* (Summer 1980b:3–20).

Quinn, J. B. "Managing Strategies Incrementally." *Omega, The International Journal of Management Science* (10, 6, 1982:613–627).

Raghu, G., Kumaraswamy, A., and Nayyar, P. "Real options or fool's gold? Perspective makes the difference." *Academy of Management Review* (23, 2, 1998:212–214).

Rafaeli, A., and Vilnai-Yavetz, I. "Emotion as a Connection of Physical Artifacts and Organizations." *Organization Science* (15, 6, 2004:671–686).

Raphael, R. *Edges: Backcountry Lives in America Today on the Borderlands Between the Old Ways and the New* (New York: Knopf, 1976).

Reger, R. K., and Huff, A. S. "Strategic Groups: A Cognitive Perspective." *Strategic Management Journal* (14, 1993:103–124).

Reger, R. K., Gustafson, L. T., De Marie, S. M., and Mullane, J. V. "Reframing the Organization: Why Implementing Total Quality Is Easier Said Than Done." *Academy of Management Review* (19, 1994:565–584).

Rhenman, E. *Organization Theory for Long-Range Planning* (London: John Wiley, 1973).

Rieger, F. "The Influence of National Culture on Organizational Structure, Process, and Strategic Decision Making: A Study of International Airlines" (doctoral dissertation, McGill University, Faculty of Management, Montreal, 1987).

Rigby, D. K. "How to Manage the Management Tools." *Planning Review* (November/December 1993:8–15).

Rostow, W. W. *The Stages of Economic Growth*, 2nd edition (Cambridge, MA: Harvard University Press, 1971).

Roth, K. and Ricks, D. A. "Goal Configuration in a Global Industry Context." *Strategic Management Journal* (15, 1994:103–120).

Rothschild, W. E. "How to Ensure the Continued Growth of Strategic Planning." *Journal of Business Strategy* (1, Summer, 1980:11–18).

Ruef, M. "The emergence of organizational forms: A community ecology approach." *American Journal of Sociology* (106, 2000:658–714).

Rugman A. M., and Verbeke, A. "Edith Penrose's Contribution to the Resource-Based Views of Strategic Management." *Strategic Management Journal* (23, 2002:769–780).

Rumelt, R. P. *Strategy, Structure, and Economic Performance* (Boston: Harvard Business School Press, 1974).

Rumelt, R. P. "How Much Does Industry Matter?" *Strategic Management Journal* (12, 3, 1991:167–185).

Rumelt, R. P. "Inertia and Transformation." In C. A. Montgomery, ed., *Resources in an Evolutionary Perspective: A Synthesis of Evolutionary and Resource-based Appioaches to Strategy* (Norwell, MA: Kluwer Academic and Dordrecht, 1995:101–132).

Rumelt, R. P. "The Evaluation of Business Strategy." In H. Mintzberg and J. B. Quinn, *The Strategy Process*, 3rd edition. (Englewood Cliffs, NJ: Prentice Hall, 1997).

Saint-Exupéry, A. *Le Petit Prince* (New York: Harcourt Brace Jovanovich, 1943).

Sarrazin, J. "Le Role des Processus de Planification dans les Grandes Entreprises Françaises: Un Essai d'Interpretation" (thèse 3ième cycle, Universite de Droit, d'Economic et des Sciences d'Aix-Marseille, 1975).

Sarrazin, J. "Decentralized Planning in a Large French Company: An Interpretive Study." *International Studies of Management and Organization* (Fall/Winter 1977/1978:37–59).

Schendel, D. E., and Hofer, C. H., eds., *Strategic Management: A New View of Business Policy and Planning* (Boston: Little, Brown, 1979).

Schoeffler, S. "Nine Basic Findings on Business Strategy." *The Strategic Planning Institute* (Cambridge, MA: 1980).

Schoeffler, S., Buzzell, R. D., and Heany, D. F. "Impact of Strategic Planning on Profit Performance." *Harvard Business Review* (March-April 1974:137–145).

Schön, D. A. "Organizational Learning." In G. Morgan, ed., *Beyond Method: Strategies for Social Research* (Beverly Hills, CA: Sage, 1983).

Schulz, M. "Organizational Learning." In J. A. C. Baum, (ed.) *Companion to Organizations* (Blackwell Publishers, Oxford, 2001:415–441).

Schumpeter, J. A. *The Theory of Economic Development* (London: Oxford University Press, 1934).

Schumpeter, J. A. "The Creative Response in Economic History." *Journal of Economic History* (November 1947:149–159).

Schumpeter, J. A. *Capitalism, Socialism, and Democracy*, 3rd edition. (New York: Harper & Row, 1950).

Schwartz. H., and Davis, S. M. "Matching Corporate Culture and Business Strategy." *Organizational Dynamics* (Summer 1981:30–48).

Schwenk, C. "The Cognitive Perspective in Strategic Decision-Making." *Journal of Management Studies* (25, 1988:41–56).

Seeger, J. A. "Reversing the Images of BCG's Growth Share Matrix." *Strategic Management Journal* (5, 1, 1984: 93–97).

Selznick, P. *Leadership in Administration: A Sociologial Interpretation* (Evanson, Il: Row, Peterson, 1957).

Senge, P. M. *The Fifth Disicipline: The Art and Practice of the Learning Organization* (New York: Doubleday, 1990).

Shimizu, R. *The Growth of Firms in Japan* (Tokyo: Keio Tsushin, 1980).

Shrader, C. B., Taylor, L., and Dalton, D. R. "Strategic Planning and Organization Performance: A Critical Appraisal." *Journal of Management* (10:2, 1984:149–171).

Shrivastava, P. "A Typology of Organizational Learning Systems." *Journal of Management Studies* (21, 1, 1983:7–28).

Simon, H. A. *Administrative Behavior* (New York: Macmillan, editions 1947 and 1957).

Simon, H. A. *The New Science of Management Decision* (Englewood Cliffs, NJ: Prentice Hall, 1960, also revised edition, 1977).

Simon, H. A. "Making Management Decisions: The Role of Intuition and Emotion." *Academy of Management Executives* (1, February 1987:57–64).

Simons, R. "Rethinking the Role of Systems in Controlling Strategy" (presented at the 1988 Annual Meeting of the Strategic Management Society, Amsterdam, October 1988: published 1991 by Publishing division, Harvard Business School, #9-191-091).

Simons, R. *Levers of Control: How Managers Use Innovative Control Systems to Drive Strategic Renewal* (Boston: Harvard Business School Press, 1995).

Sirmon, D. G., **Hitt**, M. A., **and Ireland**, R. D. "Managing Firm Resources In Dynamic Environments to Create Value: Looking Inside the Black Box." *Academy of Management Review* (32, 1, 2007:273–292).

Sloan, P. "Strategy as Synthesis." Ph.D dissertation (*HEC Montreal*. 1996).

Smalter, D. J., **and Ruggles**, R. L., **Jr.** "Six Business Lessons from the Pentagon." *Harvard Business Review* (March-April 1966:64–75).

Smith, W. "3 Years After Apple Went Sour, Steve Jobs Has Returned." *The Orange County Register* (November 13, 1988:3).

Smircich, L., **and Stubbart**, C. "Strategic Management in an Enacted World." *Academy of Management Review* (10, 4, 1985:724–736).

Snodgrass, C. R. "Cultural Influences on Strategic Control System Requirements." (Ph.D. dissertation, University of Pittsburgh, Graduate School of Business, 1984).

Spender, J. C. *Industry Recipes* (Oxford: Basil Blackwell, 1989).

Spender, J. C. "Strategic Theorizing: Expanding the Agenda." *Advances in Strategic Management* (8, 1992:3–32).

Sperry, R. "Messages from the Laboratory." *Engineering and Science* (1974:29–32).

Stacey, R. *Managing Chaos: Dynamic Business Strategies in an Unpredicatable World* (London: Kogan Page, 1992).

Starbuck, W. H. "Organizational Growth and Development." In J. G. March, ed., *Handbook of Organizations* (Chicago: Rand-McNally, 1965).

Starbuck, W. H. "Unlearning Ineffective or Obsolete Technologies." *International Journal of Technology Management* (11, 1996:725–737).

Starbuck, W. H., and Hedberg, B. L. T. "Saving an Organization from a Stagnating Environment." In H. B. Thorelli, ed., *Strategy + Structure = Performance: The Strategic Planning Imperative* (Bloomington: Indiana University Press, 1977:249–258).

Starbuck, W. H., Greve, A., and Hedberg, B. L. T. "Responding to Crises." *Journal of Business Administration* (9, 2, 1978:107–137).

Staw, B. M. "Knee Deep in the Big Muddy: A Study of Escalating Commitment to a Chosen Course of Action." *Organizational Behaviour and Human Performance* (16, 1976:27–44).

Steinbruner, J. D. *The Cybernetic Theory of Decision: New Dimensions of Political Analysis* (Princeton, NJ: Princeton University Press, 1974).

Steiner, G. A. *Top Management Planning* (New York: Macmillan, 1969).

Steiner, G. A. *Strategic Planning: What Every Manager Must Know* (New York: Free Press, 1979).

Steiner, G. A., and Kunin, H. E. "Formal Strategic Planning in the United States Today." *Long Range Planning* (16, 3, 1983:12–17).

Stevenson, H. H., and Gumpert, D. E. "The Heart of Entrepreneurship." *Harvard Business Review* (March-April 1985:85–94).

Stewart, R. F. *A Framework for Business Planning* (Stanford, CA: Stanford Research Institute, 1963).

Summers, H. G., Jr. *On Strategy: The Vietnam War in Context* (Washington, DC: GPO, Strategic Studies Institute, U.S. Army War College, Carlisle Barracks, PA, 1981).

Sun Tzu, *The Art of War* (New York: Oxford University Press, 1971).

Taylor, S. S. "Overcoming Aesthetic Muteness: Research In Organizational Members' Aesthetic Experience." *Human Relations* (55, 7, 2002:755–766).

Taylor, W. D. "Strategic Adaptation in Low-Growth Environments" (Ph.D. thesis, Ecole des Hautes Etudes Commerciales, Montreal, 1982).

Tichy, N. M., and Sherman, S. *Control Your Destiny or Someone Else Will: How Jack Welch Is Making General Electric the World's Most Competitive Corporation* (New York: Doubleday, 1993).

Toynbee, A. J. *Study of History. Abridgement of Vol. I–X* (New York: Oxford University Press, 1946–57).

Tregoe, B. B., and Tobia, P. M. "An Action-Oriented Approach to Strategy." *Journal of Business Strategy* (January-February, 1990:16–21).

Tregoe, B. B., and Zimmerman, J. W. *Top Management Survey* (New York: Simon &. Schuster, 1980).

Trigeorgis, L. "A Real Options Application in Natural Resource Investments." *Advances in Futures and Options Research* (4, 1990: 153–164).

Trigeorgis, L. "Real Options and Interactions with Financial Flexibility." *Financial Management* (22, 3, 1993:202–224).

Tripsas, M., and Gavetti, G. "Capabilities, Cognition and Inertia: Evidence from Digital Imaging." *Strategic Management Journal* (21, 2000:1147–1161).

Tung, R. L. "Strategic Management Thought in East Asia." *Organizational Dynamics* (22, 4 [Spring] 1994:55–65).

Tverskv, A., and Kahneman, D. "Judgment Under Uncertainty: Heuristics and Biases." *Science* (185, 1974:1124–1131).

Van de Ven, A. H. "Review of Howard E. Aldrich's Organizations and Fnvironments." *Administration Science Quarterly* (24, 2, June 1979:320–326).

Van Maanen, J. "Style as Theory." *Organization Science* (6, 1, 1995a: 132–143).

Van Maanen, J. "Fear and Loathing in Organization Studies." *Organization Science* (6, 6, November-December 1995b:687–692).

Van Putten, A. B., and MacMillan, I. C. "Making Real Options Really Work." *Harvard Business Review* (82/12 December 2004:134–141).

Venkatesan, R. "Strategic Sourcing: To Make or Not to Make." *Harvard Business Review* (November-December 1992:98–107).

Venkatraman, N., and Camillus, J. "Exploring the Concept of 'Fit' in Strategic Management." *Academy of Management Review* (9, 3, 1984:513–526).

Venkatraman, N., and Prescott, J. "Environment-Strategy Coalignment: An Empirical Test of its Performance Implications." *Strategic Management Journal* (11, 1, 1990:1–23).

Volberda, H. W., and Elfring, T., eds., *Rethinking Strategy* (Sage Publications, 2001).

von Neumann, J., and Morgenstern, O. *Theory of Games and Economic Behavior*, 2nd edition (Princeton, NJ: Princeton University Press, 1947).

Vorhies, D. W., and Morgan, N. "Benchmarking Marketing Capabilities for Sustainable Competitive Advantage." *Journal of Marketing* (69, 1, 2005:80–94).

Wack, P. "Scenarios: Uncharted Waters Ahead." *Harvard Business Review* (September-October 1985:73–89).

Waterman, R. H., Jr., Peters, T. J., and Phillips, J. R. 'Structure Is Not Organization." *Business Horizons* (23, 3 [June] 1980:14–26).

Weber, M. *Economy and Society* (Berkeley, CA: University of California Press, 1978).

Webster's New World Collegiate Dictionary, 2nd College Edition. 1984. Simon and Schuster, New York.

Weick, K. E. *The Social Psychology of Organizing* (Reading, MA: Addison-Wesley, first edition 1969, second edition 1979).

Weick, K. E. 'Cartographic Myths in Organizations," In A. S. Huff, ed., *Mapping Strategic Thought* (New York: Wiley, 1990: 1–10).

Weick, K. E. *Sensemaking in Organizations* (Thousand Oaks, CA: Sage Publications, 1995:54).

Wernerfelt, B. "A Resource-based View of the Firm." *Strategic Management Journal* (5, 1984:171–180).

Wernerfelt, B. "The Resource-based View of the Firm: Ten Years After." *Strategic Management Journal* (16, 1995:171–174).

Westley, F. "Middle Managers and Strategy: Microdynamics of Inclusion." *Strategic Management Journal* (11, 1990:337–351).

Westley, F., and Mintzberg, H. "Visionary Leadership and Strategic Management." *Strategic Management Journal* (10, 1989:17–32).

Whittington, R. "Strategy as Practice." *Long Range Planning* (29, 1996:731–735).

Whittington, R. "Completing the Practice Turn in Strategy." *Organization Studies* (27 (5): 2006:613–634).

Wilkinson, L. "How to Build Scenarios: Planning for 'Long Fuse, Big Bang' Problems In an Era of Uncertainty." *Scenarios: The Future of the Future* special issue of *Wired*, 1995.

Wilson, I. "Strategic Planning Isn't Dead—It Changed." *Long Range Planning* (27, 4 [August] 1994:12–24).

Wischnevsky, J. D., and Damanpour, F. "Organizational Transformation and Performance: An Examination of Three Perspectives." *Journal of Managerial Issues* (28, 1, 2006:104–128).

Wrapp, H. E. "Good Managers Don't Make Policy Decisions." *Harvard Business Review* (September-October 1967:91–99).

Wright, J. P. *On a Clear Day You Can See General Motors: John Z. de Lorean's Look Inside the Automotive Giant* (Grosse Pointe, MI: Wright Enterprises, 1979).

Wright, P., Pringle, C., and Kroll, M. *Strategic Management Text and Cases* (Needham Heights, MA: Allyn and Bacon, 1992).

Yelle, L. E. "The Learning Curve: Historical Review and Comprehensive Survey." *Decision Sciences* (10, 1979:302–328).

Yukl, G. A. *Leadership in Organizations* (Englewood Cliffs, NJ: Prentice Hall, 1989).

Zajac, E. J., Kraatz, M. S., and Bresser, R. K. F. "Modelling the Dynamics of Strategic Fit: A Normative Approach to Strategic Change." *Strategic Management Journal* (21, 2000:429–453).

Zald, M. N., and Berger, M. A. "Social Movements in Organizations: Coup d'Etat, Insurgency, and Mass Movements." *American Journal of Sociology* (83, 4, January 1978:823–861).

Zan, L. "What's Left for Formal Planning?" *Economia Aziendale* (6, 2 [March] 1987:187–204).

明茨伯格管理经典

Thinker 50终身成就奖获得者，当今世界杰出的管理思想家

写给管理者的睡前故事

图文并茂，一本书总览明茨伯格管理精要

拯救医疗

如何根治医疗服务体系的病，指出当今世界医疗领域流行的9大错误观点，提出改造医疗体系的指导性建议

管理进行时

继德鲁克之后最伟大的管理大师，明茨伯格历经30年对成名作《管理工作的本质》的重新思考

管理至简

专为陷入繁忙境地的管理者提供的有效管理方法

战略过程：概念、情境与案例（原书第5版）

殿堂级管理大师、当今世界优秀的战略思想家明茨伯格战略理论代表作，历经4次修订全新出版

管理者而非MBA

管理者的正确修炼之路，管理大师明茨伯格对MBA的反思
告诉你成为一个合格的管理者，该怎么修炼

战略历程（原书第2版）

管理大师明茨伯格经典著作全新再版，实践战略理论的综合性指南

明茨伯格论管理

明茨伯格深入企业内部，观察其真实的运作状况，以犀利的笔锋挑战传统管理学说，全方位地展现了在组织的战略、结构、权力和政治等方面的智慧

管理和你想的不一样

管理大师明茨伯格剥去科学的外衣，挑战固有的管理观，为你揭示管理的真面目

战略过程：概念、情境与案例（英文版·原书第5版）

明茨伯格提出的理论架构，是把战略过程看作制定与执行相互交织的过程，在这里，政治因素、组织文化、管理风格都对某个战略决策起到决定或限制的作用

彼得·德鲁克全集